CW00493246

Johann Wolfgang Goethe, geboren am 28. 8. 1749 in Frankfurt am Main, ist am 22. 3. 1832 in Weimar gestorben.

Goethes Aufzeichnungen während seiner Reise von Karlsbad nach Rom (1786), erst hundert Jahre später veröffentlicht, werden in dieser Ausgabe vollständig und in der originalen Orthographie vorgelegt. Damit ist der in vielen Goethe-Ausgaben nicht enthaltene Text wieder greifbar. Die letzte ausführlich erläuterte Ausgabe erschien 1886. Eine Auswahl der Notizen und Briefe aus Italien (1786–88) schließt sich an. Dem Text sind 30 Skizzen und Zeichnungen Goethes beigegeben, auch sie meist unmittelbar am Ort entstandene Zeugnisse. Der Anhang enthält Bericht und Nachwort des Herausgebers, gründliche Erläuterungen zu sämtlichen Texten und Bildern, Register und eine Karte des Reisewegs.

Dem interessierten Leser ermöglichen diese Aufzeichnungen den Vergleich mit der drei Jahrzehnte später veröffentlichten »Italienischen Reise« (I. und II. Teil), in der Goethe viele spontane Äußerungen persönlichen Rücksichten und planvoll gestalteter Regie geopfert hat. Dem Reisenden werden sie zwar nicht als »zuverlässiger Führer«, aber, was mehr ist, als eine »Anleitung zum Sehen« hilfreich sein. Darüber hinaus geben sie Zeugnis von der inneren Krise eines Menschen, der sich von der Reise seine »Wiedergeburt« und Selbstfindung erhoffte. »... mir ists nur jetzt um die sinnlichen Eindrücke zu thun, die mir kein Buch und kein Bild geben kann, daß ich wieder Interesse an der Welt nehme und daß ich meinen Beobachtungsgeist versuche, und auch sehe wie weit es mit meinen Wissenschaften und Kenntnissen geht, ob und wie mein Auge licht, rein und hell ist, was ich in der Geschwindigkeit fassen kann und ob die Falten, die sich in mein Gemüth geschlagen und gedruckt haben, wieder auszutilgen sind. ... Mir ists wie einem Kinde, das erst wieder leben lernen muß.«

Goethe, Trient, 11. Sept. 1786

insel taschenbuch 176
Johann Wolfgang Goethe
Tagebuch der
Italienischen Reise 1786

GOETHE
TAGEBUCH DER ITALIENISCHEN REISE 1786

NOTIZEN UND BRIEFE
AUS ITALIEN
MIT SKIZZEN UND
ZEICHNUNGEN
DES AUTORS
HERAUSGEGEBEN UND
ERLÄUTERT VON
CHRISTOPH MICHEL
INSEL VERLAG

Umschlagabbildung: Antonio Canal (Canaletto),
Piazzetta und Bacino di San Marco. Öl auf Leinwand.
Ausschnitt. Bayerische Staatsgemäldesammlungen, München.

insel taschenbuch 176
Erste Auflage 1976
Insel Verlag Frankfurt am Main und Leipzig
© Insel Verlag Frankfurt am Main 1976

Hinweise zu dieser Ausgabe auf Seite 241 ff.
Vertrieb durch den Suhrkamp Taschenbuch Verlag
Umschlag nach Entwürfen von Willy Fleckhaus
Satz: Fotosatz Otto Gutfreund, Darmstadt
Druck: Nomos Verlagsgesellschaft, Baden-Baden
Printed in Germany

12 13 14 15 16 − 07 06 05 04

INHALT

I
TAGEBUCH DER ITALIÄNISCHEN REISE FÜR FRAU VON STEIN
(1786)

REISE-TAGEBUCH
ERSTES STÜCK.

VON CARLSBAD
AUF DEN BRENNER
IN TYROL

1786.

Stationen von Carlsbad
bis auf den Brenner in Tyrol,
zurückgelegt vom 3. Sept bis den 8ten 1786.

Nahmen und Entfernung.		Angek[ommen].	Abgefahren
	Post.		
		3.	
Tzwoda	1 1/2	halb 8. Früh.	bald
Eger	1 1/2	12. Mitt.	2.
Tischenreuth	1 1/2	5.	gleich
Weyden	2	9.	gleich
		4.	
Wernberg	1	1.	—
Schwarzenfeld	1 1/4	2 1/2	—
Schwandorf	1	4 1/2	—
Bahnholz	1 1/4	7 1/2	—
Regenspurg	1 1/4	10.	12 1/2 Mittag
		5	
Saal	1 1/2	3.	3 1/2
Neustadt	1 1/2	6.	gleich
Geisenfeld	1 1/2	8.	—
Pfaffenhofen	1 1/2	10.	—
Unterbrück	1 1/2	6. 2.	—
München	2	6 früh.	

21 3/4 P

Nahmen und Entfernung.	Angekomm[en].	Abgefahren.
P.	7.	
Wohlfahrtshausen 2.	9 früh.	bald
Benedicktbayern 2.	$1^1/_2$	gleich
Wallensee $1^1/_2$	$4^1/_2$	gleich
Mittelwald $1^1/_2$	$7^1/_2$	
8		6 Uhr früh.
Seefeld 1	$8^1/_2$	
Inspruck $1^1/_2$	11.	2.
Schemberg 1.	4.	
Steinach 1	$5^1/_2$	
Brenner 1	$7^1/_2$ Abends.	
$12^1/_2$	9.	7 Uhr Abends
Lat 1. $21^3/_4$		
P. $34^1/_4$		

d. 3 Sept früh 3 Uhr stahl ich mich aus dem Carlsbad weg, man hätte mich sonst nicht fortgelassen. Man merckte wohl daß ich fort wollte; die Gräfin L[anthieri] setzte auch einen entsetzlichen Trumpf drauf; ich lies mich aber nicht hindern, denn es war Zeit. Ich wollte schon den 28ten. Das ging aber nicht, weil an meinen Sachen noch viel zu thun war.

Um halb 8 in Zwota schöner stiller Nebelmorgen. No. 1.

um 12. in Eger bey heisem Sonnenschein. Der Morgen war bedeckt gewesen, die oberen Wolcken streifig und wollig, die unteren schwer, es hielt sich das Wetter bey Süd West Wind. Gedancken darüber. Das Wetter gab schon den 2ten gute Anzeichen. Siehe das weitere in der Note a fol.[20.]

Ich fand daß Eger dieselbe Polhöhe wie Franckfurt hat und freute mich einmal wieder nahe am 50 Grade zu Mittag zu essen. Von Karlsbad bis Zwota der *quarzhaffte Sandstein;* der Weg nach Maria Culm geht auf einem aufgeschwemmten Gebirg hin. Bis Eger Plaine und Feldbau.

In Bayern stößt einem gleich das Stifft Waldsassen entgegen, ein köstlich Besitzthum derer die früher als andre klug waren. Es liegt in einer fruchtbaren Teller- (um nicht zu sagen Kessel-)Vertiefung, in einem schönen Wiesengrunde, rings von fruchtbaren sanften Anhöhen umgeben und hat im Lande weit Besitzungen. Der Boden ist aufgelöster Thonschiefer, den der Quarz, der sich im Thonschiefer befand und nicht aufgelöst ist, locker macht. Es liegt zwar noch hoch aber anmutig und die Felder sind fruchtbar.

Bis gegen Tischenreuth steigt das Land noch, die Waßer fliesen einem entgegen, nach der Eger und Elbe zu; von Tischenreut an fällt nun das Land südwärts ab und die Wasser lauffen nach der Donau.

Tischengreut um fünfe. Treffliche Chaussee von Granitsand, es läßt sich keine vollkommnere dencken. Die Gegend durch die sie geht desto schlechter, auch Granitsand, flach liegend, moorig pp. Da nunmehr gute Chaussee ist und das Land abfällt, kommt man mit unglaublicher Schnelle fort, die gegen den böhmischen Schnekkengang recht absticht. Ich war halb neun in Weyda, Nachts 1 Uhr in Wernberg, halb dreye Schwarzenfeld, halb fünfe Schwandorf, halb achte Bahnholtz, um zehen in Regenspurg – und hatte also diese $12^{1}/_{4}$ Posten oder $24^{1}/_{2}$ Meile in 31 Stunden zurückgelegt.

Von Schwandorf gegen Regenstauff zu, da es anfing Tag zu werden, bemerckte ich die Veränderung des Akkerbodens ins bessere. Den Regenfluß herauf, hatte, in uralten Zeiten, Ebbe und Fluth aus der Donau gewürckt und so diese natürlichen Polder gebildet, die wir nun benutzen. Es ist dieses in der Nachbarschafft aller grosen Flüsse bemercklich. Ich glaube ich habe dir schon davon gesprochen. Regenspurg liegt gar schön, die Gegend mußte eine Stadt hierher locken. Auch haben sich die Geistlichen Herrn wohl possessionirt; alles Feld um die Stadt gehört ihnen, und in der Stadt steht Kirche gegen Kirche und Stifft gegen Stifft über.

Die Donau hat mich an den alten Mayn erinnert. Bey Franckfurt präsentirt sich Fluß und Brücke besser, hier sieht aber das gegenüberliegende Stadt am Hof recht artig aus.

Die Jesuiten Schüler gaben heut ihr iährliches Schauspiel, ich besuchte es gleich, sah den Anfang des Trauerspiels und das Ende der Oper. Sie machten es nicht

Posthaus Zwota

schlimmer als eine angehende Liebhaber Truppe. Und waren recht schön, fast zu prächtig gekleidet. Auch dies und das Ganze, wovon einmal mündlich, hat mich von der Jesuiten groser Klugheit auf's neue überzeugt; und es ist nicht Klugheit, wie man sie sich in *Abstracto* denckt, sondern es ist eine Freude an der Sache dabey, ein Mit und Selbstgenuß, wie er aus dem Gebrauch des Lebens entspringt. Wie freut michs daß ich nun ganz in den Catholicismus hineinrücke, und ihn in seinem Umfange kennen lerne.

Wärest du nur mit mir, ich wäre den ganzen Tag gesprächich, denn die schnelle Abwechslung der Gegenstände giebt zu hundert Beobachtungen Anlaß. Offt wünsch ich mir Fritzen und bin und bleibe allein.

Wie glücklich mich meine Art die Welt anzusehn macht ist unsäglich, und was ich täglich lerne! und wie doch mir fast keine Existenz ein Räthsel ist. Es spricht eben alles zu mir und zeigt sich mir an. Und da ich ohne Diener bin, bin ich mit der ganzen Welt Freund. Jeder Bettler weist mich zu rechte – und ich rede mit den Leuten die mir begegnen, als wenn wir uns lange kennten. Es ist mir eine rechte Lust.

Heute schreib ich dir accurat unterm 49ten Grade und er läßt sich gut an, der Morgen war kühl und man klagt auch hier über Nässe und Kälte, aber es war ein herrlicher gelinder Tag, und die Luft die ein groser Fluß mitbringt ist ganz was anders.

Das Obst ist nicht sonderlich, doch leb ich der Hoffnung es wird nun kommen und werden. Auch habe ich einem alten Weibe, das mir am Wasser begegnete, für einen Kr[eutzer] Birn abgekauft und habe solche wie ein andrer Schüler publice verzehrt. Nun gebe Gott bald Trauben und Feigen. Ein Grundriß von Regensb[urg] und das Jesuitenspiel sollen hier beyliegen.

NB. Jesuiten kirchen, Türme, Dekoration überhaupt! Etwas groses in der Anlage, das allen Menschen insgeheim Ehrfurcht einflöst. Gold, Silber, Metall und Pracht, daß der Reichthum die Bettler aller Stände blenden möge, und hie und da etwas abgeschmacktes, daß die Menschheit versöhnt und angezogen werde. Es ist dies überhaupt der Genius des Catholischen äussern Gottesdiensts, noch hab ich's aber nicht mit soviel Verstand, Geschick und Geschmack und soviel Consequenz ausgeführt gesehn, als bey den Jesuiten und alle ihre Kirchen haben eine Ubereinstimmung. In der Folge mehr. Wie sie nicht die alte, abgestümpfte Andacht der andern Ordensgeistlichen fortgesetzt haben sondern mit dem Genio Säkuli fortgegangen sind.

Regensb. d. 5. Sept.

Vom Carlsb. hatte ich nur einen Mantelsack und Dachsranzen mitgenommen, und für meine Garderobe wäre es überflüssig, da ich aber soviel Bücher und Papiere mit habe, so war es zu beschweerlich. Nun hab ich mir ein Coffregen gekauft das mich recht freut. Auch ists recht gut daß ich allein bin, denn gewiß man wird durch anhaltende Bedienung vor der zeit alt und unfähich. Jetzt freut mich alles mehr, und ich fang in allem gleichsam wieder von vorne an.

Gewiß ich hoffe auf dieser Reise ein Paar Hauptfehler, die mir ankleben, loszuwerden.

An der Donau gezeichnet. No. 2.

um halb zwölfe.

Ich muß nun machen daß ich wegkomme! Ein Ladenbedienter, aus der Montagischen Buchhandlung, hat mich erkannt, der in der Hofmannischen ehmals stand. So muß dem Autor nichts guts von den Buchhändlern kommen. Ich hab es ihm aber grade ins Gesicht, mit der größten Gelassenheit, geläugnet daß ich's sey.

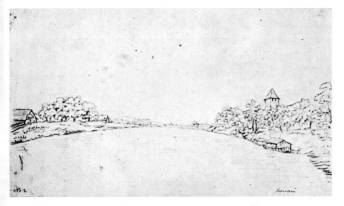

Donau bei Regensburg

Den Pastor Schäfer hab ich gesehen und sein Cabinet, unter dem angenommenen Nahmen *Möller,* den ich auch behalten werde. Nun leb wohl ich setze mich auf nach München.

Ein sonderbar Gestein wird hier verarbeitet, zu Werckstücken, eine Art Todtliegendes, doch von dem, was ich für älter und ursprünglich erkenne. Es ist grünlich, mit Quarz gemischt, löchrich und finden sich grose Stücke des festesten Jaspis drin, in welchem wieder kleine runde Fladen von Todtliegendem sich befinden. Ein Stück war gar zu apetitlich, der Stein aber zu fest, und ich habe geschworen mich nicht auf dieser Reise mit Steinen zu schleppen.

d 5ten halb 1 Mittag von Regensb[urg].

Schöne Gegend bey Aburg wo die Donau sich an Kalckfelsen bricht, bis gegen Saale.

Es ist der Kalck wie der bey Osterode am Harz. Dicht aber im Ganzen Löchrich.

3 Uhr in Saale, No 2b.

halb 4 von Saale, um sechs in Neustadt, Geisenfeld um achte, Pfaffenhofen um 10 Uhr, d 6. S. Unterbrück um 2, München um 6 in der frühe.

Abends um sechse. nun ist mein Münchner Pensum auch absolvirt, diese Nacht will ich hier schlafen und Morgen früh weiter. Du siehst ich richte mich eilig ein, und will und muß nun einmal diese Manier versuchen, um von der alten hockenden und schleichenden ganz abzukommen.

Ich habe die Bildergallerie gesehn und mein Auge wieder an Gemälde gewöhnt. Es sind treffliche Sachen da. Die Scizzen von Rubens zu der Luxemburger Gallerie sind herrlich. Das vornehme Spielwerck, die *Colonna Trajani* im Modell, die Figuren verguldet Silber auf Lapis lazuli, (ich glaube Archenholz spricht davon) steht auch da. Es ist immer ein schön Stück Arbeit.

Im Antiquario, oder Antiken Cabinet, hab ich recht gesehen daß meine Augen auf diese Gegenstände nicht geübt sind, und ich wollte auch nicht verweilen und Zeit verderben. Vieles will mir gar nicht ein.

Ein Drusus hat mich frappirt, die zwey Antoninen gefielen mir und so noch einiges. Sie stehen auch unglücklich, ob man gleich recht mit ihnen aufputzen wollen, und als Ganzes der Saal, oder vielmehr das Gewölbe, ein gutes Ansehn hätte, wenn es nur reinlicher und besser unterhalten wäre.

Im Naturalienkabinet fand ich schöne Sachen aus Tyrol, die ich aber durch Knebeln schon kannte. Apropos von Knebeln! Ihm gefiel im Antikensaal ein Julius Cäsar so wohl, der, (ich müßte mich entsetzlich betrügen) gar nichts taugt, allein ich finde eine frappante Ähnlichkeit der Büste mit Knebeln selbst. Die Ubereinstimmung des Charackters hat also den Mangel der Kunst ersetzt.

Ich wohne auch hier in Knebels Wirthshaus, mag aber nicht nach ihm fragen, aus Furcht Verdacht zu erwecken oder dem Verdacht fortzuhelfen. Niemand hat mich erkannt und ich freue mich so unter ihnen herum zu gehen. Bey Kobeln war ich, fand ihn aber nicht zu Hause. Sonst hatt ich den Spas einige die ich dem Nahmen nach kannte, und ihr Betragen zu sehen.

Uberhaupt da ich nun weis wie es allen Ständen zu Muthe ist und niemand seinen Stand verbergen kann und will; so hab ich schon, das phisiognomische abgerechnet, einen grosen Vorsprung, und es ist unglaublich wie sich alles auszeichnet.

Herder hat wohl recht zu sagen: daß ich ein groses Kind bin und bleibe, und ietzt ist mir es so wohl daß ich ohngestraft meinem kindischen Wesen folgen kann.

Morgen geht es grad nach Inspruck! Ich lasse Salzburg, wovon ich dir sogerne erzählt hätte, um den reisenden Franzosen auszustechen, das Zillerthal mit seinen Turmalinen, die Bergwercke von Schwaz, die Salinen von Halle! Was lass ich nicht alles liegen? um den Einen Gedancken auszuführen, der fast schon zu alt in meiner Seele geworden ist.

Heute früh fand ich eine Frau die Feigen verkaufte auf einer Gallerie des Schlosses, sogleich wurden ihrer gekauft und obgleich theuer; drey Kreutzer das Stück, doch die ersten, denen wills Gott mehr folgen sollen. Das Obst ist doch auch für d. 48ten Grad nicht übermäsig gut. Man klagt wie überall über Kälte und Nässe. Ein Nebel, der für einen Regen gelten konnte, empfieng mich heute früh vor München, den ganzen Tag blies der Wind sehr kalt vom Tyroler Gebirg, der Himmel war bedeckt. Ich stieg auf den Turm von dem sich die Fräulein herabstürzte und sah mich nach den Tyroler Bergen um. Sie waren bedeckt und der ganze Himmel überzogen. Nun scheint die Sonne im Untergehn noch an den alten Turm der mir vor dem Fenster steht. Lebe wohl. Du bist mir immer gegenwärtig und offt regt sich der Wunsch wieder: mögt ich doch Fritzen mitgenommen haben.

Noch eine böse Arbeit steht mir bevor. Nach einer letzten Conferenz mit Herdern, mußt ich die Iphigenie mitnehmen und muß sie nun gelegentlich durchgehn und ihr wenigstens einige Tage widmen. Das will ich auch thun, sobald ich ein Plätzgen finde wo ich bleiben mag.

d 7. Sept Abends. Es scheint mein Schutzgeist sagt Amen zu meinem Credo, und ich danck ihm, nicht daß er mir diesen schönen Tag gemacht, sondern daß er mich an diesem Tage hierhergeführt hat. Der Postillon sagte noch zulezt es sey der erste diesen ganzen Sommer. Ich hab eine herzliche, stille danckbare Freude über mein Glück und hoffe es soll nun so fort gehn.

Um 5 Uhr fuhr ich von München weg. Klarer Himmel. An den Tyroler Bergen standen die Wolcken fest und die untern Streifen bewegten sich auch nicht. Der Weg geht an der Iser hin, in der Höhe auf zusammengeschlemmten Kieshügeln, die Arbeit der alten höheren Wasser. Ich sah Knebels Kiesel wieder und begrüste ihn. Die Nebel des Flusses und der Wiesen wehrten sich eine Weile, endlich wurden auch diese aufgezehrt.

Zwischen gedachten Kieshügeln (die du dir mehrere Stunden lang und breit dencken mußt) das schönste fruchtbare Erdreich. Siehe rückwärts fol. Vor Wohlfahrtshausen, wo ich um 9 Uhr ankam und so den 48 Grad erreichte, muß man wieder an die Iser, man sieht da einen Durchschnitt, und Abhang der Kieshügel, wohl auf 150 Fus hoch. In Wohlf. brannte die Sonne starck. Alle Welt iammert über das böse Wetter und daß der *grose Gott* gar keine Anstalten machen will. Nun ging mir die neue Welt auf, ich näherte mich den Gebürgen, sie wurden freyer von Wolcken. Benedickt Bayern liegt köstlich! Wie man es zuerst erblickt, liegts in einer fruchtbaren Plaine, ein lang und breites weises Gebäude und ein breiter hoher Felsrücken darhinter. Dann kommt man zum *Cochl. See* No 3. dann zum *Walcher See* No 4. zum Cochl. See gehts schon hinauf, der andre liegt noch höher im Gebürge. Wie ich den ersten beschneiten Gipfel sah, griff ich nach dem Hute, doch war es mir unbegreiffl[ich] schon so nahe an den Schneebergen zu seyn. Dann hört ich daß es gestern in dieser Gegend gedonnert geblitzt geregnet und auf den Bergen geschneit hatte. Es war also der erste Schnee den ich begrüßte.

Kochelsee

Die hohen Felsklippen sind alle Kalck, von dem ältesten der noch keine Versteinerungen enthält. Diese Kalckfelsen gehn in ungeheurer ununterbrochener Reihe von Dalmatien bis nach dem Gothart und auch weiter fort Haquet hat einen grosen Theil der Kette bereist. davon mündlich. Sie lehnen sich an den Granit, Porphyr u.s.w. Ich habe nur wenige Stücke eine Art Gneis in den Giesbächen gefunden.

Wallensee halb 5. Ich war nicht weit von dem Orte, als mir das erste Abenteuergen aufsties. Ein Harfner ging mit seinem Töchtergen einem Mädgen von 11 Jahren vor mir her, und bat mich sie einzunehmen. Ich lies sie zu mir sitzen und nahm sie auf's nächste Dorf mit. Ein artiges ausgebildetes Geschöpf, das weit herumgekommen war, mit seiner Mutter nach Maria Einsiedlen gewallfahrtet und seine Reisen immer zu Fuß gemacht hatte. In München hatte sie bei dem Churfürsten gespielt und überhaupt schon sich vor 21 fürstl. Personen hören lassen. Sie unterhielt mich recht gut. hatte hübsche grose braune Augen eine eigensinnige Stirne, die sie ein wenig hinaufwärts zog. War hübsch und natürlich wenn sie sprach, besonders wenn sie kindisch laut lachte. Wenn sie schwieg, wollte sie was bedeuten und machte mit der Oberlippe eine fatale Mine. Ich schwätzte alles mit ihr durch. Sie war überall zu Hause, und paßte gut auf. Einmal fragte sie mich, was das für ein Baum sey? Es war ein Ahorn und der erste den ich auf der ganzen Reise sah. den hatte sie gleich bemerckt. Es kamen nachher noch mehr. Sie zeigte mir eine neue Haube die sie sich hatte in München machen lassen und in einer Schachtel mit sich führte.

Es gäbe schön Wetter, wenigstens einige Tage sagte sie. Sie trügen ihr Barometer mit das sey die Harfe; wenn sich der Diskant hinauf stimme, so geb es gutes Wetter das hab er heute gethan. Ich nahm das Omen an, und hatte noch viel Spas mit ihr ehe wir schieden. Mittelwald halb 8 angekom[men].

d 8 Sept. Abends

Auf dem Brenner angelangt, gleichsam hierher gezwungen, wie ich mir nur ein Ruheort gewünscht habe. Mein erstes ist dir das Gute des vergangnen Tages mitzutheilen. Es war ein Tag an dem man Jahrelang in der Erinnerung genießen kann.

Von Mittelwald um sechs Uhr, klarer Himmel es blies ein sehr scharfer Wind und war eine Kälte wie sie nur dem Februar erlaubt ist. Die duncklen mit Fichten bewachsnen Vorgründe, die grauen Kalckfelsen, die höchsten weisen Gipfel auf dem schönen Himmelsblau, machten köstliche, ewig abwechselnde Bilder.

Bey Scharnitz kommt man ins Tyrol und die Grenze ist mit einem Walle geschlossen der das Thal verriegelt und sich an die Berge anschließt. Es sieht schön aus. An der einen Seite ist der Felsen befestigt, an der andern geht es steil in die Höhe.

In Seefeld um halb neun.

Von da wird der Weg immer interessanter. Bisher ging er über die von Benedickt Bayern herauf erstiegne Höhen weg, nun kommt man dem Innthal näher und sieht von oben hinein Intzingen liegen. Die Sonne war hoch und heis. Meine Garderobe, (eine Veste mit Ermeln und ein Uberrock,) die auf alle vier Jahrszeiten gerichtet ist mußte gewechselt werden, und sie wird offt des Tags 10mal gewechselt

Bey *Cirl* steigt man in's Innthal herab. Die Lage ist unbeschreibl[ich] schön und der hohe Sonnenduft machte sie ganz herrlich. Ich habe nur einige Striche aufs Papier

Tal bei Zirl

gezogen, der Postillon hatte noch keine Messe gehört und eilte sehr auf Inspr[uck,] es war Marien Tag.

Nun immer an der Inn hinab an der Martins Wand vorbey, einer steilabgehenden ungeheuren Kalckwand. Zum Orte wohin Kayser Max sich verstiegen haben soll, getraut ich mir wohl ohne Engel hin und her zu kommen, ob es gleich immer ein frevelhafftes Unternehmen wäre.

Innspruck liegt herrlich in einem breiten reichen Thal zwischen hohen Felsen und Gebirgen.

Ich wollte heute dableiben, aber es lies mir innerlich keine Ruhe.

Ich fand an des Wirths Sohn den leibhaften Söller. So finde ich nach und nach meine Menschen.

Es ist Mariä Geburt. Alle Menschen geputzt und gesund und wohlhäbig wallfahrtend nach *Wilden* das eine Viertelstunde von der Stadt liegt. Von Innsbr[uck] fuhr ich um 2 Uhr ab und war halb achte hier

auf dem Brenner.

hier soll mein Rastort seyn, hier will ich eine Recapitulation der vergangnen sechs Tage machen, Dir schreiben und dann weiter gehn.

Von Innspr[uck] herauf wirds immer schöner da hilft kein Beschreiben. Man kommt eine Schlucht herauf wo das Wasser nach der Inn zu stürzt. Eine Schlucht die unzählige Abwechslungen hat.

Bald ist die Seite gegenüber nicht abhängiger als daß nicht noch sollte der schönste Feldbau drauf geübt werden. Es liegen Dörfgen, Haüser, Hütten, Kirchen alles weis angestrichen zwischen Feldern und Hecken auf der abhängenden hohen Fläche.

Bald verengt sichs es wird Wiese, steil abfallendes Thal pp.

Zu meiner Weltschöpfung hab ich manches erobert. Doch nichts ganz neues noch unerwartetes. Auch hab ich viel geträumt von dem Model, von dem ich solang rede und an dem ich Euch lieben Layen allein das alles anschaulich machen könnte was immer mit mir herumreist.

Endlich ward es dunckel und dunckler, das Detail verlohr sich und die Massen wurden größer und herrlicher. Endlich da alles nur wie ein tiefes geheimnißvolles Bild vor mir sich bewegte, sah ich auf einmal die hohen Gipfel wieder vom Monde erleuchtet und die Sterne herabblincken.

In Inspr[uck] und der Gegend mögt ich mit dir einen Monat verleben, mit solchem Wetter wie heute versteht sich. Und das Gebürg herauf was ich für Gegenstände vorbeygefahren bin, die dir die größte Freude machen würden, wenn du sie zeichnen könntest. Einige schick ich dir.

Nun bin ich hier, finde ein sehr saubres bequemes Gasthaus; Will ausruhen meine Vergangne Tage überlegen und alles für dich in Ordnung bringen, auch mich zu weiterer Reise zu bereiten.

Von Witterung Not. a. Von Polhöhe pp. S. Note b. Von Pflanzen N. c. Von Gebürgen Steinarten Note d. Von Menschen Note e.

d. 9 Sept. 86 Abends.

Da ich meine flüchtige Bemerckungen dieser Tage zusammenbringe, schreibe und hefte; so findet sich's das sie beynahe ein Buch werden, ich widme es dir. So wenig es ist wird es dich erfreuen und wird mir in der Folge Gelegenheit geben besser ordentlicher und ausführlicher zu erzählen. Wir werden nun gerne etwas von diesen Gegenden lesen, weil ich sie gesehn, manches über sie gedacht habe und du sie durch mich genießen sollst. Ich werde so fortfahren von Zeit zu Zeit einen Rasttag zu machen und das Vergangne in Ordnung zu bringen denn in die Weite gehts nicht und man mag zuletzt die einzelnen Blätter nicht mehr ansehn.

Hier oben in einem wohlgebauten, reinlichen, bequemen Hause seh ich nun noch einmal nach dir zurück. Von hier fliesen die Wasser nach Deutschland und nach Welschland diesen hoff ich morgen zu folgen. Wie sonderbar daß ich schon zweymal auf so einem Puncte stand, ausruhte und nicht hinüber kam! Auch glaub ich es nicht eher als bis ich drunten bin. Was andern Menschen gemein und leicht ist, wird mir sauer gemacht. Lebe wohl! Gedenck an mich in dieser wichtigen Epoche meines Lebens. Ich bin wohl, freyen Gemüths und aus diesen Blättern wirst du sehn wie ich der Welt genieße. Lebwohl. Der ganze Tag ist mir über diesen Papieren hingegangen.

G

Note a.
Gedancken über die Witterung.

Sobald ich die Schäfgen der Oberen Lufft sah schon im Carlsbad d. 2 Sept. hatte ich gute Hoffnung, ich schloß daraus: daß die Atmosphäre ihre Elasticität wieder gewinne und im Begriff sey das schöne Wetter wieder herzustellen. Allein ich dachte nicht an das was ich nachher bemerckt zu haben glaube. Nämlich: *daß eine Elastischere Athmosphäre die Wolcken aufzehrt, ihnen den Zusammenhang unter sich benimmt,* so daß also die Dünste die vorher Massenweis zusammen gedrängt waren, als Wolcken umherzogen, nur in einer gewissen Höhe über der Erde schwebten, als Regen herab fielen, als Nebel wieder aufstiegen, nunmehr in den ganzen Raum gleichförmig ausgetheilt sind. Da ieder Dunst und Wassertropfen durch Mittheilung der Athmosphärischen Elasticität unendlich elastisch werden, ia ins unendlich kleine getheilt werden kann, so kann auch die Wasser Masse sich in eine weit grösere Höhe austheilen und vor unsern Augen so verschwinden daß sie zuletzt auch nicht den geringsten Dunst bemerckbar laßt. Vielleicht ist das was ich sage was bekanntes, ich setze nur meine Bemerckungen hin, und folgere aus meiner Hypothese.

Wenn eine ungeheure Menge condensirte Dünste aufzulösen sind, wie es diesmal war; so geht es langsam zu, und die obere Lufft, da sie zuerst ihre Elasticität wieder erlangt, fängt zuerst an Schäfgen (leicht wie gekämmte Wolle aneinander gereihte Wölckgen) zu bilden. An den hohen Gebürgen, die durch die Anziehung die Wolcken halten, fangen diese an, in Grosen, Bergähnlichen übereinander gethürmten weißen Massen, festzustehn, indess die Wolcken der untern Athmosphäre als graue

26

Streifen, und in langgedehnten schweeren Formen unter ihnen hinziehen. Vermehrt sich nun immer die Elasticität der Luft so zehrt sie von oben herein die um die Berge feststehende Wolcken auf und der Wind der vom Berge kommt, der vor wenigen Tagen Regen brachte, bringt nun gutes Wetter.

Ich sah das Aufzehren einer solchen Wolcke ganz deutlich, sie hing am Berge fest, löste sich mit der grösten Langsamkeit auf, kaum daß einige Flocken sichtbar sich ablösten und in die Höhe stiegen die aber auch gleich verschwanden. Und so verschwand sie nach und nach und hinter dem Berge bemerckt ich in der Lufft ganz leichte weiße Streiffgen, die mir zuletzt auch aus dem Gesicht kamen.

Ist nun das Wasser so in der ganzen Athmosphäre vertheilt, und noch einigermassen nah an einander so sieht mans an der Luft-Perspecktiv und am Auseinandergehn der Landschafftsgründe ganz deutlich. Das muß nun als Thau, oder Reif herunter, oder muß sich weiter ausdehnen und verbreiten. Diesmal machte das Wetter um die Tyroler Berge ein gewaltsames Ende mit Donnern, Blitzen und Schneyen; dann hellte sichs aus.

Eben so sah ich den 9ten als die Sonne den Schnee auf den Gipfeln zu schmelzen anfing leichte Schaumstreifen in die Höhe steigen und sich bey einem kalten Mittag Winde weit über den Himmel gegen Norden verbreiten. So ging es immer fort es zog immer mehr weißer Duft von Mittag herauf der ganze Himmel ward bedeckt, und die Sonne endlich verdunckelt, die Dünste verwandelten sich in Wolcken, die noch in ziemlicher Höhe schwebten und die Bewohner jammerten, daß schon wieder Regen folge.

Nach meiner Theorie fahre ich fort zu erklären. Die Athmosphäre war nun in dieser Gegend fast mit Dünsten gesättigt, sie konnte sie also nicht mehr rein aufzehren, sie mußte also leiden daß die Dünste wieder ein zusammenhangender Dunst und endlich noch verwandter unter sich und Wolcken wurden. Kann nun diese Nacht durch da die Kühlung die Elasticität des Wassers vermindert und die Elasticität der Luft vermehrt, letztere über ersteres Herr werden, so müssen die Wolcken wieder von den Bergen angezogen werden und auch als Wasser niederfallen.

Noch eine Bemerckung. Die Athmosphäre und die Berge ziehen wechselsweise die Dünste an, unter welchen Bestimmungen dies geschieht wird sich erklären lassen. Jetzt nur soviel: Wenn sich die Elasticität der Luft vermehrt, vermehrt sich ihre Anziehungskrafft und die Wolcken verlassen die Berge und werden, wie mehrmals gesagt, von der Luft gehoben und verzehrt, umgekehrt ist die Würckung umgekehrt. Es ist wie mit einem Luft ballon der sich auch wieder hebt wenn die Luft elastischer wird.

Ich habe das Wort Elasticität, statt des in dieser Materie auch gewöhnlichen Wortes Schwere gebraucht, und es ist auch besser. Uberhaupt aber sind meine Kunstwörter nicht die besten, komme ich zurück; so wollen wir meine Bemerckungen und Erfahrungen mit den Grundsätzen der Phisicker ihren Theorien und Erfahrungen zusammen halten. Ich bin leider nicht gelehrt wie du weißt.

Note b.
Uber Polhöhe, Clima p.

Ich habe den ganzen Weg mit mir selbst über Polhöhe, Clima und was daran hängt gescherzt, nun darüber auch ein Paar Worte.

Die Polhöhe machts nicht aus, sondern die Bergrükken die von Morgen nach Abend die Länder durchschneiden; diese machen sogleich grose Veränderungen und die Länder die alsdann nordwärts liegen haben davon zu leiden. Die Wittrung dieses Jahr für den ganzen Norden scheint durch die grose Alpenkette auf der ich dieses schreibe, bestimmt worden zu seyn. Hier haben sie den ganzen Sommer Regen gehabt und Südwest und Südost haben von hier den Regen in den ganzen Norden verbreitet. In Italien sollen sie schön Wetter fast zu trocken gehabt haben.

Note c.
Uber Pflanzen, Früchte pp

Was ich bisher an Früchten angetroffen habe will nichts sagen. Aepfel und Birn hängen schon vor Inspruck im Innthal, Pfirschen Trauben bringen sie aus Wälschland oder eigentlich dem mittägigen Tyrol. Um Inspr[uck] bauen sie Türckisch Korn sehr viel, es war eben im ansetzen.

Auch noch ein Gewächs das sie Blende (Haidekorn an andern Orten) nennen, das ein Braünlich Korn trägt, woraus Mehl gemacht und als Muß oder Knötel gegessen wird.

Hinter Inspr[uck] sah ich die ersten Lerchenbäume die hieroben häufig wachsen, und bey Schemberg den ersten Zirbel. Die Pflanzen betr[effend] fühl ich noch sehr meine Schülerschafft.

Bis München sah ich nur die gewöhnlichen. das *Hieracium,* die blaue Blume die sie bey uns wilden Sellery nennen, die Schaafgarbe, Disteln, was ich von Carlsb[ad] beständig sah. Vor München an einem Wassergraben die Federnelcke, eine art niedriger Sonnenblume. hinter Benedicktb[ayern] das Gebürg herauf und am Walchsee andre die ich ein gelegt habe und die erste *Gentiana;* immer war es das Wasser in dessen Nähe ich die neuen Pflanzen zuerst fand.

Uberhaupt über den Einfl[uß] der Barometrischen Höhe auf die Pflanzen will ich eine Meynung hersetzen die geprüft werden muß.

Die mehr elastische Lufft würckt auf die Organe der Pflanze und giebt ihr auch alle mögliche Ausdehnung und macht ihre Existenz vollkommner. Ist Feuchtigkeit genug da die in das ausgedehnte Organ eindringen kann; so nährt sich die Pflanze gut und kann sich aufs beste entwickeln, stärcker wachsen und sich reichlicher fortpflanzen. Dieser Gedancke ist mir bey einer Weide und Gentiane eingekommen da ich sah daß sie sehr zart waren und von Knoten zu Knoten viel Zwischenraum hatten.

Statt wie Fig 1. waren sie wie Fig 2 gebildet.

Hiervon in der Folge mehr.
NB Ich sah auch im Walchen See sehr lange Binsen.

Note d.
Von Gebürgen und Steinarten.
Ich habe schon gesagt daß ich bisher die Kalck Alpen

durchwandert habe. Sie haben ein Graues Ansehn und schöne sonderbare unregelmäsige Formen ob sich der Fels gleich auch in Lager und Bäncke abtheilt. Aber weil auch geschwungene Lager vorkommen und der Fels überhaupt ungleich verwittert; so sehen die Gipfel seltsam aus.

Es war alles Kalck soviel ich bemercken konnte bis herauf. In der Gegend des Sees verändert sich das Gebirg (vielleicht früher, das einem Nachfolger zu untersuchen bleibt) und ich fand Glimmerschiefer starck mit Quarz durchzogen. Stahl-Grün und dunckel Grau. An denselben lehnte sich ein weiser dichter Kalckstein der an den Ablösungen glimmrich war und in grosen Massen die sich aber unendlich zerklüffteten, brach. Oben auf den Kalckstein legte sich wieder Glimmerschiefer auf der mir aber zärter zu seyn schien.

Weiter hinauf zeigte sich eine besondere Art Gneis oder vielmehr eine Granitart die sich zum Gneis anlegt, wie das Stück was ich von der Gegend von Ellenbogen habe. No [4] ist ein schnell aufgenommner Riß des Sees.

Hier oben gegen dem Hause über ist der Fels Glimmerschiefer und die Wasser die aus den nächsten Bergen kommen bringen grauen Kalck wie Glimmerschiefer mit.

Es zeigt sich also daß hier oben nicht ferne der Granitstock seyn muß an dem sich das alles anlehnt. Granit selbst habe ich noch nicht gefunden.

Auf der Karte sieht man daß man hier an der Seite von dem eigentlichen großen Brenner ist von dem aus rings um sich die Wasser ergiesen. Denselben zu umreisen wär eine hübsche Aufgabe für einen jungen Mineralogen.

Note e.

Menschen.

Von ihnen kann ich nicht viel als vom Ansehn sagen.

Die Nation ist wacker grad vor sich hin, die Gestalten sich ziemlich gleich, doch wag ich keine Beschreibung der Formen aus dem Stegreif.

Braune wohl geöffnete Augen und sehr gut gezeichnete schwarze Augbrauen bey den Weibern sind mir aufgefallen und dagegen blonde Augbrauen und breite bey den Männern. Die grünen Hüte geben zwischen den Bergen ein fröhlich Ansehn. Sie tragen sie geziert mit Bändern oder breiten Schärpen von Tafft mit Franzen die mit Nadeln gar zierlich aufgeheftet werden, auch hat jeder eine Blume oder eine Feder auf dem Hute.

Dagegen tragen die Weiber weise, baumwollene, zotige, sehr weite Mützen, wie unförmliche Manns Nachtmützen, das ihnen ein ganz fremdes Ansehn giebt.

Ihre übrige Tracht ist bekannt.

Ich habe Gelegenheit gehabt zu sehen was für einen Werth die gemeinen Leute auf Pfauenfedern legen, und wie iede andre bunte Feder geehrt wird, daß ich jedem Reisenden, der Freude machen und statt eines kleinen Trinckgeldes ein groses ohne Unkosten geben will, solche Federn mit sich zu führen rathen will. Es versteht sich von selbst daß man sie mit Geschicklichkeit anbrächte.

REISE-TAGEBUCH
ZWEYTES STÜCK.

VOM BRENNER IN TYROL
BIS VERONA

1786

Stationen vom Brenner in Tyrol
bis Verona zurückgelegt vom 9. S. bis d. 14. S.

Nahmen und Entfernung		angekommen	abgefahren
		9.	
Sterzingen	ie-	9 Uhr Nachts	9 $^{1}/_{2}$
Mittenwalde	des-	12.	
Brixen	mal 10.	3 $^{1}/_{2}$	
Colmann	1Post	5.	
Deutschen	die Post	7.	gleich
Botzen	2	9.	
Brandsol	Mei-	11	
Neumarck	len.	1 $^{1}/_{2}$	
Salurn		2 $^{1}/_{2}$	3 $^{1}/_{2}$
Neefes	1 $^{1}/_{2}$	6	
Trient	1 $^{1}/_{2}$	7 $^{1}/_{2}$	5 Uhr Abends
		11.	
Aqua viva	1	6 $^{1}/_{2}$	
Roveredo	1 $^{1}/_{2}$	8 $^{1}/_{2}$	4. früh
		12.	
Porto al Lago di Garda eigentl. Torbole.	2 $^{1}/_{2}$	8.	5 früh
		13.	nach
Malsesine		7.	Mitternacht.
		14	
Bartolino		10.	gleich.
Verona.		2.	

Trent d 10 Sept. Abends 8.

Nun bin ich völlige 50 Stunden am Leben und in stee-
ter Beschäfftigung und Bewegung. Wenn ich mich gehn
ließe; schrieb ich dir auch noch wie es mir ergangen ist.
Um des morgenden Tags willen ist es aber besser daß ich
ruhe und so sollst du Morgen von mir hören. Heute Gute
Nacht.

d 11. früh.

Ich fahre in meiner Erzählung fort.

Am 9. Abends als ich mein erstes Stück an dich geschlossen hatte, wollte ich noch die Herberge zeichnen
aber es ging nicht, ich verfehlte die Formen und ging
halb mismutig nach Hause.

Mein Wirth fragte mich ob ich nicht fortwollte? es
sey Mondschein p und ob ich wohl wußte daß er die
Pferde morgen früh brauchte und sie also bis dahin
gerne wieder zu Hause gehabt hätte, sein Rath also
eigennützig war; so nahm ich doch weil es mit meinem
innern Trieb übereinstimmte ihn als gut an, die Sonne
lies sich wieder blicken, und es war eine sehr leidliche
Lufft.

Ich packte ein und um sieben fuhr ich vom Brenner
weg. Wie ich gehofft hatte, ward die Athmosphäre Herr
der Wolcken und der Abend gar schön.

Der Postillon schlief ein und die Pferde liefen den
schnellsten Trab bergunter immer auf dem bekannten
Wege fort, kamen sie an ein eben Fleck ging's desto langsamer, er erwachte und trieb und so kam ich sehr geschwind zwischen hohen Felsen, an den reißenden Etsch
Fluß hinunter. Der Mond ging auf und beleuchtete ungeheure Gegenstände. Einige Mühlen über dem reißenden Strom waren völlige Everdingen. Wenn ich dir sie
nur vor die Augen hätte stellen können.

Um 9 kam ich nach Sterzing und man gab mir zu ver-

stehen daß man mich gleich wieder weg wünschte, um
12 in Mittelwald war alles im tiefen Schlafe ausser den
Postillons, um halb 3 in Brixen eben so, daß ich mit dem
Tage in Colman ankam. So leid es mir that, diese interes-
santen Gegenden, mit der entsetzlichen Schnelle, (die
Postillon fuhren daß einem oft Hören und Sehen ver-
ging) und bey Nacht wie der Schuhu zu durchreisen; so
freute mich's doch, daß wie ein Wind hinter mir her blies
und mich meinen Wünschen zujagte.

Mit Tags Anbruch erblickt ich die ersten Rebhügel,
eine Frau mit Birn und Pfirschen begegnete mir, so gings
auf Deutschen, wo ich um 7 Uhr ankam und endlich erblickt ich bey hohem Sonnenschein, nachdem ich eine
Weile Nordwärts gefahren war, das Thal worinn Botzen
liegt.

Von steilen bis auf eine ziemliche Höhe bebauten Bergen umgeben, ist es gegen Mittag offen, gegen Norden
von den Tyroler Bergen bedeckt, eine milde sanfte Luft
füllte die Gegend, der Etsch Fl[uß] wendet sich hier gegen Mittag wieder. Die Hügel am Fuß der Berge sind
mit Wein bebaut. Uber lange niedrige Lauben sind die
Stöcke gezogen und die blauen Trauben hängen gar zierlich und reich von der Decke herunter. Auch in der Fläche des Thals, wo sonst nordwärts Wiesen sind, wird der
Wein in solchen eng aneinander stehenden Reihen von
Lauben gebaut, dazwischen das Türckische Korn,
Ital[iänisch] *Fromentass**) oder weiter hin *Fromentone* genannt, das nun immer höher wächst. Ich habe es offt zu
9–10 Fus hoch gesehn. Die zaseliche männliche Blüte ist
noch nicht abgeschnitten, wie es geschieht wenn die Be-
fruchtung eine Zeitlang vorbey ist.

Bey heißem Sonnenschein nach Botzen, wo alles von

---

*) Sie sprechen es Formentass aus und Formenton ist die Blende deren ich oben
gedacht.

der Messe lebte. Die vielen Kaufmanns gesichter freuten mich beysammen, ihr absichtliches wohlbehägliches Daseyn druckt sich recht lebhaft aus.

Auf dem Platze saßen Obstweiber mit Körben 4 bis 4½ Fus im Durchschnitt, flach, worinn die Pfirschen neben einander lagen, eben so die Birn. Hier fiel mir ein was ich in Regensburg am Fenster des Wirths hauses geschrieben fand

> Comme les peches et les Melons
> Sont pour la bouche d'un Baron
> Ainsi les verges et les batons
> Sont pour les fous dit Salomon.

Daß ein nordischer Baron dieses geschrieben, ist offenbar und daß er in diesen Gegenden seine Begriffe verändern würde ist auch natürlich.

Die Messe zu Botzen ist stark an Seiden vertrieb, auch Tücher p werden dahin gebracht und was sonst an Leder pp aus den Gebürgen und der Gegend zusammengebracht wird. Auch kommen die Kaufleute vorzüglich dahin ihr Geld einzukassiren.

Ich eilte fort damit mich nicht irgend einer erkennte, und hatte ohne dies nichts da zu thun – Zwar wenn ich es recht gestehe; so ist es der Trieb und die Unruhe die hinter mir ist; denn ich hätte gern mich ein wenig umgesehen und alle die Produckte beleuchtet die sie hierher zusammenschleppen. Doch ist das mein Trost, alles das ist gewiß schon gedruckt. In unsern statistischen Zeiten braucht man sich um diese Dinge wenig zu bekümmern ein andrer hat schon die Sorge übernommen, mir ists nur jetzt um die sinnlichen Eindrücke zu thun, die mir kein Buch und kein Bild geben kann, daß ich wieder Interesse an der Welt nehme und daß ich meinen Beobachtungsgeist versuche, und auch sehe wie weit es mit meinen Wissenschafften und Kenntnissen geht, ob und wie mein

Auge licht, rein und hell ist, was ich in der Geschwindigkeit fassen kann und ob die Falten, die sich in mein Gemüth geschlagen und gedruckt haben, wieder auszutilgen sind.

Komm ich weiter; so sag ich dir mehr.

Schon jetzt daß ich mich selbst bediene, immer aufmercksam, immer gegenwärtig seyn muß, giebt mir
diese wenige Tage her eine ganz andre Elasticität des
Geistes. Ich muß mich um den Geldkurs bekümmern
wechseln bezahlen, notiren, dir schreiben anstatt daß ich
sonst nur dachte, wollte, sann, befahl und diktirte. Von
Botzen auf Trient*) (die Stationen siehe fol [2]) gehts in
einem fruchtbaren und fruchtbarern Thal hin. Alles was
höher hinauf nur zu vegetiren anfängt hat nun hier schon
alles mehr Krafft und Leben man glaubt wieder einmal
an einen Gott.

Die Etsch fließt sanfter, macht an vielen Orten breite
Kiese, auf dem Lande nah am Fluß und an den Hügeln ist
alles so in einander gepflanzt daß man denckt es müßte
eins das andre ersticken. Weingeländer, Mays, Haidekorn, Maulbeerbäume, Fruchtbäume Nuß und Quitten-
bäume. Uber die Mauern wirft sich der Attich lebhafft
herüber, der Epheu wächst in starcken Stämmen die Felsen hinauf und verbreitet sich weit über sie und die Ei-
dexe schlüpft über die Steine weg.

Könnt ich nur mit dir dieser Gegend und Luft geniesen
in der du dich gewiß gesund fühlen würdest.

Auch was hin und her wandelt erinnert einen an die
liebsten Bilder. Die aufgewundnen Zöpfe der Weiber,
die blose Brust und leichten Jacken der Männer, die tref-
lichen Ochsen die sie vom Marckte nach Hause treiben,

*) NB. arme Frau, die mich bat ihr Kind in den Wagen zu nehmen weil ihm der
heise Boden die Füße brenne. Sonderbarer Putz des Kindes. Ich redet es Italiänisch an, es sagte daß sie kein Deutsch verstehe.

die beladnen Eselgen alles macht einen immer lebenden und sich bewegenden Heinrich Roos.

Und nun wenn es Abend wird und bey der milden Luft wenige Wolcken an den Bergen ruhn, am Himmel mehr stehn als ziehn, und gleich nach Sonnen Untergang das Geschrille der Heuschrecken laut zu werden anfängt! Es ist mir als wenn ich hier gebohren und erzogen wäre und nun von einer Grönlandsfahrt Von einem Wallfischfang zurückkäme. Alles ist mir willkommen, auch der Vaterländische Staub der manchmal starck auf den Strasen wird und von dem ich nun solang nichts gesehen habe.

Das Glocken oder vielmehr Schellengeläute der Heuschrecken ist allerliebst durchdringend und nicht unangenehm.

Lustig klingts wenn muthwillige Buben mit einem Feld voll Heuschrecken um die Wette pfeifen. Es ist als wenn sie einander würcklich steigerten. Heute ist wieder ein Herrlicher Tag, besonders die Milde der Luft kann ich dir nicht ausdrücken.

Wenn das alles jemand läse der im Mittag wohnte, vom Mittag käme [er] würde mich [für] sehr kindisch halten. Ach was ich da schreibe hab ich lang gewußt, seitdem ich mit dir unter einem bösen Himmel leide, und jetzt mag ich gern diese Freude als Ausnahme fühlen, die wir als eine ewige Naturwohlthat immer genießen sollten.

Das übrige siehe in den angehängten Noten die ich der Bequemlichkeit halber fortsetzen und mit eben den Buchstaben wie beym ersten Stück bezeichnen will.

Trient. Ich bin in der Stadt herumgegangen die uralt ist und in einigen Strasen neue wohlgebaute Häuser hat. In der Kirche hängt ein Bild, wo das versammlete Concilium einer Predigt des Jesuiten Generals zuhört. Ich mögte wissen was er ihnen vorgesagt hat.

Ich trat in die Jesuiten Kirche, die sich von aussen gleich durch rothe Marmor Pilastres auszeichnet, ein großer Vorhang hängt nahe an der Thüre herunter den Staub von aussen abzuhalten, ein eisernes Gitter schliest die Kirche von einer kleinen Vorkirche, so daß man alles sehen, weiter hinein aber nicht kommen kann. Es war alles still und ausgestorben, die Thüre nur auf weil zur Vesperzeit alle Kirchen geöffnet sind. Wie ich so dastehe und über die Bauart, die ich den bekannten Kirchen ähnlich fand nachdachte, kommt ein alter Mann mit einem schwarzen Käppgen auf dem Kopfe das er sogleich abnimmt, und in einem langen schwarzen für Alter vergrauten Rock herein, kniet vor dem Gitter nieder, und steht nach einem kurzen Gebet wieder auf. Wie er sich umkehrt sagt er halb laut für sich: da haben sie nun die Jesuiten herausgetrieben, sie hätten ihnen auch zahlen sollen was die Kirche gekostet hat, ich weis wohl was sie gekostet hat, und das Seminarium wie viele Tausende (indeß war er wieder den Vorhang hinaus, ich trat an den Vorhang sah an der Seite hinaus und hielt mich stille, er war auf der Kirchschwelle stehen geblieben) der Kayser hats nicht gethan, der Papst hats gethan, fuhr er fort mit dem Gesicht nach der Strase gekehrt und ohne mich zu vermuthen. Erst die Spanier, dann wir, dann die Franzosen (er nannte noch einige); Abels Blut schreyt über seinen Bruder Kain! – und so ging er die Treppe hinab immer mit sich redend die Straße hin.

Ich vermuthe daß es entweder selbst ein Jesuite, oder einer den sie erhalten war und der über den ungeheuren Fall des Ordens den Verstand mag verlohren haben, der nun jetzt kommt in dem leeren Gefäß die alten Bewohner zu suchen und nach einem kurzen Gebet ihren Feinden den Fluch zu geben.

Mein Begleiter zeigte mir mit Verwunderung ein Haus das man das Teufelshaus nennt, wozu in einer Nacht der Teufel die Steine nicht nur hergebracht sondern es auch aufgebaut haben soll. Das Teuflischte daran bemerckte er aber nicht das ist: daß es das einzige Haus von einem guten Geschmacke ist das ich in Trient gesehn habe. Es ist aus einer alten Zeit aber gewiß von einem guten Italiäner aufgeführt.

Abends um 5 Uhr ab nach Roveredo.

Wieder das Schauspiel von gestern Abend und die Heuschrecken die gleich bey Sonnenuntergang zu schrillen anfingen. Man fährt wohl eine Meile von der Stadt zwischen Mauern über welche die Traubengeländer sich sehen laßen, andre die nicht hoch genug sind hat man mit Steinen, Reisig und andern Künsten erhöht um das Abrupfen der Trauben den Vorbeygehenden zu wehren, viele Besitzer besprengen die vordersten Reihen mit Kalck der die Trauben dem Essen unangenehm macht und dem Magen feind ist, dem Wein aber nicht schadet, weil er durch die Gährung wieder heraus muß. Das schöne Wetter dauert fort. Es war sehr heiß als ich um 3 Uhr vor die Stadt und auf die Brücke spazieren ging. Mir ists wie einem Kinde, das erst wieder leben lernen muß. Es macht schon hier niemand mehr die Thüren zu, die Fenster stehn immer offen pp. Es hat kein Mensch Stiefeln an, kein Tuch Rock zu sehn. Ich komme recht wie ein nordischer Bär vom Gebirge. Ich will mir aber den Spas machen mich nach und nach in die Landstracht zu kleiden.

d. 11. S. Abends.

Hier bin ich nun in Roveredo hier schneidet sichs ab. Von oben herein schwanckte es noch immer vom deut-

42

Rovereto an der Etsch

schen zum italiänischen, nun hatt ich einen stock wäl-
schen Postillon. Der Wirth spricht kein deutsch und ich
muß nun meine Künste versuchen. Wie froh bin ich daß
die Geliebte Sprache nun die Sprache des Gebrauchs
wird.

d. 12 Sept. nach Tische.

Wie sehnlich wünsch' ich dich einen Augenblick neben mich, damit du dich mit mir der Aussicht freuen
könntest die vor mir liegt.

Heut Abend hätt ich in Verona seyn können, aber es
lag mir noch eine schöne Natur Würckung am Wege, ein
schönes Schauspiel der *Lago di Garda.*

Den wollte ich nicht versäumen und bin herrlich be-
lohnt. Nach fünfen fuhr ich von Roveredo ab ein Seiten
Thal hinauf, das seine Wasser in den *Adige* ausgießt.
Wenn man hinauf kommt, Liegt ein ungeheurer Riegel
hinten vor, über den man nach dem See hinunter muß.
Hier waren die schönsten Kalckfelsen zu mahlerischen
Studien.

Wie man hinab kommt liegt ein Örtgen am nördlichen Ende des Sees und ist ein kleiner Hafen oder vielmehr Anfahrt da, es heist *Torbole.* Die Feigenbäume hatten mich schon den Weg her häufiger begleitet und im
hinabsteigen fand ich die ersten Oelbäume, die voller
Oliven hingen. Hier fand ich zum erstenmal die weiße
Feigen als eine gemeine Frucht, die mir die Gräfinn Lanthieri verheißen hatte. Aus dem Zimmer wo ich sitze
geht eine Thüre in den Hof hinunter, ich habe meinen
Tisch davor geruckt und dir die Aussicht mit einigen Linien gezeichnet. Sie zeigt den See in seiner Länge dessen
Ende man besonders an der Lincken Seite nicht sehen
kann.

Nach Mitternacht bläst der Wind von Norden nach
Süden, wer also den See hinab will muß vor Tage fahren,

einige Stunden nach Sonnen Aufgang wendet er sich und bläst nordwärts. Jetzt nach Mittag um eins weht er sehr starck gegen mich und kühlt die heise Sonne gar herrlich ab.

Eben lehrt mich Volckmann den ich zuerst aus meinem Coffer hohle daß dieser See ehmals *Benacus* geheisen und zeigt mir einen Vers des Virgils an worin seiner gedacht wird:

teque
Fluctibus et fremitu assurgens Benace marino.

Der erste lateinische Vers dessen Gegenstand mir lebendig vorsteht und der, da der Wind immer stärcker weht und der See höhere Wellen schlägt, recht wahr wird. Nun will ich schliesen, wenn es kühle wird noch einen Spaziergang machen, Morgen früh um dreye von hier abfahren und dir dann wieder von Verona schreiben. Die schönsten und grösten Natur Erscheinungen des festen Landes hab ich nun hinter mir, nun gehts der Kunst, dem Alterthum und der Seenachbarschafft zu! Lebe wohl! Heute hab ich an der Iphigenie gearbeitet, es ist im Angesichte des Sees gut von statten gegangen. Ich muß einpacken und scheide ungern von dir, ich will noch heute zeichnend an dich dencken. Die Tyroler Karte die ich Knebeln weggenommen liegt bey, ich habe meinen Weg mit einem Bleystifft strich gezeichnet.

Geschrieben den 46. Grad hinter mir.

d 13 Sept.
Wenn man mit dem Wasser zu thun hat, kann man nicht sagen: ich werde heut da oder da seyn.

Ich bin in *Malsesine* dem ersten Orte des Venetianischen Staats an der Morgenseite des Sees. Nun noch einiges von *Torbole,* so heißt der Hafen wo ich gestern blieb.

Hafen von Torbole am Gardasee

Der Gasthof hat keine Schlösser an den Thüren, und der Wirth sagte mir ich könnte sicher seyn, und wenn alles Diamanten wären was ich bey mir hätte. Sodann die Zimmer keine Fenster, sondern Oelpapierne Rahmen und es ist doch köstlich drinne seyn, drittens keinen Abtritt. Du siehst also daß man dem Naturzustande hier ziemlich nah kommt. Als ich nach meiner Ankunft den Hausknecht nach einer Bequemlichkeit fragte, deutete er in den Hof: *qui abasso! puo servirsi.* Ich fragte *dove?* er antwortete *per tutto, dove vuol.* Durchaus zeigt sich eine Sorglosigkeit, doch Geschäfftigkeit und Leben genug und den ganzen Tag verführen die Nachbarinnen ein Geschwätz und Geschrey, haben aber immer was zu schaffen und zu thun. Ich habe noch kein müßiges Weib gesehn.

Köstliche Forellen (*Trutte*) werden bey *Torbole* gefangen, wo der Bach vom Gebürge herunter kommt und der Fisch den Weg hinauf sucht. Der Kayser erhält von diesem Fang 10/m f. Pacht.

Es sind keine eigentliche Forellen, sie sind bis auf 50 Pfd. schwer, über den ganzen Leib bis auf den Kopf hinauf puncktirt. Der Geschmack ist zwischen Forelle und Lachs, sehr zart und trefflich.

Mein eigentlich Wohlleben ist aber in Früchten; Feigen ess ich den gantzen Tag. Du kannst dencken daß die Birn hier gut seyn müßen wo schon Zitronen wachsen. Heute früh fuhr ich um drey Uhr von Torbole ab mit zwey Ruderern, einigemal ward der Wind günstig daß sie das Seegel brauchen konnten, aber wir kamen nicht weit unter Malsesine als der Wind sich völlig umkehrte seinen gewöhnlichen Tagweg nahm und nach Norden zog. Das Rudern half wenig gegen die übermächtige Gewalt und wir mußten in den Hafen von Malsesine einlaufen.

Der Morgen war herrlich wolckig und bey der Dämmrung still. Ich habe einige Linien gezogen. Wir fuhren bei *Limona* vorbey, dem die Berggärten, die terassenweis angelegt sind und worinn die Citronenbäume stehen ein reinliches und reiches Ansehn geben. Der ganze Garten besteht aus reihen von weißen viereckten Pfeilern, die in einer gewißen Entfernung von einander stehn und deren Reihen hinter einander den Berg hinauf rucken. Uber diese Pfeiler sind starcke Stangen gelegt um im Winter die Bäume zu decken die dazwischen gepflanzt sind, sonst würden sie in diesem Klima noch leiden. Hier in Malsesine ist auch so ein Garten, ich will ein Stück zeichnen.

Wie auch das Schloß das am Wasser liegt und ein schöner Gegenstand ist.

Heute im Vorbeyfahren nahm ich eine Idee davon mit.

Ich betrübte mich heute früh daß ich nicht mehr zeichnen kann und freute mich, daß ich so viel kann. Wie mir auch Mineralogie und das bischen botanischer Begriff unsäglich viel aufschliesen und mir der eigentlichste Nutzen der Reise bis jetzt sind.

Gestern hab ich meinen Mantel in den Koffer gethan in Verona muß ich mir was leichtes auf den Leib schaffen es ist zwar nicht heis aber so recht innerlich warm, wovon ich seit solanger Zeit keinen Begriff gehabt habe.

Abends.

Die Lust dir das Schloß zu zeichnen, das ein ächter Pendant zu dem böhmischen ist, hätte mir übel bekommen können. Die Einwohner fanden es verdächtig, weil hier die Gränze ist und sich alles vorm Kayser fürchtet. Sie thaten einen Anfall auf mich, ich habe aber den Treufreund köstlich gespielt, sie haranguirt und sie bezaubert. Das Detail davon mündlich.

d. 14. Nachts vor 1 Uhr von Malsesine ab, wegen des

Schloß von Malcesine am Gardasee (1. Skizze)

guten Windes, doch erst um 10 Uhr in Bartolino. Weil
ich der kleinen schlechten Wirthshäuser und ihrer Theu-
rung satt hatte eilt ich fort und, mein Gepäck auf ein
Maulthier geladen, mich auf ein andres, kam ich gegen 1
Uhr d 14. Sept. in gewaltiger Hitze hier in Verona an, wo
ich dir dieses noch schreibe, das zweyte Stück schliese,
hefte und dann gehe das Amphiteater zu sehen.

Von der Gegend kann man durch Worte keinen Begriff machen, es ist Ein Garten eine Meile lang und breit
(ich sage zu wenig), der am Fuß der hohen Gebürge und
Felsen ganz flach in der größten Reinlichkeit daliegt.
Nähere Beschreibung im folgenden Stück. Noch ein
Wort von meiner Seefahrt, sie endete glücklich und die
Herrlichkeit des Wasserspiegels und des daran liegenden, besonders des Brescianischen Ufers freute mich
recht im Herzen. Da wo an der Abendseite das Gebürg
aufhört steil zu seyn und die Landschaft flächer nach dem
See fällt, liegen an Einer Reihe in einer länge von ohngefähr anderthalb Stunden: *Gargnano, Bojaco, Cecina, Tos-
colan, Maderno, Verdom, Saló.* Alle auch meist wieder in
die Länge gezogen.

Ich endigte nicht von dieser Schönheit zu reden.

Von Bartolino macht ich den Weg über einen Rücken
der das Thal worinn der *Adige* fließt und die Vertiefung
worinn der See liegt scheidet.

Die Wasser von beyden Seiten scheinen ehmals hier
gegeneinander gewürckt und diesen ungeheueren Kiesel
Haufen hier aufgethürmt zu haben. Es ist fruchtbares
Erdreich darüber geschlemmt, aber der Ackersmann ist
doch von denen immer wieder vordringenden Kieseln
geplagt.

Sie haben eine gute art sie in die Höhe zu bauen und
davon am Wege hin gleichsam sehr dicke Mauern anzulegen.

Auch sehen die Maulbeerbäume wegen Mangel an Feuchtigkeit nicht so fröhlig auf dieser Höhe. An Quellen ist nicht zu dencken, von Zeit zu Zeit trifft man Pfützen von zusammengeleitetem Regenwasser woraus die Maulthiere, auch ihre Treiber, den Durst löschen. Unten am Flusse sind Schöpfräder angebracht um die in der Tiefe liegenden Pflanzungen nach Gefallen zu wässern.

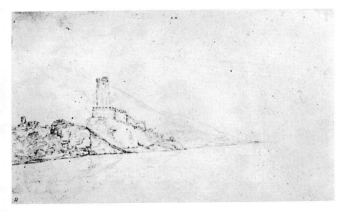

Schloß von Malcesine am Gardasee (2. Skizze)

Note a.

Witterung

Diesen Punckt behandle ich so ausführlich weil ich eben glaube in der Gegend zu seyn, von der unser trauriges nördliches Schicksal abhängt. Wie ich schon im vorigen Stück gesagt habe. Ja es giebt mich nun nicht so sehr wunder, daß wir so schlimme Sommer haben, vielmehr weis ich nicht wie wir gute haben können.

Die Nacht vom 9. auf den 10ten war abwechselnd helle und bedeckt, der Mond behielt immer einen Schein um sich. Morgens gegen 5 Uhr der ganze Himmel bedeckt mit grauen nicht schwer hängenden Wolcken.

Die obere Luft war noch immer elastisch genug. wie der Tag wuchs, theilten sich die Wolcken, nach meiner Theorie: sie wurden aufgezehrt und ie tiefer ich hinab kam desto schöner war das Wetter.

Wie nun gar in Botzen der grose Stock der Gebirge mitternächtlich blieb, ward die Luft immer reiner. Zwar muß ich das genauer ausdrücken.

Die Luft wie man an den verschiedenen Landschafftsgründen sah war Voller Dünste, aber die Athmosphäre elastisch genug sie zu tragen.

Wie ich weiter hinab kam konnt ich deutlich sehn daß alle Dünste aus dem Botzner thal und alle Wolcken, die von den Bergen die noch mittägiger liegen, aufstiegen, nach dem Gebirge zu zögen und es nicht verdeckten aber in eine Art von Höherauch einhüllten. Ja ich habe in der weitesten Ferne über dem Gebirge eine Wasser galle (den einen undeutlichen Fus eines Regenbogens) gesehen.

Aus allem diesem schliese ich ihr werdet ietzt gemischte doch mehr gut als böse Tage haben, denn obgleich die Athmosphäre wie ich offt wiederhole elastisch genug zu seyn scheint; so muß doch immer soviel von den Dünsten nach Norden kommen, was dort nicht gleich aufgelöst und in einer niedrern Athmosphäre schwebend als Regen herunter fallen muß. Von Botzen südwärts haben sie den ganzen Sommer das schönste Wetter gehabt. Von Zeit zu Zeit ein wenig Wasser (*Aqua* statt gelindem Regen) und dann wieder Sonnenschein, selbst gestern fielen von Zeit zu Zeit einige Tropfen, und die Sonne schien immer dazu. Eben sagt mir die Wirthstochter: sie hätten lange kein so gutes Jahr gehabt, es gerathe alles. Und ich glaube eben weil wir so ein übles gehabt haben.

Note d.
Gebirge und Berg arten.*)

Eine viertelstunde vom Brenner ist ein Marmorbruch es war schon dämmrich. Er mag und muß wie der von mir schon bemerckte Kalckstein der andern Seite auf dem Glimmerschiefer aufliegen. Wahrscheinlich folgt nun immer Glimmerschiefer**) mit Kalck an der Seite (abwechselnd mögt ich nicht sagen).

Bey Colman als es Tag ward fand ich Glimmer Schiefer, auch in dem Fluße sah ich keinen Kalck (es ist möglich daß ich ihn übersehen habe auch zerreibt er sich leichter, vielleicht ist auch dessen nur wenig). Unter Kolman gingen die Porphyre an deren ich eine Sammlung mit bringe und sie also nicht beschreibe. Die Felsen waren so prächtig und am Weege die Haufen so apetitlich zerschlagen, daß man gleich hätte Voigtische Cabinetchen daraus bilden und verpacken können. Auch kann ich ohne Beschwerde von jedem Gestein ein Stück mit-

*) S. Färbers Reise nach Italien. p. 397. Haquet Reise durch die pp. Alpen.
**) Färber nennt ihn *Hornschiefer* doch war damals die Terminologie der Gebirgsarten viel unbestimmter wie jetzt. Siehe seine Klagen. pag. 400 sqq.

nehmen, wenn ich nur mein Auge und meine Begierde an ein kleineres Maas gewöhnen kann.

Bald unter Colmann fand sich auch ein Porphyr Fels der sich in sehr regelmäsige Platten spaltete.

Vor Botzen ein Porphyr mit grünen Speckstein Flekken und einer Speckstein Ablösung.

Unter Botzen Porphyre, endlich zwischen Brandsol und Neumarck der Porphyr der sich auch in regelmäsige Platten und wenn man will, in Säulen spaltet, die eine Parallelepipedische Base haben.

Färber hielt sie für Vulkanische Produckte, das war aber vor 14 Jahren, wo die ganze Wissenschafft viel neuer war. Hacket macht sich deshalb über ihn her.

Verzeichniß der Gebirgsarten
die ich aufgepackt habe.

1. Gewöhnlicher grauer Kalckstein vor und um Inspruck.
2. Gneis von den Weege steinen gegen den Brenner.
3. Gneisart eben daher.
4. Dieselbe mit sichtbarerem Feldspat. anstehend beym See.
5. Glimmerschiefer mit Quarz und isabellfarbenem Kalckspat.
6. Derselbe mit Kalck
7. Kalck wie er auf dem Glimmerschiefer aufliegt.
8. Derselbe an der Ablösung gehört der Nummer nach voraus.
9. Glimmer Schiefer auf dem Kalck.
10. Schiefriger Kalckstein aus der Gegend.
11. Marmor unter dem Brenner nach Sterzing zu.
12 Granit von der Chaussee unter Kolman.
13 Gneisart eben daher.
14–18 Porphyrarten eben daher.

19 eine Porphyrart die sich regelmäsig spaltet.
20 Porphyr mit grünen Talck oder Specksteinflecken vor Botzen.
21. Porphyr dessen Färber erwähnt unter Brandsol.
22 Kalckstein weiter hinabwärts.
23. Basalt als Kiesel auf dem Wege von Roveredo nach Torbole.
24. Granit Geschiebe aus dem *Lago di Garda*.

Note e.
Menschen.

Sobald nur der Tag aufging vom Brenner herunter bemerckte ich eine sonderbare Veränderung der Gestalt.

Besonders die Weiber hatten eine bräunlich bleiche Farbe, elende Gesichtszüge und die Kinder eben so und erbärmlich anzusehen. Die Männer waren ein wenig besser, die Bildung übrigens regelmäsig und gut ich suchte die Ursache und glaubte sie im Gebrauch des Mays und des Haiden zu finden. In diesen Gedancken bin ich immer mehr bestärckt geworden. Der Mays den sie auch gelbe Blende nennen, weil seine Körner gelb sind, und die schwarze Blende werden gemahlen das Meel in Wasser gekocht daß es ein dicker Brey wird und so gegessen. Die *Deutschen*, das heist die überm Berge, rupfen den Teig wieder auseinander und braten ihn in Butter auf; aber der Wälsche Tyroler isst ihn so weg, manchmal Käse drauf gerieben und das ganze Jahr kein Fleisch, nothwendig muß das alle Gefäse verkleben und verstopfen, besonders bey Kindern und Frauen, und die ganz kachecktische Farbe kommt daher. Ich fragte ob es nicht auch reiche Bauern gebe? – Ja freylich – Thun sie sich nichts zu gute? essen sie nicht besser? – Nein, sie sind es einmal gewohnt – Wo kommen sie denn mit ihrem Gelde hin? Was machen sie sonst für Aufwand? – O

Landschaft mit Frauen am Brunnen

die haben schon ihre Herren die es ihnen wieder abnehmen! –

Das war die Summe des Gesprächs mit meiner Wirthstochter einem recht guten Geschöpfe.

Sonst essen sie auch noch Früchte und grüne Bohnen die sie in Wasser absieden und mit Knoblauch und Oel anmachen.

Die Leute die mir aus der Stadt begegneten sahen wohler aus und an hübschen vollen Mädgen Gesichtern, auf dem Lande und in kleinen Städten fehlte es auch nicht ganz, doch machten sie eine Ausnahme.

Wenn es viel Wein giebt kaufen die Städter und andre Verleger den Bauern den Wein um ein Spottgeld ab und handlen damit. pp. *Pauper ubique jacet.* Und der *Unter*besitzer liegt überall unten. Ich habe in Trent die Leute genau angesehn, sie sehn durchaus besser aus als auf dem Lande. Die Frauen sind meist für ihre Stärcke und die gröse der Köpfe etwas zu klein aber mitunter recht hübsche entgegenkommende Gesichter. Die Mannsgesichter kennen wir, doch sehn sie hier weniger frisch aus als die Weiber wahrscheinlich weil die Weiber mehr körperliche Arbeit, mehr Bewegung haben, die Männer mehr als Handelsleute oder Handwercker sitzen. Am *Lago di Garda* fand ich die Leute sehr braun und ohne einen röthlichen Schein von Farbe; aber doch nicht ungesund aussehend sondern ganz frisch und behäglich.

REISE-TAGEBUCH
DRITTES STÜCK.

VERONA, VICENZA, PADUA.

1786.

Verona d 15. Sept. Ab[ends].

Ja meine Geliebte hier bin ich endlich angekommen, hier wo ich schon lang einmal hätte seyn sollen, manche Schicksale meines Lebens wären linder geworden. Doch wer kann das sagen, und wenn ich's gestehen soll; so hätt ich mirs nicht eher, nicht ein halb Jahr eher wünschen dürfen.

Schon siehst du das Format meines Tagebuchs ändert sich und der Innhalt wird sich auch ändern. Ich will fortfahren fleißig zu schreiben, nur schaffe dir Volckmanns Reise nach Italien, etwa von der Bibliotheck, ich will immer die Seite anführen und thun als wenn du das Buch gelesen hättest.

Seit gestern Mittag bin ich hier, und habe schon viel gesehen und viel gelernt. Nach und nach will ich meine Gedancken niederschreiben.

d. 16. Sept.

Nach und nach find ich mich. Ich lasse alles ganz sachte werden und bald werd ich mich von dem Sprung über die Gebirge erhohlt haben. Ich gehe nach meiner Gewohnheit nur so herum, sehe alles still an, und empfange und behalte einen schönen Eindruck.

Nun eins nach dem andern.

Das Amphiteater.

Das erste Monument der alten Zeit, das ich sehe und das sich so gut erhalten hat, so gut erhalten worden ist. Ein Buch das nachkommt, enthält gute Vorstellungen davon.

Wenn man hineintritt, oder oben auf dem Rande steht ist es ein sonderbarer Eindruck, etwas Groses und doch eigentlich nichts zu sehn. Auch will es leer nicht gesehn seyn, sondern ganz voll Menschen, wie es der Kayser und der Papst gesehen haben. Doch nur damals that es seine Würckung da das Volck noch mehr Volck war als es ietzt ist. Denn eigentlich ist so ein Amphitheater recht gemacht dem Volck mit sich selbst zu imponiren, das Volck mit sich selbst zum besten zu haben.

Wenn irgend etwas auf flacher Erde vorgeht und alles zuläuft, suchen die Hintersten auf alle mögliche Weise sich über die vordersten zu erheben, man rollt Fässer herbey, fährt mit Wagen heran, legt Bretter herüber und hinüber, stellt wieder Bäncke hinauf, man besetzt einen benachbarten Hügel und es bildet sich in der Geschwindigkeit ein Crater. Kommt das Schauspiel, es sey ein Kampf pp offt an derselben Stelle vor, baut man leichte Gerüste an einer Seite für die, so bezahlen können und das Volck behilft sich wie es mag.

Dieses allgemeine Bedürfniß hat der Architeckt zum Gegenstand, er bereitet einen solchen Crater durch die Kunst, so einfach als nur möglich und dessen Zierrath das Volck selbst ist. Wie ich oben sagte, wenn es sich so beysammengesehen hat, muß es über sich selbst erstaunt seyn. Da es sonst nur gewohnt ist sich durch einander laufen zu sehn, sich in einem Gewühl ohne Ordnung und ohne sonderliche Zucht zu sehn, sieht das vielköpfige, vielsinnige, schwanckende, schwebende Thier sich zu Einem Ganzen vereinigt, zu Einer Einheit gestimmt, in Eine Masse verbunden und befestigt, und zu einer Form gleichsam von Einem Geiste belebt. Die Simplicität des Ovals ist iedem Auge auf die angenehmste Weise fühlbar und ieder Kopf dient zum Maase wie gros das Ganze ist. Jetzt wenn man es leer sieht, hat man keinen Maasstab, man weis nicht ob es gros oder klein ist.

Da es von einem mit der Zeit verwitternden Marmor gebaut ist, wird es gut unterhalten.

Über folgende Punckte mündlich.

Stück der äussern Mauer.

Ob sie ganz umhergegangen?

Gewölbe rings umher an Handwercker vermiethet das Gewölb jährlich um 20–30 f.

Ballon

Als ich von der *Arena* (so nennen sie das Amphiteater) wegging, kam ich einige Tausend Schritte davon, auch zu einem öffentlichen Schauspiele. Vier edle Veroneser schlugen Ball gegen vier Fremde. Sie thun es das ganze Jahr unter sich, etwa 2 Stunden vor Nacht. Diesmal weil Fremde die Gegner waren, lief das Volck unglaublich zu es können immer 4–5000 Männer, (Frauen sah ich von keinem Stande) Zuschauer gewesen seyn. Oben, als ich vom Bedürfniß der Zuschauer sprach, wenn ein Schauspiel auf flacher Erde vorgeht, hab ich das natürliche und zufällige Amphitheater schon beschrieben, auf dem ich hier das Volck übereinander gebaut sah. Ein lebhafftes Händeklatschen lies sich schon von weiten hören, jeder bedeutende Schlag ward davon begleitet. das übrige mündlich.

Porta Stupa oder *del Palio.*

Das schönste, immer geschlossne Thor; Wenn man auf etliche hundert Schritte davonkommt, erkennt man es erst für ein schönes Gebäude. Als Thor aber und für die grose Entfernung in der es zu sehn ist, ist es nicht gut gedacht.

Sie geben allerley Ursachen an warum es geschlossen ist, ich habe eine Muthmasung. Die Absicht des Künstlers war offenbar durch dieses Thor eine neue Anlage des

Corso zu verursachen, denn auf die ietzige Strase steht es ganz falsch; die lincke Seite hat lauter Barracken aber die winckelrechte Linie der Mitte geht auf ein Nonnenkloster zu, das nothwendig hätte müssen niedergelegt werden, man sah das wohl ein, auch hatten die Nobili nicht Lust sich dorthin anzubauen, der Künstler starb vielleicht und so schloß man das Thor damit der Sache auf einmal ein Ende war.

Nun ein Wort was auf die Wercke der Alten überhaupt gelten mag.

Der Künstler hatte einen grosen Gedancken auszuführen, ein groses Bedürfniß zu befriedigen, oder auch nur einen wahren Gedancken auszuführen und er konnte gros und wahr in der Ausführung seyn wenn er der rechte Künstler war. Aber wenn das Bedürfniß klein, wenn der Grundgedancke unwahr ist, was will der grose Künstler dabey und was will er daraus machen? er zerarbeitet sich den kleinen Gegenstand gros zu behandeln, und es wird was, aber ein Ungeheuer, dem man seine Abkunft immer anmerckt.

NB Diese Anmerckung steht zufällig hier, und hat mit dem vorstehenden keinen Zusammenhang.

Theater und Museum.

Das Portal des Theater Gebäudes von 6 Ionischen Säulen ist gros und schön. Uber der Thüre, zwischen den zwey mittelsten Säulen durch, erblickt man das marmorne Brustbild des Maffei, vor einer gemahlten Nische, die von zwey gemahlten Corinthischen Säulen getragen wird. Daß Maffei die Büste bey seinem Leben wieder wegnehmen lies, schreibe ich lieber seinem guten Geschmack als seiner Bescheidenheit zu, denn die Büste gehört nicht dahin und es gehört keines Menschen Büste

dahin, und noch dazu nicht in der Mauer sondern angekleckt, und mit einer grosen Perrücke. Hätte er sich nur
einen guten Platz in den Sälen wo die Philharmoniker
gemahlt hängen ausgesucht und seine Freunde veranlaßt
daß sie nach seinem Tod das Bild dahin gestellt; so wäre
für den guten Geschmack gesorgt gewesen und es sähe
auch republikanischer aus.

Hätte man es aber ja thun wollen, so hätte man der
Thüre nicht eine gemahlte Säulen Verzierung sondern
eine solide Einfassung geben, die Nische in die Mauer
einbrechen, die Perrücke weglassen und die Büste Co-
lossalisch machen müssen, und mit allem dem zweifl' ich
daß man diese Partie zu einer Übereinstimmung mit den
grosen Säulen würde gezwungen haben. Doch diese
Harmonie scheint die Herrn Philharmoniker nicht sehr
zu rühren.

So ist auch die Gallerie die den Vorhof einfaßt kleinlich und nehmen sich die kannelirten Dorischen Zwerge
neben den glatten Ionischen Riesen armselig aus. Doch
wollen wir das verzeihen in Betrachtung des schönen Instituts das diese Galerien decken, und indem wir bedenk-
ken daß es mit der Architectur eine gar sonderbare
Sache ist, wenn nicht ungeheure Kosten zu wenigem
Gebrauch verwendet werden; so kann sie gar nichts machen. Davon in der Folge mehr.

Jetzt wieder zu den Antiquitäten die unter den Galerien aufbewahrt sind.

Es sind meist Basreliefs, die auch meist in der Gegend
von Verona gefunden worden (ia sie sagen sogar in der
Arena) das ich doch nicht begreife. Es sind Etrurische,
Griechische, Römische von den niedern Zeiten und
neuere.

Die Basreliefs in die Mauer eingemauert und mit den
Numern versehn welche sie in dem Wercke des Maffei

haben, der sie beschrieb. Altäre, Stücke von Säulen p
stehn in Interkolumnien.

Es sind sehr gute treffliche Sachen drunter und auch
das weniger gute zeugt von einem herrlichen Zeitalter.
Der Wind der von den Gräbern der Alten herweht,
kommt mit Wohlgerüchen wie über einen Rosenhügel.

Ein ganz trefflicher Dreyfuß von weißem Marmor
steht da, worauf Genii sind, die Raphael in den Zwickeln
der Geschichte der Psyche nachgeahmt und verklärt hat.
Ich erkannte sie gleich. Und die Grabmähler sind herzlich und rührend. Da ist ein Mann der neben seiner
Frauen aus einer Nische wie zu einem Fenster heraus
[sieht], da steht Vater und Mutter den Sohn in der Mitte
und sehn einander mit unaussprechlicher Natürlichkeit
an, da reichen ein Paar einander die Hände. Da scheint
ein Vater von seiner Familie auf dem Sterbebette liegend
ruhigen Abschied zu nehmen. Wir wollen die Kupfer zusammen durchgehn. Mir war die Gegenwart der Steine
höchstrührend daß ich mich der Trähnen nicht enthalten
konnte. Hier ist kein geharnischter Mann auf den Knien,
der einer fröhligen Auferstehung wartet, hier hat der
Künstler mit mehr oder weniger Geschick immer nur
die einfache Gegenwart der Menschen hingestellt, ihre
Existenz dadurch fortgesetzt und bleibend gemacht. Sie
falten nicht die Hände zusammen, schauen nicht gen
Himmel; sondern sie sind was sie waren, sie stehn beysammen, sie nehmen Anteil an einander, sie lieben sich,
und das ist in den Steinen offt mit einer gewissen Hand-
wercksunfähigkeit allerliebst ausgedruckt. Die Kupfer
nehmen das offt weg, sie verschönern, aber der Geist
verfliegt. Der bekannte Diomed mit dem Palladio, ist in
Bronze sehr schön hier.

Bey den Grabmälern hab ich viel an Herdern gedacht.
Uberhaupt mögt ich ihn bey mir haben.

Manuskriptseite aus dem Tagebuch

Auch steht ein verzierter Pfeiler von weisem Marmor da, sehr reich und von gutem Geschmack.

An alle diese Dinge gewöhnt mein Aug sich erst, ich schreibe nur hin wie mir jedes auffällt.

Morgen seh ichs noch einmal und sage dir noch einige Worte.

Dom.

Der Titian ist sehr verschwärzt und soll das Gemählde von seiner geringsten Zeit seyn.

Der Gedanke gefällt mir daß er die Himmelfahrende Maria nicht hinaufwärts sondern nach ihren Freunden niederwärts blicken läßt.

St. *Giorgio*.

Eine Gallerie von guten Gemählden. Alle Altarblätter wo nicht gleich doch alle merckwürdig.

Aber die unglückseeligen Künstler was mußten sie mahlen? und für wen.

Ein Mannaregen 30 Fus vielleicht lang und 20 hoch, das Wunder der 5 Brodte zum Pendant. Was war daran zu mahlen. Hungrige Menschen die über kleine Körner herfallen, unzählige andre denen Brod präsentirt wird. Die Künstler haben sich die Folter gegeben um solche Armseeligkeiten nur einigermassen bedeutend zu machen.

Einer [Caroto] der die Hl. Ursula mit den 11/m Jungfr[auen] auf ein Altarblat zu mahlen hatte, hat sich mit grosem Verstand aus der Sache gezogen. Die Gestalt der Hl. Ursula hat was sonderbar iungfräuliches ohne Reitz.

Ich endigte nicht drum laß uns weiter gehn.

Menschen.

Man sieht das Volck sich durch aus hier rühren und in einigen Strasen wo Kaufmannsläden und Handwercks Boutiquen an einander sind, sieht es recht lustig aus. Denn da ist nicht etwa eine Thüre in den Laden oder das Arbeitszimmer, nein die ganze Breite des Hauses ist offen, man sieht alles was drinne vorgeht, die Schneider nehen, die Schuster arbeiten alle halb auf der Gasse. Die Boutiquen machen einen Theil der Gasse. Abends wenn Lichter brennen siehts recht lebendig.

Auf den Plätzen ists an Marcktägen sehr voll. Gemüs und Früchte unübersehlich. Knoblauch und Zwiebeln nach Herzenslust. Ubrigens schreyen singen und schäkkern sie den ganzen Tag, balgen sich, werfen sich, jauchzen und lachen unaufhörlich.

Der milde Himmel, die bequeme Nahrung läßt sie leicht leben, alles was nur kann ist unter freyem Himmel. Nachts geht nun das singen und lärmen recht an. Den Malborrouh hört man auf allen Strasen. Dann ein Hackbret, eine Violin, sie üben sich alle Vögel mit Pfeifen nachzumachen, man hört Töne von denen man keinen Begriff hat. Ein solches Vorgefühl seines Daseyns giebt ein mildes Clima auch der Armuth und macht den Schatten des Volcks selbst noch respecktabel.

Die Unreinlichkeit und wenige Bequemlichkeit der Häuser kommt daher. In ihrer Sorglosigkeit dencken sie an nichts. Dem Volck ist alles gut, der Mittelman lebt auch vom Tag zum andern fort, der Reiche und Vornehme allein kann darauf halten. Doch weis ich nicht wie es im Innern ihrer Palazzi aussieht. Die Vorhöfe, Säulengänge p sind alle mit Unrath besudelt und das ist ganz natürlich, man muß nur wieder vom Volck herauf steigen. Das Volck fühlt sich immer vor. Der Reiche kann reich seyn, Palläste bauen, der *Nobile* darf regieren, aber wenn er einen Säulengang, einen Vorhof anlegt, so bedient sich das Volck dessen zu seinem Bedürfniß und das hat kein dringenderes als das so schnell als möglich los zu werden was es so häuffig als möglich zu sich genommen hat.

Will einer das nicht haben; so muß er nicht den Grosen Herren spielen; das heist: er muß nicht thun als wenn ein Theil seiner Wohnung dem Publiko zugehöre, er muß seine Thüre zu machen und dann ists gut. An öffentlichen Gebäuden läßt sich das Volck sein Recht nicht nehmen. Und so gehts durch ganz Italien.

Noch eine Betrachtung die man nicht leicht macht –

Und indessen ist das Abendessen gekommen ich fühle mich müd und ausgeschrieben, denn ich habe den ganzen Tag die Feder in der Hand. Ich muß nun die Iphigenie selbst abschreiben, und diese Blätter dir zubereiten. Diesmal gute Nacht meine Beste. Morgen oder wann der Geist will meine Betrachtung.

d 16. Sept 86 Abends 10 Uhr.

d 17. Abends

Wenn nur gleich alles von diesem Tage auf dem Papier stünde es ist 8 Uhr (*una dopo notte*) und ich habe mich müde gelaufen, nun geschwind alles wie es kommen will. Heute bin ich ganz unbemerckt durch die Stadt und auf dem Bra gegangen. Ich sah mir ab, wie sich ein gewisser Mittelstand hier trägt und lies mich völlig so kleiden. Ich hab einen unsäglichen Spas daran. Nun mach ich ihnen auch ihre Manieren nach. Sie schleudern Z. E. alle im Gehn mit den Armen. Leute von gewissem Stande nur mit dem rechten weil sie den Degen tragen und also die lincke stille zu halten gewohnt sind, andre mit beyden Armen. u.s.w.

Es ist unglaublich was das Volck auf etwas fremdes

ein Auge hat. Daß sie die ersten Tage meine Stiefeln nicht verdauen konnten, da man sie als eine theure Tracht, nicht einmal im Winter trägt; aber daß ihnen heut früh da sie alle mit Blumen, Knoblauch pp durcheinander liefen ein Cypressenzweig nicht entging, den ich in dem Garten genommen hatte und den mein Begleiter in der hand trug, (es hingen einige grüne Zapfen dran und er hatte noch ein Capern Zweigelgen dabey die an der Stadt mauer wachsen) das frappirte mich. Sie sahen alle Grose und Kleine ihm auf die Finger und hatten ihre Gedancken.

Diese Zweige bracht ich aus dem Garten Giusti der eine treffliche Lage und ungeheure Cypressen hat die alle Nadelförmig in die Luft stehn. (Die Taxus der Nördlichen Gärtnerey spitz zugeschnitten sind nachahmung dieses schönen Naturprodukts.) Ein Baum dessen Zweige von unten bis oben, dessen ältester Zweig wie der iüngste gen Himmel strebt, der seine 300 Jahre dauert, (nach der Anlage des Gartens sollen sie älter seyn) ist wohl einer Verehrung wehrt.

Sie sind noch meist von unten auf grün und es wärens mehrere wenn man dem Epheu der viele umfaßt hält und die untern Zweige erstickt, früher gesteuert hätte.

Ich fand Capern an der Mauer herab hängend blühen, und eine schöne *Mimosa*. Lorbern in den Hecken pp.

Die Anlage des Gartens ist mittelmäsig und gegen den Berg an dem er hinauf steigt kleinlich. Die Cypressen balanziren allein noch die Felsen. Davon einandermal wenn von andern Gärten die Rede seyn wird.

Ich sah die *Fiera* die ein würcklich schönes Institut. Dann die Gallerie des Pall. Gherhardini, wo sehr schöne Sachen von Orbetto sind. In der Entfernung lernt man wenige Meister offt die nur dem Nahmen nach kennen, wenn man nun diesem Sternenhimmel näher tritt und nun die von der zweyten und dritten Gröse auch zu flimmern anfangen und ieder auch ein Stern ist, dann wird die Welt weit und die Kunst reich. Nur sind die Mahler mit ihren Sujets oft unglücklich. Und die Stücke mit mehrern Personen gerathen so selten. Die beste Composition fand ich hier: einen entschlafnen Simson im Schoos der Delila die eben leise nach der Scheere hinübergreift. Der Gedancke und die Ausführung sind sehr brav. Andres verschweig ich.

Im Pall. Canossa fiel mir eine Danae auf die ich hier nur bemercke. Schöne Fische vom Bolka.

Ich ging noch einmal ins Museum. Was ich von der Colonnade, von der Büste des Maffei p gesagt, bedarf einiger Einschränckung.

Von den Antiken sag ich nichts, sie sind in Kupfer gestochen, wenn ich sie wieder sehe fällt mir alles wieder ein. Der schöne Dreyfuß geht leider zu Grunde, er ist der Abendsonne und dem Abendwinde ausgesetzt wenn sie nur ein hölzern Futteral drüber setzten. Der angefangene Pallast des Proveditor hätte ein schön Stück Baukunst gegeben wenn er fertig geworden wäre.

Sonst bauen die Nobili noch viel, leider ieder auf dem Platz wo sein Pallazzo schon steht also oft in engen Gassen. So wird ietzt eine prächtige Façade eines Seminarii gebaut in einem Gäßgen der entfernten Vorstadt.

Diesen Abend ging ich wieder ins Amphitheater. Ich muß erst mein Auge bilden, mich zu sehen gewöhnen. Es bekräfftigte sich mir was ich das erstemal sagte. Auch müssen die Veronenser wegen der Unterhaltung gelobt werden. Die Stufen oder Sitze scheinen fast alle neu. Eine Inschrift gedenckt eines *Hieronymus Maurigenus* und seines unglaublichen Fleißes mit Ehren.

Ich ging auf der Kante des Craters auf der obersten

Stufe bey Sonnen Untergang herum die Nacht (*Notte*, die 24ste Stunde) erwartend. Ich war ganz allein und unten auf den breiten Steinen des *Bra* gingen Mengen von Menschen, Männer von allen Ständen, Weiber vom Mittelstande spazieren.

Hier ein Wort vom *Zendale* den sie tragen und der *veste*. Diese Tracht ist recht eingerichtet für ein Volck das nicht immer reinlich seyn mögte und doch offt öffentlich erscheinen, bald in der Kirche bald auf dem Spaziergang seyn will. *Veste* ist ein schwarzer Tafftener Rock der über andre Röcke geworfen wird. Hat das Frauenzimmer einen reinen (meist weißen) darunter; so weiß sie den schwarzen an einer Seite in die Höhe zu heben. Dieser schwarze Rock wird so angethan daß er die Taille abscheidet und die Lizzen des Corsets bedeckt. Das Corsett ist von jeglicher Farbe. Der *Zendale* ist eine grose Kappe mit langen Bärten, die Kappe halten sie mit einer Maschine von Dräten hoch über den Kopf und die Bärte werden wie eine Schärpe um den Leib hinterwärts geknüpft und fallen die Enden hinten hinunter.

Casa Bevi l'aqua.

Schöne, treffliche Sachen.

Ein Paradies von Tintoret oder vielmehr die Krönung Mariä zur Himmelsköniginn in Gegenwart aller Erzväter, Propheten, Heiligen, Engel pp, ein unsinniger Gedancke mit dem schönsten Genie ausgeführt. Eine Leichtigkeit von Pinsel, ein Geist, ein Reichthum im Ausdruck, den zu bewundern und dessen sich zu freuen man das Stück selbst besitzen müßte, denn die Arbeit geht, man darf wohl sagen in's unendliche, und die letzten Engelsköpfe haben einen Charackter, die grösten Figuren mögen einen Fus gros seyn, Maria und Christus der ihr die Krone aufsetzt mögen ohngefähr 4 Zoll haben. Die Eva ist doch das schönste Weibgen auf dem Bilde und noch immer von Alters her ein wenig lüstern.

Ein Paar Porträts von Paolo Veronese haben meine Hochachtung für diesen Künstler nur vermehrt.

Die Anticken sind schön. Ein Endymion gefiel mir sehr wohl. Die Büsten die meist restaurirte Nasen haben sehr interessant. Ein August mit der Corona civica. Ein Caligula pp.

Uhr.

Damit dir die italiänische Uhr leicht begreiflich werde hab ich gegenüberstehendes Bild erdacht.

Vergleichungs Kreis
der italiänischen und teutschen Uhr,
auch der ital[iänischen]
Zeiger für die zweyte Hälfte des Septembers.

Mittag

Mitternacht

Die Nacht wächst mit jedem halben Monat eine halbe Stunde.

Der Tag wächst m. jed. halb.
M. eine halbe Stunde.

Monat.	Tag.	Wird Nacht nach unserm Zeiger	ist Mit- ternacht alsdann um	Monat.	Tag.	Wird Nacht nach unserm Zeiger	ist Mit- ternacht alsdann um:
Aug[ust]	1.	8¹/₂	3¹/₂	Febr	1.	5¹/₂	6¹/₂
—	15.	8.	4	—	15	6.	6.
Sept.	1	7¹/₂	4¹/₂	März	1.	6¹/₂	5¹/₂
—	15	7.	5.	—	15.	7.	5.
Octb.	1	6¹/₂.	5¹/₂	Apr.	1.	7¹/₂	4¹/₂
—	15	6.	6	—	15	8.	4.
Nov.	1	5¹/₂	6¹/₂	May	1	8¹/₂	3¹/₂
—	15.	5	7.	—	15	9.	3.

Von da an bleibt die Zeit
stehen und ist

Von da bleibt die Zeit
stehen und ist

	Nacht.	Mitter- nacht.		Nacht	Mitter- nacht
Dezemb	5.	7.	Juni	9.	3.
Januar			Juli		

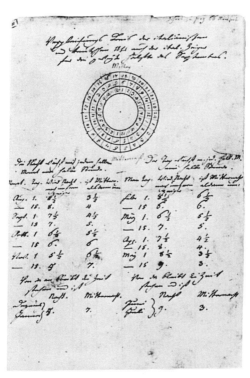

Zeit-Vergleichungs-Kreis

Der innere Kreis sind unsere 24 Stunden von Mitternacht bis wieder Mitternacht, in zweymal zwölf getheilt, wie wir zählen und unsre Uhren sie zeigen. Der mittelste Kreis zeigt an wie die Glocken in der ietzigen Jahrszeit hier schlagen nähmlich auch in 24 Stunden zweymal 12. allein dergestalt daß es 1 schlägt wenn bey uns 8 schlägt und so fort, bis die zwölfe voll sind. Morgens um 8 Uhr nach unserm Zeiger schlägt es wieder 1. und so fort.

Der oberste Kreis zeigt nun eigentl[ich] an wie bis 24 würcklich gezählt wird. Ich höre also in der Nacht 7 schlagen und weis daß Mitternacht um 5 ist, subtrahire ich $\frac{7}{5} \atop 2$ ist 2 Uhr nach Mitternacht.

Hör ich am Tage 7 schlagen, so weiß ich daß Mitternacht um 5 Uhr ist und also auch Mittag der Glocke nach ich mache also die vorige Operation $\frac{7}{5} \atop 2$ es ist also 2 Uhr nach Mittag. Will ich es aber aussprechen; so muß ich wissen daß Mittag um 17 Uhr ist und addire also nunmehr $\frac{17}{2} \atop 19$ u[nd] sage neunzehn Uhr, wenn ich nach unsrer Uhr um zwey sagen will.

Wenn du das gelesen hast und meine Tafel ansiehst; wird dirs im Anfang schwindlich im Kopfe werden, du wirst ausrufen: welche Unbequemlichkeit, und doch am Orte ist man's nicht allein bald gewohnt sondern man findet auch Spas daran wie das Volck dem das ewige hin und wieder rechnen und vergleichen zur Beschäfftigung dient. Sie haben ohne dies immer die Finger in der Luft rechnen alles im Kopfe und machen sich gerne mit Zahlen zu schaffen.

NB. Die Innländer bekümmern sich wenig um Mittag und Mitternacht sondern sie zählen nur vom Abend wenn es schlägt die Stunden wie sie schlagen, und am Tage wenn es schlägt addiren sie die Zahl zu 12.

Nun kommt aber die Hauptsache. In einem Lande wo man des Tags genießt, besonders aber sich des Abends freut, ist es höchst bedeutend wenn es *Nacht* wird. Wann die Arbeit des Tags aufhöre? Wann der Spaziergänger ausgehn und zurückkommen muß. Mit einbrechender Nacht will der Vater seine Tochter wieder zu Hause haben pp die Nacht schliest den Abend und macht dem Tag ein Ende. Und was ein *Tag* sey wissen wir Cimmerier im ewigen Nebel und Trübe kaum, uns ists einerley obs Tag oder Nacht ist, denn welcher Stunde können wir uns unter freyem Himmel freuen. Wie also die Nacht eintritt ist der Tag aus, der aus Abend und Morgen bestand, 24 Stunden sind vorbey, der Rosenkranz wird gebetet und eine neue Rechnung geht an. Das verändert sich mit ieder Jahreszeit und die eintretende Nacht macht immer merckliche Epoche, daß ein Mensch der hier *lebt* nicht wohl irre werden kann.

Man würde dem Volck sehr viel nehmen wenn man ihm den deutschen Zeiger aufzwänge, oder vielmehr man kann und soll dem Volck nichts nehmen was so intrinsec mit seiner Natur verwebt ist.

Anderthalb Stunden, eine Stunde vor Nacht fängt der Adel an auszufahren. Es geht auf den Bra die lange breite Strase nach der Porta *nuova* zu, das Thor hinaus an der Stadt hin, u[nd] wie es Nacht schlägt kehrt alles um, theils fahren sie an die Kirchen das *Ave maria della sera* zu beten, theils halten sie auf dem Bra und lassen sich da die Damen die Cour machen von Cavaliers, die an die Kutsche treten und das dauert denn so eine Weile, ich hab es nie abgewartet biß ein Ende war. Die Fußgänger bleiben aber bis weit in die Nacht.

Es hatte eben geregnet und der Staub war gelöscht, da war es würcklich ein lebendiger und muntrer Anblick.

Witterung.

Es donnerte blitzte und regnete völlige zwölf Stunden, dann war es wieder schön heiter. Uberhaupt beklagen sie sich hier auch über einen übeln Sommer. Sie mögen ihn nicht so rein gehabt haben als andre Jahre aber ich mercke auch, sie sind höchst unleidsam. Weil sie des guten gewohnt sind, alles in Schuen und Strümpfen und leichten Kleidern herumläuft; so fluchen und schelten sie auch gleich über ein wenig Wind und Regen, über den wir uns erfreuen würden wenn er so sparsam käme.

Ich habe bemerckt daß sich nach dem Regen bald die Wolcken gegen das Tyroler Gebirg warfen und dort hängen blieben auch ward es nicht ganz wieder rein. das zieht nun alles Nordwärts, und wird euch trübe und kalte Tage machen.

Hierher kommen wahrscheinlich die Wolcken und Regen aus dem Po thal, oder noch ferner vom Meere und so gehts weiter wie ich weitläufig im vorhergehenden gemeldet.

Noch bemerck ich
die Schönheit der Porta *del Pallio* von aussen.

Das dunckle Alterthum der Kirche des Heil. Zeno, des Patrons der Stadt. eines wohlbehäglichen lachenden Heiligen.

Das Weben der Eidexen auf den Stufen des Amphitheaters in der Abendsonne.

Ich habe Wunder gedacht wie deutlich ich dir die Italiänische Uhr machen wollte und sehe meine Methode war nicht die beste. Indeß ist das Zirckel werck und die Tabelle unten an noch besser als meine Auslegung und wird in der Zukunft dienen.

Verzeichniß der mitgenommenen Steine.

Verona

26. Rother Veronesischer Marmor
27. Bronzino.
28. Weiser Kalckstein von dem sie Statuen arbeiten
29. Basalt Geschiebe.

Vicenz

30. Lava vom *Monte Berico*.
31. Kalcksteine daher.
32. Kalcksteine woraus sie in Vicenz schöne Platten arbeiten.
33. Kalckstein den sie nach Belieben sägen und zu-
schneiden.
34. Basalt aus dem sie schöne Platten hauen die Hallen
zu pflastern und mit dessen kleinern Stücken sonst
gepflastert wird.
35. Eine Lava die sie auch zu Platten zuhauen.

Vicenz d. 19. Sept.

Vor einigen Stunden bin ich hier angekommen und
habe schon die Stadt durchlaufen, das Olympische Theater und die Gebäude des Palladio gesehen. Von der Bibliothek kannst du sie in Kupfer haben, also sag ich
nichts nenn ich nichts, als nur im allgemeinen.

Wenn man diese Wercke nicht gegenwärtig sieht, hat
man doch keinen Begriff davon. Palladio ist ein recht innerlich und von innen heraus groser Mensch gewesen.

Die größte Schwürigkeit ist immer die Säulenordnungen in der bürgerlichen Baukunst zu brauchen. Säulen und Mauern zu verbinden, ist ohne Unschicklichkeit
beynahe unmöglich, davon mündlich mehr. Aber wie er
das durcheinander gearbeitet hat, wie er durch die Gegenwart seiner Wercke imponirt und vergessen macht
daß es Ungeheuer sind. Es ist würcklich etwas göttliches

in seinen Anlagen, völlig die Force des großen Dichters der aus Wahrheit und Lüge ein drittes bildet das uns bezaubert. Das Olympische Theater ist, wie du vielleicht weißt, ein Theater der Alten realisirt. Es ist unaussprechlich schön. Aber als Theater, gegen unsre ietzigen, kommt es mir vor wie ein vornehmes, reiches, wohlgebildetes Kind, gegen einen klugen Kaufmann der weder so vornehm, so reich, noch so wohlgebildet ist; aber besser weiß was er mit seinen Mitteln anfangen kann. Wenn man nun darneben das enge schmutzige Bedürfniß der Menschen sieht, und wie meist die Anlagen über die Kräffte der Unternehmer waren und wie wenig diese köstlichen Monumente eines Menschengeistes zu dem Leben der übrigen passen; so fällt einem doch ein daß es im moralischen eben so ist. Dann verdient man wenig Danck von den Menschen, wenn man ihr innres Bedürfniß erheben, ihnen von sich selbst eine grose Idee geben, ihnen das herrliche eines grosen wahren Daseyns fühlen machen will (und das thun sinnlicherweise die Wercke des Palladio in hohen Grade); aber wenn man die Vögel belügt, ihnen Mährgen erzählt, ihnen vom Tag zum andren forthilft pp, dann ist man ihr Mann und drum sind so viele Kirchen zu Stande gekommen, weil von daher für das Bedürfniß der Sterblichen am besten gesorgt wird. Ich sage das nicht um meine Freunde herunter zu setzen, ich sage nur daß sie so sind und daß man sich nicht verwundern muß wenn alles ist wie es ist.

Was sich die Basilika des Palladius neben einem alten mit ungleichen Fenstern übersäten Kastelähnlichen gebäude ausnimmt, das er sich gewiß zusammt dem Thurm weggedacht hat, läßt sich nicht ausdrucken.

Der Weg von Verona hierher ist sehr angenehm, man fährt Nordostwärts an den Gebürgen hin und hat die Vorderberge, die aus Kalck, Sand, Thon, Mergel bestehn, immer lincker Hand; auf den Hügeln die sie bilden liegen Orte, Schlösser, Häuser dann folgt die weite Plaine durch die man fährt. Der gerade, gut unterhaltene, weite Weg geht durch fruchtbares Feld, an Reihen von Bäumen sind die Reben in die Höhe gezogen, von denen sie, als wärens die Zweige, herunter fallen. Hier kann man sich eine Idee von Festons bilden. Die Trauben sind zeitig und beschweeren die Rancken, die lang und schwanckend herunter hängen, der Weg ist voll Menschen aller Art und Gewerbes, besondes freuten mich die Wagen, die mit 4 Ochsen bespannt, grose Kufen fuhren, in denen die Weintrauben aus den Weingärten gehohlt und gestampft werden, es standen meist die Führer drinne und es sah einem bachischen Triumphwagen vollkommen gleich. Zwischen den Weinreihen ist der Boden zu allerley Arten hiesigen Getraides besonders Türckisch Korn und des *Sorgo* benutzt. Wenn man gegen Vicenz kommt streichen wieder Hügel von Nord nach Süden es sind vulkanische, schliesen die Ebne, und Vicenz liegt an ihrem Fuße, und wenn man will in einem Busen den sie bilden.

d. 20. Sept. Abends $8^1/2$, hiesigen Zeig[ers] $1^1/2$ Gestern war Oper, sie dauerte bis nach Mitternacht und ich sehnte mich zu Bette. Das Sujet ist aus den drey Sultaninnen und der Entführung aus dem Serail mit wenig Klugheit zusammengeflickt, die Musick hört sich bequem an, ist aber wahrscheinl[ich] von einem Liebhaber, es ist kein neuer Gedancke der mich frappirt hätte im ganzen Stück. Die Ballets dagegen sind allerliebst, ich habe oft an Steinen gedacht und ihm den Spas gewünscht. Das Hauptpaar tanzte eine Allemande daß man nichts zierlichers sehen kann. Du siehst ich werde nach und nach vorbereitet, es wird nun besser kommen. Du

Weingirlanden

kannst dencken daß ich für meinen Wilhelm brav gesammelt habe. Das neue Theater ist recht schön, modest
prächtig alles uniform wie es einer *Stadt* geziemt, nur die
Loge des *Capitan grande* hat einen etwas längeren Uber-
hang oder herübergeschlagnen Teppich. Die erste Sän-
gerinn wird vom ganzen Volcke sehr begünstigt. Wie sie
auftritt wird entsetzlich geklatscht und die Vögel stellen
sich offt für Freuden ganz ungebärdig, wenn sie etwas
recht gut macht, das ihr offt geschieht. Es ist ein gutes
Wesen, hat hübsche Figur, schöne Stimme, ein gefällig
Gesicht, einen recht honetten Anstand; in den Armen
könnte sie etwas mehr Grazie haben.

Indeß komm ich doch nicht wieder. Ich spüre denn
doch, daß ich zum Vogel verdorben bin.

Dagegen hab ich heute wieder an des Palladio Wercken geschwelgt. Ich komme auch sobald nicht weg, das
seh ich schon und laß es sachte angehn. Ich habe ohne
dieß an der Iphigenie viel zu thun und sie abzuschreiben.
Wo ich das thue ist eins, und besser hier als wo ich mehr
in Lärm und Tumult verwickelt werde.

Die Vicentiner muß ich loben daß man bey ihnen die
Vorrechte einer grosen Stadt geniest, sie sehen einen
nicht an, man mag machen was man will, sind aber übrigens gesprächig, gefällig pp

Besonders wollen mir die Frauens sehr wohlgefallen.
Die Veroneserinnen will ich nicht schelten, sie haben
eine gute Bildung, vorgebaute Gesichter aber meistens
Bleich, und der Zendal thut ihnen Schaden weil man unter der schönen Tracht auch was schönes sucht.

Hier aber find ich gar viel hübsche Wesen, besonders
die schwarzhärigen haben ein eigen Interesse für mich, es
giebt auch eine blonde Art die mir aber nicht behagen
will.

Was mir wohlgefällt ist ein freyes allgemeines Wesen,

weil alles immer unter freyem Himmel ist und sich herum lehnt, wird man einander so gewohnt. Heut in der Kirche *Madonna del Monte* hat ich ein artig Begegniß, konnt es aber nicht fortsetzen.

Heut Abend ging ich anderthalb Stunden bis es ganz Nacht war auf dem Platze hin und wieder. Die Basilika ist und bleibt ein herrliches Werck, man kann sich's nicht dencken wenn man's nicht in der Natur gesehn hat, auch die vier Säulen des Pallasts des *Capitan* sind unendlich schön. Der Platz hat zwischen diesen Gebäuden nur 40 Schritt Breite und sie nehmen sich nur desto herrlicher aus. Davon einmal mündlich, denn es ist alles in Kupfer gestochen doppelt und dreyfach beschrieben und erinnert einen also leicht. Ich schicke dir auch zwey Büchlein mit aus denen du dich erbauen kannst.

Auch hab ich heute die famose Rotonda, das Landhaus des Marchese Capri gesehn, hier konnte der Baumeister machen was er wollte und er hats beynahe ein wenig zu toll gemacht. Doch hab ich auch hier sein herrliches Genie zu bewundern Gelegenheit gefunden. Er hat es so gemacht um die Gegend zu zieren, von weiten nimmt sich's ganz köstlich aus, in der Nähe habe ich einige unterthänige Scrupel.

Wollte Gott Palladio hätte einen Plan zur Madonna *del Monte* gemacht und Christen Seelen hätten ihn ausgeführt da würden wir was sehen, von dem wir jetzt keinen Begriff haben.

Nun ein Wort von den Aussichten. Die Rotonda liegt wo so ein Gebäude liegen darf, die Aussicht ist undencklich schön, ich mag auch da nicht beschreiben. Vicenz überhaupt liegt ganz herrlich und ich möchte wohl eine Zeitlang hier bleiben, aber freylich nicht im Wirthshause, aber gut eingerichtet irgendwo und sich's dann wohl seyn lassen, die Luft ist herrlich und gesund.

d. 21. Abends.

Ich habe heute den alten Baumeister Scamozzi besucht der des Palladio Gebäude herausgegeben und ein gar braver Mann ist. Er gab mir einige Anleitung. Ich werde morgen auf's Land fahren, ein Landhaus des *Conte Tiene* zu sehen. pp.

Du erinnerst dich vielleicht daß unter den Gebäuden des *Palladio* eins ist das *la Casa di Palladio* genennt wird, ich hatte immer eine besondere Vorliebe dafür; aber in der Nähe ist es noch weit mehr, ist es erst was man sich gar nicht abwesend dencken kann. Wenn ich komme wird davon viel Redens seyn. Wenn es nicht gleich Aufsehens machte und ich meine *humilem personam* nicht kompromittirte; so lies ich es zeichnen und illuminiren wie es dasteht mit einigen Nachbarhäusern.

Ich gehe nur immer herum und herum und sehe und übe mein Aug und meinen innern Sinn. Auch bin ich wohl und von glücklichem Humor. Meine Bemerckungen über Menschen, Volck, Staat, Regierung, Natur, Kunst, Gebrauch, Geschichte gehn immer fort und ohne daß ich im mindsten aufgespannt bin hab ich den schönsten Genuß und gute Betrachtung. Du weißt was die Gegenwart der Dinge zu mir spricht und ich bin den ganzen Tag in einem Gespräche mit den Dingen. Ich lebe sehr mäsig. Den rothen Wein der hiesigen Gegend, schon von Tyrol her, kan ich nicht vertragen, ich trincke ihn mit viel Wasser wie der Heil. Ludwig, nur schade daß ich zum Heiligen zu alt bin.

Heut hab ich auch den Dr. Tura besucht. Wohl fünf Jahre hat er sich mit Passion aufs Studium der Botanick gelegt, ein *Herbarium* von der *Flora* Italiens gesammelt, unter dem vorigen Bischof einen Botanischen Garten angelegt. Das ist aber alles hin; die Medicinische Praxis vertrieb die Naturgeschichte, das *Herbarium*

79

wird von Würmen gefressen, der Bischoff ist todt und der Botanische Garten ist wieder, wie billig, mit Kohl und Knoblauch bepflantzt. Dr. Tura ist ein gar feiner guter Mann, er erzählte mir mit Offenherzigkeit, Reinheit und Bescheidenheit seine Geschichte, sprach überhaupt sehr bestimmt und gefällig dabey, hatte aber nicht Lust seine Schräncke aufzumachen, war bald fertig und ließ mich gehn.

Gegen Abend ging ich wieder zur *Rotonda* die eine halbe Stunde von der Stadt liegt, dann zur *Madonna del Monte* und schlenderte durch die Hallen herunter, wieder auf den vielgeliebten Platz, kaufte mir für 3 *Soldi* ein Pfund Trauben verzehrte sie unter den Säulengängen des Palladio und schlich nach Hause als es dunckel und kühl zu werden anfing.

Heut Abend ist wieder *Oper* ich kann mich aber nicht entschließen das *Opus* noch einmal zu leiden, ob ich gleich die Ballette die heute verändert sind wohl gerne sähe.

Wir wollen die Nacht zum Schlafen anwenden um den morgenden Tag desto besser zu nutzen.

Hier die Inschrifften der Rotonda wie sie an den vier Frontons stehn.

Marcus Capra Gabrielis F.
Qui aedes has arctissimo primogeniturae gradui subjecit.
Vna cum omnibus censibus agris vallibus et collibus
citra viam magnam
Memoriae perpetuae mandans haec dum sustinet ac
abstinet.

Das Ganze, besonders der Schluß ein Herrlicher Text zu künftigen Unterredungen.

d. 22ten S.

Noch immer in Vicenz und wohl noch einige Tage hier. Wenn ich ganz meinem Geiste folgen dürfte, legt ich mich einen Monat hierher, machte bey dem alten Scamozzi einen schnellen Lauf der Architecktur und ging dann wohl ausgestattet weiter. Das ist aber für meinen Plan zu ausführlich und wir wollen ehstens wieder fort.

Heute früh war ich in *Tiene* das nordwärts gegen das Gebirge liegt und wo ein neu Gebäude nach einem alten Riße aufgeführt wird, ein trefflich Werck, bis auf weniges was ich zu erinnern habe. Es liegt ganz trefflich, in einer grosen Plaine, die Kalck Alpen ohne Zwischen Gebirg hinter sich. Vom Schlosse her an der graden Chaussee hin, fliest zu beyden Seiten lebendiges Wasser und wässert die weiten Reisfelder durch die man fährt.

Heut Abend war ich in einer Versammlung welche die Akademie der Olympier hielt. Ein Spielwerck aber ein recht gutes, es erhält noch ein Bißchen Salz und Leben unter den Leuten.

Der Saal ist neben dem Theater des Palladius, anständig, wohl erleuchtet, der Capitan und ein Theil des Adels war zugegen. Ubrigens ein Publicum von den obern Ständen, viele Geistliche, ohngefähr 500.

Der Präsident hatte die Frage aufgegeben: ob *Erfindung oder Nachahmung den schönen Künsten mehr Vortheil gebracht habe?* Du siehst daß wenn man die beyden trennt und so fragt, man hundert Jahre hinüber und herüber reden kann. Auch haben sich die Hrn. Akademiker dieser Gelegenheit weidlich bedient und in Prosa und Versen mancherley vorgebracht, worunter viel Gutes war. Und überhaupt es ist doch ein lebendig Publikum. Die Zuhörer riefen Bravo, klatschten, lachten. Wenn das meine Nation und meine Sprache wäre, ich wollte sie toll machen.

Du kannst dencken daß Palladio an allen Ecken war, und einer hatte den guten Einfall zu sagen, die andern hätten ihm den Palladio weggenommen, er wolle den Franceschini loben (ein groser Seidenfabrikant), und fing nun an zu zeigen was die *Nachahmung* der Lioner und Florentiner Stoffe ihm und Vicenz für Vortheile gebracht habe. Du kannst dencken daß es viel Gelächter gab.

Uberhaupt fanden die, die für die Nachahmung sprachen, mehr Beyfall denn sie sagten lauter Dinge die der Haufe denckt und dencken kann, ob sie gleich der schwächere Theil waren. Einmal gab das Publikum, mit grosem Hände klatschen, einem recht groben Sophism seinen herzlichen Beyfall. Einer der für die Erfindung sprach sagte recht gute Sachen, die aber grad nicht sentirt wurden. Mich freut es sehr auch das gesehen zu haben. Es geht mir alles gut. und den Palladio nach soviel Zeit von seinen Landsleuten wie einen Stern verehrt zu sehn ist doch schön pp. Viel Gedancken darüber mündlich

Ich habe nun erst die zwey Italiänischen Städte gesehn, *Töchter* Städte (um nicht zu sagen Provinz Städte) und habe fast noch mit keinem Menschen gesprochen aber ich kenne meine Italiäner schon gut. Sie sind wie die Hofleute, die sich fürs erste Volck der Welt halten und bey gewissen Vortheilen die sie haben, sichs ungestraft und bequem einbilden können.

Uberhaupt aber eine recht gute Nation, man muß nur die Kinder und die gemeinen Leute sehn, wie ich sie jetzt sehe und sehen kann, da ich ihnen immer exponirt bin und mich ihnen exponire.

Wenn ich zurückkomme sollst du die besten Schilderungen haben. Und was das für Figuren für Gesichter sind.

Ich war lang willens Verona oder Vicenz dem Mignon zum Vaterland zu geben. Aber es ist ohne allen Zweifel Vicenz, ich muß auch darum einige Tage länger hier bleiben. Lebe wohl. Ich sudle heut Abend wild, aber es ist besser etwas als nichts. Federn und Dinte und alles ist strudelich.

d. 23. S.

Ich schleiche noch immer herum, thue die Augen auf und sehe, wie natürlich, täglich mehr. Von Gebäuden nichts weiter. wenn wir die Kupfer zusammen ansehn dann gar viel.

Schönes Wetter diese Tage her, heute bedeckt und kühl, doch keine feuchte Kälte die uns im Norden tödtet.

Ich schreibe nun an meiner Iphigenie ab, das nimmt mir manche Stunde. und doch gibt mirs unter dem fremden Volcke unter denen neuen Gegenständen ein gewißes Eigenthümliches und ein Rückgefühl ins Vaterland.

Meine angefangne Zueignung ans deutsche Publikum werf ich ganz weg und mache eine neue, sobald die Iph[igenie] fertig ist.

Die Frauen tragen sich hier reinlich. Ein weises Tuch das der niedre Stand über den Kopf schlägt und wie in einen Schleyer darein wickelt, thut den Gesichtern nicht gut, es muß eins recht hübsch seyn wenn es dadurch nicht zu Grunde gerichtet werden soll. Wenn man ausser der Zeit des Gottesdiensts in eine dunckle Kirche kommt und so ein Paar verschleierte fromme Seelen drin sitzen oder knien, siehts Gespenstermäsig genug aus.

Die Art der geringen Fraun Leute sich das Haar zurück zu binden und in Zöpfe zu flechten ist den Jungen vorteilhaft den Älteren schädlich, die Haar gehen aus und die Vorderseite wird kahl.

Die Weiber tragen an einem Bügel oder Bogen von schwanckendem Holze Körbe, Eimer pp was sie zu tragen haben.

sie können sich es gar bequem machen, indem sie,
wenn es schwere Sachen sind, auch zugleich die Henckel
mit den Händen fassen können, wie obenstehende Figur
ausweiset. Das Volck selbst ist gewiß von Grund aus
gut, ich sehe nur die Kinder an und gebe mich mit ihnen
ab, auch mit den alten. In meiner Figur, zu der ich noch
leinene Unterstrümpfe zu tragen pflege, (wodurch ich
gleich einige Stufen niedriger rücke) Stell ich mich auf
den Marckt unter sie, rede über jeden Anlaß, frage sie,
sehe wie sie sich unter einander gebärden, und kann ihre
Natürlichkeit, freyen Muth, gute Art p nicht genug loben. Von allem diesem in der Folge mehr und wie das
mit dem was man von ihrer Arglist, Mistrauen, Falsch-
heit, ja Gewaltthätigkeit sagt zusammenhängt mündlich, wenn wir sie erst mehr gesehen haben.

Ich bin recht wohl und munter, nur gegen Abend muß
ich mich in Acht nehmen, da kann ich ein klein wenig
traurig werden und die Sehnsucht nach dir, nach Fritzen,
Herdern, irgend einer subalterneren theilnehmenden
Seele nimmt überhand. Ich laß sie aber nicht aufkom-
men, beschäfftige mich und so gehts vorüber.

d. 24. S.

Es geht immer den alten Weg. Früh wird an der

84

Iph[igenie] gearbeitet und ich hoffe sie soll euch freuen da sie unter diesem Himmel reif geworden, wo man den ganzen Tag nicht an seinen Körper denckt sondern wo es einem gleich wohl ist. Gestern ging ich mit dem Stück in der Tasche auf den *Campo Marzo* und sah am Berge gegenüber ein Paar gar artige Gegenstände, ich zeichnete sie geschwind auf das vordere und hintere weiße Blat des Stücks und du erhälst sie mit diesem. Viele Hundert ia tausend solcher Blätter und Blätgen könnte man im Bezirck einer Stunde hier zeichnen, ich darf mich nur jetzt nicht darauf einlassen.

Heut sah ich die *Villa Valmarana* die Tiepolo dekorirt und allen seinen Tugenden und Fehlern freyen Lauf gelassen hat. Der hohe Styl gelang ihm nicht wie der natürliche, und in diesem letzten sind köstliche Sachen da, im Ganzen aber als Dekoration gar fröhlich und brav.

An der Architecktur geh ich denn immer so hin, mit meinem selbstgeschnitzten Maasstab und reiche weit, freylich fehlt mir viel, indeß wollen wir damit vorlieb nehmen und nur brav einsammeln. Die Hauptsache ist daß alle diese Gegenstände, die nun schon über 30 Jahre auf meine Imagination abwesend gewürckt haben und also alle zu hoch stehn, nun in den ordentlichen *Cammer* und *Haus* Ton der Coexistenz herunter gestimmt werden.

Ich lebe sehr diät und halte mich ruhig damit die Gegenstände keine erhöhte Seele finden, sondern die Seele erhöhen. Im letzten Falle ist man dem Irthum weit weniger ausgesetzt als im ersten. Und dann freu ich mich dir zu schreiben, wie ich mich freue vor den Gegenständen mit dir zu sprechen und meiner Geliebten alles in die Ferne zuzuschicken was ich ihr einmal in der Nähe zu erzählen hoffe. Dann macht es mir auch einen frohen Gedancken daß du das Gegenwärtige und noch mehr in 6 Wochen längstens haben kannst.

Doch muß man auf alle Fälle wieder und wieder sehn, wenn man einen reinen Eindruck der Gegenstände gewinnen will. Es ist ein sonderbares Ding um den ersten Eindruck, er ist immer ein Gemisch von Wahrheit und Lüge im hohen Grade. ich kann noch nicht recht herauskriegen wie es damit ist.

Ich sehe immer mit Betrübniß das Tyroler Gebirg trübe, wahrscheinl. habt ihr übel Wetter, hier regnets einmal doch ists bald wieder schön. Die Morgende und Abende sind kühl.

d 25. S. Abends 22. nach unsrer Uhr 5.

Noch einmal von Vicenz. Ich verlasse diesen Ort ungern, es ist gar viel für mich hier. Wäre es möglich mit dir eine Zeit in dieser Gegend zuzubringen! Allein wir sind auf ewig daraus verbannt; man müßte, wenn man hier leben wollte, gleich katholisch werden, um Theil an der Existenz der Menschen nehmen zu können. Alles ladet dazu ein und es ist viel Freyheit und Freymütigkeit unter ihnen.

Ich war auf der Bibliotheck, die Büste des berühmten Juristen Bartolius zu sehen, die aus Marmor gearbeitet oben steht. Es ist ein festes, freyes wackres, schönes Gesicht von trefflicher Bildung und freut mich auch diese Gestalt in der Seele zu besitzen. Bey den Dominikanern steht eine antike Statue die als Iphigenie genannt ist. Es ist aber völlig die Idee der Vestalinnen von denen wir eine grose und kleine im Abguß besitzen. Weil die Hände angedruckt und in das Gewand verwickelt sind; so haben diese Statuen weniger gelitten, der Kopf ist aber neu und viel zu gros.

Noch einige Gebäude hab ich besehn und mein Auge

Kopie nach Domenico Tiepolo

fängt sich gut an zu bilden, ich habe nun Muth dem mechanischen der Kunst näher zu treten. Was mich freut ist daß keine von meinen alten Grundideen verrückt und verändert wird, es bestimmt sich nur alles mehr, entwickelt sich und wächst mir entgegen.

Ich war noch einmal auf dem Berge der *Madonna*. Das Cabinet eines der PP. Serviten hat vieles aber nicht viel. Von einem Balkon seines Zimmers aber ist eine Aussicht die man nur stumm betrachten kann. In der Höhe, in der sogenannten *Foresteria* wo vornehme Fremde bewirthet werden ist sie noch weiter, da hat man auch Vicenz und die Tyroler Gebirge.

Wenn man wieder herunter steigt, hat man einen Hügel zur lincken seite der spitz ist, frey steht und bis auf den Gipfel mit Reben angelegt ist, einige grose Lauben stehen auch da und oben schliest ein Trupp Cypressen. Ich habe ihn diese acht Tage her immer mit Freuden angesehn.

Übrigens gefallen mir die Vicentiner immer sehr wohl; sie haben eine freye Art Humanität, die aus einem immer öffentlichen Leben herkommt. Auch gehts von einem zum andern, Kirchen, Marckt, Spazirgang, Wallfahrt, (so nenn ich die Promenade zur Mutter Gottes) Theater, öffentliche Specktakel, Carnaval pp. und das weibliche Geschlecht ist im Durchschnitte schön, und leben so ohne Coquetterie vor sich hin, sind durchaus reinlich gekleidet. Ich habe sie alle recht scharf angesehn und in denen acht Tagen nicht mehr als Eine gesehen, von der ich gewiß sagen mögte daß ihre Reitze feil sind.

Auch die Männer find ich höflich und zuvorkommend. Ich trete in einen Buchladen und frage den Mann nach einem Buche, das er sich nicht gleich besinnt, es sitzen verschiedne Personen von gutem Stande herum, geistliche weltliche. Einer fängt gleich mit dem Buchhändler zu reden an, hilft ihm und mir zurechte und das alles ganz grade hin, als wenn man sich lange kennte und ohne weiters.

Das hab ich an ihnen bemerckt. Sie sehen einen von Kopf biß zu Fuße an, und scheinen einen trefflich Phisiognomischen Kleiderblick zu haben. Nun ists mein Spas sie mit den Strümpfen irre zu machen, nach denen sie mich unmöglich für einen *Gentleman* halten können. Ubrigens betrag ich mich gegen sie offen, höflich, gesetzt und freue mich nun so frey ohne Furcht erkannt zu werden herumzugehn. Wie lang es währen wird.

Ich kan dir nicht sagen was ich schon die kurze Zeit an Menschlichkeit gewonnen habe. Wie ich aber auch fühle was wir in den kleinen Souverainen Staaten für elende einsame Menschen seyn müssen weil man, und besonders in meiner Lage, fast mit niemand reden darf, der nicht was wollte und mögte. Den Werth der Geselligkeit hab ich nie so sehr gefühlt und die Freude die meinigen wieder zu sehn, in der Entfernung, nie so lebhaft.

Die Gebäude hab ich wieder und wieder besehn und begangen.

Bey den Dominikanern gefiel mir auf dem Bilde der Anbetung der 3 Könige, der unschuldige, obgleich nicht christlich erhabne, Gedancke, daß sich das Kindlein vor dem Alten fürchtet, der es kniend verehrt, und ein ängstlich Mäulgen zieht.

Der Kirchen und Altarblätter kriegt man so satt daß man manches Gute übersieht und ich bin nur im Anfange.

Hier will ich eine Bemerckung hersetzen, über den Punckt, in dem so manche Reisende fehlen, in dem ich auch sonst gefehlt habe.

Jeder denckt doch eigentlich für sein Geld auf der Reise zu *genießen*. Er erwartet alle die Gegenstände von denen er so vieles hat reden hören, nicht zu finden, wie der Himmel und die Umstände wollen, sondern so rein wie sie in seiner Imagination stehen und fast nichts findet er so, fast nichts kann er so genießen. Hier ist was zerstört, hier was angekleckt, hier stincks, hier rauchts, hier ist Schmutz pp, so in den Wirthshäusern, mit den Menschen pp.

Der Genuß auf einer Reiße ist wenn man ihn rein haben will, ein abstrackter Genuß, ich muß die Unbequemlichkeiten, Widerwärtigkeiten, das was mit mir nicht stimmt, was ich nicht erwarte, alles muß ich bey Seite bringen, in dem Kunstwerck nur den Gedancken des Künstlers, die erste Ausführung, das Leben der ersten Zeit da das Werck entstand heraussuchen und es wieder rein in meine Seele bringen, abgeschieden von allem was die Zeit, der alles unterworfen ist und der Wechsel der Dinge darauf gewürckt haben. Dann hab ich einen reinen bleibenden Genuß und um dessentwillen bin ich gereißt, nicht um des Augenblicklichen Wohlseyns oder Spases willen. Mit der Betrachtung und dem Genuß der Natur ists eben das. Trifft dann aber auch einmal zusammen daß alles paßt, dann ists ein großes Geschenck, ich habe solche Augenblicke gehabt.

Ich schreibe dir eben immer so fort weil ich weiß daß es dir Freude machen wird. Alles wird sich besser und bestimmter sagen lassen. Mein ganzes Gemüth ist bey und mit dir und meine beste Hoffnung ist dich wieder zu sehen.

Padua d. 26 Abends.
Du kannst immer dencken daß ich dir bey einbrechender Nacht schreibe, denn da ist mein Tagewerck vollbracht.

In vier Stunden bin ich von Vicenz heute früh herüber

gefahren. Wie gewöhnlich auf ein einsitzig Chaischen (*Sediola*) mit meiner ganzen Existenz gepackt. Man fährt sonst bequem in vierthalb Stunden, da ich aber den köstlichen Tag gern unter freyem Himmel genoß war es mir lieb daß der Vetturin seine Schuldigkeit nicht that. Es geht immer in der schönsten Plaine süd ostwärts, man hat wenig Aussicht weil man zwischen Hecken und Bäumen hinfährt. Biß man endlich die schönen Gebirge von Este, eine vulkanische Reihe, die von Nord gegen Süden streichen, zur rechten Hand sieht.

Auf dem Wege wünscht ich dir nur die Fülle des Hängewercks der Pflanzen über Mauern, Hecken, an Bäumen herunter mit einem Blick zeigen zu können. Die Kürbiße auf den Dächern pp

Nun denn in Padua! und habe in fünf Stunden was Volckmann anzeigt meist gesehen; nichts was mich recht herzlich gefreut hätte aber manches das gesehen zu haben gut ist.

Diesmal will ich Volckmannen folgen den du im 3. Theil auf der 638. Seite nachschlagen wirst. Ich nehme an daß du die Artickel liesest, und ich mache nur meine Anmerckungen.

p. 639 *erschreckliche Erdbeben*. Die Nähe der Gebirge von Este mag daran Schuld seyn, sie liegen nur 6 Ital[iänische] Meilen von hier ab, und sind noch warme Bäder hierherwärts. Da mögen noch so alte böse Reste in den Eingeweiden oder vielmehr unter der Haut der alten Mutter gesteckt haben, ob ich gleich noch keine rechte Idee davon habe.

Benachbarten Hügel. keine nähern als die Berge von Este. Die Stadt liegt herrlich, ich sah sie vom Observatorio. Gegen Norden die beschneiten und in Wolcken halb versteckten Tyroler Gebirge, an die sich gegen Nord west die Vicentinischen Vulkanischen Berge anschließen und endlich gegen Westen die nähern Gebirge von Este, deren Gestalt und Vertiefung man deutlich erkennen kann. Gegen Süd und Ost eine grüne See ohne Spur von Erhöhung Baum an Baum, Busch an Busch, Pflanzung an Pflanzung bis an den fernsten Horizont, und aus der Grüne sehen unzählige weiße Häuser, Villen, Kirchen pp heraus.

Vom Observatorio konnt ich durch den Tubus ganz deutlich den Markus thurm von Venedig und die andern geringern Thürme sehn.

p. 641. *Das Pflaster der Stadt* pp. es ist Lava von den Estischen Bergen, ich habe welche mitgenommen.

rother Marmor, ein rother ziemlich fester Kalckstein wie der Veroneser.

p. 642 *Marie von Giotto* hab ich nicht finden können. *Sakristey* war zu.

p. 642. *St. Antonio.* Von diesem barbarischen Gebäude mündlich.

p. 646. *Kardinal Bembo.* Es ist nur gut daß man den Heiligen Kirchen gebaut hat; so hat man doch auch einen guten Ort wo man vernünftige und edle Menschen aufstellen kann. Es ist ein schönes, wenn ich so sagen soll mit Gewalt in sich gezognes Gesicht und ein mächtiger Bart. Die Büste steht zwischen Ionischen Säulen die mir von dem Grabmal des Porto in Vicenz (s. p. 677) nachgeahmt scheinen. Die Inschrift ist schön:

> *Petri Bembi Card. imaginem*
> *Hier. Guirinus Ismeni F.*
> *in publico ponendam curavit*
> *ut cujus Ingenii*
> *monumenta aeterna sint*
> *ejus corporis quoque memoria*
> *ne a posteritate desideretur.*

Eine würdige Inschrifft dem Manne der nicht gern in der Bibel las um seinen lateinischen Styl, wahrscheinlich auch um seine Imagination nicht zu verderben.

p. 647. *Helena Cornara.* Wohlgebildet nicht liebenswürdig, wie sich's einer Minerva-Geweihten geziemen will.

p. 644 *Hl. Agathe von Tiepolo* Das Gesicht nicht erhaben aber erstaunend wahr, physischer Schmerz und getroste Duldung schön ausgedruckt. Wenn die Martyrthümer nur nicht immer die fatalen armen Sünderschafften mit sich schleppten.

p. 647. *Enthauptung Joh[annis] von Piazetta.* Ein recht brav Bild. Immer des Meisters Manier vorausgesetzt. Joh[annes] kniet die Hände vor sich hinfaltend mit dem rechten Knie an einem Stein, er sieht gen Himmel, ein Kriegsknecht der ihn gebunden hat fährt an der rechten Seite herum und sieht ihn in's Gesicht als wenn er über die Resignation erstaunte womit der Mann sich hingiebt. in der Höhe steht ein anderer der den Streich vollführen soll, hat aber das Schwerdt nicht sondern nur die Hände aufgehoben wie einer der sich zu dem Streiche vorbereitet, das Schwerdt zieht einer tiefer unten aus der Scheide. Der Gedancke ist neu und die Composition frappant übrigens auch wieder eine Arme sünderschafft.

p. 648. *Scuola del Santo.* Die Bilder von Titian wundernswürdig wie sie der alten deutschen holbeinischen Manier nah kommen. Von der sich ienseits der Alpen keiner erhohlt hat. Eine erstaunende alles versprechende Wahrheit ist drin. Sie haben mich, wie überhaupt mehr alte Gemälde viel zu dencken gemacht.

p. 649. *Marter d[er] Heil. Justina* von *Paul Ver[onese].* Er hat den Fehler den ich schon in Vicenz bemerckte zu viel Figuren auf so ein Bild zu bringen und sie zu klein zu ma-

92

chen. Die haben nun von so einem Hoch Altar herunter keine *Gegenwart.* das übrige sagt Volckmann.

650. *Zimmer des Abts.* Ein schön Bild von *Quercin da Cento* Gerechtigkeit und Friede.

ibid. Auserlesne Bücher. ist nicht zu läugnen. Alte Schriffsteller, die Italiänischen Dichter. Kirchenväter verstehn sich von selbst pp. Was ich so flüchtig übersah war alles gut und brauchbar.

ibid. Prato della valle Sie haben rings um den Platz ihren berühmten Männern Bildsäulen gesetzt und auch Privatleuten erlaubt einem verdienten Mann aus seiner Familie eine Statue zu setzen wie die Inschrifften zeigen. Die Messe die hier gehalten wird ist berühmt.

p. 655 *Abnehmung vom Kreuz* von Bassan. recht brav, und so edel als er etwas machen konnte.

ibid. Salone. Wenn man so etwas nicht gesehn hat glaubt mans nicht oder kann sichs nicht dencken.

p. 658. *il Bo* ist mir lieb daß ich darin nichts zu lernen hatte. Man denckt sich auch diese *Schul-Enge* nicht wenn mans nicht gesehn hat besonders ist das Anatomische Theater würcklich als ein Wunder werck anzusehen. Es ist über alle Beschreibung.

Der Botanische Garten ist desto artiger und muntrer, obgleich ietzt nicht in seiner besten Zeit. Morgen soll ihm der größte theil des Tags gewidmet werden. Ich habe heut im Durchgehn schon brav gelernt.

Gute Nacht für heute! Ich habe gesudelt was ich konnte um nur etwas aufs Papier zu bringen.

Padua d. 27. Mittag.
Heute früh ward noch einigs nachgehohlt. aus dem botanischen Garten vertrieb mich ein Regen. Ich habe drin schöne Sachen gesehn und dir zum Scherz einiges eingelegt. Der fremden Sachen laßen sie viel im Lande

stehn gegen Mauern angelehnt oder nicht weit davon und überbauen alsdann das Ganze gegen Ende Oktobers und heitzen es die wenigen Wintermonate.

Abends. 27. S.

Wie gewöhnlich meine liebe wenn das *Ave Maria della Sera* gebetet wird, wend ich meine Gedancken zu dir; ob ich mich gleich nicht so ausdrücken darf, denn sie sind den ganzen Tag bey dir. Ach daß wir doch recht wüßten was wir an einander haben wenn wir beysammen sind.

Auch hab ich heut die Wercke des Palladio gekauft einen Folio band. Zwar nicht die erste Ausgabe aber einen sehr sorgfältigen Nachdruck den ein Engländer besorgt hat. Das muß man den Engländern lassen daß sie von lang her das Gute zu schätzen gewußt haben. Und daß sie eine vornehme Art haben vornehm zu seyn.

Heute hab ich die Statuen auf dem Platze nochmals durchgesehn, sie sind meist von Partikuliers und Zünften auch Fremden gesetzt. So hat der König von Schweden Gustav Adolphen hinsetzen laßen, weil man sagt, er habe einmal in Padua eine Lecktion angehört. Der Erzherzog Leopold dem Petrarch und Galiläi. u.s.w. Die Statuen sind in einer modernbraven Manier gemacht. Wenige übermanierirt, einige recht natürl[ich]. Die Innschrifften gefallen mir auch recht wohl, sie sind lateinisch und ist nichts abgeschmacktes oder kleines darunter. Päpste und Dogen stehen an den Eingängen. Es kann ein recht schöner Platz werden wenn sie die hölzerne *Fiera* wegschaffen und eine von Stein jenseits des Platzes bauen wie der Plan seyn soll.

Heute Abend setzte ich mich in die Kirche der Hl. Justina die zwar in keinem grosen Geschmack aber doch groß und Einfach gebaut ist, in einen Winckel und hatte meine stille Betrachtungen. Da fühlt ich mich recht allein, denn kein Mensch auf der Welt der in dem Augenblick an mich gedacht hätte, würde mich in diesem Winckel gesucht haben.

Die Stadt ist groß und wenig bevölckert, jetzt noch leerer, da Vakanzen der Schule sind und der Adel auf dem Lande wohnt. Man muß sich deswegen an die Vorfahren auf dem Prato della Valle halten.

Schöne Bestätigungen meiner botanischen Ideen hab ich wieder gefunden. Es wird gewiß kommen und ich dringe noch weiter. Nur ists sonderbar und manchmal macht michs fürchten, daß so gar viel auf mich gleichsam eindringt dessen ich mich nicht erwehren kann daß meine Existenz wie ein Schneeball wächst, und manchmal ists als wenn mein Kopf es nicht fassen noch ertragen könnte, und doch entwickelt sich alles von innen heraus, und ich kann nicht leben ohne das.

In der Kirche der Eremitaner habe ich Gemälde von Mantegna eines der älteren Mahler gesehen vor denen ich erstaunt bin! Was in den Bildern für eine scharfe sichre Gegenwart ist läßt sich nicht ausdrucken. von dieser ganzen, wahren, (nicht scheinbaren, Effecktlügenden, zur Immagination sprechenden) derben reinen, lichten, ausführlichen gewißenhaften, zarten, umschriebenen Gegenwart, die zugleich etwas strenges, emsiges, mühsames hatte gingen die folgenden aus wie ich gestern Bilder von Titian sah und konnten durch die Lebhafftigkeit ihres Geistes, die Energie ihrer Natur, erleuchtet von dem Geiste der Alten immer höher und höher steigen sich von der Erde heben und himmlische aber wahre Gestalten hervorbringen. Es ist das die Geschichte der Kunst und jedes der einzelnen grosen ersten Künstler nach der barbarischen Zeit.

Die Baukunst steht noch unendlich weit von mir ab, es ist sonderbar wie mir alles darin so fremd, so entfernt ist,

ohne mir neu zu seyn. Ich hoffe aber auch dies mal wenigstens in ihre Vorhöfe gelassen zu werden.

Nun wäre auch hier einmal wieder eingepackt und
morgen früh gehts auf der Brenta zu Wasser fort. Heute
hats geregnet, nun ists wieder ausgehellt und ich hoffe
die Lagunen und die ehmals triumphirende Braut des
Meers bey schöner Tagszeit zu erblicken und dich aus ihrem Schoos zu begrüßen. jetzt gute Nacht.

REISE-TAGEBUCH
VIERTES STÜCK.

VENEDIG.

1786.

Venedig.

So stand es denn in dem Buche des Schicksals auf meinem Blatte geschrieben, daß ich d. 28 Sept. Abends, nach unsrer Uhr um fünfe, Venedig zum erstenmal, aus der Brenta in die Lagunen einfahrend, erblicken, und bald darauf diese wunderbare Inselstadt, diese Biber Republick betreten und besuchen sollte. So ist denn auch Gott sey Danck *Venedig* kein bloses Wort mehr für mich, ein Nahme der mich so offt, der ich von jeher ein Todt feind von Wortschällen gewesen bin, so oft geängstigt hat.

Wie die erste Gondel an das Schiff anfuhr, fiel mir mein erstes Kinderspielzeug ein, an das ich vielleicht in zwanzig Jahren nicht mehr gedacht hatte. Mein Vater hatte ein schönes Gondelmodell von Venedig mitgebracht, er hielt es sehr werth und es ward mir hoch angerechnet wenn ich damit spielen durfte. Die ersten Schnäbel von Eisenblech, die schwarzen Gondelkäfige, alles grüßte ich wie eine alte Bekanntschafft, wie einen langentbehrten ersten Jugend Eindruck.

Und da ich mir blos zu reisen scheine um dir zu erzählen; so setz ich mich nun hin, da es Nacht ist, dir mancherley vorzusagen.

Ich bin gut logirt in der *Königinn von England,* nicht weit vom Marcus Platz, der größte Vorzug des Quartiers.

Meine Fenster gehn auf einen schmalen Kanal, zwischen hohen Häusern, gleich unter mir ist eine Brücke und gegenüber ein schmales belebtes Gäßgen. So wohn ich und so werd ich eine Zeitlang bleiben, biß mein Pakket für Deutschland fertig ist und biß ich mich am Bilde dieser Stadt satt gesogen habe.

Die Einsamkeit nach der ich so oft sehnsuchtsvoll geseuftzt habe, kann ich recht genießen, wenn ein Genuß darin ist, denn nirgend kann man sich einsamer fühlen als in so einem Gewimmel, wo man ganz unbekannt ist, in Venedig ist vielleicht kaum ein Mensch der mich kennt und der wird mir nicht begegnen. Wir hatten herrlich Wetter zur Fahrt auf der Brenta her die Volckm[ann] p. 636. gut beschreibt, ich ging mit dem öffentlichen Schiffe und kann den Anstand, die Ordnung einer so gemischten Gesellschafft des mittlern Standes nicht genug loben. Einige recht hübsche und artige Weiber und Mädgen waren drunter. Es wird mir erstaunend leicht mit diesem Volcke zu leben. Ohnfern Venedig nahm ich mit noch einem eine Gondel und wir fuhren herein. Es ist groser respecktabler Anblick.

Ich eilte auf den Markus Platz und mein Geist ist nun auch um dieses Bild reicher und weiter. Heut Abend sag ich nichts weiter. Ich werde hier Zeit finden dir meine Gedancken mitzutheilen. Lebe wohl! Du immer gleich herzlich und zärtlich Geliebte.

d. 29 früh.

Es hatte sich gestern Abend der ganze Himmel überzogen, ich war in Sorge es mögte Regen eintreten, den auch die Wasser Vögel verkündigten. Heut ists wieder herrlich Wetter. Mein Pensum an der Iph[igenie] absolvirt und ich ziehe mich nun an und gehe aus. Vorher begrüß ich dich und wünsche dir einen guten Morgen.

Michälistag Abends.

Nach einem glücklich und wohl zugebrachten Tage, ist mir's immer eine unaussprechlich süße Empfindung wenn ich mich hinsetze dir zu schreiben. Ungern verließ ich den Markus Platz da es Nacht wurde; aber die Furcht zuweit zurückzubleiben trieb mich nach Hause.

Von Venedig ist alles gesagt und gedruckt was man

sagen kann, darum nur weniges wie es mir entgegen kommt. Die Haupt Idee die sich mir wieder hier aufdringt ist wieder *Volck*. Große Masse! und ein nothwendiges unwillkührliches Daseyn. Dieses Geschlecht hat sich nicht zum Spaß auf diese Inseln geflüchtet, es war keine Willkühr die andere trieb sich mit ihnen zu vereinigen, es war Glück das ihre Lage so vorteilhaft machte, es war Glück daß sie zu einer Zeit klug waren da noch die ganze nördliche Welt im Unsinn gefangen lag, ihre Vermehrung ihr Reichthum war nothwendige Folge. nun drängte sichs enger und enger Sand und Sumpf ward zu Felsen unter ihren Füßen, ihre Häuser suchten die Luft, wie Bäume die geschloßen stehn, sie mußten an Höhe zu gewinnen suchen was ihnen an Breite abging, geitzig auf iede Handbreit Erde und gleich von Anfang in Enge Räume gedrängt, ließen sie zu Gaßen nicht mehr breite als Haus von Haus zu sondern und Menschen einigen Durchgang zu lassen und übrigens war ihnen das Wasser statt Straße, Platz, Spaziergang, genug der Venetianer mußte eine neue Art von Geschöpf werden und so auch Venedig nur mit sich selbst verglichen werden kann. Wie dem grosen *Canal* wohl keine Strase in der Welt sich vergleichen kann; so kann dem Raume vor dem Markus Platz wohl auch nichts an die Seite gesetzt werden. Den grosen Spiegel Wasser meyn ich der an der einen Seite von dem eigentlichen Venedig im halben Mond umfaßt ist, gegen über die Insel St. Giorgio hat, etwas weiter rechts die Giudecca und ihren Canal, noch weiter Rechts die Dogana und die Einfahrt in den Canal Grande. Ich will auf dem Plan von Venedig den ich bey lege zum Uberfluße Linien ziehen auf die Haupt Punckte die in das Auge fallen wenn man aus den zwey Säulen des Heil. Markus Platzes heraustritt. (NB ich habe es unterlaßen weil es doch kein Bild giebt).

Ich habe das alles mit einem stillen feinen Auge betrachtet und mich dieser grosen Existenz gefreut. Nach Tische ging ich, um Stufenweise zu schreiten, erst zu Fuße aus und warf mich ohne Begleiter, nur die Himmelsgegenden merckend ins Labyrinth der Stadt. Man denckt sichs auch nicht ohne es gesehen zu haben. Gewöhnlich kann man die Breite der Gasse mit ausgestreckten Armen entweder ganz oder beynahe messen, in kleinern Gäßgen könnte man die Arme nicht einmal ausstrecken. Es giebt breitere Strasen, aber proportionirlich alle eng. Ich fand leicht den Grosen Canal und den Ponte Rialto. es ist ein schöner groser Anblick besonders von der Brücke herunter, da sie mit einem Bogen gewölbt in die Höhe steigt. Der Canal ist gesät voll Schiffe und wimmelt von Gondeln, besonders heute da am Michaels Fest die wohlangezognen Frauen zur Kirche wallfahrteten und sich wenigstens über setzen liesen. Ich habe sehr schöne Wesen begegnet.

Nachdem ich müde worden, setzt ich mich in eine Gondel die engen Gassen verlaßend, und fuhr nun den Canal grande durch, um die Insel der Heil. Clara herum, an der grosen Lagune hin, in den Canal der Jiudecka herein, bis gegen den M[arkus] Platz und war nun auf einmal ein Mitherr des Adriatischen Meers, wie jeder Venetianer sich fühlt, wenn er sich in seine Gondel legt. Ich gedachte meines armen Vaters in Ehren, der nichts bessers wußte als von diesen Dingen zu erzählen. Es ist ein groses, respecktables Werck versammelter Menschenkraft, ein herrliches Monument, nicht *Eines Befehlenden* sondern eines *Volcks*. und wenn ihre Lagunen sich nach und nach ausfüllen und stincken und ihr Handel geschwächt wird, und ihre Macht gesuncken ist, macht dieß mir die ganze Anlage der Republick und ihr Wesen nicht um einen Augenblick weniger ehrwürdig. Sie unterligt der Zeit wie alles was ein erscheinendes Daseyn hat.

Viel, viel wollen wir darüber schwätzen; auch worüber man hier nicht reden soll, über den Staat und seine Geheimniße, die ich alle ohne einen Verräther, recht gut zu wißen dencke.

Nun einige Bemerckungen nach Anleitung des Volckmanns. 3. Theil.

p. 509. Die Markus Kirche muß in einem Kupfer von dir gesehen werden, die Bauart ist jeden Unsinns werth der jemals drinne gelehrt oder getrieben worden seyn mag. ich pflege mir die Façade zum Scherz als einen kolossalen Taschenkrebs zu dencken. Wenigstens getrau ich mir irgend ein ungeheures Schaalthier nach diesen Maaßen zu bilden.

p. 513. *Alte Pferde* diese kostbaren Thiere stehen hier, wie Schaafe die ihren Hirten verlohren haben. Wie sie näher zusammen, auf einem würdigern Gebäude, vor einem Triumphwagen eines Weltbeherrschers standen, mag es ein edler Anblick gewesen seyn. Doch Gott sey Dank daß der kristliche Eifer sie nicht umgeschmolzen und Leuchter und Crucifixe draus gießen laßen. Mögen sie doch zu Ehren des Heil. Markus hierstehn, da wir sie dem Heil. Markus schuldig sind.

515. *Der herzogliche Pallast,* besonders die Façade nach dem Markus Platz. Das sonderbarste was der Menschen Geist glaub ich hervorgebracht hat. Mündlich mehr. Ich habe einen Einfall den ich aber auch nur für einen Einfall gebe. Ich sage, die ersten Künstler in der Baukunst scheinen die Ruinen der Alten wie sie noch halb vergraben waren nachgeahmt zu haben und der Geist ihrer Nachfolger hat nun den Schutt weg geräumt und die schöne Gestalt hervorgebracht.

Wenn du solche Säulen siehst glaubst du nicht ein Theil stecke in der Erde und doch ist der untere Gang des herzoglichen Pallasts von solcher Taille.

p. 528. Saülen auf der Piazzetta.

Beyde von Granit, die eine die wohl 10 Durchmesser höhe hat ist von rothem Granit dessen Politur und Farbe sich schön erhalten hat sie ist schlanck und reitzend, daß man sich nicht satt an ihr sehen kann.

Die andre hat etwa 8 Durchmesser Höhe, mag also zur dorischen Ordnung wie jene zur kompositen gehören, sie ist von weißem Granit, der von der Zeit gelitten hat und eine Art von Schaale, etwa einen starcken Messerrücken dick, gekriegt hat, die von aussen matt geworden ist und nun an verschiednen orten abfällt. An der Seite der Markus Kirche nach der Piazzetta zu, stehen zwey kleinere Säulen von eben diesen Steinarten angebracht, an denen man dasselbe bemerckt.

Ausser der Markus kirche habe ich noch kein Gebäude betreten. Es giebt aussen genug zu thun, und das Volk interessirt mich unendlich. Ich war heute lang auf dem Fischmarkt und sah ihnen zu, wie sie mit einer unaussprechlichen Begierde, Aufmercksamkeit, Klugheit feilschten und kauften.

So ist auch das öffentliche Wesen und Weben ihrer Gerichts Plätze lustig. Da sitzen die Notaren pp. ieder hat seinen Pult und schreibt, einer tritt zu ihm ihn zu fragen ein Schreiben aufsetzen zu lassen pp. Andre gehn herum pp. das lebt immer mit einander und wie nothwendig die Bettler in diesen Tableaus sind. Wir hätten auch sonst die Odyssee nicht und die Geschichte vom reichen Manne nicht. Ich sudle wieder ganz entsetzlich ich kanns aber nie erwarten daß das Wort auf dem Papier steht.

d. 30. Abends.

Wenn des Venetianers Leben angeht, zieh ich mich nach Hause zurück um dir etwas zu sagen. Sogar die Hausmagd warf mirs gestern vor; daß ich kein Liebhaber vom Abend spazieren sey.

Heute hab ich wieder meinen Begriff von Venedig sachte erweitert. Ich habe nun den Plan, dann war ich auf dem Markus thurm, wo sich denn wohl dem Auge ein einzig Schauspiel darstellt. Es war um Mittag und heller Sonnenschein daß ich ohne Perspecktiv Nähe und Ferne genau unterscheiden konnte. Die Fluth bedeckte die Lagunen.

p. 532. Uber den sogenannten *lido,* einen schmalen Erdstreif der die Lagunen schließt, sah ich zum erstenmal das Meer und einige Seegel drauf. in den Lagunen liegen einige Galeeren und Fregatten die zum Ritter Emo stoßen sollen, wegen ungünstigen Windes aber liegen müssen.

Die Paduanischen und Vicentinischen Berge und das Tyroler Gebirg, schließen gegen Abend und Mitternacht das Bild ganz trefflich schön.

Gegen Abend verlief ich mich wieder ohne Führer in die entferntesten Quartiere der Stadt und suchte aus diesem Labyrinthe, ohne jemand zu fragen nach der Himmels gegend den Ausgang. Man findet sich wohl endlich, aber es ist ein unglaubliches Gehecke in einander und meine Manier die beste sich davon recht sinnlich zu überzeugen, auch hab ich mir bis an die letzte Spitze das

Betragen, die Lebensart, Sitten und Wesen der Einwohner gemerckt. Du lieber Gott was für ein armes gutes Thier der Mensch ist.

Am Ufer ist ein angenehmer Spaziergang.

Schon die drey Tage die ich hier bin hab ich einen geringen Kerl gesehen, der einem mehr oder wenig grosen Auditorio Geschichten erzählt. Ich kann nichts davon verstehen. Es lacht aber kein Mensch, manchmal lächelt das Auditorium, das, wie du dir dencken kannst, meist aus der ganz niedern Classe besteht. Auch hat er nichts auffallendes noch lächerliches in seiner Art, vielmehr etwas sehr gesetztes und eine Manigfaltigkeit und Precision in seinen Gebärden, die ich erst heut Abend bemerckt habe. Ich muß ihm noch mehr aufpassen.

Auf künftigen Montag geht *Opera Buffa* und zwey Comödien theater auf. Da wollen wir uns auch was zu gute thun. Ich hoffe es soll besser werden als in Vicenz. Sonst kann ich dir heute nicht viel sagen. Ausser einigem Fleis an der Iphigenie, hab ich meine meiste Zeit auf den Palladio gewendet, und kann nicht davon kommen. Ein guter Geist trieb mich mit soviel Eifer das Buch zu suchen, das ich schon vor 4 Jahren von Jagemann wollte verschrieben haben, der aber dafür die neueren herausgegebnen Wercke kommen ließ. Und doch auch! was hätten sie mich geholfen, wenn ich seine Gebäude nicht gesehn hätte? Ich sah in Verona und Vicenz was ich mit meinen Augen ersehen konnte, in Padua fand ich erst das Buch, jetzt studier ich's und es fallen mir wie Schuppen von den Augen, der Nebel geht auseinander und ich erkenne die Gegenstände. Auch als Buch ist es ein großes Werck. Und was das ein Mensch war! Meine Geliebte wie freut es mich daß ich mein Leben dem Wahren gewidmet habe, da es mir nun so leicht wird zum Grosen überzugehen, das nur der höchste reinste Punckt des Wahren ist.

Die Revolution, die ich voraussah und die jetzt in mir vorgeht, ist die in jedem Künstler entstand, der lang emsig der Natur treu gewesen und nun die Uberbleibsel des alten grosen Geists erblickte, die Seele quoll auf und er fühlte eine innere Art von Verklärung sein selbst, ein Gefühl von freyerem Leben, höherer Existenz Leichtigkeit und Grazie.

Wollte Gott ich könnte meine Iphigenie noch ein halb Jahr in Händen behalten, man sollt ihr das mittägige Clima noch mehr anspüren.

d. 1. Oktbr. Abends 8 Uhr.
Heute komm ich später zu dir als gewöhnl[ich] und hätte dir doch recht viel zu sagen. Heute früh schrieb ich lang an der Iphigenie und es ging gut von statten. Die Tage sind sich nicht gleich und es wundert mich daß es in dem fremden Leben noch so geht es ist aber ein Zeichen daß ich mich noch gut besitze. Dann ging ich nach dem Rialto und nach dem Markusplatz. Seitdem ich weiß daß Palladio zu einer Brücke auf diesen Platz einen Riß gemacht hat; seitdem ich ihn in seinen Wercken gesehen habe, sey es mir erlaubt Picks auf den Rialto zu haben wie er jetzt steht. ich werde sie mündlich auslegen. Dann bin ich durch einige Quartiere gegangen und nach dem Platz und habe, da es eben Sonntag war über die Unreinlichkeit meine Betrachtungen angestellt. Es ist wohl eine Art Policey in diesem Articke l. Die Leute kehren den Quarck in die Eckgen, ich sehe große Schiffe hin und wieder fahren, auch an Orten stille liegen, die das Kehrigt mit nehmen, leute von den Inseln umher die ihn als Mist bräuchen. Aber es ist doch unverzeihlich daß die Stadt nicht reinlicher ist, da sie recht zur Reinlichkeit an-

gelegt ist, alle Strasen geplattet, die entfernten Quartiere selbst wenigstens mit Backsteinen auf der hohen Kante, wo es nötig in der Mitte ein wenig erhaben, an den Seiten Vertiefungen um das Wasser aufzufassen und in unterirdische Canäle zu leiten. Noch andre Vorsichten der ersten Anlage würden es unendlich erleichtern Venedig zur reinsten Stadt zu machen, wie sie die sonderbarste ist. Ich konnte mich nicht abhalten gleich im Spazierengehn einen Plan dazu anzulegen.

Nach Tische studirt ich wieder im Palladio, der mich sehr glücklich macht und ging alsdann mit dem Plan der Stadt in der Hand die Kirche der *Mendicanti* aufzusuchen die ich auch glücklich fand.

Die Frauenzimmer führten ein Oratorium hinter dem Gitter auf, die Kirche war wie gewöhnlich voll Zuhörer. Die Musick sehr schön und herrliche Stimmen. Ein Alt sang den König Saul, ich habe mir diese Stimme nicht gedacht. Einige Stellen der Musick waren unendlich schön, der Text liegt bey, es ist so italiänisch Latein, daß man an manchen Stellen lachen muß; Aber der Musick ein weites Feld. Es wäre ein trefflicher Genuß geweßen, wenn nicht der vermaledeyte Kapellmeister den Tackt, mit einer Rolle Noten, wider das Gitter, so unverschämt geklappt hätte, als wenn er mit Schuljungen zu thun hätte, die er erst unterrichtete, und sie hatten das Stück oft gemacht, es war absolut unnötig und zerstörte allen Eindruck, nicht anders als wenn man mir eine schöne Statue hinstellte und ihr Scharlachläppgen auf die Gelencke klebte. Der Fremde Ton hebt alle Harmonie auf und das ist ein Musicker und er hört es nicht, oder er will vielmehr daß man seine Gegenwart am Klappen vernehmen soll, da es besser wäre er liese seinen Werth an der Vollkommenheit der Ausführung errathen. Ich weiß die Franzosen habens an der Art, den Italiänern hab ich's nicht zugetraut. Und das Publikum scheint es gewohnt.

Ich habe auch darüber speculirt und einige Gedancken, die ich wenn ich sie mehr bestätigt finde dir mittheilen werde.

Morgen will ich anfangen einiges zu besehn. Ich bin nun mit dem Ganzen bekannt, das einzelne wird mich nicht mehr confuß machen, und ich werde ein sichres Bild von Venedig mit fortnehmen. Heut hat mich zum erstenmal ein feiler Schatz bey hellem Tage in einem Gäßgen beym Rialto angeredet.

Heute Abend war herrlicher Mondschein. Ein Gewitter kam übers Meer von Süd ost, also von den dalmatischen Gebürgen, wetterleuchtete, zog am Mond vorbey zertheilte sich und ging nach dem Tyroler Gebirg, das ist also immer der selbige Wind der alle Mittägiger entstehende Wolcken nach dem deutschen Gebirg wirft und euch in Norden vielleicht Ubel bringt. Doch hab ich gute Hofnung für euch die Gebirge sind meist klar.

Einige Striche hab ich auf grau Papier gemacht von dieses Abends Erscheinung auf dem Wasser.

Lebe wohl. Abends fühl ich mich denn doch müde. Du nimmst auch wohl mit dem guten Willen vorlieb, wenn ich auch nicht viel klugs vorbringe.

d. 2. Oktbr. Abends

Eh ich zur Oper gehe ein Wort.

p. 569. St. *Giorgio* ein schönes Andencken von Palladio ob er gleich da nicht sowohl seinem Geiste als dem Geiste des Orts nachgesehn.

p. 566. *Carita*. Ich fand in des Palladio Wercken daß er hier ein Gebäude angegeben, an welchem er die Privat Wohnungen der Alten, versteht sich des höhern Standes nachzuahmen sich vorgesetzt. Ich eilte mit dem größten

Verlangen hin aber ach! es ist kaum den 10. Theil ausgeführt. Doch auch dieser Theil seines himmlischen Genius werth. Eine Vollkommenheit in der Anlage und eine Akkuratesse in der Ausführung die ich noch gar nicht kannte. auch im Mechanischen da der meiste Theil von Backsteinen (wie ich zwar mehr gesehen habe) aufgeführt ist, eine kostbare Präcision. Ich habe heut nach seinen Wercken gezeichnet und will mir ihn recht herzlich eigen machen.

p. 530. Bibliotheck vielmehr Anticken saal, der voraus geht, kostbare Sachen. Ein Gewand einer Minerva, einer Cleopatra; ich sage Gewand weil meine Gedancken die Restauration der Köpfe und Arme gleich wieder wegschlagen. Ein Ganimed der von Phidias seyn soll und eine berühmte Leda. auch nur Stücke, erstes gut, das zweyte mäsig restaurirt, aber von hohem sinnlichen Sinn.

Die Carita kann ich nicht vergessen. auch hat er eine Treppe angebracht die er selbst lobt und die würcklich gar sehr schön ist.

d. 3. Oktbr.

Gestern Abend Oper *a St. Moisé*. Nichts recht erfreuliches. Es fehlte dem Poem, der Musick, den Ackteurs eine innere Energie, die allein die Sachen auf den höchsten Punckt treiben kann. Es war alles nicht schlecht, aber auch nur die zwey Weiber liesen sichs angelegen seyn, nicht sowohl gut zu agiren, als sich zu *produciren* und zu *gefallen*. Das ist denn immer etwas. Es sind schöne Figuren gute Stimmen, artig munter und gätlich. Unter den Männern ist auch dagegen gar nichts, von innerer Gewalt und Lust dem Publiko was aufzuheften. Auch keine decidirt brillante Stimme.

Das Ballet von elender Erfindung, ward auch ausgepfiffen. Einige herrliche Springer – und Springerinnen, welche letztere sichs recht zur Pflicht rechnen, das Publikum mit jedem schönen Theile ihres Körpers bekannt zu machen.

Heut hab ich dagegen eine andre Commödie gesehen, die mich mehr gefreut hat. Im herzoglichen Pallast, plädiren zu hören.

Es war eine wichtige Sache und wurde, auch zu meinen Gunsten, in den Ferien verhandelt.

Der eine Advokate der sprach, war alles was ein *Buffo caricato* nur seyn sollte. Figur: dick kurz doch beweglich. Ein ungeheuer vorspringendes Profil. Eine Stimme wie Erz und eine Hefftigkeit, als wenn es ihm im tiefsten Grund des Herzens Ernst wäre was er sagte. Ich nenn es eine Commödie, weil alles wahrscheinlich schon fertig ist, wenn diese öffentliche Producktion geschieht und die Richter auch schon wissen was sie sprechen wollen. Indeß hat diese Art unendlich viel gutes gegen unsre Stuben und Canzleyhockereyen. Von den Umständen und wie artig ohne Prunck, wie natürlich alles geschieht mündlich.

Abends.

Viel gesehn. Wenig Worte zum Andencken.

p. 565. *I Scalzi,* Marmor genug und nicht auf die schlimmste Weise zusammengesetzt; aber nichts von dem hohen Geiste der sich allein in dem unnachahmlichen Maas, Ordnung, Harmonie, spüren läßt.

566. *La Salute* das mittelste Gefäß worauf der Dom ruht als Höhe und Breite nicht zu verachten. Aber das Ganze bis in's einzelne Muster über Muster eines schlechten Geschmacks, eine Kirche die Werth ist daß Wunder drinne geschehn.

567. Hochzeit zu Kana. Ein Bild das man aus Kupfern kennt und da schon reitzend ist. Herrliche Frauensköpfe und der abgeschmackte Gegenstand eines langen Tisches

Avocato Reccaini

mit Gästen gar edel behandelt. Die Deckenstücke von Titian sind zu Deckenstücken sehr toll gewählte Gegenstände; doch schön und herrlich ausgeführt.

Isaac, den der Vater beym Schopfe hat, sieht mit niederhängenden Haaren, gar artig gewendet herunter. David, nachdem Goliath liegt, faltet die Hände gar leicht und frey gen Himmel pp.

p. 577. *Il Redentore*. Ein schönes groses Werck von Palladio.

Die *façade* viel lobenswürdiger als die von *St. Giorgio*. Es sind diese Werke in Kupfer gestochen, wir wollen darüber reden. Nur ein allgemeines Wort. *Palladio* war so von der Existenz der Alten durchdrungen und fühlte die Kleinheit und Enge seiner Zeit, in die er gekommen war, wie ein groser Mensch, der sich nicht hingeben, sondern das Ubrige soviel als möglich nach seinen edlen Begriffen umbilden will. So war er unzufrieden, wie ich aus gelinder Wendung seines Buch's schließe, daß man bey den Kristlichen Kirchen auf der Form der alten Basiliken fortbaute, er suchte die seinigen der Form der alten Tempel zu nähern. Daher entstanden gewiße Unschicklichkeiten die mir bey *St. Redentor* sehr glücklich überwunden, bey *St. Giorgio* aber zu auffallend scheinen. Volkmann sagt etwas davon er trifft aber den Nagel nicht auf den Kopf.

Inwendig ist *St. Redentor* auch ganz köstlich. es ist alles, auch die Zeichnung der Altäre von Palladio. Nur die Nischen die mit Statuen ausgefüllt werden sollten prangen mit ausholzausgeschnittnen Gemahlten Figuren.

Dem Hl. Franziskus zu Ehren hatten die *PP. Capuc*[*iner*] einen Seiten Altar mächtig ausgeputzt. Man sah nichts vom Stein als die Corinth[ischen] Kapitäle. Alles übrige schien mit einer Geschmackvollen, prächtigen Stickerey, nach art der Arabescken, überzogen und war das artigste was ich in der Art gesehen hatte. Besonders wunderte ich mich über die breite goldgestickte Rancken und Laubwerck. Ich ging näher und fand einen recht hübschen Betrug. Alles was ich für Gold gehalten hatte war breitgedrucktes Stroh, in schönen Desseins auf Papier geklebt und der Grund mit lebhaften Farben angestrichen, und das so manigfaltig und Artig, daß dieser Spas, der an Material keinen Thaler werth war, und den wahrscheinl[ich] einige unter ihnen selbst umsonst ausgeführt haben, mehrere Tausend Thaler müßte gekostet haben wenn er hätte ächt sein sollen. Man kann es gelegentlich nachmachen. Einen Fehler im weißen und anstreichen der Kirchen bemercke ich hier, nur um zu gedencken.

573. *Gesuati.* eine wahre Jesuiten kirche. Muntre Gemählde von Tiepolo. An den Deckenstücken sieht man an einigen liebenswürdigen Heiligen mehr als die Waden, wenn mich mein Perspecktiv nicht trügt. Das v[on] Volckm[ann] angeführte Bild ist ein alberner Gegenstand; aber recht schön ausgeführt.

Vom Herzogl[ichen] Pallast den ich heute früh sah sollt ich noch mehr sagen. Vielleicht morgen. Es ist alles im Flug geschossen wie du siehst. Aber es bleibt in einem feinen Aug und Herzen.

d. 4. Oktbr. Mittag

Es hat heute geregnet und ich habe die Zeit gleich angewendet an der Iph[igenie] zu schreiben. Nun der Geliebten einige Worte.

Gestern war ich in der Kommödie *Theatro S. Luca,* die mir viel Freude gemacht hat. Ein extemporirtes Stück in Masken, mit Viel Naturel, Energie, und Bravheit ausgeführt. Sie sind nicht gleich. Der Pantalon ist recht brav, und die eine Frau die der Gr[äfin] Lanthieri sehr ähnlich sieht, keine grose Acktrice aber spricht exzellent und weis sich zu betragen. Ein tolles Sujet, das mit unglaublicher Abwechslung gern 3 Stunden unterhielt. Doch ist immer wieder das *Volck* die Base worauf das alles steht. Das Ganze machts, nicht das einzelne. Auf dem Platz und am Ufer und auf den Gondeln und im Pallast. Der Käufer und Verkäufer, der Bettler der Schiffer die Nachbarinn, der Advokate und sein Gegner alles lebt und treibt und läßt sichs angelegen seyn und spricht und betheuert und schreyt und bietet aus und singt und schilt und flucht und lärmt. Und abends gehn sie in's Theater und sehn und hören das Leben ihres Tags, nur künstlich zusammengestellt, artiger ausgestutzt mit Mährgen durchflochten pp und freuen sich kindisch und schreyen wieder und klatschen und lärmen. es ist alles von Nacht zu Nacht, ja von Mitternacht zu Mitternacht immer dasselbe.

Ich habe nicht leicht natürlicher agiren sehn, als diese Masken, aber ein ausgezeichnetes glückliches Naturell.

Da ich das schreibe ist ein Lärm auf dem Canal unter meinem Fenster, der bis nach Mitternacht anhält. Sie haben im Guten und Bösen immer etwas zusammen.

In dem Hause Farsetti ist eine kostbare Sammlung von Abgüßen der besten Antiken. Ich schweige von denen die ich von Mannheim her und sonst kannte, und erwähne nur neuer Bekanntschaff ten: Der Cleopatra die kolossalisch ruht, den Aspis auf den Arm gebunden hat, und in den Todt hinüber schläft. Der Mutter Niobe, die ihre jüngste Tochter mit dem Mantel vor den Pfeilen des Apolls deckt, Einiger Gladiatoren, eines in seinen Flügeln ruhenden Amors, eines sitzenden und stehenden Marius, es sind Wercke an denen sich Jahrtausende die Welt freuen kann und erschöpft den Werth des Künstlers nicht. Auch sehr schöne Büsten. Ich fühle nur auch jetzt wie weit ich in diesen Kenntnißen zurück bin, doch es wird rücken, wenigstens weiß ich den Weg. Palladius hat mir ihn auch dazu und zu aller Kunst und Leben geöffnet. Es klingt das vielleicht ein wenig wunderlich, aber doch nicht so paradox, als wenn Jakob Böhme bey Erblickung einer zinnernen Schüssel über das Universum erleuchtet wurde.

Komm ich zurück und du bist mir hold; so sollst du auch um meine Geheimniße wißen.

Auch steht in dieser Sammlung ein Abguß eines Stücks der Friese und des Carnises vom Tempel des Antonins und der Faustina wovon ich, dir eine flüchtige Idee zu geben, aus den Wercken des Palladius, die Formen leicht durchzeichnen will. Obgleich in keiner Zeichnung die vorspringende Gegenwart der Architectur erreicht wird. Dies ist ohne dies nur ein armes Bildchen (Ich hab es weggelaßen es war gar nichts).

Morgen Donnerstag spielt die Truppe, zu *St. Luca* nach der Anzeige eine Art historisches Stück. Sonnabend ist solenne Messe bey der Hl. Justina welcher der Doge beywohnt, den ich dann auch in Pontifikalibus mit dem Adel sehen werde. Sonntag ist der Weihe Tag der Markuskirche wo er auch wieder erscheint. Bis dahin wollen wir sehn was uns an der Iphig[enie] und den Venetianischen Merckwürdigkeiten zu sehen noch übrig bleibt.

p. 523. Paradies von Tintoret. Auch eine Verherrlichung der Mutter Gottes. Aber reicht nicht an Geist an jenes in der *Casa Bevi l'aqua* zu Verona. Eine Bemerkkung glaube ich zu machen daß Tintoretten kleinere Figuren beßer geriethen als große. daß er da ganz der Grazie und Leichtigkeit seiner Natur sich überlaßen konnte und daß ein größer Maas ihn genirte.

auch in diesem Paradies sind die Figuren gröser und

das Bild ist immer von ihm, aber iener Glanz des Geistes wird hier vergebens gesucht. Auch hat er jenes gewiß jung gemahlt, wie ich aus allem und der reitzenden Eva schliese, dieses im Alter. Eva ist ganz versteckt.

Die übrigen Gemählde im Pallast hab ich alle gesehn und mir sie erklären lassen, und habe wenigstens ein Bild in der Seele vom ganzen und von den merckwürdigsten Gegenständen.

Ich habe jetzt einen Lohnbedienten. Einen trefflichen Alten. Einen Teutschen – der mir täglich was er mich kostet erspart. Er ist mit Herrschafften durch ganz Italien gegangen und weis alles recht gut. Er dressirt die Italiäner, auf die rechte Weise. So giebt er Z. E. genau das wenigste Trinckgeld an jedem Orte, ich muß überall für einen Kaufmann passiren.

Er zanckte sich mit einem Gondolier um 10 Soldi, mit einem ungeheuren Lärm, und der Gondol[ier] hatte noch dazu Recht. Er nimmt aber keine Notiz, heut im Arsenal hat ers eben so gemacht. Er sieht ohngefähr aus wie Wende, hat auch die Manieren. Es ist mir lieb, daß ich die ersten Tage allein war und lieb daß ich ihn nun habe.

Es war mir die Lust angekommen mir einen Tabarro mit den Apartinentien anzuschaffen, denn man lauft schon in der Maske. Hernach dauerte mich aber das Geld und bin ich ihnen nicht schon Maske genug? ich will mir dafür einen Vitruv kaufen und mir eine Freude bereiten die auch ausser Venedig und dem Carneval dauert.

Abends.

Ich bin recht gut gewöhnt, wenn es Nacht schlägt geh ich nach Hause. Der lärmige Platz wird mir einsam und ich suche dich. Nun einiges.

Ich habe nun öffentlich reden hören:

1) 3 Kerls auf dem Platz nach ihrer Art Geschichten erzählend.

2) 2 Prediger

3) 2 Sachwalter

4) Die Commödianten, besonders den Pantalon.

alle haben etwas gemeines, sowohl weil sie von Einer Nation sind, die beständig im Leben und sprechen begriffen ist, als auch weil sie sich unter einander nachahmen. Sie haben gewiße Lieblings Gesten, die ich mir mercken will, und überhaupt üb' ich mich sie nachzumachen und will euch in dieser Art Geschichten erzählen, wenn ich zurückkomme ob sie gleich mit der Sprache vieles von ihrer Originalität verliehren, auch liegt die Figur des einen Advocaten bey, die viel unter der Carikatur des Originals ist.

Heute am Fest des Heil. Franciskus war ich in seiner Kirche *Francesco alle vigne*. Des Kapuciners laute Stimme, ward von denen Verkäufern vor der Kirche mit ihrem Geschrey, gleichsam als einer Antiphone, accompagnirt, ich stand zwischen beyden und es nahm sich gut aus. Diese Kirche ist auch von Palladio auf eine alte gepfropft, und die sonderbaren Widersprüche, deren ich gestern gedachte, zeigen sich auch hier. Ich bin voll Verlangen das alles in der Folge näher zu studiren.

Heut Abend will ich in das Theater, *St. Chrysostomo* wo sie Comödien, aus dem Französchen übersetzt, spielen, ich will auch sehn, was das thut.

p. 520. in einem Zimmer neben der *Sala del Consiglio di Dieci* welches auch diesem fürchterlichen Tribunal gehört hängt ein köstlicher Albrecht Dürer gegen einem Raphael über; als ich den ersten betrachtete, kam aus dem Nebenzimmer einer der Avogadoren heraus, eine ungeheure Figur, in seiner Kleidung wohl anzusehn und meine Begleiter neigten sich fast zur Erden. Er rief je-

manden und war sonst ganz leutseelig, ging wie er gekommen war. Man lies mich auch einen Blick in das
Zimmer thun, wo die 3 Staats Inquisitoren zusammen
kommen, daß ich doch also auch weis wie es darinn aussieht. Mich freut nur wie man meine Vögel in Ordnung
hält.

d. 5. Nach Tische

p. 547.

Heute früh war ich im Arsenal und mir interessant genug, da ich noch kein Seewesen kenne und also auch hier
gleichsam die untre Schule besucht habe. Denn freylich
sieht es hier sehr nach einer alten Familie aus, die sich
noch rührt aber wo die Blüte und die beste Zeit der
Früchte vorüber ist.

Da ich auch den Handwerckern nachgehe, hab ich
manches merckwürdige gesehn. Ein Schiff von 84 Ca-
nonen dessen Gerippe fertig steht hab ich bestiegen.

Ein gleiches ist vor sechs Monaten, ganz fertig, ausge-
rüstet, an der *Riva de Sciavoni,* bis auf's Wasser ver-
brannt. Die Pulverkammer war nicht sehr gefüllt und da
sie sprang that es keinen grosen Schaden. Die benachbarten Haüser büsten ihre Scheiben ein.

Schönes Eichen Holz aus Istrien hab ich verarbeiten
sehn. Ich kann nicht genug sagen, was mir meine sauer
erworbnen Kenntniße der natürlichen Dinge die doch
der Mensch als Materialien braucht und zu seinem Nutzen verwendet überall helfen und mir die Sachen aufklä-
ren. So ist mir die Mineralogische und Oryktologische
Kenntniß der Steine ein großer Vorsprung in der Baukunst.

Auf dieser Reise hoff ich will ich mein Gemüth über
die schönen Künste beruhigen, ihr heilig Bild mir recht
in die Seele prägen und zum stillen Genuß bewahren.

Dann aber mich zu den Handwerckern wenden, und wenn ich zurückkomme, Chymie und Mechanik studiren. Denn die Zeit des Schönen ist vorüber, nur die Noth und das strenge Bedürfniß erfordern unsre Tage.

Ich habe schon Vorgedancken und Vorgefühle über das Wiederaufleben der Künste in Italien, in der mittlern Zeit, und wie auch diese Asträa wieder bald die Erde verlies und wie das alles zusammenhängt. Wie mir die Römische Geschichte entgegen steigt! Schade schade meine Geliebte! alles ein wenig spät. O daß ich nicht einen klugen Engländer zum Vater gehabt habe, daß ich das alles allein, ganz allein habe erwerben und erobern müssen, und noch muß.

Es regnet und ich sitze am Camin. wann werd ich dir an dem Meinigen wieder Thee vorsetzen.

Da ich dir Caffee von Alexandrien versprach, dachtest du wohl nicht daß ich ihn selbst in Venedig hohlen würde. Ich habe schon an verschiednen Orten gefragt und durch Kundige fragen laßen, noch aber trau ich nicht, ich muß ganz gewiß seyn. Der welchen ich gesehen, sollten 7 Pfd. einen Dukaten gelten, das wäre nicht viel. Freylich macht der Transport bis in das mittelländische Thüringen noch etwas aus, genug aber du sollst dessen haben.

Gestern bin ich nicht nach meinem Vorsatz in die Commödie gekommen. Heut hoff ich eine Tragödie zu sehn und bin recht neugierig darauf.

Mit der Baukunst geht es täglich besser. Wenn man ins Wasser kommt lernt man schwimmen. Ich habe mir nun auch die Ordnungen der Säulen rational gemacht und kann das *Warum* meist schon angeben. Nun behalt ich auch die Maaße und Verhältniße die mir als blos Gedächtnißwerck immer unbegreiflich und unbehaltbar blieben.

Säulenordnungen nach Palladio

Ein Wort vom *Bucentaur*. Es ist eine Pracht Galeere. Aber ein schöner Gedancke und gut ausgeführt. Ich komme immer auf mein altes zurück wenn der Künstler einen ächten Gegenstand hat; so kann er etwas ächtes machen. Hier war die Aufgabe eine Galeere zu machen die werth wäre die Häupter einer Republick, an dem feyrlichsten Tage zum Sakramente ihrer alt hergebrachten Herrschafft zu tragen. Und es ist brav ausgeführt. Ganz Zierath! Also darf man nicht sagen mit Zierrath überladen. Ganz Schnitzwerck und verguldet, sonst zu keinem Gebrauch, eine wahre *Monstranz* um dem Volck seine Häupter recht herrlich zu zeigen. Und wir wissen daß das Volck, wie es gern seine Hüte schmückt, auch seine Obern gerne herrlich und geputzt sieht. Es ist ein rechtes Familienstück, woran man sehn kann was die Venetianer waren und sich zu seyn dünckten.

Ich schreibe dir so alles hin daß ich nicht viel zu erzählen haben werde. Wohl kann ich sagen daß ich keinen Gedancken, der mir nur werth dünckt gehabt habe, ohne ihn wenigstens mit einigen Worten anzuzeigen. Da es noch nicht Komm[ödien] Zeit ist ein Wort von Palladio das an die gestrigen paßt. Ich habe an seinen ausgeführten Wercken, besonders den Kirchen, manches tadelns würdige gesehn, neben dem Größten, so daß es mir war als wenn er dabey stünde und mir sagte: das und das hab ich wider willen gemacht, aber doch gemacht, weil ich nur auf diese Weise unter diesen gegebnen Umständen meiner höchsten Idee am nächsten kommen konnte.

Es scheint mir er habe bey Betrachtung eines Platzes, einer Höhe und Breite, einer schon stehenden Kirche, eines älteren Hauses, wozu er Façaden errichten sollte, nur überlegt: wie bringst du hier das Ganze in die größte Form, im einzelnen mußt du eins und das andere verpfuschen, da oder dort wird eine Inkongruität entstehen,

aber das mag seyn, das Gantze wird einen hohen Styl haben und du wirst dir zur Freude arbeiten. und so hat er
das große Bild was er in der Seele hatte auch dahin gebracht wo es nicht ganz paßte, wo er es zerstücken und
verstümmeln mußte. Drum ist mir der Flügel in der *Carita* so werth, weil er da ganz seinem Geiste gefolgt ist.
Wäre es fertig; so würde vielleicht kein vollkommner
Stück Baukunst jetzt auf der Welt existiren.

Dieses (nämlich wie er gedacht und wie er gearbeitet)
wird mir immer klärer, jemehr ich seine Wercke lese,
oder vielmehr sehe wie er die Alten behandelt. Denn er
macht wenig Worte sie sind aber alle gewichtig. Es ist
das vierte Buch von Antiken Tempeln, das eine rechte
Einleitung ist Rom mit Sinn zu sehen.

Recht merckwürdig ist wie andre Baumeister vor und
nach ihm, an diesen Schwürigkeiten gekaut haben und
wie diese sich mit einer goldnen Mittelmäsigkeit aus der
Sache gezogen haben. Ich will das alles noch besser faßen
wenn ich nur erst die untern Claßen durchlaufen habe.

Nachts.

Ich komme noch lachend aus der Tragödie auf meine
Stube und erzähle dir's vor Schlafengehn. Das Stück war
nicht schlimm. Der Verfaßer hatte alle tragische Mata-
dors zusammengesteckt und die Schauspieler hatten gut
spielen. Die meisten Situationen waren bekannt, einige
aber neuer und ganz glücklich. Zuletzt blieb nichts übrig
als daß die beyden Väter sich erstachen, welches auch
glücklich vonstatten ging. Worauf unter grosem Händeklatschen der Vorhang fiel. Aber das Klatschen ver-
mehrte sich nur, es ward *fuora* gerufen und endlich be-
quemten sich die zwey Hauptpaare, hinter dem Vorhang
hervorzukriechen, ihre Bücklinge zu machen und auf der
anderen Seite wieder abzugehn. Das Publikum war noch
nicht befriedigt, sondern klatschte fort und rief: *i morti!* –

das dauerte so lang biß die zwey Alten auch herauska-
men und sich bückten, da denn einige Stimmen riefen:
bravi i morti! Es wurde ihnen viel geklatscht und sie gingen ab. Es verliert diese Poße viel wenn man nicht das
bravo! bravi! das die Italiäner immer im Munde haben, so
in den Ohren hat wie ich, und dann auf einmal auch so
gar die Todten mit diesem Ehrenwort anrufen hört. Ich
habe recht innerlich gelacht. Gute Nacht! *Felicissima notte!* sagt der Ital[iäner].

d. 6. früh.

Die Tragödie gestern hat mich manches gelehrt. Erstlich hab ich gehört wie die Italiäner ihre Eilfsylbige Jamben behandeln und deklamiren. Dann hab ich gesehen
wie klug Gozzi die Masken mit den Tragischen Figuren
verbunden hat. Das ist das eigentliche Schauspiel für
dieß Volck. Denn es will auf eine krude Weiße gerührt
seyn. Es nimmt keinen innigen zärtlichen Antheil am
Unglücklichen, wie mich dünckt, es freut sie nur wenn
der Held gut spricht, denn aufs reden halten sie viel, dann
wollen sie wieder lachen, oder was albernes vornehmen.

Lustig wars, als der Tyrann seinem Sohn das Schwerdt
gab und forderte daß dieser seine eigne Gemahlinn um-
bringen solle, die gegenwärtig war, das Volck fing laut
an sein Misvergnügen über diese Handlung zu zeigen
und es fehlte nicht viel, so wäre das Stück unterbrochen
worden, und sie hätten verlangt der Alte solle seinen Degen zurücknehmen. Da denn die ganze Entwicklung
wäre zu Grunde gegangen. Es war auch würcklich besonders unter den Umständen eine alberne, unnatürliche
Situation und das Volck fühlte es gleich.

Ich verstehe auch jetzt besser die langen Reden und das
Dissertiren *pro* und *contra* in den Grichischen Trauerspie-
len. Die Athenienser hörten noch lieber reden, und ver-
standen sich noch besser darauf als die Italiäner, und von

den Gerichtsstellen wo sie des ganzen Tags lagen lernten sie was.

Nachmittags.

Ich fuhr heute früh mit meinem alten Schutzgeiste, *al lido,* einer Erdzunge die die Lagunen schließt und vom Meer absondert. Wir stiegen aus und gingen queer über die Zunge, ich hörte ein starckes Geräusch es war das Meer, und ich sah es bald. Es ging hoch gegen das Ufer indem es sich zurückzog, denn es war um Mittag, Zeit der Ebbe. So hab ich auch das mit Augen gesehn und bin auf der schönen Tenne die es weichend zurückläßt ihm nachgegangen. Da hätte ich mir die Kinder gewünscht um der Muscheln willen. Ich habe selbst kindisch ihrer genug aufgelesen, besonders da ich sie zu einem Gebrauch widme.

Es wird der Dintenfisch hier viel gegeßen, ich habe mir von der schwarzen Feuchtigkeit geben laßen und will ihrer noch mehr nehmen. Diese laß ich in den Muscheln eintrocknen und schicke sie dir, Du brauchst davon und hebst mir auf, ich bringe dessen zusammen soviel ich will. Die Farbe ist ganz schwarz, mit Wasser vermischt ein wenig grißelich, wird aber mit Bister gut thun. Man muß nun versuchen und ich will mich erkundigen ob sonst noch etwas dabey zu bedencken und zu thun ist.

Auf dem *Lido* nicht weit vom Meer liegen Engländer und weiter hin Juden begraben, die in geweihtem Boden nicht ruhen sollen. Ich fand das Grab des edlen Consul *Smith,* und seiner ersten Frauen, ich bin ihm mein Exemplar des Palladio schuldig und danckte ihm auf seinem ungeweihten Grabe dafür.

Das Meer ist ein großer Anblick. Ich will doch sehn eine Fahrt in einem Fischer Kahn hinauszuthun.

Abends.

Ich bin recht glücklich und vergnügt seit mir Minerva in Gestalt des alten Lohnbedienten zur Seite steht und geht. Solche Präcision in allem, solche Schärfe der Ersparniß hab ich nicht gesehn. Immer den nächsten Weg, immer den geringsten Preis, immer das Beste dessen was gesucht wird. Wäre es meiner Bestimmung gemäß nur ein Vierteljahr hier zu bleiben, daß ich Venetianische Geschichte lesen, in Bekanntschafften nur wenig steigen könnte. Mit meiner Art die Sachen zu sehn; Mit diesem redlichen Spion wollt ich ein braves Bild von Venedig in die Seele faßen.

Am Meere hab ich heut verschiedne Pflanzen gefunden, deren ähnlicher Charackter mir ihre Eigenschafften näher hat kennen laßen. Sie sind alle zugleich mastig und streng, saftig und zäh und es ist offenbar daß das alte Salz des Sandbodens, mehr aber die Salzige Luft ihnen diese Eigenschafft giebt. Sie strotzen von Säften wie Waßerpflanzen, sie sind fest, zäh, wie Bergpflanzen. Wenn ihre Blätter Enden zu Stacheln incliniren wie bey Disteln sind sie gewaltig spitz und starck. Ich fand einen solchen Busch Blätter, es schien mir unser unschuldiger Huflattich, hier aber mit scharfen Waffen bewaffnet und das Blat wie Leder, ich habe etwas eingelegt. (*Eryngium maritimum*.)

So auch die Samenkapseln, die Stiele alles mastig und fest. Die Binsen spiz und steif daß sie wohl stechen. Einige Schwammarten, Inseckten gehäuse fand ich ausgeworfen. Wie wohl wird mir's daß das nun Welt und Natur wird und aufhört Cabinet zu seyn.

Mit Freuden seh ich nun jeder Känntniß entgegen, die mir von da und dort zunickt und ich werde gern zu den Büchern wiederkehren.

Der Fischmarckt und die vielen Seeproduckte machen

mir Vergnügen ich gehe offt drüber und beleuchte die unglücklich aufgehaschten Meers bewohner.

Heut früh sah ich auch des Doge Zimmer, wo sein Portrait hängt, ein schöner, wohl und gutmütig gebildeter Mann.

Auch ein Bild von Titian. köstlichen Pinsels, aber sonst nichts rühmenswerthes.

Die Pferde auf der Markuskirche in der Nähe. Treffliche Gestalten! Ich hatte von unten auf leicht bemerckt, daß sie fleckig waren, theils einen schönen gelben Metall glanz hatten, theils kupfer grünlich angelaufen. In der Nähe sieht und erfährt man daß sie ganz verguldet waren und sieht sie über und über mit Striemen bedeckt, da die Barbaren das Gold nicht abfeilen sondern abhauen wollen. Auch das ist gut, so ist wenigstens die Gestalt geblieben. Ein herrlicher Zug Pferde. Ich möchte einen rechten Pferdekenner darüber reden hören.

Was mir sonderbar scheint ist daß sie oben schwerer und unten vom Platze, leicht wie die Hirsche aussehen, doch läßt sichs auch erklären.

Die Kuppeln und Gewölbe nebst ihren Seitenflächen der Markuskirche sind bunte Figuren auf goldnem Grunde alles Mosaische Arbeit. Einige sind recht gut, andre geringe, ie nach dem die Meister waren, die den Carton machten und die Künstler die ihn ausführten. Es fiel mir recht auf daß doch alles auf die erste Erfindung ankommt, daß die das rechte Maas und den wahren Geist habe, da man mit viereckten Stückgen Glas, und hier nicht einmal auf die sauberste Weise, das gute sowohl als das schlechte nachbilden kan. Diese Kunst ist wie du weißt jetzt sehr hoch hinaufgetrieben.

d. 7. früh.

Heute hab ich keinen Vers an der Iphigenie hervorbringen können, darum will ich dir gleich schreiben damit ich doch meine erste Tageszeit gut anwende.

Gestern Nacht sah ich Elecktra von Crebillon auf dem Theater *St. Crisostomo.* versteht sich übersetzt. Was mir das Stück abgeschmackt vorkam und wie es mir fürchterliche Langeweile machte, kann ich nicht sagen. Die Ackteurs sind übrigens brav und das Publikum mit einzelnen Stellen abzuspeisen. Orest hat allein drey verschiedne Erzählungen (poetisch aufgestutzt) in Einer Scene, und zuletzt wird er zum rasend werden rasend. Die Elecktra ist wie die Bechtolsheim, nur gröser, stärkker, hat einen guten Anstand, spricht die Verse schön nur immer von Anfang bis gegen das Ende toll, wie es leider die Rolle verlangte. Indessen hab ich doch wieder gelernt. Der Italiänische immer eilfsilbige Jamb hat grose Unbequemlichkeiten, in der Deklamation, weil die letzte Sylbe immer kurz ist und also Widerwillen des Deklamators immer in die Höhe schlägt. Auch hab ich mir überlegt, daß ich mit dieser Truppe und vor diesem Volcke, wohl meine Iphigenie spielen wollte, nur würd ich eins und das andre verändern, wie ich überhaupt hätte thun müssen, wenn ich sie auch unsern Theatern, und unserm Publiko hätte näher bringen wollen.

Aber ach. Es scheint daß der letzte Funcken von Anhänglichkeit ans Theater ausgelöscht werden soll. Du glaubst nicht, wie mir das alles so gar leer, so gar nichts wird. Auch fang ich nun an zu begreifen wie Euripides von der reinen Kunst seiner Vorfahren herunter stieg und den unglaublichen Beyfall erhielt. Man muß nur sehen, wenn man Augen hat und alles entwickelt sich.

Abends

Wenn ich dir nicht zu erzählen hätte, ich wäre nicht nach Hause gegangen. Der Vollmond, an einem ganz reinen Himmel, über den Lagunen, den Inseln, der sonderbaren Stadt, macht ein Herrliches Schauspiel, der Platz sieht wie eine seltsame Operndekoration aus und alles ist voll Menschen.

Nun in der Ordnung.

Heut früh war ich bey dem hohen Amte das der Doge, an diesem Tage, wegen eines alten Türcken Sieges, abwarten muß. Es ward in der Kirche der heil. Justina gehalten.

Wenn die vergoldeten Barcken ankommen, die ihn und einen Theil des Adels bringen, die seltsam bekleideten Schiffer sich mit ihren rothen Rudern bemühen, am Ufer die Geistlichkeit, die Brüderschafften mit denen hohen auf Stangen und tragbaren langen silbernen Leuchtern gesteckten Wachskerzen stehen und drängen und warten, und die langen Violeten Kleider der Savii, dann die langen rothen der Senatoren auftreten und endlich der Alte im langen goldnen Talar mit dem hermelin Mantel aussteigt, drey sich seiner Schleppe bemächtigen, und dann wieder soviel *Nobili* folgen, alles vor dem Portal einer Kirche, vor deren Thüre die Türckenfahnen gehalten werden; so glaubt man aufeinmal eine alte Gestickte Tapete zu sehn, aber eine recht gut gezeichnete Tapete.

Mir nordischen Flüchtling hat diese Cärimonie viel Freude gemacht. Bey uns, wo alle Feyerlichkeiten kurzröckig sind, und wo die grösten, die man sich dencken kann, mit dem Gewehr auf der Schulter begangen werden, mögte so etwas nicht am Orte seyn: aber hierher gehören diese Schleppröcke und diese friedliche Begehungen. Der Doge ist ein gar schön gewachsner und schön gebildeter Mann. Man sieht ihm aber an daß er kranck ist und sich nur noch so um der Würde willen unter dem schweeren Rocke grad hält, sonst sieht er eben aus wie der Grospapa vom ganzen Geschlechte und ist gar hold und leutseelig.

Die Kleidung steht sehr gut. Das Läppchen unter der Mütze beleidigt nicht, indem es ganz fein durchsichtig ist und auf den weisesten, klärsten Haaren von der Welt ruht.

Etwa funfzig *Nobili* in langen dunckelrothen Kleidern waren mit ihm, meist schöne, keine einzige vertrackte Gestalt. Mehrere groß, mit großen Köpfen, vorgebauten Gesichtern, weis, weich, ohne schwammig oder fatal satt auszusehn. Vielmehr klug ohne Anstrengung, ruhig selbstgewiß. Leichtigkeit des Daseyns und durchaus eine gewiße Fröhlichkeit.

Wie sich alles in der Kirche rangirt hatte und die Messe anfing, zogen die Brüderschafften zur Hauptthüre herein und zur rechten Seitenthüre hinaus, nachdem sie Mann für Mann, oder vielmehr Paar und Paar das Weyhwaßer empfangen und sich gegen den Hochaltar, den Doge und den Adel geneigt hatten.

Ich sah den Pallast Pisani. Schade daß man ihm das republikanische so sehr anspürt und doch ist auch das gut. Nach und nach gebaut, wegen nachbarlicher Hinderniße nicht ausgeführt, sehr hoch pp. eine schöne Aussicht über ganz Venedig ist auf dem Dache. Schöne Zimmer auch angenehm bewohnbar, obgleich nicht viel raffinirte Degagements, davon man ohnehin vor alten Zeiten wenig wußte und was hier ist, ist alles alt. (Versteht sich von der Anlage.)

Hier bemerck ich eine schöne Art Estrich, den ich öffter gesehn habe. sie machen alle Arten Granit und Porphyr recht schön, auch wohl mit etwas phantastischen Farben nach, und die Boden sind reinlich und glänzend gehalten.

Scuola di St. Marco. Schöne Gemählde von Tintorett.

den ich lange lieb habe und immer mehr lieb gewinne.

Ballon. Wie in Verona. Es waren zwey die exzellent schlugen. Das Publicum wettete und hatte große Freude. Und der gemeinste hatte ein Wort mit zu reden.

Heut Abend hatte ich mir den famosen Gesang der Schiffer bestellt, die den Tasso und den Ariost auf ihre Melodie singen. Bey Mondenschein bestieg ich eine Gondel, einen Sänger vorn den andern hinten die ihr Lied anfingen und abwechselnd Vers nach Vers sangen. Die Melodie, die wir durch Rousseau kennen, ist eine Art zwischen Choral und Recitativ. sie behält immer denselbigen Gang, ohne einen Tackt zu haben, die Modulation ist auch immer dieselbige, nur wenden sie, ie nach dem Innhalt des Verses, mit einer Art Deklamation so wohl Ton als Maas.

Der Geist und das Leben davon ist aber eigentlich dieses.

Wie sich die Melodie gemacht hat will ich nicht untersuchen, genug sie paßt trefflich für einen müsigen Menschen, der sich was vormodulirt und Gedichte die er auswendig kann diesem Gesange unterschiebt. Mit einer durchdringenden Stimme (das Volck schätzt Stärcke vor allem) sitzt er am Ufer einer Insel, eines Canals, auf einer Barcke, und läßt sein Lied schallen soweit er kann. Uber den stillen Spiegel verbreitet sichs weit. In der Ferne vernimmts ein andrer, der die Melodie kennt, die Worte versteht und antwortet mit dem folgenden Verse, der erste diesem wieder und so ist einer immer das Echo des andern und der Gesang währt Nächte durch unterhält sie ohne sie zu ermüden. Je ferner also sie von einander sind desto reitzender ist das Lied, wenn der Hörer zwischen ihnen beyden ist, steht er am rechten Flecke. Um mich dieses hören [zu] laßen stiegen sie am Ufer der Giudecka aus, sie theilten sich am Canal hin, ich ging zwischen ihnen auf und ab, so daß ich immer den verlies der zu singen anfangen sollte und mich dem wieder näherte der aufhörte. Da ward mir der Sinn des Gesangs erst aufgeschloßen. Und alsdann, als Stimme aus der Ferne klingt es sonderbar, wie eine Klage ohne Trauer – und hat etwas unglaublich, biß zu Trähnen rührendes. Ich schrieb es meiner Stimmung zu, aber mein Alter sagte auf dem Hauswege: *é singolare come quel canto intenerisce, é molto piu quando é piu ben cantato*. Er erzählte mir daß man die Weiber vom *lido,* besonders die äussersten von *Malamocco* und *Palestrina* müsse singen hören, sie sängen den Tasso auch auf diese und ähnliche Melodien. Sie haben die Gewohnheit, wenn ihre Männer aufs Fischen im Meer sind, sich ans Ufer zu setzen und mit durchdringender Stimme Abends diese Gesänge zu singen, biß sie auch von Ferne die Stimme der Ihrigen wieder hören und sich so mit ihnen unterhalten. Findst du das nicht schön? sehr schön! Es läßt sich leicht dencken daß ein naher *Zuhörer* wenig Freude an diesen Stimmen haben mögte, die mit den Wellen des Meers kämpfen. Aber wie menschlich und wahr wird der Begriff dieses Gesangs. Wie lebendig wird mir nun diese Melodie, über deren Todten Buchstaben wir uns sooft den Kopf zerbrochen haben. Gesang eines Einsamen in die Ferne und Weite, daß ihn ein andrer gleichgestimmter höre, und ihm antworte.

Warum kann ich dir nicht auch einen Ton hinüber schicken, den du in der Stunde vernähmest und mir antwortetest.

Gute Nacht meine Liebe ich bin müde vom vielen Laufen und Brückensteigen. Gute Nacht.

d. 8. Oktbr. Nach tische.
Der gute alte Doge ist heute nicht zur Funcktion nach *St. Marco* gekommen, er ist kranck und wir haben statt

dieser Feyerlichkeit andre Gegenstände besucht, wir fahren fort die Stadt zu durchlaufen, das Wesen und Gewerb zu beschauen, und die Schätze einen nach dem andern aufzusuchen.

Palazzo Pisani Moretta. Ein *Paolo Veronese,* der einem einen Begriff von dem ganzen Werthe des Meisters geben [kann]. Es ist frisch, als wenn es gestern gemahlt wäre und seine große Kunst, ohne einen allgemeinen Ton, der durchs ganze Stück durchginge, blos mit den abwechselnden Lokalfarben, eine köstliche Harmonie hervorzubringen, ist hier recht sichtbar. Sobald ein Bild gelitten hat, erkennt man nichts mehr davon.

Was das Costum betrifft darf man sich nur dencken: er habe ein Süjet des sechzehnten Jahrhunderts mahlen wollen und so ist alles gut. Das jüngere Prinzeßgen ist gar ein artig Maüsgen, und hat so ein ruhig eigensinnig Gesichtgen. Das Ubrige mündl[ich].

Scuola di St. Rocco. p. 554

Diese sogenannten *Scuole,* sind Gebäude, die verschiednen Brüderschafften gehören, wo sie ihre Zusammenkünfte halten, und ihre Geräthschafften und Schätze bewahren. Die Brüderschafft von St. Roch ist besonders nach einer Pest reich geworden, weil fromme Seelen diesem Patron und der *Santissima Vergine* die Befreyung von der Pest danckten, die, nachdem sie vom März bis in den November gewüthet hatte, nun gegen den Winter von selbst aufhörte.

Heute fiel mir recht auf, wie doch eigentlich der Mensch das Unsinnige, wenn es ihm nur sinnlich vorgestellt werden kann, mit Freuden ergreift, deßwegen man sich freuen sollte Poet zu seyn. Was die Mutter Gottes für eine schöne Erfindung ist, fühlt man nicht eher als mitten im Catholicismus. Eine *Vergine* mit dem *Sohn* auf dem Arm, die aber darum *santissima Vergine* ist, weil sie einen Sohn zur Welt gebracht hat. Es ist ein Gegenstand, vor dem einem die Sinne so schön stillstehn, der eine gewiße innerliche Grazie der Dichtung hat, über den man sich so freut und bey dem man so ganz und gar nichts dencken kann; daß er recht zu einem religiosen Gegenstande gemacht ist.

Leider aber sind diese Gegenstände die Geißel der Mahler gewesen und Schuld daß die Kunst gesuncken ist, nachdem sie sich kaum erhoben hatte. Eine Danae ist immer eine andre Aufgabe für den Künstler, als eine Empfängniß Mariä und doch im Grund derselbe Gegenstand. Nur daß der Künstler aus der ersten viel, aus der zweyten nichts machen kann.

Das Gebäude der *Sc[uola] di St. Rocco* ist prächtig und schön, ohne ein Meisterstück der Baukunst zu seyn. Damals war noch eine Zeit für Mahler. Tintorett hat die großen Gemählde des Hauptsaals verfertigt. Auch eine große Creutzigung in einem Nebenzimmer.

Meine neuliche Bemerkung bestätigt sich mir, doch muß ich mich genau erklären.

Hier sind auch große Figuren, trefflich gemahlt und die Stücke gut gedacht; aber die Gemählde würden alle mehr Reitz haben wenn sie kleiner wären. Die Gestalten sind ihm, wenn ich so sagen darf, in einem kleineren Formate erschienen und er hat sie nur nach dem Maasstabe vergrösert, ohne ihre innerliche Natur vergrößern zu können.

Seine Gestalten seine Compositionen haben nicht die *Sodezza* welche zu großen Figuren erfordert wird. Sie beschäfftigen das Auge angenehm und geben einen fröhlichen Begriff in einem kleinen Maasstab, aber sie haben nicht innerlichen Gehalt genug um einen so großen Raum einzunehmen um uns mit ihrer Gegenwart zu imponiren.

So ist zum Exempel nicht genug daß eine Figur kolossal sey, wenn sie 9 oder 10 Fus hat, ihre Natur muß kolossal seyn, sie muß mir nicht durch ihr Maas, sie muß mir durch ihre Existenz imponiren, daß ich nicht an sie reiche, wenn ich mich auch selbst vergrößre.

In dem Saale halt ich das Abendmal, neben dem Altar für das beste Stück, wenigstens war es mir das gefälligste. Er hat den tisch zurückgesetzt und vorwärts einen großen Bettler und ein Weib auf Stufen sitzend angebracht. alle Hinter Gründe und die Figuren darauf haben eine unbeschreibliche *Vaghezza*.

Als dann war ich in dem Judenquartier und andern Ecken und Enden.

Abends.

Heute habe ich dir nicht viel zu erzählen, ich war wieder *ai Mendicanti,* wo die Frauenzimmer die Musicken aufführen, sie haben wieder ganz herrlich gesungen, besonders die eine die ich dir neulich rühmte. Wenn man nur so einen Eindruck im Ohre behalten könnte.

Hernach bin ich mit einem alten Franzosen der kein Italiänisch kann und hier wie verrathen und verkauft ist, und mit allen Rekommandations Briefen doch manchmal nicht recht weiß woran er ist. Es ist ein Mann von Stande und sehr guter Lebensart, dem ich sehr höflich begegne und mit ihm über alle Dinge rede, ich sprach ihm von Venedig pp er fragte mich wie lang ich hier sey, ich sagte ihm; noch nicht 14 tage, Er versetzte: *il paroit que Vous n'aves pas perdu votre tems.* Das ist das erste *Testimonium* meines Wohlverhaltens, das ich aufweisen kann. Morgen werde ich eine große Fahrt unternehmen.

Wenn ich dich nur der einen Arie und des Mondscheins am Ufer und auf dem Platze durch gute Geister theilhaftig machen könnte. Gute Nacht.

d. 9. Oktbr.
Ein köstlicher Tag von Morgends biß in die Nacht.
Ich fuhr biß Palästrina, gegen Chiozza über wo die großen Baue sind, die die Republick gegen das Meer führen
läßt. sie sind von gehauenen Steinen und sollen eigentlich
die lange Erdzunge sichern, welche die Lagunen von
dem Meere trennt, ein höchst nöthiges und wichtiges
Unternehmen. Eine große Carte die ich mitschicke wird
dir die Sache begreiflich machen.

Die Lagunen sind eine Würckung der Natur, daß in
dem Busen des Adriatischen Meers sich eine ansehnliche
Landstrecke befindet welche von der Fluth besucht und
von der Ebbe zum theil verlassen wird. Wie Venedig, die
Inseln, die Canäle die durch die Sümpfe durchgehn und
auch zur Zeit der Ebbe befahren werden ietzt stehn und
liegen, ist ein Werck der Kunst und des Fleißes; und
Kunst und Fleiß müßen es erhalten.

Das Meer kann nur an zwey Orten in die Lagunen, bey
den Castellen gegen dem Arsenal über und am andern
Ende des *lido* bei *Chiozza*. Die Fluth tritt gewöhnlich des
Tags zweymal herein und die Ebbe bringt das Wasser
zweymal hinaus, immer durch denselben Weg, in derselben Richtung, füllt die Canäle und bedeckt die Mora-
stige Landstellen und so fliests wieder ab, läßt das erhab-
nere Land, wo nicht trocken, doch sichtbar und bleibt in
den Canälen stehn. – Ganz anders wäre es wenn es sich
nach und nach andre Wege suchte, die Erdzunge angriffe
und nach Willkühr hinein und heraus strömte. Nicht ge-
rechnet daß die Ortgen auf dem *lido: Palestrina, St. Peter*
pp leiden würden; so würden die Canäle stellenweis ausgefüllt werden, das Wasser würde sich neue Canäle suchen, den *lido* zu Inseln und die Inseln die jetzt in der
Mitte liegen vielleicht zu Erdzungen machen. Dieses nun
zu verhüten, müssen sie den *Lido* bewahren was sie kön-

nen. Nicht daß das Meer wüchse, sondern daß das Meer nur willkührlich das angreifen und hinüber und herüber werfen würde, was die Menschen schon in Besitz genommen, dem sie schon zu einem gewißen Zweck, Gestalt und Richtung gegeben haben.

Bey auserordentlichen Fällen, wie deren gewesen sind, daß das Meer übermäsig wuchs, ist es auch immer gut, daß es zu zwey Orten herein kann und das übrige verschloßen ist, es kann also doch nicht so schnell, nicht mit solcher Gewalt eindringen und muß sich dann doch auch wieder in einigen Stunden dem Gesetz der Ebbe unterwerfen und auch so wieder seine Wuth lindern. Ubrigens hat Venedig nichts zu besorgen, die Langsamkeit mit der das Meer abnimmt, läßt ihr Jahrtausende Raum, und sie werden schon den Canälen klug nachhelfend sich im Besitz des Wassers zu halten wißen. Wenn sie ihre Stadt nur reinlicher hielten, das so nothwendig und so leicht ist, und würcklich auf die Folge von Jahrhunderten von großer Consequenz. So ist Z.E. bey schwerer Strafe verboten nichts in die Canäle zu schütten noch Kehrig[t] hineinzuwerfen. Einem schnell einfallenden Regen aber ists nicht untersagt, alle den in die Ecken geschobenen Kehrigt aufzusuchen und in die Kanäle zu schleppen. Ja, was noch schlimmer ist, den Kehrigt in die Abzüge zu führen, die allein zum Abfluß des Waßers bestimmt sind und sie zu verschlemmen. Selbst einige Carreaus auf dem kleinen Markus Platze, die, wie auf dem großen zum Abfluß des Waßers gar klug angelegt sind, hab ich so verstopft und voll Waßer gesehen. Wenn ein Tag Regenwetter einfällt ist ein unleidlicher Koth. Alles flucht und schimpft. Man besudelt, beym Auf und Absteigen der Brücken, die Mäntel, die Tabarros, alles läuft in Schu und Strümpfen und bespritzt sich, und es ist kein gemeiner sondern wohl beitzender Koth. Das Wetter wird wieder schön und kein Mensch denckt an Reinlichkeit. Der *Souverain* dürfte nur wollen; so geschäh es, ich möchte wißen ob sie eine politische Ursache haben, das so zu laßen, oder ob es die kostbare Negligenz ist, die dieses hingehn läßt.

Heute Abend ging ich auf den Markusthurn. Da ich neulich die Lagunen in ihrer Herrlichkeit, zu Zeit der Fluth, von oben gesehn hatte, wollt ich sie auch zur Zeit der Ebbe in ihrer Demuth sehn. und es ist nothwendig diese beyde Bilder zu verbinden, wenn man einen richtigen Begriff haben will. Es sieht sonderbar aus, da überall Land erscheinen zu sehen, wo vorher Wasserspiegel war. Die Inseln sind nicht mehr Inseln, sondern nur höhere bebaute Plätze eines großen graugrünlichen Morastes den schöne Canäle durchschneiden. Der Sumpfige Theil ist mit einem Wassergras bewachsen und muß sich auch dadurch nach und nach heben, obgleich Ebbe und Fluth beständig dran rupfen und wühlen und der Vegetation keine Ruhe laßen.

Ich kehre noch einmal ans Meer zurück! Dort hab ich heut die Wirthschafft der Seeschnecken, Patellen (Muscheln mit *Einer* Schaale) der Taschenkrebse gesehen und mich herzlich darüber gefreut. Was ist doch ein *lebendiges* für ein köstlich herrliches Ding. Wie abgemeßen zu seinem Zustande, wie wahr! wie *seyend!* Und wieviel hilft mir mein bischen Studium und wie freu ich mich es fortzusetzen!

Gute Nacht meine Liebe! Ich habe nun einen Vitruv den muß ich studiren, damit ich erleuchtet werde. Gute Nacht.

d. 10. Oktbr.
Heut hab ich angefangen mein Tagebuch durchzugehn und es zur Abreise zuzurichten. Die Ackten sollen

nun inrotulirt und dir zum Urtheilsspruche zugeschickt werden. Schon jetzt find ich manches in den geschriebenen Blättern das ich näher bestimmen, das ich erweitern und verbeßern könnte. Es mag stehen als denckmal des ersten Eindrucks, der, wenn auch nicht immer wahr, uns doch köstlich und werth ist.

Ich fange auch an mich zum Schluße zu bereiten. Iphigenie wird nicht fertig; aber sie soll in meiner Gesellschafft unter diesem Himmel nichts verlieren. O könnt ich dir nur einen Hauch dieser leichten Existenz hinübersenden.

Ach wohl, ist den Italiänern das *Vltramontano* ein dunckler Begriff! mir ist er's auch. Nur du und wenig Freunde winckt mir aus dem Nebel zu. Doch sag ich aufrichtig das Clima ganz allein ists, sonst ists nichts was mich diese Gegenden jenen vorziehen machte.

Denn sonst ist doch die Geburt und Gewohnheit ein mächtiges Ding, ich möchte hier nicht leben, wie überhaupt an keinem Orte wo ich nicht beschäfftigt wäre.

Die Baukunst steigt vor mir wie ein alter Geist aus dem Grabe, sie heist mich ihre Lehren wie die Regeln einer *ausgestorbnen Sprache* studiren, nicht um sie zu üben oder mich in ihr lebendig zu freuen, sondern nur um die ehrwürdige und ewig abgeschiedne Existenz der vergangnen Zeitalter in einem stillen Gemüth zu verehren.

Gott sey Danck wie mir alles wieder lieb wird was mir von Jugendauf werth war. Wie glücklich bin ich daß ich mich der römischen Geschichte, den alten Schrifftstellern wieder nahen darf! und mit welcher Andacht les ich den Vitruv!

Jetzt darf ich's sagen, darf meine Kranckheit und thorheit gestehen. Schon einige Jahre hab ich keinen lateinischen Schrifftsteller ansehen, nichts was nur ein Bild von

Italien erneuerte berühren dürfen ohne die entsetzlichsten Schmerzen zu leiden.

Herder scherzte immer mit mir, daß ich alle mein Latein aus dem Spinoza lernte, denn er bemerckte daß es das einzige lateinische Buch war das ich las. Er wußte aber nicht daß ich mich für jedem Alten hüten mußte. Noch zuletzt hat mich die Wielandische Übersetzung der Satyren höchst unglücklich gemacht ich habe nur zwey leßen dürfen und war schon wie toll.

Hätt ich nicht den Entschluß gefaßt den ich jetzt ausführe; so wär ich rein zu Grunde gegangen und zu allem unfähig geworden, solch einen Grad von Reife hatte die Begierde diese Gegenstände mit Augen zu sehen in meinem Gemüth erlangt. Denn ich konnte mit der historischen Erkänntniß nicht näher, die Gegenstände standen gleichsam nur eine Handbreit von mir ab waren aber durch eine undurchdringliche Mauer von mir abgesondert.

Denn es ist mir wircklich auch jetzt so, nicht als ob ich die Sachen sähe, sondern als ob ich sie wiedersähe. Ich bin die kurze Zeit in Venedig und die Venetianische Existenz ist mir so eigen als wenn ich zwanzig Jahre hier wäre. Auch weis ich daß ich, wenn auch einen unvollständigen, doch gewiß einen ganz klaren und wahren Begriff mit fort nehme.

Mitternacht.

Nun kann ich denn endlich auch einmal sagen daß ich eine Commödie gesehn habe. Sie spielten heut auf dem Theater *St. Luca*

Le baruffe chiozzotte

welches sich allenfalls übersetzen ließe, *les crialleries de Chiozza* oder die Händel in Chiozza.

Die Handelnde sind lauter Seeleute, Einwohner von

Chiozza und ihre Weiber und Schwestern und töchter. Das gewöhnliche Geschrey, im Guten und Bösen dieser Leute, ihre Händel, heftigkeit, Manieren, Gutmütigkeit, Plattheit, Witz, Humor pp sind gar brav nachgeahmt. Das Stück ist noch von Goldoni. Da ich erst gestern in der Gegend war, und mir der Eindruck der Stimmen und Manieren der Leute noch in Aug und Ohr wieder schien und wieder klang, so machte mirs große Freude und ob ich gleich manches *bon mot* nicht verstand; so konnt ich doch dem Ganzen recht gut folgen und mußte herzlich mitlachen. Aber auch so eine Lust hab ich nicht gesehen als das Volck hatte, sich und die seinigen so spielen zu sehn. Ein Gelächter und Gejauchze von Anfang biß zum Ende. Ich muß aber auch sagen daß die Ackteur es exzellent machten. Sie hatten sich gleichsam nach der Anlage der Caracktere in die verschiednen Stimmen getheilt die dem Volck gewöhnlich sind. Es betrog einen von Anfang biß zu Ende.

Die erste Acktrice war allerliebst, viel besser als neulich in der Helden Tracht und Passion. Die Frauen überhaupt, besonders aber sie, machten Stimme Gebärden und Wesen des Volcks aufs anmutigste nach.

Vorzüglich ist aber der Verfasser zu loben, der aus nichts den angenehmsten Zeitvertreib seinem Volck verschafft hat, man sieht die unendlich geübte Hand durchaus.

d. 11. Abends.
Ich war wieder in der Carita (siehe p. 13b dieses Stücks) zu den großen Gedancken des Palladio wallfahrtend. Jahre könnte man in der Betrachtung so eines Wercks zubringen. Morgen früh will ich wieder hin. Denn mich dünckt ich habe nichts höhers gesehn. Und ich glaube daß ich mich nicht irre. Dencke aber auch, der

treffliche Künstler mit dem innerlichen Sinn fürs Große gebohren, den er mit dem größten Fleiß ausgebildet hatte (denn von seiner Mühe die er sich um die Wercke der Alten gegeben hat man gar keinen Begriff) findet Gelegenheit einen Lieblings gedancken auszuführen, eine Wohnung der Alten nachzubilden, Gelegenheit da wo der Gedancke ganz paßt. Er ist in nichts genirt und läßt sich von nichts geniren. Von der Erfindung und Zeichnung sag ich nichts; nur ein Wort von der Ausführung. Nur die Häupter und Füße der Saülen und einige andre Theile pp die ich wohl gemerckt habe sind von gehaunen Steinen. Das übrige alles (ich darf nicht sagen von Backsteinen) von gebranntem Thon, denn solche Ziegeln kenn ich gar nicht, du kannst dir die Schärfe dencken da die Frise mit ihren Zierrathen auch daraus gebrannt ist und die verschiedne theile des Karnieses auch. Er hat also voraus zu allem Formen machen laßen, die soviel gröser müßen gewesen seyn als der Thon schwindet, die Theile sind alle gebrannt fertig gewesen und man hat das Gebäude nur so mit wenigem Kalck zusammengesetzt. Die Zierrathen der Bogen, alles ist so gebrannt. Diese Art war mir nicht ganz neu, aber wie es hier ausgeführt ist, geht über meine Gedancken. In Dessau haben sie auch diesen Weg eingeschlagen, und vermuthlich hat ihn Palladio von den Alten. Aber ebendeßwegen ist das Ganze wie Ein Guß, wenn es nun abgetüncht wäre daß alles eine Farbe hätte, es müßte bezaubernd seyn. Du liebes Schicksal das du so manche Dummheit begünstigt und verewigt hast, warum liesest du das Werck nicht fertig werden

Von einer Treppe (einer Wendeltreppe ohne Säule in der Mitte) die er selbst in seinen Wercken lobt – *la quale riesce mirabilmente* – hab ich glaub ich noch nichts gesagt. Du kannst dencken, wenn Palladio sagt *che riesce mirabil-*

mente, daß es etwas seyn muß. Ja es ist nichts als eine Wendeltreppe die man aber nicht müd wird auf und abzusteigen. Auch hab ich heute die Sakristey gesehn, die gleich an der treppe liegt und nach seinem Riße ausgeführt ist, morgen kehr ich noch einmal hin. Wenn ich mirs nur recht in Sinn und Gemüth eindrücken könnte.

Das lustigste ist wie ich meinem Alten Lohnbedienten das alles demonstrire, weil das herz voll ist, geht der Mund über, und er das wunderbare immer auf einer andern Seite sucht.

Leb wohl. Mein Alter Franzoße der nun 8 tage hier ist geht morgen fort, es war mir köstlich einen recht eingefleischten Versailler in der Fremde zu sehn. Er reißt auch, an dem hab ich mit Erstaunen gesehn wie man reisen kann, und es ist auf seinem Flecke ein recht ordentlicher Mann. Lebe wohl beste.

d. 12. Oktbr.

Ich bin heute zu Hause geblieben um meinen Sachen Ordnung zu geben, zu rechnen, Zeitungen zu lesen, zu schreiben und mich zum Abschied und zur weitern Reise vorzubereiten. Im Vorhofe hab ich mich gut umgesehn, wir wollen weiter das beste hoffen.

In meinem Tagebuche findest du die ersten augenblicklichen Eindrücke, wie schön wird es seyn, wenn ich dir die Verbindung und Erweiterung der Begriffe dereinst mündlich mittheilen und dich in guten Stunden unterhalten kann.

Gestern gaben sie zu *St. Luca* ein neues Stück *l'Inglisismo in Italia.* Da viele Engländer in Italien leben, ists natürl[ich] daß ihre Sitten Einfluß haben, ich dachte da etwas zu erwischen, was mich in der Folge leitete, aber es war nichts. Karikatur wie immer, einige glückliche Narrenscenen, aber übrigens viel zu schwer und ernstlich, gemeynt, und war nur gegen das gemeinste gerichtet. Auch gefiel es nicht und war auf dem Punckte ausgepfiffen zu werden.

Und dann auch die Schauspieler waren nicht in ihrem Elemente, nicht auf dem Platze von Chiozza.

NB. von der Truppe Sachi, welche übrigens zerstreut ist hab ich die *Smeraldina* gesehn. Der *Brighella* ist auch noch hier, aber auf *St. Grisostomo,* ein Theater das mir ein wenig entlegen ist.

Über Masken und wie sich dergleichen decidirte Figuren von selbst bilden in der Folge mehr.

Lebe wohl für heute. Mir ist der Kopf wüste, von meinem heutigen einsamen thätig unthätigen Tage.

d. 13. Octbr.

Nun meine liebste muß ich schließen. Morgen geh ich ab, und dieses Packet auch. Des Sehens bin ich müde und überdencke mir in der Stille das Vergangne und was bevorsteht.

So viel ich geschrieben habe: so bleibt doch viel mehr im Sinne zurück, doch ist das meiste angedeutet.

Uber die Nation selbst und das *pro* und *contra* aller Nationen unter einander, über den Grundkarackter und die Hauptexistenz von dieser; über das Leben der Vornehmern, ihre Wohnungen, Art zu seyn pp darüber mündlich wie über manches andre.

Mir sey jetzt genug dir mit Freuden alles zu schicken was ich auf dem Wege aufgerafft habe, damit du es selbst beurtheilest und mir zum Nutzen und Vergnügen aufbewahrest. Die erste Epoche meiner Reise ist vorbey, der himmel segne die übrigen und vor allen die letzte die mich wieder zu dir führen wird.

Die Beylagen und Zeichnungen hab ich in den Kasten gethan der den Kaffee bringen wird. Es ist der ausgesuchteste von Alexandrien den man hier haben kann. Du erhälst 25 Pfd., davon gieb 5 der regir[enden] Herzoginn mit den schönsten Empfehlungen und 5 an Herders das übrige behalte für dich. Schmeckt er; so kann ich mehr verschaffen.

Lebe wohl. Ich schließe ungern. Wenn alles recht geht; so erhälst du dieses vor Ende Oktobers und das Tage-buch der zweyten Epoche sollst du Ende Novembers haben. So werd ich dir wieder nah und bleibe bey dir. Lebe wohl. Grüse die deinigen. Ich bin fern und nah der Eurige.

G.

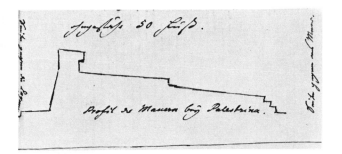

Fortgesetztes Verzeichniß der Steine.

36. Steine aus den Paduanischen Gebirgen womit sie in Padua und Venedig pflastern. Ob Lava? ob Porphyr?

37. Kalckstein der mit der Säge geschnitten und verschieden zu Gebäuden gebraucht wird aus den Vordergebirgen der großen Kette. *Vitruv* gedenckt seiner.

38. Kalcksteine die eine Zeitlang im Meer gelegen und von Meerwürmern angefressen sind.

39. Meeres Schlamm zusammen gebacken. Wohl die neuste aller Steinarten.

40. Basaltgeschiebe aus dem Adriatischen Meer.

41. Kalck von der Mauer bey *Palestrina* mit Traß gemischt.

REISE-TAGEBUCH
FÜNFTES STÜCK.

VON VENEDIG ÜBER FERRARA/ CENTO/BOLOGNA/FLORENZ/ PERUGIA PP NACH ROM.

1786.

Venedig d. 14. *due ore dopo Notte.*

In der letzten Stunde meines hierseyns, denn ich gehe diese Nacht mit dem Courier schiff nach Ferrara. Ich verlaße Venedig gern. Um mit Vergnügen und Nutzen hier zu bleiben, müßt ich andre Schritte nun thun, die ausser meinem Plane liegen. Auch ist ietzt die Zeit da alles die Stadt verläßt. Ich trage das sonderbare, einzige Bild mit mir fort und so vieles andre. Ob ich gut aufgepaßt habe, sollst du sagen, wenn ich zurück komme und wir über diese Gegenstände sprechen. Mein Tagebuch biß heute hab ich dem Fuhrmann mit gegeben, es kommt also später als ich glaubte, doch wünsch ich zur guten Stunde.

Das Clima mögt ich dir zusenden oder dich darein versetzen können. Sonst wäre hier für uns beyde keine Existenz. Lebe wohl. Seit Verona hab ich mich nicht von dir entfernt nun gehts weiter und weiter.

Sonderbar! Ich sehe aus den Zeitungen daß über dem Gebürg das Wetter entsetzlich muß geraßt haben. Die Iser hat großen Schaden gethan. Es kann keine zwey Tage, nachdem ich sie paßirt, geschehen seyn.

Hier hab ich einige Regengüße, einen sehr starken Nachts, mit Donner und Blitzen erlebt. Diese Wetter kommen aus Dalmatien herüber. Es ist aber alles gleich vorbey. Der Himmel hellt sich aus und die Wolcken werfen sich an das Friauler, Tyroler und Paduaner Gebürg. Im Florentinischen haben sie auch ein entsetzlich Donnerwetter mit Platzregen gehabt. Es scheint dasselbe gewesen zu seyn was ich in Verona abwartete.

Ferrara. d. 16. Nachts.

In der großen, schönen, entvölckerten Stadt, wo Ariost begraben liegt und Taßo unglücklich ward, bin ich seit heute früh deutschen Zeigers um 7 Uhr und werde morgen wieder weggehn.

Der Weg hierher ist sehr angenehm und wir hatten herrlich Wetter. Auf dem Curier schiff waren leidliche Menschen, und die Aus und Ansichten zwar einfach aber anmutig. Der Po ist ein freundlicher Fluß; er geht hier durch große Plainen und man sieht nur seine Ufer. Ich sah hier und am Adige alberne Wasserbaue, die ganz kindisch und schädlich sind.

Die beyden Nächte bracht ich, in meinen Mantel gewickelt, auf dem Verdeck zu; nur gegen Morgen ward es kühl; ich bin nun in den 45. Grad würcklich eingetreten und ich wiederhohle, ich will ihnen alles lassen, wenn ich nur wie Dido so viel Clima mitnehmen könnte als ich mit einer Kuhhaut umspannen könnte um es um unsre Wohnung zu legen. Es ist ein ander Seyn.

Ich habe meist gesehen was Volckmann von p. 484–489 anzeigt. Das Bild Herodes und Herodias ist recht brav. Johannes in seinem gewöhnlichen Wüsten Kostume deutet auf die Dame, sie sieht ganz gelaßen den neben ihr sitzenden Fürsten, und der Fürst auf seine Hand gestützt still und klug den Propheten an. Vor dem Könige steht ein weißer mittelgroßer Hund und unter dem Rocke der Herodias kommt ein kleiner Bologneser hervor, die Beyde den Propheten anbellen. Mich dünckt das ist recht glücklich.

Ariosts Grabmal ist viel Marmor, schlecht ausgetheilt.

Statt Taßos Gefängniß zeigen sie einen Holzstall oder Gewölbe wo er gewiß nicht aufbewahrt worden ist. Es weis auch kaum im Hause mehr jemand was man will.

Von einem schönen Akademischen Institut das ein aus Ferrara bürtiger Cardinal beschützt und bereichert, kann ich dir für Müdigkeit nichts mehr sagen.

Auch sind in dem Hofe einige köstliche alte Denckmäler.

Cento d. 17. Abends 6. hier zu Lande *Nacht.*

In einer bessern Stimmung als gestern Abend schreib ich dir heute aus *Guercins* Vaterstadt. Vor allen Dingen Siehe Volckm[ann] p. [482–484.]

Ein freundliches wohlgebautes Städtgen, ohngefähr 5000 Einwohner, nahrhaft, lebendig reinlich in einer unübersehlichen Plaine liegend. Ich war nach meiner Gewohnheit auf dem Thurm. Ein Meer von Pappelspitzen, zwischen denen man in der Nähe die kleinen Bauerhöfgen erblickt, jeden mit seinem Feld umgeben. Köstlicher Boden und ein mildes Clima. Es war ein Abend, wie wir dem Himmel dancken Sommerabende zu haben.

Der Himmel, der den ganzen Tag bedeckt war, hat sich aufgeheitert die Wolcken haben sich nord und südwärts ans Gebirg geworfen und ich hoffe einen schönen morgenden Tag.

Sie haben hier zwey Monate eigentlich Winter, Dez. und Jan. und einen regnichen April. übrigens nach Beschaffenheit der Jahreszeit gut Wetter. Nie anhaltenden Regen. Doch war dieser Sept. auch beßer und wärmer als ihr August.

Wie freut' ich mich heute die Apenninen zu sehn. Denn ich bin der Plainen nun herzlich satt. Morgen schreib ich dir an ihrem Fuße.

Hier sind einige Bilder von *Guerch*[in] die man Jahre lang ansehn könnte.

Die liebsten sind mir:

Der Auferstandne Christus, der seiner Mutter erscheint. Sie kniet vor ihm und sieht ihn mit unbeschreiblicher Innigkeit an, mit der lincken fühlt sie an seinen Leib, gleich unter der unglückseligen Wunde, die das ganze Bild verdirbt. Er hat seine Lincke Hand um ihren Hals gelegt und biegt sich um sie in der Nähe anzusehn ein wenig mit dem Körper zurück. Das giebt der Figur ein klein wenig etwas, ich will nicht sagen gezwungnes aber doch fremdes. Demohngeachtet bleibt sie unendlich angenehm. Und der still traurige Blick mit dem er sie ansieht, als wenn ihm eine Erinnerung seiner und ihrer Leiden, die durch eine Auferstehung nicht gleich geheilt werden, vor der edlen Seele schwebte.

Strange hat das Bild gestochen, es ist also Hoffnung daß du es in der Copie siehst.

Dann folgt: Eine Madonna. Das Kind verlangt nach der Brust und sie zaudert schamhaft den Busen zu entblösen und sie ihm zu reichen. köstlich schön.

Dann Maria die dem vor ihr stehenden und nach dem Zuschauer gerichteten Kinde, den Arm führt daß es mit aufgehobnen Fingern den Segen austheile. Im Sinn der katholischen Mythologie ein glücklicher Gedancke.

Guerchin ist ein innerlich braver männlich gesunder Mahler ohne Roheit, vielmehr haben seine Sachen eine innerliche Moralische Grazie, eine schöne Freyheit und Grosheit. Dabey eine Eigenheit daß man seine Wercke wenn man einmal das Auge drauf gebildet hat nicht verkennen wird.

So rück ich nach und nach. Die Venetianische Schule hab ich wohl gesehen, morgen komm ich nach Bologna, wo denn auch meine Augen die Cezilia von Raphael erblicken werden. Was aber die Nähe von Rom mich zieht drück ich nicht aus. Wenn ich meiner Ungedult folgte, ich sähe nichts auf dem Wege und eilte nur grad aus. Noch vierzehn Tage und eine Sehnsucht von 30 Jahren ist gestillt! Und es ist mir immer noch als wenns nicht möglich wäre.

Von G[uerchins] Pinsel sag ich nichts das ist eine Leichtigkeit und Reinigkeit und Vollendung die unglaublich ist. Besonders schöne in's braune gebrochne Farben hat er zu den Gewändern gewählt.

Die Gegenstände der übrigen Bilder, die ich nicht nenne sind mehr oder weniger unglücklich. Der gute Künstler hat sich gemartert und doch Erfindung und Pinsel, Geist und Hand verschwendet, und verlohren.

Es ist mir lieb und werth daß ich auch das gesehn habe, obgleich in diesem Vorüberrennen wenig Genuß ist.

Gute Nacht m[eine] L[iebe] ich habe auch heute Abend keine rechte Sammlung.

Du verzeihst daß ich so hinschreibe, es ist doch in der Folge mehr als ein weiß Blat. Gute Nacht.

d. 18. Bologna. Abends.

Ich habe eben einen Entschluß gefaßt der mich sehr beruhigt. Ich will nur durch Florenz durchgehn und grade auf Rom. Ich habe keinen Genuß an nichts, biß jenes erste Bedürfniß gestillt ist, gestern in Cento, heute hier, ich eile nur gleichsam ängstlich vorbey daß mir die Zeit verstreichen möge, und dann mögt ich, wenn es des Himmels Wille ist zu Allerheiligen in Rom seyn um das grose Fest am rechten Orte zu sehn und also einige Tage voraus, da bleibt mir nichts übrig als ich muß Florenz liegen laßen und es auf einer frohen Rückreise mit geöffneten Augen sehn.

Auch hier in Bologna müßte man sich lange aufhalten.

Siehe nunmehr Volckmanns ersten Theil, von *pag.* 375 biß 443.

p. 402. *Madonna di Galiera.* Sakristey treffliche Sachen.

p. 403. *Giesu e Maria.* die Beschneidung von Guercin.

Dieser unleidliche Gegenstand, ganz trefflich ausgeführt. Ein Bild, was man sich dencken kann gemahlt. Es ist alles daran respecktabel, und ausgeführt ist es als ob es Emaille wäre.

425. Pall. *Tanari.* Der Kopf der *Maria* als wenn ihn ein Gott gemahlt hätte. Der Ausdruck ist unbeschreiblich mit dem sie auf das säugende Kind herunter sieht. Mir druckts eine stille tiefe Duldung als wenn sie das Kind, nicht das Kind der Liebe und Freude sondern einen untergeschobnen himmlischen Wechselbalg nur so an sich saugen ließe, weil es nun einmal so ist und sie in tiefer Demuth gar nicht begreift wie sie dazu kommt.

An der übrigen herrlichen Figur ist wenig Genuß, das ungeheure Gewand, so herrlich es gemahlt ist bleibt doch nur Gewand. Auch sind die Farben dunckler geworden, das Zimmer ist nicht das hellste und es war ein trüber Tag.

p. 387. Ich war im Institute. Davon will ich dir nichts sagen. Es ist eine schöne edle Anlage, aber wir Deutschen so *ultramontan* wir sind, sind doch in unsern Sammlungen, Akademien, Lehrarten pp weiter vorgerückt. Doch will ich ihm gerne Gerechtigkeit wiederfahren laßen, daß es viel ist in Einem Hause das alles aufzuweisen und zum allgemeinen Nutzen bereit zu finden.

Heute früh hatt ich das Glück von Cento herüberfahrend, zwischen Schlaf und Wachen den Plan zur Iphigenie auf Delphos rein zu finden. Es giebt einen *fünften Ackt* und eine *Wiedererkennung* dergleichen nicht viel sollen aufzuweisen seyn. Ich habe selbst drüber geweint wie ein Kind und an der Behandlung soll man hoff ich das Tramontane erkennen.

d. 19. Abends.
Ich möchte dir nun auch gerne wieder einmal ein ru-

hig, vernünftiges Wort schreiben denn diese Tage her wollt es nicht mit mir. Ich weiß nicht wie es diesen Abend seyn wird. Mir läuft die Welt unter den Füßen fort und eine unsägliche Leidenschafft treibt mich weiter. Der Anblick des Raphaels und ein Spaziergang gegen die Berge heut Abend haben mich ein wenig beruhigt und mich mit leisem Band an diese Stadt geknüpft. Ich sage dir alles wie mir ist und ich schäme mich vor dir keiner Schwachheit.

Zuerst denn die Cecilie von Raphael. Es ist was ich voraus wußte nun aber mit Augen sah. Er hat eben gemacht was andre zu machen wünschten. Um ihn zu erkennen, ihn recht zu schätzen, und ihn auch wieder nicht als einen Gott zu preisen, der wie Melchisedech ohne Vater und Mutter erschiene muß man seine Vorgänger, seinen Meister ansehn. Diese haben auf dem festen Boden der Wahrheit Grund gefaßt, sie haben die breiten Fundamente, emsig, ja ängstl[ich] gelegt, sie haben mit einander wetteifernd die Pyramide stufenweiße in die Höhe gebracht, bis zuletzt er, von allen diesen Vortheilen unterstützt, von einem himmlischen Genius erleuchtet die Spitze der Pyramide, den letzten Stein aufsetzte, über dem kein andrer, neben dem kein andrer stehn kann. Uber das Bild mündlich denn es ist weiter nichts zu sagen als daß es von ihm ist. Fünf Heilige neben einander, die uns alle nichts angehn, deren Existenz aber so vollkommen ist daß man dem Bilde eine Dauer in die Ewigkeit wünscht, wenn man gleich zufrieden ist selbst aufgelößt zu werden.

Die älteren Meister seh ich mit besonderm Interesse, auch seine erste Sachen. Francesko di *Francia* ist gar ein respecktabler Künstler. Peter Perugin daß man sagen möchte eine ehrliche deutsche Haut.

Hätte doch das Glück Albert Dürern über die Alpen

geführt. In München hab ich ein Paar Stücke von ihm von unglaublicher Großheit gesehn. Der arme Mann! statt seiner niederländischen Reise wo er den Papageyen einhandelte pp. Es ist mir unendlich rührend so ein armer Narr von Künstler, weil es im Grunde auch mein Schicksal ist, nur daß ich mir ein klein wenig beßer zu helfen weiß.

Der Phasanen Traum fängt an in Erfüllung zu gehn. Denn warrlich was ich auflade kann ich wohl mit dem köstlichsten Geflügel vergleichen, und die Entwicklung ahnd ich auch.

Im Pallast [Ranuzzi] hab ich eine St. Agatha von Raphael gefunden, die wenn gleich nicht ganz wohl erhalten ein kostbares Bild ist. Er hat ihr eine gesunde, sichre Jungfräulichkeit gegeben ohne Reitz, doch ohne Kälte und Roheit. Ich habe mir sie wohl gemerckt und werde diesem Ideal meine Iphigenie vorlesen und meine Heldinn nichts sagen laßen was diese Heilige nicht sagen könnte.

Von allem andern muß ich schweigen. Was sagt man als daß man über die unsinnigen Süjets endlich selbst Toll wird. Es ist als da sich die Kinder Gottes mit den Töchtern der Menschen vermählten da wurden Ungeheuer daraus. Indem der himmlische Sinn des Guido, ein Pinsel der nur das vollkommenste was in unsre Sinne fällt hätte mahlen sollen, dich anzieht, mögtest du die Augen von den abscheulichen, dummen, mit keinen Scheltworten der Welt genug zu erniedrigenden Gegenständen abwenden.

und so gehts durchaus.

Man ist immer auf der Anatomie, dem Rabenstein, dem Schindanger, immer *Leiden* des Helden nie *Handlung*. Nie ein gegenwärtig Interesse, immer etwas phantastisch erwartetes. Entweder Mißethäter oder Verzückte, Verbrecher oder Narren. Wo denn nun der Mahler um sich zu retten einen nackten Kerl, eine schöne Zuschauerinn herbeyschleppt. Und seine geistliche Helden als Gliedermänner tracktirt und ihnen recht schöne Faltenmäntel überwirft. Da ist nichts was nur einen Menschenbegriff gäbe. Unter 10 Süjets nicht eins das man hätte mahlen sollen und etwa das eine hat er nicht von der rechten Seite nehmen dürfen. Der große *Guido* p. [404] ist alles was man mahlen, und alles was [man] unsinniges bestellen und von einem Mahler fordern kann es ist ein *votives* Bild, ich glaube der ganze Senat hat es gelobt und auch bestellt. Die beyden Engel die werth wären eine Psyche in ihrem Unglück [zu] trösten müßen hier – Der Heil. Prokulus, der ein Soldat war ist eine schöne Figur, aber dann die andern Bischöffe und Pfaffen.

Unten sind himmlische Kinder die mit Attributen pp spielen.

Der Mahler dem das Messer an der Kehle sas suchte sich zu helfen wie er konnte um nur zu zeigen daß *er* nicht der Barbar sey, sondern die Bezähler. Zwey nackte Figuren von *Guido* ein Johannes in der Wüsten ein Sebastian wie köstlich gemahlt und was sagen sie? der Eine sperrt das Maul auf und der andre krümmt sich.

Wir wollen die Geschichte dazu nehmen und du wirst sehn der Aberglaube ist eigentlich wieder Herr über die Künste geworden und hat sie zu Grunde gerichtet. Aber nicht er allein, auch das Enge Bedürfniß der neuern, der nördlichen Völcker. Denn auch Italien ist noch nördlich und die Römer waren auch nur Barbaren, die das Schöne raubten, wie man ein schönes Weib raubt. Sie plünderten die Welt und brauchten doch griechische Schneider um sich die Lappen auf den Leib zu paßen. Uberhaupt seh ich schon gar viel voraus.

Nur ein Wort! Wer die Geschichte so einer Granit Säule erzählen könnte, die erst in Egypten zu einem Memphitischen Tempel zugehauen, dann nach Alexandrien geschlept wurde, ferner die Reise nach Rom machte, dort umgestürzt ward und nach Jahrhunderten wieder aufgerichtet und einem andern Gott zu Ehren zu rechte gestellt. O meine Liebe was ist das größte des Menschenthuns und treibens. Mir da ich ein Künstler bin, ist das liebste daran daß alles das dem Künstler Gelegenheit giebt zu zeigen was in ihm ist und unbekannte Harmonien aus den Tiefen der Existenz an das Tageslicht zu bringen.

Zwey Menschen denen ich das Beywort *groß* ohnbedingt gebe, hab ich näher kennen lernen Palladio und Raphael. Es war an ihnen nicht ein Haarbreit *willkührliches,* nur daß sie die Gränzen und Gesetze ihrer Kunst im Höchsten Grade kannten und mit leichtigkeit sich darinn bewegten, sie ausübten, macht sie so groß.

Gegen Abend war ich auf dem Thurm. Die Aussicht ist herrlich.

Gegen Norden sieht man die Paduanischen Berge dann die Schweitzer, Tyroler Friauler Gebirge, genug die ganze nördliche Kette, letztere diesmal im Nebel. Gegen Abend ein unbegränzter Horizont aus dem nur die thürme von Modena herausstechen, gegen Morgen eine gleiche Ebne bis ans Adriatische Meer das man Morgens sehen kann, gegen Mittag die Vorhügel der Apenninen bis an ihre Gipfel bepflanzt bewachsen, mit Kirchen, Pallästen Gartenhäusern besetzt, so schön wie die Vicentinischen Berge. Es war ein ganz reiner Himmel kein Wölckgen, nur am Horizont eine Art Höherauch. Der Thürmer sagte daß nun seit sechs Jahren dieser Nebel nicht aus der Gegend komme. Sonst habe er mit dem Sehrohr die Berge bey Vicenz genau mit ihren

Haüsgen u.s.w. unterscheiden können, jetzt bey den hellsten Tagen nur selten, und der Nebel legt sich denn all an die nördliche Kette und macht unser liebes Vaterland zum wahren Zimmerien.

Er ließ mich auch die gesunde Lage und Lufft der Stadt daran bemercken, daß ihre Dächer wie neu aussehen und kein Ziegel durch Feuchtigkeit und Moos angegriffen ist. Es ist wahr sie sind alle rein, aber die Güte ihrer Ziegeln mag auch etwas dazu beytragen, wenigstens in alten Zeiten haben sie solche kostbar gebrannt.

Der hängende Thurn ist ein abscheulicher Anblick, man traut seinen Augen nicht und doch ist höchst wahrscheinlich daß er mit Absicht so gebaut worden. Er ist auch von Ziegeln, welches ein gar treffliches sichres Bauen ist, kommen nun die Eisernen Bande dazu, so kann man freylich tolles Zeug machen.

Heut Abend ging ich nach dem Gebirg spaziren. Was das für schöne Liebliche Wege und Gegenstände sind. Mein Gemüth ward erfreut und ein wenig beruhigt. Ich will mich auch faßen und abwarten, hab ich mich diese 30 Jahre geduldet, werd ich doch noch 14 tage überstehn.

Hundertfältig steigen die Geister der Geschichte aus dem Grabe, und zeigen mir ihre wahre Gestalt. Ich freue mich nun auf so manches zu lesen und zu überdencken, das mir in Ermanglung eines sinnlichen Begriffs unerträglich war.

Die Bologneser Sprache ist ein abscheulicher Dialeckt den ich hier gar nicht gesucht hätte. Rauh und abgebrochen pp. Ich verstehe kein Wort wenn sie mit einander reden, das Venezianische ist mittagslicht dagegen.

Gute Nacht. Im Spazierengehn gedenck ich offt dein, und bey jeder guten Sache. Ich stelle mirs immer als möglich vor, dir das alles noch sehn zu laßen.

Indeß und biß ich wiederkomme nimm mit meiner

Schreiberey vorlieb. Heut Abend hab ich mich besser als die Vergangnen betragen. Gute Nacht.

d. 20 Abends.

Heute ein heitrer schöner Tag den ich ganz unter freyem Himmel zugebracht habe. Kaum nah ich mich wieder den Bergen; so hab ich dich auch von Mineralogie zu unterhalten.

Ich ritt nach Paterno wo der Bologneser Stein gefunden wird, der ein Gypsspat ist und nach der Calcination bey Nacht leuchtet.

Auf dem Wege fand ich schon ganze Felsen Fraueneis No. 2. zu Tage ausstehn, nachdem ich ein lettig sandiges Gebirg No. 1. hinter mir gelaßen hatte. Bey einer Ziegel Hütte geht ein Wasserriß hinunter in den sich viele kleinere ergiesen und man glaubt erst es sey ein bloser aufgeschwemmter Leimenhügel der so vom Regen ausgewaschen sey. So viel aber hab ich von seiner Natur entdeckt.

Das Gebirg besteht aus einem an sich festen Gestein No. 3. das aus feinschiefrigem Letten zusammengesetzt ist, und mit Gyps abwechselt. Das Lettige Gestein ist so innerlich mit Schwefelkies vermischt daß es wo Luft und Feuchtigkeit es berühren können ganz und gar verändert wird, es schwillt auf, die Schiefer lagen verliehren sich ganz, es wird eine Art Letten der muschlich sich zerbröckelt, auf den Flächen glänzend ist wie Steinkohlen No. 4. daß wenn man nicht an großen Stücken (deren ich mehrere zerschlagen) die beyden Gestalten des Steins sähe, man es kaum Glauben würde. Zugleich beschlagen die muschlichen Flächen mit weißen Punckten, manchmal sind ganze gelbe Partien drinne, endlich wenn Luft und Regen auf den äussern Theil wircken, wird dieser knotig und bröcklich und das Gebirg sieht wie ein verwitternder Schwefel kies im Grosen aus.

Es finden sich unter den Lagen auch Härtere, Grüne, Rothe No 5. 6. Schwefelkies hab ich in Nieren, und angeflogen am härteren Gestein gefunden No. 7. Ob die Gypslager zwischen den Steinschichten auch phosphoresciren wäre eines Versuchs werth, ich bringe Stücke mit. 8. NB. auch findet sich reiner Gypsspat 9. Eigentlich aber ist der Stein ein Gypsspat der in Hölungen zu entstehn scheint. Das Lettengestein in seiner ersten Gestalt enthält keine, daher vermuthe ich daß der phosphor[escierende] Gypsspat erst entsteht wenn das Gestein sich anfängt aufzublähen und hier und da Hölungen läßt, in diese dringt die in dem Gebirg befindliche aufgelöste Selenit Materie und übersättigt sich mit den Schwefel theilen pp. Das alles wollen wir in der Folge beßer ausführen.

Ein Hauptkennzeichen ist die Schweere, die gleich auffällt.

Heute muß ich schließen: ich hatte dir soviel zu sagen, was mir diesen frohen Tag durch den Kopf ging aber es scheint der Himmel erhört mich. Es ist ein Fuhrmann da für Rom, und ich werde übermorgen fort gehn. Da muß ich heute wohl nach meinen Sachen sehn und einiges wegarbeiten. Leb wohl. Heut war ein vollkommen schöner und froher Tag an dem mir nichts fehlte als du.

d. 21. Abends
Logano auf dem Apenninischen Gebirg.
Ich bin heute noch aus Bologna getrieben worden, und jetzt hier in einem elenden Wirths hause in Gesellschafft eines wackern päbstlichen Offizirs, der nach Perugia seiner Vaterstadt geht, eines Engländers mit seiner sogenannten Schwester. Gute Nacht.

Den 22. Abends. Giredo.
Alles kleine Nester auf den Apenninen in denen ich

161

mich recht glücklich fühle, wenn meine Gesellschafft besonders der englische Theil überall zu Klagen findet.

Die Apenninen sind mir ein merckwürdig Stück Welt. Wäre die Gebirgs art nicht zu *steil,* wären sie nicht zu *hoch* über der Meeres Fläche, und nicht so sonderbar *verschlungen* daß Ebbe und Fluth vor Alten Zeiten *mehr* und *länger* hätten hereinwürcken, auch *größere* Flächen überspülen können; so wäre es eins der schönsten Länder. In dem schönen Clima, etwas höher als das andre Land pp.

So aber ists ein seltsam Gewebe von Bergrücken gegen einander, wo man oft gar nicht absieht, wohin das Wasser seinen Ablauf hat. Wenn die Thäler besser ausgefüllt, die Flächen mehr glatt und überspült wären, würde es Böhmen zu vergleichen seyn nur daß die Bergrücken auf alle Weise einen andern Charackter haben.

Du mußt dir also keine Bergwüste, sondern ein meist bebautes gebirgiges Land vorstellen durch das man reist. Castanien kommen hier sehr schön. Der Waitzen ist trefflich den sie hier bauen, und die Saat steht schon hübsch grün. Eichen mit kleinen Blättern (ich dencke Stein Eichen) stehn am Wege, und um die Kirchen, Capellen p. schöne Cypressen.

Gestern Abend war das Wetter trübe heut ists wieder hell und schön.

Mit den Vetturinen ists eine leidige Fahrt, das beste daß man ihnen bequem zu Fuße folgen kann.

Mein Gesellschaffter ist mir von vielem Nutzen, ob ich gleich lieber, um an der Iphigenie zu arbeiten, allein wäre. Heute früh saß ich ganz still im Wagen und habe den Plan zu dem großen Gedicht der Ankunft des *Herrn,* oder dem ewigen Juden recht ausgedacht. Wenn mir doch der Himmel nun Raum gäbe nach und nach das alles auszuarbeiten was ich im Sinne habe. Es ist unglaublich was mich diese acht Wochen auf Haupt und Grundbegriffe des Lebens so wohl, als der Kunst geführt haben.

Sagt ich dir schon daß ich einen Plan zu einem Trauerspiel Ulysses auf Phäa gemacht habe? Ein sonderbarer Gedancke der vielleicht glücken könnte.

So muß denn Iphigenie mit nach Rom! Was wird aus dem Kindlein werden?

In Bologna hab ich noch so manches gesehn von dem ich schweige.

Einen Johannes und noch eine heil. Familie von Raphael und ein Paar Arbeiten von Guido und den Carrache die trefflich sind.

Ich traf eine Engländerinn an, die in eine Art Prophetenrock gehüllt, gar artig einen Guido kopirte. Wie sehr wünscht ich dir die Freude ein gleiches zu thun.

Einige Köpfe von dem Spanier Velasquetz sind hier. Er ist weit gekommen. Einen guten Gedancken hab ich an einer Statue einer Andromeda gesehn. Sie steht mit in die Höhe gebundnen Händen fast auf den Fußspitzen und der Künstler um der Figur einen Halt zu geben läßt einen kleinen Amor neben ihr knien der sie mit der linkken Hand um den Fuß faßt und mit der rechten einen Pfeil auf das Ungeheuer (das natürlich nur gegenwärtig supponirt ist) werfen will. Der Gedancke hat mir wohl gefallen, er ist einfach und gratios und im Grund nur ein mechanisches hülfsmittel die Statue stehen zu machen.

Gute Nacht. Es ist kalt und ich bin müde. Gute Nacht! Wann werd ich dir dieß Wort wieder mündlich zurufen!

d. 25. Abends. Perugia.

Zwey Abende hab ich nicht geschrieben es war nicht möglich, unsre Herbergen waren so schlecht, daß an kein auslegen eines Blats zu dencken war. Es bleibt mir viel zurück. Indeß wird auf alle Fälle die zweyte Epoche meiner Reise von Venedig auf Rom weniger reichhaltig aus mehr als Einer Ursache.

d. 23. früh unsrer Uhr um 10 kamen wir aus den Apeninen hervor und sahen Florenz liegen, in einem weiten Thal das unglaublich bebaut und ins unendliche mit Haüsern und Villen besät ist.

Von der Stadt sag ich nichts die ist unzählichmal beschrieben. Den Lustgarten Bovoli der gar köstlich liegt hab ich nur durchlaufen, so den Dom, das Batisterium, an denen beyden Gebäuden der Menschenwitz sich nicht erschöpft hat.

Der Stadt sieht man den Reichthum an der sie erbaut hat und eine Folge von glücklichen Regierungen.

Uberhaupt fällt es auf wie in Toscana gleich die öffentlichen Wercke als Wege Brücken für ein schönes grandioses Ansehn haben, das ist alles wie ein Puppenschranck.

Was ich neulich von den Apeninen sagte was sie seyn könnten das ist Toskana. Weil es soviel tiefer lag, hat das alte Meer recht seine Schuldigkeit gethan und tiefen Leim Boden aufgehäuft, er ist hellgelb und sehr leicht zu bearbeiten, sie pflügen tief aber noch recht auf die ursprüngliche Art. ihr Pflug hat keine Räder, und die Pflugschaar ist nicht beweglich, so schleppt sich der Bauer hinter seinen Ochsen gebückt her, und wühlt die Erde auf. Es wird bis fünfmal gepflügt. Wenig und nur sehr leichten Dünger hab ich gesehn und den streuen sie mit den Händen. Wahre Kinder der Natur wie wir bey Schilderung ihres Caracters noch mehr sehen werden. Zuletzt säen sie den Waitzen und dann haüfen sie schmale Sotteln auf und dazwischen tiefe Furchen, alle so gerichtet daß das Regenwaßer ablaufen muß. Die Frucht wächst nun in die Höhe auf den Sotteln. In den Furchen gehn sie sodann her wenn sie gäten. Ich begreif es noch nicht ganz warum sie so viel Raum liegen laßen. An einigen Orten wohl wo sie Näße zu fürchten haben, aber auf den schönsten Gebreiten thun sies. Gründlich bin ich noch nicht unterrichtet.

Bey Arezzo thut sich eine gar herrliche Plaine auf, wo ich über das gedachte Feld und die Arten es zu bebauen bemerckte.

Reiner kann man kein Feld sehn, keinen Erdschollen, alles klar. Aber man sieht auch nirgend ein untergeackert Stroh der Waitzen gedeiht aber schön. und es ist seiner Natur gemäß. Das zweyte Jahr bauen sie Bohnen für die Pferde, die hier keinen Haber kriegen. Es werden auch Lupinen gesät die jetzt schon schöne grün stehn und im Merz Früchte bringen. So auch ist der Lein schon gesät und gekeimt, er bleibt den Winter über und wird nur durch den Frost dauerhafter, unsre Winter sollte er nicht aushalten. Die Oelbäume sind wunderliche Pflanzen. Sie sehen alt fast wie Weiden aus, sie verlieren auch den Splint und die Rinde geht auseinander. Aber sie hat gleich ein festeres marckigeres Ansehn. Man sieht dem Holze an daß es sehr langsam Wächst, und daß es unsäglich durchgearbeitet ist. Das Blat ist auch weidenartig nur weniger Blätter am Zweige. Um Florenz, an den Bergen ist alles mit Oelbäumen und Weinstöcken bepflanzt und dazwischen wird das Erdreich zu Körnern benutzt. Bei Arezzo und so weiter läßt man die Felder freyer. Ich finde daß man dem Epheu nicht genug wehrt, der die Oelbäume wie andre Bäume auszehrt. das doch ein leichtes wäre. Wiesen sieht man gar nicht. Man sagt das türckische Korn, seit es eingeführt worden, zehre das Erdreich sehr aus. Ich glaube wohl bey dem geringen Dünger. das nehm ich alles nur so im Vorbeyfahren mit und freue mich denn doch das schöne Land zu sehn wenn gleich die Unbequemlichkeiten gros sind.

Ich fahre fort sorgfältig das Land für sich, eben so seine Einwohner, die Cultur, das Verhältniß der Einwohner unter einander und zuletzt mich den Fremden und was und wie es dem wird zu betrachten.

Hier fällt mir ein daß ich die Toskanische *Dogan Einrichtung* als schön und zweckmäsig loben muß, ob sie mich gleich incommodirt hat, und die andern die mich nicht incommodirt haben taugen nichts.

Mein Reisegefährte ein Graf Cesare von hier eine rechte gute Art Menschen, auch ein rechter Italiäner.

Da ich oft still und nachdencklich war; sagte er einmal: *che pensa? non deve mai pensar l'uomo pensando s'invecchia* und nach einigem Gespräch: *non deve fermarsi l'huomo in una sola cosa, perche allora divien matto, bisogna aver mille cose, una confusion nella testa.*

Was sagst du zu meinem Philosophen und wie glaubst du daß ich, der alte *Mambres, toujours faisant de profondes reflexions,* gelächelt habe.

Heute Abend haben wir Abschied genommen, mit der Versichrung daß ich ihn in Bologna, wo er im Quartier steht, auf meiner Rückreise besuchen wolle.

Ich schreibe nur so hin, es ist kalt und drausen am Camin essen Kaufleute von Fuligno, ich gehe von Zeit zu Zeit mich wärmen.

Auch hier ist allerley zu sehen das ich liegen laße, eh ich nach Rom komme mag ich die Augen nicht aufthun, das herz nicht erheben. Ich habe noch drey tage hin und es ist mir noch als wenn ich nie hinkäme.

(Hier ein Paar Anmerckungen die weiter hervor gehören.

Der Wein will magre Nahrung an Bergen und viel Sonne haben, in der Plaine wird er zu schwer. Die Feuchtigkeit die zudringt kann nicht genug ausgekocht werden es giebt einen ungeschlachten Tranck.

Bey Ferrara hab ich gesehen daß sie die Chausseen mit zerschlagnen Ziegelstücken überführen das thut recht gut und die alten Ziegeln die zu nichts nutze sind werden zu was gebraucht. Auch Garten wege zu machen sind sie gar gut so bald ich nach Hause komme will ich Versuche in beyden machen.)

Toskana scheint mir gut regiert, es hat alles so ein *ganzes* Ansehn. Es ist alles fertig und zum Nutzen und einem edlen Gebrauch.

Auf der Rückkehr wollen wirs näher ansehn.

Der Staat des Pabsts scheint sich zu erhalten weil er nicht untergehn kann.

Der See von Perugia ist ein schöner Anblick. Recht sehnlich wünsch ich mir jemanden von den meinigen an die Seite. Was ist der Herzog unglücklich daß andre Leidenschafften ihn von einer solchen Reise abhalten die er mit Bequemlichkeit und Freude machen könnte.

Wenn ich diese Reise noch einmal machte wüßt ichs auch nun beßer. Denn mit dem verschiednen Gelde, den Preisen, den Vetturinen, den schlechten Wirthshäusern ist es eine tagtägliche Noth, daß einer der zum erstenmal wie ich allein geht und ununterbrochnen Genuß suchte und hoffte, unglücklich genug sich finden müßte. Ich habe nichts gewollt als das Land sehn auf welche Kosten es wolle und wenn sie mich auf Ixions Rad nach Rom bringen; so bin ich's zufrieden. Wenn ich Tischbein gesprochen habe dann schildre ich die Italiäner überhaupt wie ich sie gesehn habe. Du magsts dann mit andern Schilderungen zusammen halten.

Ich sudle erstaunlich, verzeih es der Kälte und der Unbequemlichkeit meines Schreibtisches. Ich habe *dir* soviel gedacht diese zwey tage daß ich wenigstens etwas zu Papier bringen möchte.

Wenn man die erste poetische Idee daß die Menschen

meist unter freyem Himmel lebten und sich nur manchmal aus Noth in Hölen retirirten noch realisirt sehn will; so muß man die Gebäude hier herum besonders auf dem Lande ansehn. Ganz im Sinn und Geschmack der Hölen.

Eine unglaubliche Sorglosigkeit haben sie *per non invecchiarsi*. So muß ich dir einmal eine Beschreibung eines Vetturin Fuhrwercks machen und seine Genealogie wie ich mir sie ausgedacht habe, und es fällt keinem Menschen ein, diese Art Fuhrwerck zweckmäsiger, Menschen und Thieren bequemer und ihrem Besitzer vortheilhafter zu machen, und es kommt auf eine Kleinigkeit an, die sich in jedem andren lande vor funfzig Jahren gefunden hätte.

Nun Gute Nacht. Es geht nicht weiter. Ich bin dir herzlich zugethan und sehne mich recht zu dir; schon fängt mich der Schnee an zu ängstigen der sich bald mit Macht zwischen uns legen wird.

Gute Nacht.

d. 26. Abends.

Ich hatte heute Abend ein unaussprechliches Verlangen dir zu schreiben und kann es nicht befriedigen.

Ich bin in

Fuligno.

völlig in einer Homerischen Haushaltung, wo alles um ein Feuer in einer grosen Halle versammelt ist und schreyt, lärmt, an langen Tischen speist, wie die Hochzeit von Cana gemahlt wird. Ich ergreiffe die Gelegenheit da einer ein Dintenfaß hohlen läßt dir schnell auch etwas zu sagen.

In Perugia hab ich nichts gesehn, aus Zufall und Schuld. Die Lage der Stadt ist schön und mir wohl eingedruckt.

Der Weg ging erst hinab, dann nach einem schönen

auf beyden Seiten in der Ferne eingefaßten thal hin. Endlich sahen wir Assissi liegen. Mein Volckmann sagte mir von der Maria della *Minerva*, ich stieg bey Madonna del Angelo aus und lies meinen Vetturin nach Fuligno seinen Weg machen, ich stieg unter einem starcken Wind, nach Assisi hinauf. *Il Gran Convento* und den geehrten ... geheiligten Galgenberg lies ich lincks liegen, sah des heil. Franziskus Grabstäte nicht, ich wollte mir wie der Cardinal Bembo die Immagination nicht verderben, sondern fragte einen hübschen Jungen nach der Maria della Minerva. Er ging mit mir und wir mußten die ganze Stadt hinaufsteigen die an einem Berge gebaut ist. Endlich kamen wir in die eigentliche alte Stadt auf den Marckt, und siehe das schöne heilige Werck stand da. Das erste der alten Zeit das ich sah. Ein so bescheidner Tempel wie er sich für eine kleine Stadt schickte, und doch so *ganz* und so gedacht wie er überall stehn dürfte.

Und nicht der Tempel allein, laß dir ihn Volckmann beschreiben, sondern seine Stellung.

Seitdem ich Vitruv und Palladio gelesen habe wie man Städte bauen und Tempel pp stellen müßte hab ich einen großen Respeckt für diesen Dingen.

So natürlich und so groß im natürlichen.

Erstlich steht er auf der schönsten Höhe des Bergs auf dem Plaz der noch ietzt der *Platz* ist es kommen eben zwey Hügel zusammen der Plaz selbst steigt ein wenig und es kommen vier Strasen zusammen die ein sehr gedrucktes Andreas kreuz machen. Zwey Strasen von unten herauf, zwey von oben herunter. Wahrscheinl[ich] standen zur alten Zeit die Haüser gegen dem tempel über nicht, er ist grade gegen Mittag gerichtet und hatte wenn man sich die Häuser weg denckt die schönste Aussicht. Die Strasen müßen schon von Alters gewesen seyn, mehr oder weniger, denn sie folgen aus der Lage des

Bergs. Nun begriff ich nicht recht, warum der Tempel nicht in der Mitte der Platzes Seiten steht, endlich fand ich's.

Die Straße die von Rom herauf kommt war schon gebaut, wie ich vermuthe, und der Baumeister richtete den Tempel so daß er von der Straße aus sichtbar wurde, nicht ganz gerade sondern von der Seite.

Ich will (wills Gott) einen kleinen Riß machen daß es deutlich werde. Am Tempel (der Façade versteht sich) hab ich die größte Freude gehabt meine Ideen und Grundsätze bestärckt zu sehn.

Sie ist Corinthischer Ordnung die Säulenweiten dem Augenmas nach etwas über zwey Model. Die Säulen haben ihre Füse und über dies Würfel. sodann Piedestale aber die Piedestalle sind eigentlich der durchschnittne Sockel, denn 5 Treppen gehn zwischen den Säulen hinauf. *Fünf* weil die alten die Stufen ungleich machten. Unterhalb gingen noch mehr Stufen nieder, die ich nicht beobachten konnte, weil sie theils verschüttet, theils mit Pflaster Steinen belegt waren. Diese Art den Sockel zu zerschneiden und die Treppen hinauf zu bringen hab ich nie gebilligt, hier aber war es recht, denn die Enge des Platzes zwang den Architeckten mit den treppen hinein zu gehn. So kann uns das beste Kupfer nicht lehren wie die Gegenwart.

(Sie lärmen mir so entsetzlich um die Ohren daß ich fast nicht fortschreiben kann.)

Dieses ist eben der alten Künstler Wesen das ich nun mehr anmuthe als jemals, daß sie wie die Natur sich überall zu finden wußten und doch etwas wahres etwas lebendiges hervorzubringen wußten.

Nachher hab ich einen herrlichen Abend gehabt ich bin von Assisi nach Foligno zu Fuß gegangen und habe mich nur mit *dir* unterhalten, nun lärmen mir

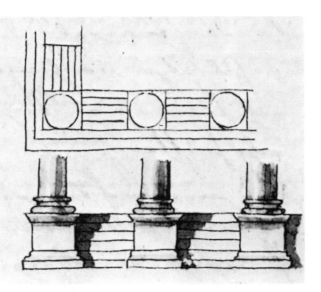

Tempel der Minerva zu Assisi

die Italiäner die Ohren so voll daß ich nichts sagen kann.

Da ich die armen Bauern auch hier so mit Mühseligkeit die Steine umwenden sah dacht ich an dein Kochberg und sagte recht mit innerlichen Herzens trähnen: wann werd ich einmal wieder in Kochberg einen schönen Abend mit ihr feyern? Ich sage dir meine liebe, wenn sie nur hier das Clima nicht voraus hätten!

Mit dem unglaublichen Leichtsinn sich nicht auf den Winter vorzubereiten leiden sie wie die Hunde. Wir wolltens besser machen.

Gute Nacht meine liebe. Der Lärm hört auf, ich habe sie ausgedauert. Aber auch ich bin müde.

Mein Abendspaziergang war gar schön. Vier volle Stunden an einem Berg hin rechts ein schön bebautes Thal.

Ich komme mit dem Volcke recht gut fort und mit einem einzigen Jahr Practick und mit einem mäsigen Gelde wollt ich hier oben auf seyn. Aber es ist nicht der Mühe und der Existenz werth.

Wenn ich so dencke heut ist Donnerstag und den nächsten Sonntag wirst du in Rom schlafen nach dreysig Jahren Wunsch und Hofnung. Es ist ein närrisch Ding der Mensch. Verzeih mir, der Wind zieht durch die Fenster ich sudle nur so fort.

Gute Nacht.

d. 27. Abends. Terni.

Wieder in einer Höle sitzend, die vor einem Jahre vom Erdbeben gelitten, wend ich mein Gebet zu dir mein lieber Schutzgeist.

Wie verwöhnt ich bin fühl ich erst jetzt. Zehn Jahre mit dir zu leben von dir geliebt zu seyn und nun in einer fremden Welt. Ich sagte mir's voraus und nur die höchste Nothwendigkeit konnte mich zwingen den Entschluß zu faßen. Laß uns keinen andern Gedancken haben als unser Leben miteinander zu endigen.

Terni liegt in einer köstlichen Gegend, die ich diesen Abend von einem Spaziergange um die Stadt mit Freude beschaute. Ein Priester ist seit Perugia, da mich der Graf Cesare verlassen mein Gefährte. Dadurch daß ich immer wieder unter neue Menschen komme, erreiche ich sehr meine Absicht und ich versichre dich man muß sie nur unter einander reden hören was das einem für ein lebendig Bild des ganzen Landes giebt. Sie haben unter einander einen so sonderbaren National und *Stadt* Eifer, können sich alle einander nicht leiden, die Stände sind im ewigen Streit und das alles mit immer lebhafter gegenwärtiger Leidenschafft, daß sie einem den ganzen Tag Comödie geben und sich blosstellen. Spoleto hab ich bestiegen und war auf dem Aqueduckt der zugleich Brücke von einem Berg zum andern ist. Die zehen Bogen die das Thal füllen, stehn, von Backsteinen ihre Jahrhunderte so ruhig da und das Wasser quillt noch immer in Spoleto an allen Orten und Enden. Das ist nun das dritte Werck der Alten das ich sehe, und wieder so schön natürlich, zweckmäsig und wahr. Diesen grosen Sinn den sie gehabt haben! – Es mag gut seyn wir wollen mehr davon sprechen. – So verhaßt waren mir immer die Willkührlichkeiten. Der Winter kasten auf Weisenstein, ein Nichts um Nichts, ein ungeheurer Confeckt Aufsatz und so mit Tausend andern Dingen. Was nicht eine wahre innre Existenz hat, hat kein Leben und kann nicht lebendig gemacht werden, und kann nicht gros seyn und nicht gros werden.

Die nächsten vier Wochen werden mir voller Freuden und Mühe seyn, ich will aufpacken was ich kann. das bin ich gewiß und kann es sagen noch keine falsche Idee hab ich aufgepackt. Es scheint arrogant, aber ich weiß es, und weiß was es mich kostet nur das Wahre zu nehmen und zu fassen.

St. Crucifisso halt ich nicht eigentlich für ein Uberbleibsel eines Tempels, (das heist eines tempels der *so* stand) sondern man hat Säulen Pfeiler, Gebälcke gefunden und zusammengeflickt nicht dumm aber toll. Eine Beschreibung wäre zu weitläufig und ists nicht werth.

Die Römische Geschichte wird mir als wenn ich dabey gewesen wäre. Wie will ich sie studiren wenn ich zurückkomme, da ich nun die Städte und Berge und Thäler kenne. Unendlich interessant aber werden mir die alten Etrurier. In Fuligno konnt ich das Gemälde Raphaels nicht sehn es war Nacht, hier die Wasserfälle nicht es war bald Nacht. Bey meiner ersten kursorischen Lesung Italiens muß und kann ich nicht alles mitnehmen. Rom! Rom! – Ich ziehe mich gar nicht mehr aus um früh gleich bey der Hand zu seyn. Noch zwey Nächte! und wenn uns der Engel des Herrn nicht auf dem Wege schlägt; sind wir da.

Da ich auf die Apeninen von Bologna herauf kam, zogen die Wolcken noch immer nach Norden. Zum ersten sah ich sie gegen Mittag nach dem See von Perugia ziehen und *hier* bleiben sie auch hängen, ziehn auch gegen Mittag. Das alles trifft mit meiner Hypothese recht gut überein. Und statt daß die grose Plaine des Po den Sommer alle Wolcken nach dem Tyroler Gebirg schickt; so schickt sie jetzt einen Theil nach den Apeninen, im Winter mehr, (die übrigen Wolcken bleiben auch hangen) daher die Regenzeit.

Das Gebirg ist sich bis hierher immer mit wenigen Abweichungen gleich. Immer der alte Kalck, dessen Flötz Lagen auf diesen letzten Stationen immer sichtbarer wurden.

Trevi liegt am Anfang einer schönen Plaine zwischen

Bergen, alles ist noch Kalck, nichts Vulkanisches hab ich spüren können. Liegt aber eben wie Bologna drüben, so hüben an einem Ende. Vielleicht wird uns morgen etwas vorkommen. Volkm[ann] sagts.

Die Oliven fangen sie nun an abzulesen, sie thun es hier mit den Händen, an andern Orten schlagen sie sie.

Wenn sie der Winter übereilt bleiben die übrigen biß gegen das Frühjahr hängen. Heute hab ich auf sehr steinigem Boden die größten ältsten Bäume gesehen.

Heute früh ging ein recht kalter Wind, Abends war es wieder schön und wird morgen heiter seyn. Gute Nacht meine Liebste. Ich hoffe du hast nun meinen Brief von Venedig.

Citta Castellana. d. 28. Oktbr.

Den letzten Abend will ich nicht fehlen, es ist noch nicht acht Uhr und alles ist zu Bette. Fast wär ich dem bösen Exempel gefolgt.

Heute war ein ganz heitrer herrlicher Tag, der Morgen sehr kalt, der Tag klar und warm, der Abend etwas windig aber schön.

Von Terni fuhren wir sehr früh aus. Da ich angekleidet schlafe weiß ich mir nun nichts hübschers als des Morgens vor tag aufgeweckt zu werden, mich in den Wagen zu setzen und zwischen Schlaf und Wachen, dem Tag entgegen zu fahren. Heute hat mich die Muse wieder mit einer guten Erfindung beglückt.

Narni stiegen wir hinauf eh es Tag war, die Brücke hab ich nicht gesehn. Von da Thäler und Tiefen, Nähen und Fernen köstliche Gegenden, alles Kalckgebirg auch nicht eine Spur von einem andern Gestein.

Otrikoli liegt auf einem von der Tyber ehmals zusammengeschlemmten Kieshügel und ist von Laven gebaut die ienseits des Flußes hergehohlt sind.

Bei Terni

Sobald man über die Brücke pag. [365] hinüber ist, spürt man schon das vulkanische Terrain. Man steigt einen Berg hinauf der aus grauer Lava besteht, mit weißen sogenannten Granaten. Die Chaussee die von der Höhe nach Citta Castellana geht, ist von eben dieser Lava, schön glatt gefahren, das ganze Terrain ist nun Vulkanisch.

Die Stadt steht auf vulkanischem Tuff, der wie gewöhnlich aus Aschen, Bimssteinen Lavastücken besteht, in der Nähe der Stadt hab ich iene Lava nicht wieder gesehn.

Vom Schloß ist die Aussicht schön. Der Berg S. Oreste (Sorackte) ist ein von den Apenninen abstehender (meiner Uberzeugung nach) Kalckberg an dem und um den die Vulkanischen Feuer gewütet haben. Die Vulck[anischen] Strecken sind viel niedriger als die Apenninen und nur das durchreisende Wasser hat sie zu Bergen und Felsen gemacht, da sind aber schöne Gegenstände, überhängende Klippen pp.

Nun gute Nacht. Morgen Abend in Rom. Nachher hab ich nichts mehr zu wünschen als dich und die wenigen meinigen gesund wieder zu sehn.

Rom d. 29. Oktbr. Abends.
Mein zweytes Wort soll an dich gerichtet seyn, nachdem ich dem Himmel herzlich gedanckt habe daß er mich hierher gebracht hat.

Ich kann nun nichts sagen als ich bin hier, ich habe nach Tischbeinen geschickt.

Nachts.
Tischbein war bey mir. Ein köstlich guter Mensch. Ich fange nun erst an zu leben, und verehre meinen Genius. Morgen mehr.

d. 30. Nachts.

Nur ein Wort nach einem sehr reichen Tage! Ich habe die wichtigsten Ruinen des alten Roms heute früh, heut Abend die Peterskirche gesehen und bin nun initiirt.

Ich bin zu Tischbein gezogen und habe nun auch Ruhe von allem Wirthshaus und Reiseleben. Lebe Wohl.

[Fortgesetztes Verzeichnis der Steine]

50. Verschiedne Arten Kalckstein auf den Apenninen abgeschlagen.
51. Art Travertin bey Terni auf einem ganz Vulkanischen Boden gefunden, wahrscheinlich von einem Gebäude.
52 Kalckstein mit Eisen von den Apenninen.
53. Granit auf den Apenninen. von einem losen Stück abgeschlagen.
54. Lava mit weißen Granaten. Gleich über der Tyber Brücke von Otrikoli nach Citta Castellana.

Blick auf Rom (vorne Porta del Popolo)

d. 12. Decemb. 86.

In Hoffnung daß endlich das Venetianische Packet angekommen seyn wird, schick ich auch dieses Stück fort
und wünsche daß es dir zur guten Stunde kommen und
mich in deine Nähe bringen möge. Seit ich in Rom bin
hab ich nichts aufgeschrieben als was ich dir von Zeit zu
Zeit geschickt habe. Denn da läßt sich nichts sagen, man
hat nur genug erst zu sehen und zu hören. Man muß
recht zum Schüler werden, wenn man einigen Vortheil
von dem Aufenthalte haben will. Lebe wohl. Da ich nun
Rom gesehen habe, will ich das übrige Gute in der Nähe
und auf dem Weg noch danckbar mitnehmen und dann
meinem liebsten Wunsche, mit dir zu seyn, wieder entgegen gehn. Lebe wohl. Grüße die Deinigen.

G.

II
VESUV. SIZILIEN. POZZUOLI
1787
NOTIZEN

Der Vesuv

[Vesuv]

Eilige Anmerckungen über den Vesuv.
d. 19. März 1787.

Alte Lava. Am Fuße. Weiter hinauf hin und her zerstreut. davon konnte ich keinen Deutlichen Begriff faßen.

Lava von 71. Vegetation derselben. Leichtgefloßne Oberfläche einer ältern Lava den großen Aschenberg herunter. wie gestandne Butter mit Schörl.

Der große Aschenberg schon gegen die Spitze warm und mit Schwefeltheilen fließend.

Das stehende Stück alten Craters, dampfend, beynahe heiß. Fließende Lava, die sich einen langen Hügel hinunter macht auf dem sie in einem Canal wegfließt.

Langsamkeit. wie sie tiefer kommt Wände.

Sie macht sich ein Dach wo sie herausbricht. und arbeitet unter der Kruste. Macht sich Oeßen in wunderlicher Kegelgestalt. Die Kruste sieht wie ein Fladen aus, mit gezackten Riefen. Sehr schön sieht es so frisch aus, weil bald alles mit Asche bedeckt ist und man nachher keine Idee davon hat.

Der glühende Fluß Lava war oben ohngefähr 6 Palmen breit und ging in ein schroffes Thal hinab. Aus den Oessen über der Mündung pfiff anhaltend Luft und schien wie ein Kochen.

Wir waren auf dem Aschen Berge und dem mittlern Schlunde, starcker Rauch quoll aus der tiefe. Wir waren kaum hinab als er zu tönen und Asche und Steine zu werfen anfing. Die Steine fielen auf dem Kegel nieder und rollten herab. Die Asche regnete lange nachher erst auf uns.

Die Oeßen die ich schon beschrieben besucht ich wieder. Meine Bemerckung ist richtig daß sich die Zapfen durch Sublimation machen.

Schade daß diese Zapfen an der Luft zerfallen, und daß man von den andern schönen Sublimationen, des Sal Ammoniacks, des Schwefels pp. nichts mitnehmen kann. Es verändert sich gleich.

Der Schwefeldampf ist oft sehr beschwerlich, ja unleidlich.

Mancherley Arten Laven hab ich auf ihrer Entstehungsweise ertappt.

Diese eilige Anmerckungen schicke ich mit, hebe sie auf es dient zur Eri[nnerung.]

[Sizilien]

Palermo, gelb röthlicher Ton der anwitternden Kalcksteine. Besonders hoch am Marmor der Cathedral Kirche.

Wenn der Himmel mit weislichem Dunste überzogen ist, so daß doch die Sonne durchscheint, sieht das Meer in der Nähe des Schiffs so himmelblau aus als der höchste Ultramarin und die Wellen haben ganz Silberne Kanten.

Der Widerschein der aufgehenden Sonne zeigt sich erst in der Nähe des Beobachters und geht nach hinten zu, ist erst röthlich dann gelblich dann Silber.

Der Widerschein der Sonne und des Monds ist hinten breiter als vorn wenn sie in einer gewissen Höhe stehn.

Die Fische kamen als die Sonne zu scheinen anfing.

Schöne Gegensätze der hell und dunklen Töne.

Widerschein der Sonne im Wasser

[6. April 1787]

Gebürg. Erstes Lager. Muscheln. Corallen. 2. Lager. Muscheln und Kalch. Aufsteigen Kalch Brecia mit rothem Thon   hoch – Kalck grau fest.

Pietra della Santa Kalckspat. zweifelhaft. Löcher. Striemen. Ursache.

Gipfel. Höhlen. Ziegendreck. Höhle der heiligen. Halle wie andre Kirchen. – Schiff. Vorhof. Beichtstühle. Altäre unten verdeckt. Bäume. Felsen rechts. Löcher. Grotte. Bley Ableitungen. Bindfaden. Inschrift. Hl. im Grabe. Licht. Wasser Gefäß. Altar.

Heilige. Marmorbild. Gesicht und Hände. Liegend in Entzückung, Rechte Hand unter dem Kopf, Ring am kleinen Finger, Armband an der Hand. Lincke Hand an der Brust, voll Ringe die finger, Locken best vergoldet. Natürliche schöne Haare. Kleid, Metall verguldet. Engel der ihr Blumen reicht. Goldne Blumen Krone auf dem Haupt. Gegitter Messing Blumen Drat darüber. Lampen. Maltheser Kreuz.

[9. April.]

Der Weg nach *Bagaria* geht über Kalck Tuf, Kalck Tuf mit Jaspis und andern Berggeschieben, das Haus *Valguarneri* liegt auf einem Urkalck Felsen, das Belvedere ist auch Urkalck.

Elemente der Tollheit des Prinzen Pallagonia.

Menschen. Bettler, Bettlerinnen, Spanier und Sie, Mohren, Türcken, Buckliche, alle Arten verwachsne, Zwerge, Musikanten, Pulchinellen, Soldaten,

Antik Kostüm. Götter Göttinnen. Alte französche Kleider, Soldaten mit Patrontasche und Kamaschen.

Thiere.

Nur theilweise Pferd mit Menschenhänden, Mensch mit Pferdekopf. Affen. Drachen vor allem und Schlangen dann alle arten Figuren alle arten von Pfoten, verdopplung verwechslung der Köpfe. Grichische Geschichten mit Zuthaten
Chiron und Achill und Pulcinell.
Der Spiegel den ein Satyr einem Weib mit einem Pferdekopf vorhält ist das Wapen des Haußes.
Dreyeinigkeit in dem zweyten Thor.
Caryatiden.

Vasen.

Alle Sorten von Monstern und Schnörckeln die unterwärts zu Vasen Bäuchen und Füßen endigen.

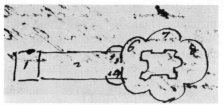

1 Dreyeinigkeit. Riesen mit Camaschen
2 Avenue Balustrade. Piedestale Vasen Gruppen.
3 Mauer als Festung
4 Egyptische Figur in der Mauer am Thor
5. Springbrunn ohne Wasser, Monument zerstreute Vasen. Statuen auf die Nase gelegt.
6 Drachen dazwischen Götter
NB Atlas der ein Weinfaß statt der Weltkugel trägt.
Alte Laube vollgestellt
NB Bäncke und Laube vom Onckel her.

7. Spielleute Monster Zwerge.

8 Monster Affen
Vor dem Pallast Kayser in Karikatur mit dem Lor-
beerkranz auf einem Zwergen Leib auf einem Delfin
sitzend.
Hydern und das Gesims. mit kleinen Büsten.
Schiefe der Gebäude des Hofs.
Zusammensetzung der Gruppen

| | | | | Untersätze wenn die Figuren
| | | | nicht hoch genug waren.

[18./19. April 1787]

Schon in Palermo bezweifelte ich des Pr[inzen] Pallagonia Originalität, er hat Vorgänger gehabt und Muster
gefunden. Auf dem Wege nach Montreal stehen zwey
Ungeheuer an einer Fontaine und auf der Salite einige
Vasen völlig in seinem Geschmack. Davon künftig
mehr.

Hinter Montereal wenn man den schönen Weg verläßt
und ins steinigte Gebirge kommt, oben auf dem Rücken
liegen Steine im Wege die ich ihrer Schwere und Verwitterung nach für Eisensteine nahm ??

Alles ist bis an die Höhen bebaut und trägt besser oder
schlechter. Der Kalckstein zeigte sich roth und die ver-
witterte Erde an diesen Stellen auch roth. Doch kann ich
noch die Menge rothe Thonig kalkige Erde erklären.
Der Boden ist sehr schwer als nächste Verwitterung des
Grundgebirgs. Kalckiger thon, ohne Sand. trägt trefflichen Waizen.

Wir fanden alte sehr verstümmelte aber sehr starcke
Oelbäume.

Betteljunge der die Aepfelschälen auffrißt. Hunde die
von Betteljungen, diese die wieder von alten Bettlern

185

verjagt werden. Handwercksneid. Bettler mit der zerlumpten Toga der sich immer juckt, als Camerier. Einkaufen der Wirthe durch Bettler was man verlangt. Geschichte der 4 Tarinen. Guter *Vetturin*. der zugleich Stallknecht, *Cicerone*, Garde, Einkäufer Koch und alles ist. *Alcamo* gemauert Bette. Schöne Lage über dem Meerbusen. *la Sala* Marcktplatz für das höhere Gebirg. Auf den Höheren Bergen der Oelbaum Caruba, Fraxinus. 3 Jahre *Favata, Grano, Riposo. Grasso fa piu miracoli che i Santi.* Der Weinstock wird sehr niedrig gehalten. Der Wein ist sehr mächtig. Großheit der Gegend, hohe Felsen, tiefe Thäler aber Weite und Manigfaltigkeit. Das schöne doppelte Thal hinter Monreal, wo noch ein Felsrücken in der Mitte herzieht. Die fruchtbaren Felder standen grün und still, indeß das wilde Gebüsch auf dem Wege wie unsinnig von Blüten war. Eine Art Linsenbaum *Galega* ganz gelb. kein grünes Blat zu sehen. der Weisdorn in schönsten Bouqets. An den Aloe bey Palermo hatte ich schon ein Keimen bemerckt das ich für den Vorboten der nächsten Blüte hielt, hier sah ich daß ich mich nicht betrogen hatte. Blutrother Klee, wie ein Amaranth von weitem, Inseckten Orchis. Alpenröslein Cistus. Eine Art Hyazinte mit geschloßnen Klocken. Borazo. *Allium. Asphodelus.* Hinaufrucken bis Terracina der Gewächse.

Das Wasser das von Segeste herunterkommt bringt ausser Kalcksteinen, viele Geschiebe eines Quarz gesteins, das ich auf dem Harz und bey Karlsbad schon gesehen. Die Geschiebe sind sehr fest. Ich fand Dunckelblaue, Rothe, Gelbe, Braune verschiedner Schattirungen. Auch Feuerstein Gänge mit anstehendem Marmor saalband. unter dem Felsen des Tempels finden sich so große Stücke daß ich fast dachte dort sey die Scheidung mit dem Kalck und dem Quarzgebirg. Es ist aber alles zugedeckt mit Rasen. Von diesem Geschiebe sind ganze Hügel eh man nach Albano kommt auch zwischen Albano und Segeste. Durch diese Geschiebe und den zermalmten Sand dieser Steinart wird der Boden dorthin Lockrer. Auch steht ein Fels am Weg, gedachte Kiesel mit losem Sandbande gebunden. keinen Jaspis fand ich.

NB des Fenchels zu gedencken wegen der obern und untern Blätter. Man gätet hier sehr fleisig. Die Männer gehen wie bey einem Treibjagen das ganze feld durch.

Inseckten laßen sich nun auch sehn. In Palermo nur Eidexen, wenige Blut Egel, Schnecken nicht schöner gefärbt als unsre vielmehr nur grau.

Tempel zu Segeste.

Ist nie fertig geworden und man hat den Platz um denselben nie verglichen, vielmehr hat man nur den Raum geebnet auf dem man den Tempel bauen wollte, ringsumher den Grund zu den Säulen gelegt. Denn noch jetzt stehn die Stufen an manchen Orten 9–10 Fuß unter der Erde und es ist kein Hügel in der Nähe von dem Steine und Erdreich hätten herunter kommen können, auch liegen die Steine in einer meist natürlichen Lage, auch findet man keine Trümmer darunter. Die Säulen stehen alle, zwey die umgefallen waren sind wieder hergestellt überhaupt für das ganze Gebäude gesorgt worden.

Die Nebenseiten haben 12 Saülen ohne die Ecksaülen, die vorder und Hinterseite 6, mit den Ecksäulen also 36.

Die Säulen sollten eigentlich keine Basen haben wie man an der Nordseite sieht die fertig ist.

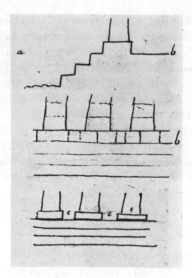

Dieses Profil von der Seite *a* angesehn sieht aus als wenn die Säulen auf der vierten Stufe aufstünden.

Auch sieht die Ansicht von Norden würcklich so aus obgleich die *Lienie b.* der Fusboden des Tempels ist.

Auf der Mitternacht seite aber sieht es aus als wenn die Säulen Basen hätten, aber es ist die Ursache weil die Steine welche in die Zwischenräume *cc.* kommen sollten noch nicht eingesetzt sind ausser in einer Säulenweite. Die Vorder und Hinterseite laßen auch ihre Säulen ansehn als wenn sie Basen hätten eigentlich sind aber nur die Stufen ausgeschnitten, und das bleibende Stück sieht aus oder ist eine Base. Es will mir nicht in die Augen, besonders da die zwey obern Stufen ausgeschnitten sind und also die Base doppelt wird.

Die Zapfen an denen man die Steine transportirt sind rings um den Tempel nicht weggehauen. Es scheint mir auch dies ein Beweiß daß der Tempel nicht fertig geworden. Am meisten aber der Fußboden. Dieser ist von den Seiten herein an einigen Orten mit Platten angegeben, in der Mitte aber steht noch der rohe Kalckfels, höher als das Niveau des angelegten Bodens, kann also nie geplattet gewesen seyn. Auch ist keine Spur einer innren Halle.

Noch weniger ist der Tempel mit Stucc überzogen gewesen. Die Vorsprünge an den Platten der Kapitäle möcht ich dahin erklären.

Er ist aus Kalckstein gebaut der sehr ausgefressen ist und einem Travertin ähnlich sieht. Jetzt (seit 81) ist er restaurirt.

Die großen besondern Steine deren Riedesel erwähnt konnt ich nicht finden, sie sind wohl zu Restauration der Saülen gebraucht worden.

Die *Coupe* der Steine ist sehr einfach aber schön.

Vom Ganzen sag ich nichts das muß *Howels* Werck besser kennen machen als Worte

Die Lage ist sonderbar. am höchsten Ende eines weiten langen Thales auf einem isolirten Hügel, sieht der Tempel über viel Land in eine weite Ferne, aber nur in ein Eckgen Meer.

Die Gegend ruht in trauriger Fruchtbarkeit.

Alles bebaut und fast nicht bewohnt.

Auf blühenden Disteln schwärmten unzählige Schmetterlinge, und Wilder Fenchel stand 8–9 Fuß hoch, es sah aus wie eine Baumschule.

Wo eine Stadt gelegen ist keine Spur in der Nähe.

Der Wind sauste in den Säulen wie in einem Walde und Raubvögel schwebten schreyend über dem Gebälkke. Sie hatten wohl Jungen in den Löchern.

... und machte einen kleinen Teich e. f. der die Tiefe c. d. hatte. nun war der untre Theil der Säulen c. b. verschüttet und kein Wasser geschöpf konnte daran kommen, dagegen hatten sie freyes Gastmahl an dem unter Wasser gesetzten Stücke der Säulen c. d. und arbeiteten Hölungen hinein in die man größere und kleinere Finger hinein stecken kann. Die Säulen sind von griechischem *Cipolin* Marmor, und mögen den Schaalthieren, als eine ausländische zarte Speise treflich ...

... herausschauten, nach ... reinigte wie er ietzt steht. NB. die Asche liegt noch, in *der* Höhe in welcher die Säulen rein und unangefressen sind, um den Tempel her.

Wie vieles wäre nicht von der Solfatara, dem *Monte nuovo* pp zu sagen. Nur eins glaube ich ziemlich gewiß, *daß die Vulkanischen Würckungen keine sehr tiefe Ursachen haben.* Tief will ich hier nur unter dem Niveau des Meers nennen. Doch das ist zu unbestimmt und erfordert eine weitläufigere Ausführung als ich Zeit und biß jetzt Erfahrung habe.

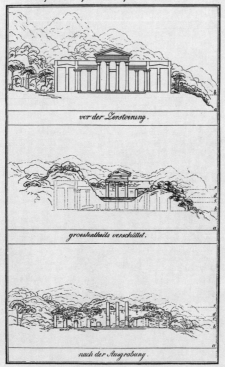

Tempel des Jupiter Serapis zu Puzzuolo.

vor der Zerstoerung.

groestentheils verschüttet.

nach der Ausgrabung.

III
BRIEFE AUS ITALIEN
1786-1788
(AUSWAHL)

1. An Charlotte von Stein, Karlsbad, 1. Sept. 1786

Nun noch ein Lebewohl von Carlsbad aus, die Waldner soll dir dieses mitbringen; von allem was sie erzählen kann sag ich nichts; das wiederhohl ich dir aber daß ich dich herzlich liebe, daß unsre letzte Fahrt nach Schneeberg mich recht glücklich gemacht hat und daß deine Versichrung: daß dir wieder Freude zu meiner Liebe aufgeht, mir ganz allein Freude ins Leben bringen kann. Ich habe bisher im Stillen gar mancherley getragen, und nichts so sehnlich gewünscht als daß unser Verhältniß sich so herstellen möge, daß keine Gewalt ihm was anhaben könne. Sonst mag ich nicht in deiner Nähe wohnen und ich will lieber in der Einsamkeit der Welt bleiben, in die ich ietzt hinausgehe. Wenn meine Rechnung nicht trügt; kannst du Ende September ein Röllgen Zeichnungen von mir haben, die du aber niemanden auf der Welt zeigen mußt. Du sollst alsdann erfahren wohin du mir schreiben kannst. Lebe wohl! …

2. An Charlotte von Stein, Venedig, 14. Okt. 86

Wieder ein kleines Lebenszeichen von deinem Liebenden und ich hoffe und weiß Geliebten. Mein erstes auf einem ähnlichen Blättchen wirst du erhalten haben. Ich bin wohl, habe das schönste Wetter und geht mir alles glücklich. Mein Tagebuch ist zum erstenmal geschloßen, du erhälst ehstens die genaue Geschichte jedes Tags seitdem ich dich verließ, alles was ich gethan gedacht und empfunden habe. … Anfangs gedacht ich mein Tagebuch allgemein zu schreiben, dann es an dich zu richten und das *Sie* zu brauchen damit es kommunikabel wäre, es ging aber nicht es ist allein für dich. Nun will ich dir einen Vorschlag thun.

Wenn du es nach und nach abschriebst, in Quart, aber gebrochne Blätter, verwandeltest das *Du* in *Sie* und liesest was dich allein angeht, oder du sonst denckst weg; so fänd ich wenn ich wiederkomme gleich ein Exemplar in das ich hinein korrigiren und das Ganze in Ordnung bringen könnte.

Du müßtest aber doch daraus nicht vorleßen, noch kommuniciren, denn sonst hab ich nichts zu erzählen wenn ich zurückkomme. Auch sagst du nicht daß du es hast, denn es soll noch niemand wißen, wo ich sey und wie es mit mir sey. ...

3. *An Herder, Venedig, 14. Okt. 86*

Η πολλα βροτοις εστιν ιδουσι
γνωναι · πριν ιδειν δ, ουδεις μαντις
των μελλοντων δ, τι πραξει.

Uber diesen Text mein Bester mögt ich viel verhandeln, aber es ist noch zu früh, und ich sende nur ein Blätchen wieder zum Lebenszeichen und zur Versichrung daß mirs wohl und nach Wünschen geht. Ich verlange nicht daß alles Genuß sey, ich suche nur alles zu nützen und das geräth mir. An der Iphigenie hab ich noch zu thun. Sie neigt sich auch zur völligen Crystallisation. Der vierte Ackt wird fast ganz neu. Die Stellen die am *fertigsten* waren plagen mich am meisten. ich mögte ihr zartes Haupt unter das Joch des Verses beugen ohne ihnen das Gnick zu brechen. doch ists sonderbar daß mit dem Sylbenmas sich auch meist ein beßerer Ausdruck verbindet.

Die Stunden des Wegs, des Wartens bring ich mit dieser Arbeit angenehm zu. Sonst hab ich viel zu sehn und zu lernen. ... Wenn man nur seine Leute zur rechten Stunde immer herbeyhohlen könnte, ich hätte manches zu theilen, manchmal verdrießts mich daß ich so allein bin und manchmal seh ich denn doch daß es nothwendig war.

Dabey lern ich denn auch, alles wohl berechnet, daß es nicht gut ist daß der Mensch allein sey, und sehne mich recht herzlich zu den meinigen. Die Fremde hat ein fremdes Leben und wir können es uns nicht zu eigen machen, wenn es uns gleich als Gästen gefällt. ...

4. An den Herzog, Venedig, 14. Okt. 86

... Wie sonderbar unser Zusammenseyn im Carlsbad mir vorschwebt, kann ich nicht sagen. Daß ich in Ihrer Gegenwart gleichsam Rechenschafft von einem großen Theil meines vergangnen Lebens ablegen mußte, und was sich alles anknüpfte. Und daß ich meine Hegire just von Ihrem Geburtstage datire. Alles dieses läßt mich abergläubischen Menschen die wunderlichsten Erscheinungen sehn. Was Gott zusammengefügt hat, soll der Mensch nicht scheiden.

Die Zeitungen lehren mich etwas spät, wie es in der Welt bunt zugeht. Görz im Haag, der Statthalter und die Patrioten in Waffen, der neue König für Oranien erklärt! Was wird das werden? an allen Ecken und Enden sausst das Menschengeschlecht wieder einmal. Und ich indeß, mitten in dem was der Krieg erwarb (Fleiß und Klugheit nicht ausgeschlossen) genieße der schönsten Gaben des Friedens. Wie oft wünsch ich Sie zu mir um Sie manches Guten theilhaftig zu sehn. ...

5. An den Freundeskreis in Weimar, Rom, 1. Nov. 86

... Nun bin ich hier und ruhig und wie es scheint auf mein ganzes Leben beruhigt.

Denn es geht, man darf wohl sagen, ein neues Leben an, wenn man das Ganze mit Augen sieht, das man Theilweise in und auswendig kennt. Alle Träume meiner Jugend seh ich nun lebendig, die ersten Kupferbilder deren ich mich erinnre (mein Vater hatte die Prospeckte von Rom auf einem Vorsaale aufgehängt) seh ich nun in Wahrheit, und alles was ich in Gemählden und Zeichnungen, Kupfern und Holzschnitten in Gyps und Korck schon lange gekannt steht nun beysammen vor mir, wohin ich gehe find ich eine Bekanntschaft in einer neuen Welt, es ist alles wie ich mir's dachte und alles neu.

Eben so kann ich von meinen Beobachtungen von meinen Ideen sagen. Ich habe keinen ganz neuen Gedanken gehabt, nichts ganz fremd gefunden, aber die alten sind so bestimmt, so lebendig, so zusammenhängend geworden, daß sie für neu gelten können.

Da Pygmalions Elise, die er sich ganz nach seinen Wünschen geformt, und ihr soviel Wahrheit und Daseyn gegeben hatte, als der Künstler vermag, endlich auf ihn zukam und sagte: *ich bins!* wie anders war die Lebendige, als der gebildete Stein. ...

6. An Katharina Elisabeth Goethe, Rom, 4. Nov. 86

Vor allem andern muß ich Ihnen sagen liebe Mutter daß ich glücklich und gesund hier angelangt bin. Meine Reise die ich ganz im Stillen unternahm hat mir viel Freude gemacht. Ich bin durch Bayern, Tyrol über Verona, Vicenz, Padua, Venedig, Ferrara, Bologna, und Florenz hier hergekommen, ganz allein und unbekannt, auch hier observire ich eine Art Inkognito.

Wie wohl mir's ist daß sich soviele Träume und Wünsche meines Lebens auflösen, daß ich nun die Gegenstände in der Natur sehe die ich von Jugend auf in Kupfer sah, und von denen ich den Vater so oft erzählen hörte, kann ich Ihnen nicht ausdrücken.

Alle diese Dinge seh ich freylich ein wenig späte, doch mit desto mehr Nutzen und viel in kurzer Zeit.

Wie lang ich bleibe weiß ich noch nicht, es wird darauf ankommen wie es zu Hause aussieht. Auf alle Fälle geh ich über die Schweitz zurück und besuche Sie. Da wollen wir uns was rechts zu Gute thun, doch das bleibt alles unter uns.

Heute hab ich nicht Zeit viel zu sagen, nur wollt ich daß Sie schnell die Freude mit mir theilten. Ich werde als ein neuer Mensch zurückkommen und mir und meinen Freunden zu größerer Freude leben. ...

Schreiben Sie mir bald und viel wie es Ihnen geht und sonst was Neues, in der Fremde ist alles von Freunden und Lieben interessant.

Auch wann dieser Brief ankommt damit ich mich danach richten kann. Leben Sie wohl und lieben mich.

G.

7. *An den Freundeskreis in Weimar, Rom, 7. Nov. 86*

... Das menschlich interessanteste was ich auf der Reise fand, war die Republick Venedig, nicht mit Augen des Leibs sondern des Geists gesehen. Das größte Werck der innern Großheit nach die Rotonde, das größte dem Maase nach, die Peterskirche (wie denn wohl nun kein größer Gebäude in der Welt steht) und das genialischte, daß man sagen muß es scheint unmöglich, ist der Apoll von Belvedere. Denn so viel ich auch Abgüße gesehn habe, selbst ein gutes Bruststück besitze; so glaubt man doch die Statue nie gesehn zu haben. Des übrigen vielen Guten und Herrlichen nicht zu gedencken. ...

Zum Schluß nenn ich nur noch das Colisee und die Bäder des Diokletians als Gegenstände der stillen und ernstesten Bewunderung und das neue Museum als ein kostbares schönes Institut. Für diesmal das beste Lebe wohl.

G.

8. An C. v. Knebel, Rom, 17. Nov. 86

Auch dich mein lieber muß ich aus Abrahams Schooße besonders begrüßen. Wie vielmal denck ich an dich und wie manches möcht ich dir mittheilen.

Ich bin wie zu Hause. Tischbeins Liebe und Vorsorge erleichtert und befördert mir alles, es ist ein gar guter und kluger Mensch.

Von dem Privat Leben der Alten sind wie bekannt wenig Spuren mehr übrig, desto größer sind die Reste die uns ihre Sorge fürs Volck, fürs allgemeine und ihre wahre weltherrliche Größe zeigen. Schon hab ich das merckwürdigste gesehn und wiedergesehn.

Wasserleitungen, Bäder, Theater, Amphitheater, Rennbahn, Tempel! Und dann die Palläste der Kayser, die Gräber der Großen – Mit diesen Bildern hab ich meinen Geist genährt und gestärckt. Ich leße den Vitruv, daß der Geist der Zeit mich anwehe wo das alles erst aus der Erde stieg, ich habe den Palladio, der zu seiner Zeit noch vieles ganzer sah, maß und mit seinem großen Verstand in Zeichnungen herstellte, und so steigt der alte Phönix Rom wie ein Geist aus seinem Grabe, doch ists Anstrengung statt Genußes und Trauer statt Freude.

Gewiß man muß sich einen eignen Sinn machen Rom zu sehn, alles ist nur Trümmer, und doch, wer diese Trümmer nicht gesehn hat, kann sich von Größe keinen Begriff machen. So sind Musea und Gallerien auch nur Schädelstätten, Gebeinhäuser und Rumpfkammern; aber was für Schädel pp! Alle Kirchen geben uns nur die Begriffe von Martern und Verstümmlung. Alle neue Palläste sind auch nur geraubte und geplünderte Theilgen der Welt – Ich mag meinen Worten keine weitere Ausdehnung geben! Genug man kann alles hier suchen nur keine Einheit keine Übereinstimmung. und das ists was viele Fremde so irre macht. Ich bin nun drey Wochen da und ich sage selbst: wenn es einem Ernst ist kann man ein halb Jahr bleiben, um nur erst gewahr zu werden wo man ist.

Und solch ein Stückwerck ist mein Brief auch, sind alle meine Briefe die ich von hier aus schreibe. Wenn ich wiederkomme soll mein Mund etwas ganzeres bringen.

So spät die Jahrszeit ist, so freut mich doch mein bißchen Botanick erst recht, in diesen Landen, wo eine frohre weniger unterbrochne Vegetation zu Hause ist. Ich habe schon recht artige, in's allgemeine gehende Bemerckungen gemacht, die auch dir in der Folge angenehm seyn werden. Das Steinreich hat hier seinen Trohn, wo von allen Enden der Welt das kostbarste zusammengebracht worden. Wie ein Granit Freund die Obelisken und Säulen ansieht, kannst du dencken. Tischbein, dem ich einmal Färbers Brief über die alten Steinarten in Abschrifft schickte, hat sich mit einem ächten sinnlichen Künstler Sinn auf diese Gegenstände geworfen, hat sich alles bekannt gemacht, und erleichtert mir auch wissenschafftlich das Studium.

Der Vesuv hat vor ohngefähr 14 Tagen eine Eruption gemacht. Die Lava ist starck gefloßen. Auf meinem Tische liegt schon ein ganz frisch gebacknes Stück vor mir das ein Reisender daher brachte.

Wie viel ich auf deinen Spuren durch Tyrol an dich gedacht habe sag ich dir nicht; auf dem Brenner bin ich einige Tage geblieben.

Kobeln in München traf ich nicht zu Hause. Alle diese vorliegenden Gegenden rollt ich nur durch und hatte keine Ruhe als hier, wo ich mich denn auch recht satt weide.

Ich schließe dies Blat ungesiegelt an Frau von Stein. Lebe wohl. Liebe mich und hilf die gute Stäte einer Rückkehr für mich bereiten.

G.

9. An Charlotte v. Stein, Rom, 8. [und 9.] Dez. 86

... Wir waren am Meere und hatten einen schönen Tag. Abend beym hereinreiten, brach der gute Moritz, indem sein Pferd auf dem glatten römischen Pflaster ausglitschte den Arm, das zerstörte die genoßne Freude und hat auch unsre

– Soweit war ich am 9. Dez. als ich einen Brief von Seideln erhalte und ein Zettelgen drinne von deiner Hand. Das war also alles was du einem Freunde, einem Geliebten zu sagen hattest, der sich so lange nach einem guten Worte von dir sehnt. Der keinen Tag, ja keine Stunde gelebt hat, seit er dich verließ ohne an dich zu dencken.

Möge doch bald mein Packet das ich von Venedig abschickte ankommen, und dir ein Zeugniß geben wie sehr ich dich liebe.

Heut Abend kann ich nichts mehr sagen dieses Blat muß fort.

Die Kasten auf dem Archive gehören dein, liebst du

mich noch ein wenig; so eröffne sie nicht eher als biß du Nachricht von meinem Todte hast, so lang ich lebe laß mir die Hoffnung sie in deiner Gegenwart zu eröffnen.

Von hier habe ich an dich geschrieben

d. 11. Nov. d. 18. d. 25. d. 2. Dec.

Möge alles glücklich angekommen seyn.

Ich sage dir nicht wie dein Blätgen mein Herz zerrißen hat. Lebe wohl. du einziges Wesen und verhärte dein Herz nicht gegen mich.

10. An Charlotte v. Stein, Rom, 14. Dez. 86

...Was ich auf der vorigen Seite schrieb sieht so ruhig aus, ich bin es nicht und muß dir liebe Vertraute alles vertrauen.

Seitdem ich in Rom bin hab ich unermüdet alles sehenswürdige gesehen und meinen Geist recht damit überfüllt, in der Zeit da sich manches zu setzen und aufzuklären schien, kam dein Zettelgen und brach mir alles ab. Ich sah noch einige Villen, einige Ruinen, mit den Augen blos. Da ich merckte daß ich nichts mehr sah, lies ich ab und ging nur so vor mich hin.

Moritz der an seinem Armbruch noch im Bette liegt, erzählte mir wenn ich bey ihm war Stücke aus Seinem Leben und ich erstaunte über die Ähnlichkeit mit dem Meinigen. Er ist wie ein jüngerer Bruder von mir, von derselben Art, nur da vom Schicksal verwahrlost und beschädigt, wo ich begünstigt und vorgezogen bin. Das machte mir einen sonderbaren Rückblick in mich selbst. Besonders da er mir zuletzt gestand, daß er durch seine Entfernung von Berlin eine Herzensfreundinn betrübt. – Nicht genug! Ich las Tischbeinen meine Iphigenie vor die nun bald fertig ist. Die sonderbare, originale Art wie dieser das Stück ansah und mich über den Zustand in welchem ich es geschrieben aufklärte, erschröckte mich. Es sind keine Worte wie fein und tief er den Menschen unter dieser Helden Maske empfunden.

Setzest du nun dazu daß ich gezwungen bin an meine übrige Schrifften zu dencken, und zu sinnen wie ich sie enden und stellen will und daß ich dadurch genötigt werde in tausend vergangne Situationen meines Lebens zurückzukehren, und daß das alles in wenigen Tagen auf mich zudringt in der merckwürdigsten Stadt der Welt die allein hinreicht einen Ankömmling verwirrt zu machen; so wirst du dencken können in welcher Lage ich mich befinde. Ich dencke nun auch nicht auf die nächste Stunde, ich will so hingehn, das nothwendige thun und tragen was ich muß und abwarten wie sich das alles entwickelt....

11. *An die Herzogin Louise, Rom, 23. Dez. 86*

Durchlauchtigste Fürstinn
gnädigste Frau,
Schon lange würde ich Ew. Durchl. Rechenschafft von meiner Reise, von meinem Aufenthalte in Rom gegeben haben, wenn ich hätte hoffen können etwas zu schreiben das Ihrer Aufmercksamkeit werth wäre. Der Reisende kann selten aus sich selbst herausgehen, was er von Schicksalen zu melden hat ist wenig bedeutend und meistens schreibt er mit selbstgefälligem Entzücken: daß er nun auch jene langgewünschten Gegenden betrete, jene herrlichen Gegenstände mit Augen sehe und nach seiner Art davon und dabey genieße.

Ich habe nun den ersten flüchtigen Lauf durch Rom beynahe geendigt, ich kenne die Stadt und ihre Lage, die

Ruinen, Villen, Palläste, Gallerien und Musea. Wie leicht ist es bey einer solchen Fülle von Gegenständen etwas zu dencken, zu empfinden, zu phantasiren. Aber wenn es nun darauf ankommt die Sachen um ihrer selbst willen zu sehen, den Künsten aufs Marck zu dringen, das Gebildete und Hervorgebrachte nicht nach dem Effeckt den es auf uns macht, sondern nach seinem innern Werthe zu beurtheilen; dann fühlt man erst wie schwer die Aufgabe ist und wünscht mehr Zeit und ernsthaftere Betrachtung diesen schätzbaren Denckmalen menschlichen Geistes und menschlicher Bemühungen wiedmen zu können.

Um nichts zu versäumen habe ich gleich einen Teil des ersten Genußes aufgeopfert und habe die Ruinen in Gesellschaft von Baukünstlern, die übrigen Kunstwercke mit andern Künstlern gesehen und dabey bemercken können: daß ein Leben voll Thätigkeit und Übung kaum hinreicht unsre Kenntniß auf den höchsten Punckt der Reinheit zu bringen. Und doch wäre nur diese Sicherheit und Gewißheit die Dinge für das zu nehmen was sie sind, selbst die besten Sachen einander subordiniren zu können, iedes im Verhältniße zum andern zu betrachten der größte Genuß nach dem wir im Kunst wie im Natur und Lebenssinne streben sollten. Indessen sehe ich fleißig ohne mich aufzuspannen und freue mich wenn mir von Zeit zu Zeit ein neues Licht erscheint.

Hier kann ich eine Betrachtung nicht verschweigen die ich gemacht habe: daß es nämlich bequemer und leichter sey die Natur als die Kunst zu beobachten und zu schätzen. Das geringste Produckt der Natur hat den Kreis seiner Vollkommenheit in sich und ich darf nur Augen haben um zu sehen, so kann ich die Verhältniße entdecken, ich bin sicher daß innerhalb eines kleinen Cirkels eine ganze wahre Existenz beschloßen ist. Ein Kunstwerck hingegen hat seine Vollkommenheit ausser sich, *das*

»*Beste*« in der Idee des Künstlers, die er selten oder nie erreicht, *die folgenden* in gewissen angenommnen Gesetzen, welche zwar aus der Natur der Kunst und des Handwercks hergeleitet, aber doch nicht so leicht zu verstehen und zu entziffern sind als die Gesetze der lebendigen Natur. Es ist viel Tradition bey den Kunstwercken, die Naturwercke sind immer wie ein erstausgesprochnes Wort Gottes. Kommen denn nun gar noch handwercksmäsige Copisten hinzu; so entsteht eine neue Verwirrung und wer nicht sehr geübt ist, weiß sich nicht zu finden.

Verzeihen Ew. Durchl. daß ich statt anschaulicher Erzählung und Beschreibung ein trocknes Resultat hersetze, das ich vielleicht nicht einmal so bestimmt und deutlich als ich sollte ausgedruckt habe. Wenigstens sehen Ew. Durchl. daran den guten Willen das Beste zu geben was ich vermag.

Unvergeßlich wird mir der Augenblick seyn in dem ich das Glück hatte mich Ew. Durchl. vor meiner Abreise zu empfehlen, unaussprechlich die Gewalt die ich anwenden mußte mein weiteres Vorhaben zu verschweigen. Laßen mich Ew. Durchl. bey meiner Rückkehr eine immer gleich gnädig gesinnte Fürstinn wiederfinden.

Ew. Durchl.

unterthänigster

Goethe.

12. An Charlotte v. Stein, Rom, 20. Dez. 86

… Heute Nacht hatt ich halb angenehme, halb ängstliche Träume. Ich war in Eurer Gegend und suchte dich. Du flohst mich und dann wieder wenn ich dir begegnen konnte, wich ich dir aus. Deine Schwester und die kleine Schardt fand ich beysammen. Letztere versteckte etwas vor mir, wie ein farbiges Strickzeug. Sie erzählten mir, du lesest jetzt mit vieler Freude die englischen Dichter und ich sah zugleich zum Fenster hinaus einen anmutigen grünen Berg mit Lorbeerhecken und Schneckengängen die hinauf führten. Man sagte mir es sey der englische Parnaß. Ich dachte darüber wird sie mich leicht vergessen und schalt auf die englischen Dichter und verkleinerte sie. Dann sucht ich dich in meinem Garten und als ich dich nicht fand, ging ich auf die Belvederesche Chaussee, wo ich ein Stück Weg hatte machen lassen das mich sehr freute. Wie ich dabey stand kamen Oppels gefahren die mich freundlich grüßten, welches mir eine sehr frohe Empfindung war. – So bleibt der entfernte mit den zartesten Banden an die seinigen gefeßelt. – Gestern träumte ich die Herdern sey, eben als ich in ihr Haus trat, in die Wochen gekommen.

Hab ich dir denn von Rom nichts zu schreiben als Träume? Noch viel! Gar viel!

Ich fange nun an die besten Sachen zum zweytenmal zu sehen, wo denn das erste Staunen sich in ein Mitleben und näheres Gefühl des Werthes der Sachen auflöst.

Ich lasse mir nur alles entgegen kommen und zwinge mich nicht dies oder jens in dem Gegenstande zu finden. Wie ich die Natur betrachtet, betrachte ich nun die Kunst, ich gewinne, wornach ich solang gestrebt, auch einen vollständigern Begriff von dem höchsten was Menschen gemacht haben, und meine Seele bildet sich auch von dieser Seite mehr aus und sieht in ein freyeres Feld. ...

Wir haben einen Colossalen Jupiter Kopf gekauft, er steht in meiner Stube wenn ich ihn nur in deinen Saal stellen könnte.

Und doch ist das alles mir mehr Mühe und Sorge als Genuß. Die Wiedergeburt die mich von innen heraus umarbeitet, würckt immer fort, ich dachte wohl hier was zu lernen, daß ich aber so weit in die Schule zurückgehn, daß ich so viel *ver*lernen müßte dacht ich nicht. Desto lieber ist mir's, ich habe mich ganz hingegeben und es ist nicht allein der Kunstsinn, es ist auch der moralische der große Erneuerung leidet. ...

13. *An Charlotte v. Stein, Rom, 29. und 30. Dez. 86*

Immer muß ich wiederhohlen: ich glaubte wohl hier etwas rechts zu lernen, daß ich aber soweit in die Schule zurückgehen müßte glaubt ich nicht, und je mehr ich mich selbst verläugnen muß je mehr freut es mich. Ich bin wie ein Baumeister der einen Thurm aufführen wollte und ein schlechtes Fundament gelegt hatte; er wird es noch bey Zeiten gewahr und bricht gerne wieder ab, was er schon aus der Erde gebracht hat, um sich seines Grundes mehr zu versichern und freut sich schon im Voraus der gewissern Festigkeit seines Baues. Daß ich in der letzten Zeit die Natur so eifrig und gründlich studirte hilft mir auch jetzt in der Kunst. Gebe der Himmel daß du bey meiner Rückkehr auch die moralischen Vortheile an mir fühlest die mir das Leben in einer weitern Welt gebracht hat.

Tischbein mahlt mich jetzo. Ich laße ihn gehn, denn einem solchen Künstler muß man nicht einreden. Er mahlt mich Lebensgröße, in einen weisen Mantel gehüllt, in freyer Luft auf Ruinen sitzend und im Hintergrunde die *Campagna di Roma*. Es giebt ein schönes Bild, nur zu groß für unsre Nordische Wohnungen. ...

14. An Herder, Rom, 29. und 30. Dez. 86

…. Die Fähigkeit ähnliche Verhältnisse zu entdecken, wenn sie auch noch soweit auseinander liegen, und die Genesen der Dinge aufzuspüren hilft mir auch hier auserordentlich, und wenn ich Zeit hätte alle Kunstwercke mir recht zu vergegenwärtigen und sie alsdann miteinander zu vergleichen, wollte ich ohne große Gelehrsamkeit der Geschichte der Kunst manchen Vorteil bringen. …

Aber es ist hier wie allenthalben und alles was hier geschehen könnte ennüyirt mich schon voraus. Man muß sich zu Einer Partey schlagen, ihre Leidenschaften und Kabalen mit verfechten helfen, die Künstler und Dilettanten loben, den Grosen schmeicheln. Und das sollte ich hier? da ich's zu Hause nicht mag, und ohne Zweck?

Nein! ich gehe nicht tiefer als nur um das auch zu kennen und dann mit Euch hinter der Kirche vergnügt zu seyn und Euch und mir die Lust in die weitere Welt zu benehmen.

Ich will Rom sehn, das bestehende, nicht das mit jedem Jahrzehend vorübergehende. Hätte ich Zeit ich wollte sie zu was anders anwenden. Besonders ließt sich Geschichte von hier aus ganz anders, als in einem jeden andern Orte der Welt. Man meynt man sähe alles, alles reiht sich. …

15. An Friedrich v. Stein, Rom, 4. Jan. 87

In meinen weiten Mantel eingewickelt, und meinen Feuernapf bei mir, schreib' ich dir, mein lieber Fritz, denn in meiner Stube ist weder Ofen noch Camin, und seit gestern weht ein Nordwind. Das Wetter ist schön und man geht gern auf den trocknen Straßen spazieren.

Nun muß ich dir allerlei Geschichten erzählen. Neulich sind wir in der Peterskirche fast (wie man zu sagen pflegt) über den Pabst gefallen. Wir gingen nach Tische in der Kirche herum und besahen die schönen Steinarten, womit Alles ausgeziert ist. Tischbein zeigte mir eben einen vorzüglich schön gezeichneten Alabaster (eigentlich Kalkspath) an einem Grabmale, als ich ihm auf einmal in die Ohren sagte: *da ist der Pabst.* Ihro Heiligkeit knieten wirklich in langem weißem Gewande mit der rothen Schnur an einem Pfeiler und beteten. Die Monsignores vom Gefolge, davon einer den rothen goldbesetzten Hut hielt, standen mit ihren Brevieren nicht weit davon und sprachen miteinander, und anstatt einer feierlichen Stille machten die Leute, welche in der Peterskirche zu reinigen haben, einen Lärm auf den andern, damit der Pabst sie und ihren Fleiß bemerken solle, denn wie er weg war, feierten sie auch wieder.

Wenn man dem Pabst begegnet, es sey wo es wolle, so kniet man nieder um den Segen zu empfangen. Er hat keinen Bart, sondern sieht aus wie die Paste die du kennst, nur daß er älter. Hier trägt Niemand einen Bart als die griechischen Priester und die Kapuziner.

Nun zu einer andern Scene. Neulich sahen wir, und ich kann wohl sagen, hörten wir 1000 Schweine in einem engen Bezirk abschlachten. Es geschieht dies den Winter über, alle Freitage, auf einem Platze, wo früher ein Minerventempel stand. Die Schweine werden zu Hunderten zwischen Stangen eingesperrt; auf ein gegebenes Zeichen springen Kerls hinein zu den Thieren, ergreifen sie, rammeln sich mit ihnen herum und stoßen ihnen unter der einen Vorderpfote ein rundes Eisen in den Leib, das sie, weil es oben eine Art Hacken hat, mit der flachen Hand in der Wunde leyernd herumdrehen bis das Thier todt ist. Das Lärmen der Menschen, das von dem Geschrei der Thiere überschrieen wird, die Händel, die dabei vorfallen, der Antheil der Zuschauer und noch allerlei Detail machen dieses *Amazzamento* zum sonderbarsten Spektakel. Es geschieht auf diese Weise, weil hier Alles Monopol ist, und die Regierung die Schweine aufkauft, schlachten läßt, und dann an die Fleischer austheilt.

Dann war ich auch in einer ersten Vorstellung einer Oper, wo das Parterre noch einen größern Lärm machte als die 1000 Schweine, davon will ich dir künftig das Detail erzählen. Alexander in Indien hat mir Langeweile gemacht. Dagegen war das Ballett, die Eroberung von Troja, recht schön. Wie viel hätte ich darum gegeben, dich und die Herder's an meine Seite zu bringen, wie würde Euch das große Pferd und die heraussteigenden Griechen, Hector's Schatten, die Flucht des Aeneas, die brennende Stadt und der Triumph der Griechen, ergötzt haben! Die Kleider sind sehr schön, die Dekorationen mäßig. Gestern sah ich in einem andern Theater die *Locandiera* von Goldoni. Da hier alle Rollen, wie du weißt, von Männern gespielt werden, machte ein römischer Bürger, der sonst seines Handwerks ein Färber ist, die *Locandiera* so schön, daß nichts zu wünschen übrig blieb. Auch die Tänzerinnen der großen Oper sind Männer, die allerliebst ihre Künste ausführen.

Ferner muß ich dir erzählen, daß ich zum *Pastore dell Arcadia* bin ausgerufen worden, als ich heut in diese Gesellschaft kam (von der dir Herr Schmidt erzählen mag). Vergebens habe ich diese Ehre abzulehnen gesucht, weil ich mich nicht öffentlich bekennen will. Ich mußte mir gar schöne Sachen vorlesen lassen, und ich erhielt den Namen *Megalio per causa della grandezza* oder *grandiosità delle mie opere,* wie sich die Herren auszudrücken beliebten. Wenn ich das Sonnett, das zu meiner Ehre auch verlesen wurde, erhalte, so schicke ich dir's.

Für heute lebe wohl. Ich habe sehr gesudelt und viel zu schreiben, ahme meine Hand nicht nach.

Es ist kalt, und ich schließe meinen Brief, wie du mit den Zwillingen. Grüße Herder's und lies ihnen diesen Brief.

G.

16. An Herder, Rom, 13. Jan. 87

... Ich kann noch nichts sagen, denn es wird nur. Hätte ich Zeit ich wollte euch große Schätze zurückbringen. Denn ach Winckelm[ann]! wie viel hat er gethan und wie viel hat er uns zu wünschen übrig gelaßen. Du kennst mich Hypothesen-Auflößer und Hypothesen-Macher. Er hat mit denen Materialien die er hatte geschwinde gebaut um unter Dach zu kommen. Lebte er noch; (und er könnte noch frisch und gesund seyn) so wäre er der erste der uns eine neue Ausarbeitung seines Wercks gäbe. Was hätte er nicht noch beobachtet, was berichtigt, was benutzt das nach seinen Grundsätzen gethan und beobachtet, was neuerdings ausgegraben worden. Und dann wäre der Cardinal Albani todt, dem zu Liebe er manches geschrieben, und was mir noch schlimmer daucht, manches verschwiegen. Ich Wandrer raffe auf was ich kann. Wie anders sehe ich gegen die erste Zeit, was würde es in Jahren seyn. Sagen kann ich nichts; aber wollte Gott ich hätte Freunde und Lieben um mich, mit mir, daß man sich theilen vereint würcken und genießen könnte. ...

Dein Brief vom 1. Jan. ist mir gekommen und hat mir Freude und Schmertzen gebracht. Dazu kann ich nichts weiter sagen als: ich habe nur *Eine* Existenz, diese hab ich diesmal *ganz* gespielt und spiele sie noch. Komm ich leiblich und geistlich davon, überwältigt meine Natur, mein Geist, mein Glück, diese Krise, so ersetz ich dir tausendfältig was zu ersetzen ist. – Komm ich um, so komm ich um, ich war ohne dies zu nichts mehr nütze.

Moritz wird mir wie ein Spiegel vorgehalten. Dencke dir meine Lage, als er mir mitten unter Schmerzen erzählte und bekannte daß er eine Geliebte verlaßen, Ein nicht gemeines Verhältniß des Geistes, herzlichen Anteils pp zerrißen, ohne Abschied fortgegangen, sein bürgerlich Verhältniß aufgehoben! Er gab mir einen Brief von ihr, den ersten zu eröffnen, den er zu lesen sich in dem fieberhafften Zustande sich nicht getraute. Ich mußte ihr schreiben, ihr die Nachricht seines Unfalls geben. Dencke mit welchem Herzen.

Jetzt geht er wieder aus und schleicht zu mir. Was ist das Leben! was sind die Menschen! Du siehst aus meinen vorigen Briefen daß ich gern und willig wiederkehre, daß mein Gemüth nur zu euch zurückhängt. Möge es mir werden. ...

18. An Herder, Rom, 25. Jan. 87

... Nun wird an Egmont bald gearbeitet werden, sobald ich nur erst eine rechte Bresche in die Römische Geschichte gearbeitet habe. Zwey Bücher des Livius liegen hinter mir, zur Abwechslung les ich den Plutarch. Ich freue mich sehr dir auch in der Geschichte entgegen zu kommen. Denn was du durch die Gewalt des Geistes aus der Überliefrung zusammengreifst, das muß ich nach meiner Art aus jeder Himmelsgegend, von Bergen, Hügeln und Flüßen zusammschleppen. ...

Ein sorgfältiges Auge wende ich immer fort auf die verschiednen Style der Völcker und die Epochen dieser Style in sich. Man könnte Jahre sehen und würde noch immer neue Bestimmungen finden, es ist zu sehr Stückwerck was uns übrig bleibt. Dann übe ich mich die verschiednen Gottheiten und Helden zu studieren. Was die alten *darinn* gethan haben, ist nicht ausgesprochen und nicht auszusprechen, davon möcht ich nicht reden sondern es meinen Freunden zeigen, wenn ich mich selbst erst sichrer gemacht hätte. ...

19. An den Herzog, Rom, 10. Febr. 87

... Ganz besonders ergötzt mich der Anteil, den Sie an Wilhelm Meister nehmen. Seit der Zeit, da Sie ihn in Tannrode lasen, hab ich ihn oft wieder vor der Seele gehabt. Die große Arbeit die noch erfordert wird ihn zu endigen und ihn zu einem Gantzen zu schreiben wird nur durch solche theilnehmende Aufmunterungen überwindlich. Ich habe das wunderbarste vor. Ich möchte ihn endigen mit dem Eintritt ins vierzigste Jahr, da muß er auch geschrieben seyn. Daß es, auch nur der Zeit nach, möglich werde, laßen Sie uns, wenn ich wiederkomme zu Rathe gehn. Ich lege *hier* den Grund zu einer soliden Zufriedenheit und werde zurückkehrend mit einiger Einrichtung, Vieles thun können. ...

Heute kommt mir die frohe Nachricht daß Iphigenie angekommen, nach meinem Wunsche es zu erfahren eh ich nach Neapel ginge. Nun bin ich los und frey und dancke euch zum Abschied für alles Gute. Auch tausend Danck für Rath und Meynung wegen der Sicilianischen Reise. Ich will nun weiter nicht daran dencken und es werden laßen. Ich fühle jedes Wort deines Briefes über deinen Zustand und jede Sorge der Frauen um die Kinder, ich würde in meinem Glücke traurig über euch werden, wenn ich nicht sähe, daß ich auch für Euch genieße und Euch herrliche Gastmäler von Phasanen zubereite.

Von einer kleinen Art Vögel kommt ein ganzer Transport. Ein Päckchen Zeichnungen oder vielmehr Krabeleyen nach der Natur, um Euch wenigstens einen Blick des Landes im allgemeinsten zu geben. Auf der Reise wird viel gezeichnet werden. Tischbein geht mit mir.

Ersucht Fr. v. Stein daß sie die Bildchen wenn sie kommen circuliren laße, auch Prinz August und Franckenberg sie sehen. Zuletzt aber sollen sie wieder bey ihr zurück kommen, daß sie zusammenbleiben, einzeln bedeuten sie nichts. Zur Lust der Kinder sind auch Masken des Carnevals und einige römische Kleidungen, mehr geschrieben als gezeichnet und dann mit Farben gleich einem Orbis pictus bestrichen worden.

Grüse die guten Kinder! auch ihnen bring ich viel Freude mit. Haltet aus bis ich komme und mich in Caryatiden Figur wieder unterstelle, der ich nun schlendre und wandle. Wenn nun einige Posttage Briefe ausbleiben sollten; so seyd ohne Sorge es geht mir wohl.

Die Schöne des Wetters ist über alle Worte. nach allen Aspeckten wird es dauerhaft seyn. Die Mandeln blühen und machen eine neue luftige Erscheinung zwischen den dunkelgrünen Eichen. Der Himmel ist wie ein hellblauer Tafft von der Sonne beschienen. ...

21. An Charlotte v. Stein, Rom, 21. Febr. 87

Ich benutze einen Augenblick Raum zwischen dem Einpacken um dir noch einige Worte zu schreiben. Dieser Brief soll erst den dritten März hier abgehn, daß du keinen Posttag ohne Brief seyst und dann wird das Neapolitanische Tagbuch schon nachkommen. Ich habe alles eingepackt um noch mittägiger, noch weiter von dir zu gehn! Wann werd ich wieder hier seyn? Wann einpacken um dir wieder näher zu rücken. Ich hoffe es soll alles gut gehn, mein lange mühseliges Leben, soll sich gegen das Ende erheitern.

Ich mag jetzt nicht an Rom dencken, mir nicht vergegenwärtigen was ich alles hier gesehen, was mir eigen gemacht habe, es ist ein Schatz der erst bey mir reifen muß.

So viel weiß ich daß mir dieses Einpacken selbst leicht wird und daß ich für ein künftig thätiges nördliches Leben schon Kraft und Lust genug gesammelt habe.

An dir häng ich mit allen Fasern meines Wesens. Es ist entsetzlich was mich oft Erinnerungen zerreisen. Ach liebe Lotte du weist nicht welche Gewalt ich mir angethan habe und anthue und daß der Gedancke dich nicht zu besitzen mich doch im Grunde, ich mags nehmen und stellen und legen wie ich will aufreibt und aufzehrt. Ich mag meiner Liebe zu dir Formen geben welche ich will, immer immer – Verzeih mir daß ich dir wieder einmal sage was so lange stockt und verstummt. Wenn ich dir meine Gesinnungen meine Gedancken der Tage, der ein-

samsten Stunden sagen könnte. Leb wohl. Ich bin heute
konfus und fast schwach. Leb wohl Liebe mich, ich gehe
nun weiter und du hörst bald von mir und sollst durch
mich noch ein Stück Welt weiter kennen lernen.

G.

22. An Charlotte v. Stein, Palermo, 18. Apr. 87

Meine Liebe noch ein Wort des Abschieds aus Palermo. Ich kann dir nur wiederhohlen daß ich wohl und
vergnügt bin und daß nun meine Reise eine Gestalt
nimmt. In Neapel hätte sie zu stumpf aufgehört. Aus
meinen Blättern siehst du nur einiges im Detail, vom
Ganzen, von meinem Innersten und den glücklichen
Folgen die ich fühle kann und mag ich nichts sagen. Dies
ist ein unsäglich schönes Land, ob ich gleich nur ein
Stückchen Küste davon kenne. Wie viel Freude macht
mir mit jedem Tage mein bischen Wissen der natürlichen Dinge und wie viel mehr müßte ich wissen wenn
meine Freude vollkommen seyn sollte. Was ich Euch be-
reite, geräth mir glücklich, ich habe schon Freudenthrä-
nen vergoßen daß ich Euch Freude machen werde. Leb
wohl Geliebteste mein Herz ist bey dir und jetzt da die
Weite Ferne, die Abwesenheit alles gleichsam weggeläutert hat was die letzte Zeit über zwischen uns stockte so
brennt und leuchtet die schöne Flamme der Liebe der
Treue, des Andenckens wieder fröhlich in meinem Herzen. Grüse Herders und alle. und gedencke mein.

d. 18. Apr. 87. Palerm.

Dein Brief vom 7. März hat mich gestern da ich vom Schiffe stieg empfangen, und deine treuen Worte waren mir herzlich willkommen.

Die Reise durch Sicilien ist denn auch glücklich vollbracht und wird mir ein unzerstörlicher Schatz auf mein ganzes Leben bleiben. Du sollst bey meiner Rückkunft manches hören. Besonders kann man sich keinen Begriff von der Fruchtbarkeit des inneren Landes machen wenn man es nicht gesehn hat. Von Palermo auf Girgenti und von da auf Messina habe ich die Reise zu Pferde gemacht, und bin mit einem französchen Schiffe nach einer vierthalbtägigen Fahrt hier angekommen. Nun kann ich Fronleichnam und St. Peter in Rom feyern.

Was du von meiner Iphigenie sagst ist in gewissem Sinne leider wahr. Als ich mich um der Kunst und des Handwerckes willen entschließen mußte das Stück umzuschreiben, sah ich voraus daß die besten Stellen verlieren mußten wenn die schlechten und mittlern gewannen. Du hast zwey Scenen genannt, die offenbar verlohren haben. Aber wenn es gedruckt ist, dann ließ es noch einmal ganz gelaßen, und du wirst fühlen was es als Ganzes gewonnen hat.

Doch liegt das Hauptübel in der wenigen Zeit die ich darauf verwenden können. Den ersten Entwurf schrieb ich unter dem Rekrouten Auslesen und führte ihn aus auf einer Italiänischen Reise. Was will daraus werden. Wenn ich Zeit hätte das Stück zu bearbeiten, so solltest du keine Zeile der ersten Ausgabe vermißen.

Was ich machen kann wird man vielleicht aus einem Stück sehen, das ich auf dieser Reise erfunden und angefangen habe.

Was du mir von den übrigen Verhältnißen schreibst

werde ich in einem feinen Herzen bewahren und Frucht
bringen laßen. Da ich die Grille Carl des fünften hatte,
mein Leichenbegängniß bey lebendigem Leibe anzusehn, darf es mich nicht wundern wenn Träger und Tod-
tengräber nach ihrer Weise handlen und die Priester die
Exequien anstimmen.

Übrigens bleibe ja dabey und ich fordre dich dazu auf,
mir über alles was mich selbst angeht und was du sonst
gut finden magst deine Meynung unverhohlen, ja ohne
Einleitung und Entschuldigung zu sagen. Ich habe dich
immer als einen meiner Schutzgeister angesehen, werde
nicht müde dieses Ämtchen auch noch künftig beyher zu
verwalten. ...

24. An den Herzog, Neapel, 27. Mai 87

... Anfangs September bin ich hoffentlich in Franckfurt, kann ich alsdann einige Zeit bey meiner Mutter
bleiben, um meine vier letzten Bände in Ordnung zu
bringen, meine Reise Beobachtungen besser auszuführ-
ren, vielleicht an Wilhelm und einigen neuern Ideen zu
arbeiten; so werde ich mich sehr erleichtert finden, denn
einmal müßen diese Arbeiten doch hinter mich. Und
darum nehmen Sie den besten Danck für Ihre Gesinnungen, daß Sie mich so gütig erleichtern wollen. Wie jetzt
unsre Sachen stehn, können Sie es ohne Nachteil der Geschäfte, ja ich werde Ihnen mehr werden als ich oft bisher
war, wenn Sie mich nur das thun lassen was niemand als
ich thun kann und das übrige andern auftragen. Mein
Verhältniß zu den Geschäften ist aus meinem persönlichen zu Ihnen entstanden, laßen Sie nun ein neu Verhältniß zu Ihnen nach so manchen Jahren, aus dem bisheri-
gen Geschäfts-Verhältniß entstehn. Ich bin zu allem und

jeden bereit, wo und wie Sie mich brauchen wollen. Fragen Sie mich über die Symphonie die Sie zu spielen gedencken; ich will gern jederzeit meine Meynung sagen, so wird auch mein persönlich Verhältniß zu Schmidten mich in den Stand setzen, nach Ihrem Verlangen, in allen Sachen mitzuwürcken. Schon sehe ich, was mir die Reise genützt, wie sie mich aufgeklärt und meine Existenz erheitert hat. Wie Sie mich bisher getragen haben, sorgen Sie ferner für mich und thun Sie mir mehr wohl, als ich selbst kann, als ich wünschen und verlangen darf. Geben Sie mich mir selbst, meinem Vaterlande, geben Sie mich Sich selbst wieder, daß ich ein neues Leben und ein neues Leben mit Ihnen anfange! Ich lege mein ganzes Schicksal zutraulich in Ihre Hände. Ich habe so ein großes und schönes Stück Welt gesehn, und das Resultat ist: daß ich nur mit Ihnen und in dem Ihrigen leben mag. Kann ich es, weniger von Detail überhäuft, zu dem ich nicht gebohren bin; so kann ich zu Ihrer und zu vieler Menschen Freude leben, deßwegen nehmen Sie den herzlichsten Danck für diesen neusten Vorschlag und führen Sie ihn mit Glück und Segen aus. ...

25. An Charlotte von Stein, Rom, 8. Juni 87

... Nun komme ich auf mich selbst und finde mich in einer zweifelhaften Lage doch will ich es werden laßen, es hat sich alles so gut gemacht. Ich muß nun mit Gewalt an die vier letzten Bände, und wie ich dir schon schrieb, müßen sie in Ordnung seyn eh ich zu euch zurückkehre, auch haben sich neue Sujets zugedrängt die ich ausführen muß denn das Leben ist kurz; wo ich nun sitze, hier oder in Franckfurt, das ist eins und Rom ist der einzige Ort in der Welt für den Künstler und ich bin doch einmal nichts anders. Wäre nur die Rückreise im Winter oder gegen den Winter nicht zu beschwerlich. Doch es mag werden.

Übrigens habe ich glückliche Menschen kennen lernen, die es nur sind weil sie *ganz* sind, auch der Geringste wenn er ganz ist kann glücklich und in seiner Art vollkommen seyn, das will und muß ich nun auch erlangen, und ich kanns, wenigstens weiß ich wo es liegt und wie es steht, ich habe mich auf dieser Reise unsäglich kennen lernen. Ich bin mir selbst wiedergegeben und nur umsomehr dein. Wie das Leben der letzten Jahre wollt ich mir eher den Todt gewünscht haben und selbst in der Entfernung bin ich dir mehr als ich dir damals war. ...

Sage Herdern daß ich dem Geheimniß der Pflanzenzeugung und Organisation ganz nah bin und daß es das einfachste ist was nur gedacht werden kann. Unter diesem Himmel kann man die schönsten Beobachtungen machen. Sage ihm daß ich den Hauptpunckt wo der Keim stickt ganz klar und zweifellos entdeckt habe, daß ich alles übrige auch schon im Ganzen übersehe und nur noch einige Punckte bestimmter werden müssen. ...

26. An den Herzog, Rom, 11. August 87

... Noch eine andre Epoche dencke ich mit Ostern zu schließen: meine erste (oder eigentlich meine zweyte) Schriftsteller-Epoche. Egmont ist fertig, und ich hoffe biß Neujahr den Tasso, biß Ostern Faust ausgearbeitet zu haben, welches mir nur in dieser Abgeschiedenheit möglich wird. Zugleich hoffe ich sollen die kleinen Sachen, welche den fünften, sechsten und siebenten Band füllen fertig werden und mir bey meiner Rückkehr ins Vaterland nichts übrig bleiben, als den achten zu sammeln und zu ordnen. Somit werde ich auch dieser Verbindlichkeit los und kann an etwas neues, kann mit Ernst an Wilhelm gehn, den ich Ihnen recht zu erb und eigen schreiben möchte.

Daß ich meine älteren Sachen fertig arbeite, dient mir erstaunend. Es ist eine Rekapitulation meines Lebens und meiner Kunst, und indem ich gezwungen bin, mich und meine jetzige Denckart, meine neuere Manier, nach meiner ersten zurückzubilden, das was ich nur entworfen hatte nun auszuführen; so lern' ich mich selbst und meine Engen und Weiten recht kennen. Hätte ich die alten Sachen stehen und liegen laßen, ich würde niemals soweit gekommen seyn, als ich jetzt zu reichen hoffe. Ostern ruckte ich mit Zucht und Ordnung wieder in's Vaterland und käme zur schönen Jahrszeit zurück.` Edelsheim in einem gar guten Brief aus Carlsbad giebt mir zwey Jahre, die hätte ich alsdann ohngefähr vollendet.

Ist mir erlaubt, einen Wunsch, den ich für jene Zeit habe noch zum Schluß beyzufügen; so wäre es: Ihre Besitzthümer sogleich nach meiner Widerkunft, sämmtlich als Fremder bereisen, mit ganz frischen Augen und mit der Gewohnheit Land und Welt zu sehen, Ihre Provinzen beurtheilen zu dürfen. Ich würde mir nach meiner Art ein neues Bild machen und einen vollständigen Begriff erlangen und mich zu jeder Art von Dienst gleichsam aufs neue qualificiren, zu der mich Ihre Güte Ihr Zutrauen bestimmen will. Sekundirt der Himmel meine Wünsche; so will ich mich alsdann der Landes Administration einige Zeit ausschließlich wiedmen, wie jetzt den Künsten, ich habe lange getappt und versucht, es ist Zeit zu ergreifen und zu würcken. ...

So sehr mein Gemüth auch gewohnt ist sich mit Ihnen zu unterhalten, so gewiß ich nichts Gutes genieße ohne Sie dessen theilhaftig zu wünschen, so verlegen bin ich jetzt doch gewissermassen wenn ich die Feder ansetze Ihnen zu schreiben. Kaum darf ich dencken daß in Ihrem bewegten Leben, Sie jetzt etwas interessiren könnte, was ich aus dem Schooße der Ruhe schreiben dürfte. Ich komme eben von Castell Gandolfo zurück, wo ich ohngefähr drey Wochen der schönen Jahrszeit in guter Gesellschaft genoßen. Die ganze herrliche Reihe von Hügeln worauf Fraskati, Marino, Castello, Albano, Larici, Gensano, Nemi liegen ist vulkanisch; aber ihre alte Bewegung ist so in Ruhe übergegangen, daß ihre Bewohner schon Jahrtausende sich eines friedlichen Sitzes erfreuen, und nur die neuere Naturlehre hat uns aufmercksam gemacht auf die Gewalt die ehmals in diesen Gegenden tobte und jene Höhen hervorbrachte, die wir nun bebauen und genießen. Und wie auf ausgebrannten Vulkanen leben wir auch hier auf den Schlachtfeldern und Lagerplätzen der vorigen Zeit. An dem See von Nemi erinnerte mich ein sonderbarer Gegenstand an *Sie*, an Ihre gegenwärtige militarische Beschäftigungen, an Ihre entschiedne Leidenschaft.

Wir hatten uns am Rande des Sees, eines alten Craters, unter schönen Platanen gelagert, eine Quelle floß sparsam aus dem Felsen und nahe dabey lag ein alter, trockner, hölzner Trog, aus einem Baumstamme ausgehöhlt. Ich sah die Gegend mit Augen des Zeichners an, und bemerckte nicht, daß dieser hölzerne Trog eine Seltenheit sey, da in Italien alle solche Wasserbehälter von Stein sind. – Ein alter Mann, der Früchte gebracht hatte, sprach zu einigen der Gesellschafft und sagte: »Diesen

Trog haben die Deutschen Anno 44 gemacht, als sie hier in Quartier lagen, es waren zwey Tröge, den andern hat die Zeit aufgerieben. Es lag damals Cavallerie in Nemi und sie hölten diese Tröge aus um die Pferde bequem zu tränken.« Gleich erinnerte ich mich, was Sie mir einst von Ihrem Anteil, an der Schlacht bey Velletri schrieben, und frug den alten aus: wo die Deutschen gestanden? wo das Lager gewesen? pp er gab mir von allem Bericht. Das Haupt Lager war gerade über uns, an der Seite des Monte Cavo. Eine köstliche Position, die auch ehmals Hannibal erwählt hatte.

Das Wetter verhinderte uns, auf den Monte *Cavo* zu gehn und auch die Übersicht der ganzen damaligen Expedition zu haben, denn man übersieht von da die ganze Gegend.

Fast hätte ich Ihnen einen Span aus dem Troge geschnitten und Ihnen so eine recht landsmännisch militärische Reliquie geschickt. Wenn es mit meinem Zeichnen ein wenig besser vorwärts geht; so will ich die Platanen mit der Quelle und dem Troge, der wohl noch eine Weile liegen wird, zeichnen und schicken, da ich doch nicht wohl hoffen darf Ihnen aus der Quelle selbst sobald ein Glas zuzutrincken.

Während dieser Villeggiatur habe ich viel Menschen auf einmal gesehen und kennen lernen, welche ich einzeln nicht würde aufgesucht haben, es ist auch für Gewinn zu rechnen eine Nation nach und nach mit Bequemlichkeit zu sehen, mit der man nichts gemeines haben kann.

Meine besten Wünsche begleiten Sie auf allen Wegen und Stegen. Wenn Sie einen Augenblick Zeit finden; so bitte ich, mir wieder einmal zu sagen wie Sie leben, und mich durch ein Paar Worte Ihres Andenckens zu versichern. Nur zu sehr spüre ich in diesem fremden Lande

Landhaus mit Pergola

daß ich älter bin. Alle Verhältniße knüpfen sich langsamer und loser, meine beste Zeit habe ich mit Ihnen mit den Ihrigen gelebt und dort ist auch mein Herz und Sinn, wenn sich gleich die Trümmern einer Welt in die andre Wagschale legen. Der Mensch bedarf wenig, Liebe und Sicherheit seines Verhältnißes zu den einmal erwählten und gegebnen kann er nicht entbehren. Leben Sie tausendmal wohl.

Rom d. 23. Oktbr. 87.

Goethe.

28. An den Herzog, Rom, 17. Nov. 87

… Und nun noch ein politisch Wort, ob ich gleich nur das allgemeinste der Welthändel sehen kann. Ich lese fleisig die Zeitungen und da neuerdings sich alles bald aufdeckt und entwickelt, so vieles öffentlich verhandelt wird, was sonst verborgen tracktirt wurde; so kann man mit einer freyen Vorstellungs Art die Lage der Sache ziemlich übersehen.

Mir scheint es für Freund und Feind bedencklich daß Franckreich so weit herunter ist. Wenn auf der einen Seite die Preusisch-Englisch-Oranischen Absichten leichter auszuführen sind; so haben auf der andern Seite Catharina und Joseph auch freyes Spiel und können sich vielleicht in einem Augenblicke süd und ostwärts ein ungeheures Übergewicht verschaffen, indem der Nord und West (wozu ich Franckreich mitrechne) mit einander nicht einig sind. Aus diesen Gegenden kann ich sagen: daß man sich im Stillen und Einzelnen für Rußland und dem Kayser fürchtet und glaubt daß unter keiner Bedingung der Kayser jene große Aus- und Absichten Catharinens auf Constantinopel pp begünstigen könne wenn nicht auch einem Nachgebohrnen seines Hauses der Besitz von Italien versichert sey. Soviel ist gewiß daß der Kirchenstaat und beyde Sicilien ohne Schwerdtstreich wie Holland wegzunehmen wären. Man legte sich mit ein Paar Linienschiffen in den Golf von Neapel und bäte sich zwey Thore von Rom aus; so wäre die Sache gethan. Aus verschiednen Bewegungen glaube ich daß der päpstliche und neapolitanische Hof auf einer solchen Spur sind, obgleich das allgemeine Publikum sich nichts davon träumen läßt. Das Volk ist mißvergnügt die Geistlichkeit besonders die Mönche sind kayserlich gesinnt. Noch gestern sagte ein 70jähriger Mönch: wenn ich nur noch in meinen alten Tagen erleben sollte daß der Kayser käme und uns alle aus den Klöstern jagte, selbst die Religion würde dabey gewinnen. Wenn die Russischen Schiffe ins Mittelländische und Adriatische Meer kommen wird man bald mehr sehn.

Verbrennen Sie doch ja meine Briefe gleich daß sie von niemanden gesehen werden, ich kann in dieser Hoffnung desto freyer schreiben. Leben Sie tausendmal wohl! Und wenn Ihr neuster Schritt manche Mißvergnügte gemacht hat, wenn Sie im Dienste manchem streng aufdrücken müssen, wenn Sie in einem halb feindlichen Lande nicht immer Zufriedne vor Sich sehen; so genießen Sie wenigstens des Gedanckens: daß Sie Einen Menschen, der Ihnen nah angehört, durch Ihre Liebe, Güte und Nachsicht ganz glücklich machen.

G.

29. An den Herzog, Rom, 8. Dez. 87

Heute erhalte ich Ihren werthen Brief von *Overtoon* und lege noch ein Blat zu dem schon geschriebnen. Mein

Herz geht wieder auf in der Hoffnung Sie zu Hause zu wissen, mein Wunsch wird wieder lebendig an dem Orte zu seyn, von dem, doch im Grunde, Ihre Abwesenheit nur mein Gemüth entfernte. Ich dancke Ihnen für die Nachrichten die Sie mir von Ihrer Expedition geben, die freylich dem Geist unsers Jahrhunderts gemäß klüger als kriegrisch ausgegangen ist. Ich leße die Zeitungen regelmäßig und bleibe im allgemeinen in der Connexion. In meinem letzten Briefe habe ich eine politische Poesie gewagt, die Sie mir verzeihen werden, doch scheinen die neusten Operationen der Cabinette, meine Sorge, wo nicht in ihrer ganzen Ausdehnung, doch in ihrer Richtung zu rechtfertigen.

Wie sehr gönnte ich Ihnen nur einen Theil des Genußes der mir so reichlich geschenckt ist und den Sie mehr als jemand verdienen. Leider haben Sie Sich zu Ihrer angebohrnen Bestimmung, die mühsam genug ist, wenn man ihr ernstlich nachgehen will, noch fremde Lasten aufgeladen, deren Schwere Sie noch oft fühlen werden. Gebe Ihnen ein günstig Geschick immer frohen Muth.

Daß Sie den Gedancken die Rembrands zu komplettiren fahren laßen, kann ich nicht anders als billigen. Beßer nach und nach beßere Abdrücke von den Hauptblättern angeschafft. Besondes fühle ich hier in Rom wie interessanter denn doch die Reinheit der Form und ihre Bestimmtheit, vor jener marckigen Roheit und schwebenden Geistigkeit ist und bleibt.

… Claudine und Erwin halten mich länger auf, als ich dachte, ich will sie nun gut machen in ihrer Art, besonders, da es die ersten Singspiele sind, die in meiner neuen Ausgabe vorkommen.

An Faust gehe ich ganz zuletzt, wenn ich alles andre hinter mir habe. Um das Stück zu vollenden, werd ich mich sonderbar zusammennehmen müßen. Ich muß einen magischen Kreis um mich ziehen, wozu mir das günstige Glück eine eigne Stäte bereiten möge. ...

Leben Sie aufs beste wohl und erfreuen mich manchmal mit einem Worte. Nehmen Sie *Filippo Collina* ein römisches Original, das ich Ihrer Frau Mutter als Reise *Maitre Jacques* überschicke, in *Protection*. Sie können am ersten beurtheilen wie wunderlich einem verpflanzten Geschöpf seine Ortveränderung thut. Es ist ein sehr guter Mensch, wenn ich mich nicht sehr betrüge.

30. An den Herzog, Rom, 29. Dez. 87

Von allen Seiten höre ich daß es Ihnen wohl geht, daß Sie im Haag vergnügt sind und der Kriegshimmel sich aufgeheitert hat. Das Glück bey Frauen das Ihnen niemals gefehlt hat, wird Sie auch in Holland nicht verlassen und Sie dafür schadloß halten, daß Sie die schöne Emilie in Ihrem Hause versäumt haben.

Mich hat der süße kleine Gott in einen bösen Weltwinckel relegirt. Die öffentlichen Mädchen der Lust sind unsicher wie überall. Die Zitellen (unverheurathete Mädchen) sind keuscher als irgendwo, sie lassen sich nicht anrühren und fragen gleich, wenn man artig mit ihnen thut: *e che concluderemo?* Denn entweder man soll sie heurathen oder sie verheurathen und wenn sie einen Mann haben, dann ist die Messe gesungen. Ja man kann fast sagen, daß alle verheurathete Weiber dem zu Gebote stehn, der die Familie erhalten will. Das sind denn alles böse Bedingungen und zu naschen ist nur bey denen, die so unsicher sind als öffentliche Creaturen. Was das *Herz* betrifft; so gehört es gar nicht in die Terminologie der hiesigen Liebeskanzley.

Nach diesem Beytrag zur statistischen Kenntniß des

Landes werden Sie urtheilen, wie knapp unsre Zustände seyn müßen und werden ein sonderbar Phenomen begreifen, das ich nirgends so starck als hier gesehen habe, es ist die Liebe der Männer untereinander. Vorausgesetzt daß sie selten biß zum höchsten Grad der Sinnlichkeit getrieben wird, sondern sich in den mittlern Regionen der Neigung und Leidenschafft verweilt; so kann ich sagen, daß ich die schönsten Erscheinungen davon, welche wir nur aus griechischen Überlieferungen haben, (S. Herders Ideen III Band pag. 171) hier mit eignen Augen sehen und als ein aufmercksamer Naturforscher, das phisische und moralische davon beobachten konnte. Es ist eine Materie von der sich kaum reden, geschweige schreiben läßt, sie sey also, zu künftigen Unterhaltungen aufgespart.

Jetzt geht die Zeit der Zerstreuung an, für mich weniger als für andre. Kaum ist Christus gebohren; (welcher dieses Jahr mit einer Mondsfinsterniß und einem starkken Donnerwetter seine Geburtsnacht gefeyert hat) so sind auch schon die Narren wieder loß, und die um wenige Tage verdrängte Saturnalien treten ein. Vier große und ein halb Dutzend kleine Theater sind aufgegangen, recitiren, singen, tanzen um die Wette. Die große Oper in *Aliberti* hat mich den ersten Abend erschröcklich *seccirt*. Alle Elemente waren da: Theater, Decorationen, Lichter, Sänger, Tänzer, Kleider, Musick pp und alles mehr durch Gewohnheit, als durch einen frischen Geist belebt. Die Mittelmäsigkeit eines so zusammengesetzten, großen, brillanten Gegenstandes war unerträglich. ...

… Die Hauptabsicht meiner Reise war: mich von den phisisch moralischen Übeln zu heilen die mich in Deutschland quälten und mich zuletzt unbrauchbar machten; sodann den heisen Durst nach wahrer Kunst zu stillen, das erste ist mir ziemlich das letzte ganz geglückt.

Da ich ganz frey war, ganz nach meinem Wunsch und Willen lebte; so konnte ich nichts auf andre, nichts auf Umstände, Zwang oder Verhältnisse schieben, alles kehrte unmittelbar auf mich zurück und ich habe mich recht durchaus kennen lernen und unter manchen Mängeln und Fehlern ist der welchen Sie rügen nicht der letzte. Ganz unter fremden Menschen, in einem fremden Lande zu leben, auch nicht einen bekannten Bedienten zu haben an den man sich hätte anlehnen können, hat mich aus manchen Träumen geweckt, ich habe an munterm und resolutem Leben viel gewonnen. Als ich zuerst nach Rom kam, bemerckt ich bald daß ich von Kunst eigentlich gar nichts verstand und daß ich biß dahin nur den allgemeinen Abglanz der Natur in den Kunstwercken, bewundert und genossen hatte, hier that sich eine andre Natur, ein weiteres Feld der Kunst vor mir auf, ja ein Abgrund der Kunst, in den ich mit desto mehr Freude hineinschaute, als ich meinen Blick an die Abgründe der Natur gewöhnt hatte. Ich überließ mich gelassen den sinnlichen Eindrücken, so sah ich Rom, Neapel, Sicilien und kam auf *Corpus Domini* nach Rom zurück. Die großen Scenen der Natur hatten mein Gemüth ausgeweitet und alle Falten herausgeglättet, von der Würde der Landschafts Mahlerey hatte ich einen Begriff erlangt, ich sah Claude und Poussin mit andern Augen, mit Hackert, der nach Rom kam, war ich vierzehn Tage in Tivoli, dann sperrte mich die Hitze zwey Monate in das Haus, ich machte Egmont fertig und fing an Perspecktiv zu treiben und ein wenig mit Farben zu spielen. So kam der September heran, ich ging nach Fraskati, von da nach Castello und zeichnete nach der Natur und konnte nun leicht bemercken was mir fehlte. Gegen Ende Oktobers kam ich wieder in die Stadt und da ging eine neue Epoche an. Die Menschengestalt zog nunmehr meine Blicke auf sich und wie ich vorher, gleichsam wie von dem Glanz der Sonne, meine Augen von ihr weggewendet, so konnte ich nun mit Entzücken sie betrachten und auf ihr verweilen. Ich begab mich in die Schule, lernte den Kopf mit seinen Theilen zeichnen und nun fing ich erst an die Antiken zu verstehen. Damit brachte ich November und December hin und schrieb indessen Erwin und Elmire auch die Hälfte von Claudinen. Mit dem ersten Januar stieg ich vom Angesicht aufs Schlüsselbein, verbreitete mich auf die Brust und so weiter, alles von innen heraus, den Knochen Bau, die Muskeln wohl studirt und überlegt, dann die Antiken Formen betrachtet, mit der Natur verglichen und das karackteristische sich wohl eingeprägt. Meine sorgfältige, ehmalige Studien der Osteologie und der Körper überhaupt, sind mir sehr zu statten gekommen und ich habe gestern die Hand, als den letzten Theil der mir übrig blieb, absolvirt. Die nächste Woche werden nun die vorzüglichsten Statuen und Gemählde Roms mit frisch gewaschnen Augen besehen.

Diesen Cursum habe ich an der Hand eines Schweitzers, Nahmens Meyer, eines gar verständigen und guten Künstlers, gemacht, und ein junger Hanauer, Nahmens Büry, der mit mir zusammen wohnt und ein gar resolutes gutes Wesen ist hat mir nicht wenig geholfen. Meine Absicht ist nun, im Februar einige Landschaftszeichnungen zu kopiren, einige Veduten nach der Natur zu zeichnen und zu koloriren und so auch darin sicherer zu werden. Den März wollte ich anwenden, das wichtigste nochmals zu durchlaufen, einige Menschen zu sehen, dann die Benedicktion aufladen und von Rom für dießmal Abschied nehmen.

... Gar manches macht mir den Rückweg nach Hause reitzend. Ohne Ihren Umgang, den Umgang geprüfter Freunde länger zu leben ist denn doch so eine Sache. Das Herz wird in einem fremden Lande, merck ich, leicht kalt und frech, weil Liebe und Zutrauen selten angewandt ist. Ich habe nun soviel in Kunst- und Natur-Kenntniß profitirt, daß ein weiteres Studium durch die Nähe unsrer Akademie Jena sehr erleichtert werden würde. Hier ist man gar zu sehr von Hülfsmitteln entblößt. Dann hoffte ich auch meine Schriften mit mehr Musse und Ruhe zu endigen, als in einem Lande wo alles einen ausser sich ruft. Besonders wenn es mir nun Pflicht wird der Welt zu leben. ...

32. An Seidel, Rom, 26. Jan. 88

Ich erhalte zwey Briefe von dir, die mir deinen Eifer für mein Bestes zeigen, ich eile dich mit wenigen Worten zu beruhigen, mit dem ausdrücklichen Beding: gegen niemand etwas zu erwähnen, nur darfst du wohl, wenn man mit Besorgnissen pp. an dich kommt zu erkennen geben: daß du über mich und meinen Zustand *ruhig* seyst. Ich sage dir also daß alles was ich thue, *mit* des Herzogs Willen und *nach* seinem Willen geschieht, daß auch mein *Kommen* oder *Außenbleiben* ganz von seinem Wincke abhängen wird, daß mein Verhältniß zu ihm so gut und rein ist, als es jemals war und daß es unmöglich ist je gestört zu werden.

Nimm also diese Herzstärckung gegen alle Hauche

der Dämonen aller Art und laß dich nichts anfechten, widme dich immer mehr deiner eigentlichen Bestimmung, ich hoffe es wird dein gedacht werden. Lebe wohl.

G.

33. An den Herzog, Rom, 16. Febr. 88

… Ich habe zeither fleisig an meinen *Operibus* fort geboßelt und getüftelt. Erwin, Claudine, Lila, Jeri ist alles in bester Ordnung. Auch meine kleinen Gedichte so ziemlich. Nun steht mir fast nichts als der Hügel Tasso und der Berg *Faustus* vor der Nase. Ich werde weder Tag noch Nacht ruhen biß beyde fertig sind. Ich habe zu beyden eine sonderbare Neigung und neuerdings wunderbare Aussichten und Hoffnungen. Alle diese Recapitulationen alter Ideen, diese Bearbeitungen solcher Gegenstände, von denen ich auf immer getrennt zu seyn glaubte, zu denen ich fast mit keiner Ahndung hinreichte, machen mir große Freude. Dieses *Summa Summarum* meines Lebens giebt mir Muth und Freude, wieder ein neues Blat zu eröffnen. …

34. An den Herzog, Rom, 17./18. März 88

… Diese Woche geht im Taumel vorüber, man muß mit dem Strome fortziehen. Sobald uns der dritte Feyertag erschienen ist mache ich ernstliche Anstalt zur Abreise. Ich erwarte noch einiges von Neapel, habe für mich und andre mancherley in Ordnung zu setzen, sovielerley Fäden abzulösen, die sich dieses Jahr angesponnen und seit Ihrem Maynzer Briefe sich mit einiger Sicherheit fester geknüpft haben. Alles übersehen, glaube ich Ende Aprils gewiß in Florenz zu seyn. Ich werde eilen das merckwürdigste dieser Stadt, die Arbeiten Correges in Parma, sodann Mayland zu sehen und durchzugehen und wünschte dann über Chiavenna und Chur, über Lindau, Augsburg und Nürnberg den Weg nach Hause zu nehmen. Ich habe meiner Mutter schon die Hoffnung benommen mich auf der Rückreise wieder zu sehen und habe sie auf eine andere Gelegenheit vertröstet. Sowohl noch von Rom aus, als auf der Reise werde ich fleißig schreiben und von meinen Zuständen und meiner Wandrung Nachricht geben.

Wie ich nun nach diesen Aspeckten erst in der Hälfte Juni zu Hause anlangen könnte; so würde ich noch eine Bitte hinzufügen: daß Sie mir, nach meiner Ankunft, dem Gegenwärtigen den Urlaub gönnen wollten, den Sie dem Abwesenden schon gegeben haben. Mein Wunsch ist: bey einer sonderbaren und unbezwinglichen Gemüthsart, die mich, sogar in völliger Freyheit und im Genuß des erflehtesten Glücks, manches hat leiden machen, mich an Ihrer Seite, mit den Ihrigen, in dem Ihrigen wiederzufinden, die Summe meiner Reise zu ziehen und die Masse mancher Lebenserinnerungen und Kunstüberlegungen in die drey letzten Bände meiner Schriften zu schließen.

Ich darf wohl sagen: ich habe mich in dieser anderthalbjährigen Einsamkeit selbst wiedergefunden; aber als was? – Als Künstler! Was ich sonst noch bin, werden Sie beurtheilen und nutzen. Sie haben durch Ihr fortdaurendes würckendes Leben, jene fürstliche Kenntniß: wozu die Menschen zu brauchen sind, immer mehr erweitert und geschärft, wie mir jeder Ihrer Briefe deutlich sehen läßt; dieser Beurtheilung unterwerfe ich mich gern. Nehmen Sie mich als Gast auf, laßen Sie mich an Ihrer

Seite das ganze Maas meiner Existenz ausfüllen und des Lebens genießen; so wird meine Kraft, wie eine nun geöffnete, gesammelte, gereinigte Quelle von einer Höhe, nach Ihrem Willen leicht dahin oder dorthin zu leiten seyn. Ihre Gesinnungen, die Sie mir vorläufig in Ihrem Briefe zu erkennen geben sind so schön und für mich bis zur Beschämung ehrenvoll. Ich kann nur sagen: Herr hie bin ich, mache aus deinem Knecht was du willst. Jeder Platz, jedes Plätzchen die Sie mir aufheben, sollen mir lieb seyn, ich will gerne gehen und kommen, niedersitzen und aufstehn. ...

35. *An den Herzog, Rom, 28. März – 2. April 88*

Ihr Brief mein bester Fürst und Herr, in welchem Sie mir Ihre Gedancken über Egmont eröffnen, hat das Verlangen nur vermehrt mich mit Ihnen über solche und andre Gegenstände mündlich zu unterhalten. Bemerckungen wie die, welche Sie mir schreiben, sind zwar für den *Autor* nicht sehr tröstlich, bleiben aber doch dem Menschen äussert wichtig und wer beyde in sich nie getrennt hat weiß solche Erinnerungen zu schätzen und zu nutzen. Einiges was Ihnen nicht behagte liegt in der Form und Constitution des Stücks und war nicht zu ändern ohne es aufzuheben. Andres z. B. die Bearbeitung des ersten Ackts, hätte mit Zeit und Muße wohl nach Ihren Wünschen geschehen können. Noch andres, wie z. B. die Aüsserung Machiavellens, war mit einem Federstrich ausgelöscht. Es war ein schweres Unternehmen, ich hätte nie geglaubt es zu vollenden, nun steht das Stück da, mehr wie es seyn konnte als wie es seyn sollte.

Gewiß auch konnte kein gefährlicherer Leser für das Stück seyn als Sie. Wer selbst auf dem Punckte der Existenz steht um welchen der Dichter sich spielend dreht, dem können die Gauckeleyen der Poesie, welche aus dem Gebiet der Wahrheit ins Gebiet der Lüge schwanckt weder genug thun, weil er es beßer weiß, noch können sie ihn ergötzen, weil er zu nah steht und es vor seinem Auge kein Ganzes wird. Doch alles sey auf die guten Stunden aufgespart, die ich mir neben Ihnen verspreche.

Ich leße jetzt das Leben des Tasso, das *Abbate Serassi* und zwar recht gut geschrieben hat. Meine Absicht ist, meinen Geist mit dem Charackter und den Schicksalen dieses Dichters zu füllen, um auf der Reise etwas zu haben das mich beschäftigt. Ich wünsche das angefangne Stück, wo nicht zu endigen, doch weit zu führen, eh ich zurückkomme. Hätte ich es nicht angefangen; so würde ich es jetzt nicht wählen und ich erinnre mich wohl noch daß Sie mir davon abriethen. Indeßen wie der Reitz der mich zu diesem Gegenstande führte aus dem innersten meiner Natur entstand; so schließt sich auch jetzt die Arbeit die ich unternehme um es zu endigen ganz sonderbar ans Ende meiner Italiänischen Laufbahn, und ich kann nicht wünschen daß es anders seyn möge. Wir wollen sehen was es wird. …

36. An C. v. Knebel, Mailand, 24. Mai 88

Manche Schuld mein l. Knebel werde ich dir mündlich abzutragen haben, denn ich habe dir lange nicht geschrieben. In der letzten römischen Zeit hatte ich nichts mehr zu sagen, es ging hart zu da ich mich trennte. Nun wittre ich wieder Gebirgs und Vaterlands Luft da wird mirs denn, wo nicht besser, doch anders.

Erst heute hat mich die Mineralogie wieder einmal angelächelt. Ich war beym Pater Pini und sah seine Berge

Schweizer Haus in Gebirgslandschaft

kristallisirten Feldspaths und ward wieder einmal nach einem Stück Stein lüstern. Er hat mir einiges versprochen, es ist ein guter behaglicher Mann.

Nun habe ich eine schöne Reise vor mir. Auf Como über den See nach Cleven Chur und so weiter. Da wird auch manch Stück Granit betreten und wieder einmal geklopft werden. Ich kaufe hier einen Hammer und werde an den Felsen pochen um des Todes Bitterkeit zu vertreiben.

In Rom wurde kein Stein mehr angesehen wenn er nicht gestaltet war. Die Form hatte allen Anteil an der Materie verdrängt. Jetzt wird eine Crystallisation schon wieder wichtig und ein unförmlicher Stein zu etwas. So hilft sich die menschliche Natur, wenn nicht zu helfen ist.

Ich höre von fern, und kann es ohne das vermuthen daß mein Egmont in alle Welt ausgangen ist. Ich wünsche daß er auch gedruckt meinen Freunden Freude mache, die ihm, da er als Manuscript kam eine gute Aufnahme gönnten.

Jetzt bin ich an einer sonderbaren Aufgabe, an *Tasso*. Ich kann und darf nichts darüber sagen. Die ersten Ackte müßen fast ganz aufgeopfert werden.

Nun lebe wohl. Bald werden wir uns sehen. Ich bringe vieles mit wenn Ihr nur im Fall seyd es zu genießen. Liebe mich.

G.

Via Mala

ANHANG

Zu dieser Ausgabe

Die Textgrundlage für das hier vollständig wiedergegebene *Reise-Tagebuch* Goethes ist der von Erich Schmidt 1886 in Band 2 der »Schriften der Goethe-Gesellschaft« veröffentlichte Erstdruck. Der Herausgeber hat diesen Text nochmals mit Goethes Manuskript vergleichen können; die Revision machte nur wenige Änderungen nötig, die zusammen mit einigen Verbesserungen aus dem, wieder von E. Schmidt bearbeiteten, Text der »Weimarer Ausgabe« (»Goethes Werke«, III. Abteilung, 1. Band, Weimar 1887, S. 143–342) im folgenden verzeichnet sind.

Das Manuskript des *Reise-Tagebuchs* befindet sich im Goethe- und Schiller-Archiv Weimar. Die fünf »Stücke«, von Goethe selbst einzeln durchpaginiert, sind später in einen braunen Pappband mit der Rückenaufschrift *Italiänische Reise* gebunden worden. Der Band enthält 219 Blätter. Für die beiden ersten Stücke ist ein breites, in der Mitte gebrochenes Quart verwendet; jeweils nur auf der rechten Hälfte wurde durchgeschrieben, die linke für Ergänzungen, Nachträge, Skizzen benutzt. Leider sind die verschiedenen »Arbeitsgänge« (im Original auch am Wechsel der Feder und Tinte/Sepia zu erkennen), die das Werden das Tagebuchs lebendig vor Augen stellen würden, im Druckbild nicht sichtbar zu machen. Das dritte bis fünfte Stück sind dann auf etwas kleineren Papierformaten und ohne Rand geschrieben (s. auch Goethes Bemerkung zu Beginn des dritten Stücks). Lose beigefügt war die Zeichnung zum *Vergleichungs Kreis der italiänischen und teutschen Uhr*.

Liegt das Tagebuch der Reise von Karlsbad bis Rom als ein ganzes, in sich geschlossenes Dokument vor, so sind Originalaufzeichnungen der römischen und süditalienischen Zeit nur in Notizen und Bruchstücken erhalten geblieben; das meiste hat Goethe bei der Redaktion, nachdem es für die *Italienische Reise* und den *Zweiten römischen Aufenthalt* ausgewertet war, vernichtet; so auch einen großen Teil der Briefe.

Unsere Ausgabe bringt die wenigen zusammenhängenden Notizen aus Neapel und Sizilien, auf losen Blättern geschrieben; Textvorlage ist Bd. 1 der III. Abteilung (Tagebücher) der »Weimarer Ausgabe«, S. 332–342. Vorangestellt ist den sizilianischen Aufzeichnungen eins der »Paralipomena«, die in den Bänden 31–33 der I. Abteilung der »Weimarer Ausgabe« jeweils im Textanhang gesammelt sind. Dieses (aus Band 31, S. 333, hier S. 182) stammt aus einem nur auf wenigen Seiten beschriebenen Notizheft Goethes.

Von den 150 erhalten gebliebenen Briefen bringt unser Band eine Auswahl von 36. Obwohl auch diese meist nicht vollständig abgedruckt sind, geben sie doch einen Eindruck von Goethes Gespräch mit den »Daheimgebliebenen«, wobei unter den ihm Vertrauten zunächst Frau von Stein, später Herzog Carl August die herausragenden Adressaten sind. Textvorlage der Briefauswahl ist Bd. 8 der IV. Abteilung der »Weimarer Ausgabe«, Weimar 1890.

Für Goethes Rückreise nach Weimar muß hier das eine Zeugnis unserer Briefauswahl (Nr. 36 An Knebel) einstehen. Der interessierte Leser sei aber auf Bd. 58 der »Schriften der Goethe-Gesellschaft«: L. Blumenthal, Ein Notizheft Goethes von 1788, Weimar 1965, verwiesen; dort sind die wenigen, lakonisch-vielsagenden, Aufzeichnungen des Zurückkehrenden neu ediert und vorzüglich erschlossen.

Textänderungen (die Seitenzahlen sind auf E. Schmidts Ausgabe 1886 bezogen; in Klammern die Seitenzahlen unserer Ausgabe):

S.	12	(12) *Benedicktbeyern*]	*Benedicktbayern* Ms.
S.	14	(14) *Regenspurg und*]	*Regenspurg – und* Ms.
S.	16	(15) *zu rechte und*]	*zu rechte – und* Ms.
S.	17	(16) *unfähig.*]	*unfähich.* Ms.
S.	18	(17) *runde Flecken*]	*runde Fladen* Ms. (s. aber *IR* 16)
S.	19	(17) *Colonna Trajana*]	*Colonna Trajani* Ms.
S.	23	(21) *Mädchen*]	*Mädgen* Ms.
S.	27	(24) *Gebirg*]	*Gebürg* Ms.
S.	91	(77) *Wesen, hübsche Figur*]	*Wesen, hat hübsche Figur* WA

S. 95 (79) *ich den Dr. Tura besucht*]	*ich auch den Dr. Tura besucht* erstmals in der Berliner Ausgabe nach Ms.
S. 187 (155) *seine Vorgänger, seinen Meister*]	Fränkel/Haufe: *seine Meister* hier wieder rückgängig gemacht
S. 297 (186) *Terrinen*]	*Tarinen* WA

Auf S. 63 (53) im Ms. verdorbene Konstruktion: *und hübsche volle Mädgen Gesichter, … fehlte es auch nicht ganz*. Daraus bessert die Berliner Ausgabe: *…fehlten auch nicht ganz…* (so auch schon die Cotta-Ausgabe). Hier gebessert zu: *an hübschen vollen Mädgen Gesichtern… fehlte es auch nicht ganz…*

Ms. = Goethes Manuskript

WA = Weimarer Ausgabe

Ergänzungen des Herausgebers sind durch [ ] gekennzeichnet. Gelegentliche, auf der Revision beruhende, Änderungen in der Interpunktion wurden nicht kenntlich gemacht.

Tagebücher und Briefe Goethes aus Italien an Frau von Stein und Herder. Hrsg. von Erich Schmidt. Weimar 1886 (Schriften der Goethe-Gesellschaft Bd. 2)

Tagebuch der Italiänischen Reise für Frau von Stein. In: Goethes Werke (»Sophien-Ausgabe«), III. Abteilung, 1. Band, Weimar 1887, S. 143–342 (bearbeitet von E. Schmidt)

Goethes Tagebuch der italienischen Reise. Hrsg. von Julius Vogel. Berlin 1906 (^{2}1908). Mit 6 landschaftlichen Skizzen des Dichters und Anmerkungen des Herausgebers.

Goethe: Tagebuch der italienischen Reise. Mit einem Nachwort von G. Baumann. Stuttgart 1953

Goethe: Tagebücher. Bd. I (1770–1810). Hrsg. von G. Baumann. Stuttgart 1956 (Bd. 11 der neuen Cotta-Gesamtausgabe der Werke und Schriften, S. 149–311)

Goethes Briefe an Charlotte von Stein. Hrsg. von Jonas Fränkel. Berlin 1960–62 (3 Bde.; das Tagebuch vollständig abgedruckt in Bd. 2, Anmerkungen in Bd. 3)

Goethe: Römische Elegien. Venetianische Epigramme. Tagebuch der italienischen Reise. Nachwort von Horst Rüdiger. Rowohlts Klassiker 98/99, Hamburg 1961

Tagebuch der italienischen Reise für Frau von Stein. In: Goethe. Poetische Werke. Autobiogr. Schriften II. Italienische Reise. Bd. 14 der Berliner Ausgabe, Berlin 1961 (Anmerkungen v. H.-H. Reuter)

Goethe: Tagebücher. Hrsg. von Peter Boerner. Ergänzungsband zur Artemis-Gedenkausgabe. Zürich 1964 (S. 122–198; Auswahl; Register)

Reise-Tagebuch von Karlsbad nach Rom. 1786. Hrsg. von Eberhard Haufe. Weimar 1971 (mit Abbildungen und erläuterndem Register)

Goethe: Reise-Tagebuch 1786. Hrsg. von Konrad Scheurmann und Jochen Golz. Transkription: Wolfgang Albrecht. Faksimileband und Begleitheft. Mainz 1997.

Goethe: Sämtliche Werke. Briefe, Tagebücher und Gespräche. Hrsg. von Friedmar Apel u. a. 40 Bde in 2 Abteilungen. Frankfurt a. M. 1985–1999. Bde I 15/1 und 15/2: Italienische Reise. Hrsg. von Christoph Michel und Hans-Georg Dewitz. Frankfurt a. M. 1992. Bd. 15/1, S. 599–745: Text des Reisetagebuchs (nicht modernisiert; Revision Martin Ehrenzeller); Bd. 15/2, S. 1450–1523: Kommentar zum Reisetagebuch (Christoph Michel). Die *Notizen* zum Vesuv, zu Sizilien und Pozzuoli (S. 181–190 der vorliegenden Ausgabe) sind ebd. abgedruckt (Textrevision Christoph Michel): S. 757–763 u. 803 f., 810 f. (Paralipomena 11, 13 f.; 9).

Die 36 ausgewählten *Briefe* unserer Ausgabe (S. 195–237) sind enthalten und kommentiert in Bd. II 3 der »Frankfurter Goethe-Ausgabe«. Hrsg. von Karl Eibl. Frankfurt a. M. 1991.

Für die Abfassung der Erläuterungen wurden außer den Kommentaren und Registern in den genannten Ausgaben von E. Schmidt, J. Vogel, J. Fränkel, H.-H. Reuter, P. Boerner und E. Haufe auch die kommentierten Ausgaben der *Italienischen Reise* von Robert Weber (Goethes Werke. Festausgabe. Leipzig 1926, Bd. 17) und von Herbert v. Einem (Hamburger Ausgabe, Bd. 11, 8. Aufl., München 1974), für die Briefe die Erläuterungen von Karl Robert Mandelkow (Goethes Briefe. Hamburger Ausgabe, Bd. 2, Hamburg 1964) benutzt.
Den Mitarbeitern des Freien Deutschen Hochstifts Frankfurt a. M., des Goethe- und Schiller-Archivs Weimar sowie Frau S. Edel (Fulda), Herrn Dr. E. Haufe (Weimar), Herrn K. Kiefer (München), Frl. I. Kuhn (Freiburg i. Br.), Herrn W. Michel (Den Haag) und Herrn Prof. E. Zinn (Tübingen) habe ich für vielfache Auskunft und Unterstützung zu danken.

Abkürzungen: *T* = Reise-Tagebuch 1786 (zitiert nach Seiten-zählung dieses Bandes); *BrA* = Auswahl der Briefe Goethes aus Italien (zitiert nach Nummern dieses Bandes); *IR* = Italie-nische Reise und Zweiter Römischer Aufenthalt (zitiert nach Seitenzahlen in Bd. 1 und 2 dieser Ausgabe); *WA* = Weimarer Ausgabe (zitiert mit röm. Ziffern = Abteilung, mit arab. Ziffern = Band- und Seitenzahl); *HA* = Hamburger Ausgabe (röm. Ziffern = Bandzahl); *HA Briefe* = Hamburger Ausgabe der Briefe Goethes, Bd. 1–4; *Art. Ged. Ausg.* = Artemis Ge-denk-Ausgabe der Werke, Briefe und Gespräche Goethes; *C* = Cotta-Gesamtausgabe der Werke und Schriften Goethes in 22 Bänden (röm. Ziffer = Bandzahl); *GWb* = Goethe-Wörter-buch, Stuttgart 1966 ff.

1. Stück
(Karlsbad – Brenner)

11 Berichtigung verschriebener Ortsnamen im 1. Stationen-verzeichnis: Zwodau, Tirschenreuth, Panholz, Wolfrats-hausen, Benediktbeuern, Walchensee, Mittenwald, Schönberg.

12 *Lat. 1.*: latus primum (= Seite 1)
die Gräfin Lanthieri: s. u. 43

13 *No. 1*: bezieht sich auf Goethes Zeichnungen; die Num-mern enden mit 12. in Venedig.
Note a fol.: die unter Überschriften zusammengefaßten Bemerkungen auf den Blättern am Ende des ersten (und zweiten) Tagebuchstücks.
Waldsassen: Zisterzienserkloster, 1133 von Markgraf Die-pold gegründet, 1681–1704 im frühbarocken Stil neu erbaut.

14 *Polder*: eingedeichtes Land. Vgl. auch u. S. 47.
Regenspurg: G. wohnte im »Weißen Lamm« am Donau-ufer.
Schauspiel: Am 4. und 6. Sept. wurden im Jesuitenkolleg

aufgeführt: »Die sogenannte Menschenliebe, ein bürgerliches Trauerspiel in dreien Aufzügen« und das Singspiel »Der lieblose Knecht« (nach Matthäus 18, 21–35). S. Archiv f. Lit. Gesch. Bd. 4 (mit Text des Singspiels). Die Aufführungen sind späte Nachkommen des vor allem im 17. Jh. in Süddeutschland äußerst glanzvollen Jesuitendramas.

15 *Fritzen*: Charlotte von Steins Sohn Friedrich (1772–1844), dessen Erziehung sich G. besonders angenommen hatte. Fr. wurde später Kammerassessor, nach 1798 Kriegsrat. S. auch *BrA* Nr. 15.

Jesuiten...Klugheit: Über die Lebensklugheit dieses Ordens äußert G. sich öfters anerkennend; so 1790: *Besonders wenn ich eine Spur von Jesuiten habe wird mirs gleich wohl. Nicht weil ich selbst die Menschen gern zum Besten habe sondern weil ich das größte auf Instinckt, Kenntniß, Bedürfniß, Lebenslust Behagen gegründete Talent erkenne die Menschen zum Besten zu haben. Was einer für eine Kunst treibt ist mir gleich nur muß er Meister seyn diese waren Meister und wer nicht thut wie sie wird nicht Meister seyn.* (*WA* I 32, 491).

wie ein andrer Schüler: wie jeder andere Schüler (in Anspielung auf die »fahrenden Schüler«, Scholaren, Studenten).

16 *in der Hofmannischen* (= Hoffmannschen) Buchhandlung am Markt in Weimar (gegr. 1711), heut an der Esplanade. Über negative Erfahrungen mit Buchhändlern als Raubdruckern: *Dichtung und Wahrheit* 16. Buch (*HA* X, 82 f., 125).

17 *Pastor Schäfer*: Jakob Christian Schäffer (1718–90), Superintendent in Regensburg; bekannt als Naturforscher und Sammler; Werke zur Botanik und Zoologie (Schwämme, Insekten).

unter dem ...Nahmen Möller: Philippe, oder Giovanni Filippo M. nannte sich G. während seines langen Inkognito. Als Beruf gab er zeitweise Kaufmann an.

Todtliegendes: Gesteinsschicht ohne Erz. Vgl. die Studie G.s. *Über den Granit* (1884): *...ja, wir ...haben noch vor kurzem das Toteliegende, eine zusammengebackene Steinart*

aus Quarz und Hornsteinarten und meist unter den Schiefer-
flözen ...mit dem Granit verwechselt. (*HA* XIII, 253 ff.)
Aburg: Abach an der Donau. *Saale*: Saal.
die Bildergallerie: damals an der Nordseite des Hofgartens.
Die Scizzen von Rubens: Entwürfe zu einer Gemäldefolge,
die Maria de'Medici (Witwe König Heinrichs IV.) 1622
für das von ihr erbaute Palais Luxembourg bestellte (Sze-
nen aus ihrem Leben). Die Bilder heut im Louvre, die 18
Skizzen in der Alten Pinakothek. Vgl. J. Burckhardt,
Erinnerungen aus Rubens, Stuttgart 1938, S. 12.
Colonna Trajani: Die Nachbildung der Trajanssäule vom
Forum Romanum durch Lodovico Valadier und Barto-
lomeo Hecher 1774–80 geschaffen, 1783 von Kurfürst
Karl Theodor in Italien erworben, jetzt in der Schatz-
kammer der Residenz. Erwähnt bei J. W. v. *Archenholz*,
England und Italien, 2 Bde., Leipzig 1785 (2. Aufl. 1787),
Bd. 2, S. 264 ff. (Über dessen *großtuige, verachtende Manier*
IR 191 f.; ebd. 148; *T* 136 mit Anm.)

18 *Im Antiquario*: das Antiquarium der Residenz, eines der äl-
testen Museen nördlich der Alpen, war 1569 begonnen,
aber erst 1600, nach Umbauten, durch Sustris vollendet
worden. Bauherr war Herzog Albrecht V. Die Antiken
heut in den Gebäuden am Königsplatz (Glyptothek und
Antikensammlungen).
Das *Naturalienkabinet*: im Jesuitenkolleg.
Zu den von G. genannten römischen Büsten (von denen
Drusus und Cäsar nicht sicher zuweisbar sind) s. jetzt:
Glyptothek München. Ein kurzer Führer von D. Ohly,
München 1972, S. 75 ff. (Saal der röm. Bildnisse).
durch Knebeln: Karl Ludwig v. Knebel (1744–1834), wei-
marischer Prinzenerzieher und Goethes Urfreund, hatte
im Sommer 1785 Oberbayern und Tirol bereist. S. auch
BrA Nr. 8 und Nr. 36. Die »physiognomische« Bemer-
kung hat G. in der *IR* nicht wiederholt.
Bey Kobeln: Franz Kobell (1749–1822), Landschaftsmaler,
nach sechsjährigem Italienaufenthalt seit 1785 in München. *Knebel hat mir sehr schöne Zeichnungen von Kobel mit-*

gebracht. (G. an Frau von Stein, 1. 3. 1786) Mit seinem Bruder Ferdinand, Maler in Mannheim, hatte G.
schon 1780 (3. 12.) über Zeichnungen verhandelt: *Bestel-*
len Sie doch ein Duzend Zeichnungen von Ihrem Bruder in
Rom...

Daß G. auch einige Gemälde Dürers in der Kurfürstlichen
Galerie gesehen hatte, geht aus der Tagebuchnotiz in
Bologna vom 19. 10. 1786 hervor: *In München habe ich*
ein paar Stücke von ihm von unglaublicher Großheit gesehn.
S. *T* 155 f.

das phisiognomische abgerechnet: Über seine auf Lavaters
Anleitung zurückgehenden physiognomischen Kenntnisse und Studien berichtet G. in *Dichtung und Wahrheit* 19.
Buch (*HA* X, 154 ff., 160 ff.). Vgl. auch *IR* 504. *An Herder:*
er solle ihm über *Regeln des griechischen Künstlerideals* berichten, *denn ich bin immer das neugeborne Kind. Hat Lavaters*
»Physiognomik« etwas Kluges darüber? (*IR* 547)

auszeichnet: hervortritt, deutlich wird.

groses Kind: Ähnlich noch in einem Brief G.s an Eichstädt,
29. 1. 1815: *Natur-Kind in seiner ganzen Losheit* (auf die
Reise 1786 zurückblickend).

19 *den reisenden Franzosen:* Kaspar Riesbeck, Briefe eines reisenden Franzosen über Deutschland an seinen Bruder in
Paris, übersetzt von K. R., 2 Bde 1783. Schilderung Salz-
burgs Bd. 1, S. 180 ff.

Turm von dem sich die Fräulein herabstürzte: Das Schicksal
der unglücklichen Franziska v. Ickstatt erregte 1785 Auf-
sehen und wurde auch literarisch als »Wertheriade« dargestellt. So von Nesselrode, Leiden der jungen Fanny (s.
Goethe-Jahrb. Bd. 9, S. 239; s. JB. FDH 1970, 478).

an den alten Turm: in der Kaufingerstraße (der sogen.
»schöne Turm«), nahe bei G.s Gasthof »Zum schwarzen
Adler«.

eine böse Arbeit ...die Iphigenie: die *Iphigenie auf Tauris*, 1779
in Prosafassung abgeschlossen, im Frühjahr 1780 in freien
Rhythmen, 1781 in einer neuen Prosafassung gestaltet,
war von G. zur Umformung in die (endgültige) iambische

Versfassung mit auf die Reise genommen worden. S. auch
G.s Brief an Herder, Ende August 1786, an Frau v. Stein,
1. Sept. 1786 und *BrA* Nr. 3.

21 *Haquet*: Belsazar Hacquet, Physikalisch-politische Reise
auf die Dinarischen, Julischen, Kärntner, Rätischen und
Norischen Alpen, gemacht in den Jahren 1781 und 1783.
4 Bde., Leipzig 1785. S. auch S. 50. H. war Professor in
Lemberg.
Abenteuergen: GWb I 1, Sp. 36 ff. »reizvolle oder überra-
schende, die Einbildungskraft beschäftigende Begegnung«. Vgl. die Ausgestaltung in der *IR* 19 f.

23 *Marien Tag*: das Fest Mariae Geburt am 8. Sept.
Martins Wand: eine 1113 m hohe Felswand westlich von
Innsbruck. Die Sagen um Kaiser Maximilian I.
(1459–1519) waren G. seit langem (u. a. aus Ludwig Gott-
frieds Historischer Chronik, um 1630, die in der Biblio-
thek des Vaters stand) bekannt, die Gestalt des Kaisers bereits in den *Götz* eingegangen. Vgl. jetzt den Katalog der
Ausstellung »Kaiser M.« in Wien 1959; A. Busson, Die
Sage von M. an der Martinswand und ihre Entstehung.
Abhandl. d. kaiserl. Akad. d. Wiss. Wien 1888, Band 116,
u. A. Pigler, Barockthemen, Bd. II, Budapest 1956,
427 f.
Söller: der Schwiegersohn des Wirts in G.s Lustspiel *Die
Mitschuldigen* (1769), als Tagedieb und Betrüger gezeichnet.
Wilden: der Wallfahrtsort Wilten, heute zu Innsbruck ge-
hörend.

24 *Weltschöpfung*: Wohl als Arbeitstitel zu einem geplanten
Werk, einem schon am 7. Dez. 1781 in einem Brief an Frau
v. Stein erwähnten ›Roman über das Weltall‹ zu verstehen.
1798/99 wird, angeregt durch Knebels Übersetzung des
Lukrezischen Lehrgedichts »De rerum natura« und Schel-
lings Werk »Von der Weltseele«, der Plan, *ein großes Na-
turgedicht* (in Hexametern?) zu schreiben, erneuert, aber
nicht ausgeführt. (*Annalen* 1799) Das 1804 unter dem Titel
Weltschöpfung (später *Weltseele*) veröffentlichte Gedicht

(*HA* I, 248 dazu E. Trunz' Kommentar) deutet wohl den Grundriß dieser Kosmogonie und Weltschau an. (S. auch den Rückblick G.s im Brief an Zelter vom 20. Mai 1826.)

geträumt von dem Model: Vermutlich das in *Tag- und Jahreshefte* 1804/1807 erwähnte geologische Modell: *Geognostische Erfahrungen, geologische Gedanken in ein folgerechtes Anschauen einzuleiten, gedachte man an ein Modell, das beim ersten Anblick eine anmutige Landschaft vorstellen, deren Unebenheiten bei dem Auseinanderziehen des Ganzen durch die innerlich angedeuteten verschiedenen Gebirgsarten rationell werden sollten. Eine Anlage im Kleinen ward gemacht* ... Ebd.: *Es sollte auf der Oberfläche eine Landschaft vorstellen, die aus dem flachen Lande bis in das höchste Gebirge sich erhob. Hatte man die Durchschnittsteile auseinandergerückt, so zeigte sich an den inneren Profilen das Fallen, Streichen und was sonst verlangt werden mochte. Diesen ersten Versuch bewahrte ich lange und bemühte mich, ihm von Zeit zu Zeit mehr Vollständigkeit zu geben.* (Zuordnung von Hölter/Wolff *C* XX, 704 f.) Das Wort *Modell* auch für die *Urpflanze*, an Frau v. Stein, 8.6.1787.

Gegenstände: vom Zeichner G. oft in der Bedeutung »Motiv« (Objekt) gebraucht. *vorbeygefahren*: zu G.s Zeit üblicher transitiver Wortgebrauch.

25 *schon zweymal auf so einem Punckte*: gemeint ist der Gotthard-Paß, zu dem G. auf seinen beiden Schweizer Reisen 1775 (21. Juni) und 1779 (13. Nov.) vorgedrungen war (vgl. *Tagebücher* und *Dichtung und Wahrheit* 19. Buch, *HA* X, 149 ff.). Beidemale war dort der Wendepunkt der Reise. *Endlich sind wir auf dem Gipfel unserer Reise glücklich angelangt! Hier, ist's beschlossen, wollen wir stille stehen und uns wieder dem Vaterlande zuwenden. Ich komme mir sehr wunderbar hier oben vor; wo ich mich vor vier Jahren mit ganz andern Sorgen* ... *einige Tage aufhielt, und mein künftiges Schicksal unvorahnend, durch ein ich weiß nicht was bewegt, Italien den Rücken zukehrte und meiner jetzigen Bestimmung* (dem Weimarer Leben) *unwissend entgegen ging. (Briefe aus der*

Schweiz, II. Abteilung, 13. XI. 1779, dtv-Ausg. Bd. 28, S. 67 f.)

26 *Note a. Witterung*: Vgl. die durchgeformte Fassung in der *IR* 23 ff. (*Oszillation*, ›Abspinnen‹ der Wolken) und die 1825 entstandene Schrift *Versuch einer Witterungslehre*.

Wolcken: Vgl. die Beschreibung in *Briefe aus der Schweiz, II. Abteilung*, 10. XI. 1779, dtv-Ausg. Bd. 28, S. 54 ff., und die symbolische Sicht der Wolkenformen in dem Gedicht *Howards Ehrengedächtnis* 1820/22 (*HA* I, 349 ff.).

weißer Duft: Die Beobachtung auch in *Tasso* I, 1: *Und an dem Horizonte löst der Schnee / Der fernen Berge sich in leisen Duft*. Ähnliche Übergänge von Naturbeschreibung in Poesie: *weißer Morgen alles in Duft* (Paralipomenon zur *IR*, in: *WA* I 31, 334) und *Nausikaa*-Fragment V. 129 f.: *Ein weißer Glanz schwebt über Land und Meer / Und duftend steht der Äther ohne Wolken*.

Elasticität: ein für G. zentraler Begriff, nicht nur auf die Atmosphäre, sondern auch auf die Pflanzen (S. 30) und den menschlichen Geist (S. 39) übertragen. Am 11. Dez. 1805 berichtet Henriette v. Knebel: »Goethe hat... gar schön über die Elastizität der Luft gesprochen und noch hübscher über die moralische Elastizität, wie große und ungewöhnliche Erscheinungen und Begebenheiten auf den Menschen wirken – ganz nach seiner Art; schön und frisch.« (dies. an ihren Bruder: 27. Jan. 1805)

28 *Note b. Polhöhe*: Breitengrad.

29 *Note c. Türckisch Korn*: it. granturco: Mais (auch fromentone von lat. frumentum: Getreide, Korn), *gelbe Blende*.

schwarze Blende (Plente, *Haidekorn*, Haiden): Buchweizen. Über die Polenta-Zubereitung und die Folgen dieser Ernährung s. die *Note e.* des 2. Stücks.

Gentiana: Bergenzian (vgl. *Wilhelm Meisters Wanderjahre* 1. Buch, 3. Kap.). G.s Terminologie an Linné orientiert. Vgl. G. Schmid, Der Enzian. Zur Frühgeschichte der Goetheschen Botanik. In: Goethe 7 (1942), S. 16 ff. und 8 (1943), S. 19 ff.

31 *Note d. Gegend von Ellenbogen*: Elbogen, Ort in Nordböh-

men am Südostrand des Falkenauer Kohlenbeckens, im Granitgebirge des Kaiserwaldes, von der Eger umflossen. Ziel mehrerer Exkursionen G.s von Karlsbad aus.

2. Stück
(Brenner – Verona)

35 Berichtigung verschriebener Ortsnamen im 2. Stationenverzeichnis: Sterzing, Mittenwald, Branzoll, Neumarkt, Lavis (für Neefes), Rovereto, Malcesine, Bardolino.

36 *völlige Everdingen:* (völlig wie Bilder von) Allaert van Everdingen (1621 Alkmaar – 1675 Amsterdam), niederl. Landschaftsmaler (vor allem nördlicher Motive), Radierer. G. zeichnete 1781 nach seinem Vorbild, rühmte seine Größe und stellte ihn neben Ruisdael. G. an Merck 1781: *Wo du etwas von Ewerdingen auftreiben kannst, schicke es ja. Neulich habe ich die ganze Sammlung beisammen gesehen; man will sie aber nicht hergeben. Seit ich diesen Menschen kenne, mag ich weiter nichts ansehen.* G. erwarb im Mai 1781 über 100 Blätter, 1783 die Radierungen zu »Reineke Fuchs« (s. den Brief an Breitkopf, 20. Febr. 1782), die sein zehn Jahre später entstandenes Tier-Epos mit angeregt haben werden (s. auch G.s *Skizzen zu Castis Fabelgedicht »Die redenden Tiere«* 1817, C XVI, 566 ff.).

37 *Nordwärts gefahren:* vielmehr westlich. *der Etsch Fluß:* der Eisack, der unterhalb Bozens in die Etsch mündet. *zaseliche:* faserige.

38 *absichtliches ... Daseyn:* ziel- und zweckbestimmtes, geordnetes Leben (von G. oft in dieser Bedeutung gebraucht; GWb). *Comme les peches...:* »So wie die Pfirschen und Melonen / Sind für den Schnabel der Baronen, / Sind Geißel und Stock der Narren Los, / Wie's steht in den Sprüchen Salomos.« (Übers. nach Christian Schuchardt, G.s Italien. Reise, Stuttgart 1862, S. 71; vgl. Sprüche Salomons 26, 3)

39 *Attich:* Zwergholunder. *es sagte, daß sie kein Deutsch verstehe:* im Manuskript: *es* aus

gestrichenem *sie* (beidemale das Kind (wohl Mädchen) gemeint).

40 *Heinrich Roos*: Johann H. R. (1631–1685), seit 1657 in Frankfurt a. M., Maler vor allem von Tier- und Hirtendarstellungen vor Ruinenkulissen. Seine Bilder (und die seiner Nachkommen) waren schon dem jungen G. bekannt, einige Blätter später in seinem Besitz.

der Vaterländische Staub: Italien wird von G. öfter als (lange vorenthaltenes) Vaterland bezeichnet, auch als »Paradies« (Deutschland dagegen als Ort der Verbannung, s. *T* 72, 86), wie Rom als *Tempel* (*T* 138), mit biblischem Anklang; vgl. auch Victor Hehn, G. und die Sprache der Bibel, in: Gedanken über G., 1887.

Concilium: das Tridentinische Konzil, 1546–1563, war von Papst Paul III. einberufen worden, der 1540 den Jesuitenorden bestätigt hatte. Das *Bild* aus dem Jahre 1563 nicht in der Seminarkirche der Jesuiten, sondern in S. Maria Maggiore.

41 *Jesuiten herausgetrieben*: Der Orden war 1759 aus Portugal, 1764 aus Frankreich, 1767 aus Spanien vertrieben und 1773 von Papst Clemens XIV. aufgehoben worden. *der Kayser*: Joseph II. von Österreich (1765–1790); im Zug seiner Reformen auch die Aufhebung der Klöster (1781/82). Trient stand wie Mailand und Toskana unter österr. Verwaltung.

42 *das Teufelshaus*: casa del diavolo, ein Palazzo in der Contrada lunga, 1581 von Georg Fugger aus Augsburg erbaut, im 17. Jh. von Mattia Galasso erworben und im Stil Palladios umgebaut. Die »Teufelswette« enthielt die Klausel, daß um den Einsatz der Seele Fuggers der Teufel das Haus erbauen und in der selben Nacht ausgestreute Körner einsammeln sollte, was ihm nicht gelang. Aus Zorn soll er ein Loch in der Mauer hinterlassen haben. (Ein ebenso genanntes Haus in Vicenza von G. nicht erwähnt. S. die Abb. in der Schweizer Zeitschr. »du« 1959, Heft 3: »non finito«.)

in die Landstracht zu kleiden: ein ähnlicher Umtausch der

Garderobe nach der Ankunft in Leipzig (1765) beschrieben in *Dichtung und Wahrheit* 6. Buch, *HA* IX, S. 249 f.

43 *Adige*: (it.) Etsch   *Torbole*: aufgrund der hier erwähnten Zeichnung konnte G.s »Blickpunkt« und damit sein Logis ermittelt werden: der Gasthof der Brüder Alberti (»Zur Rose«).
gemeine: gewöhnliche, allgemein verbreitete.
die Gräfinn Lanthieri: Aloysia L., geb. v. Wagensperg aus Grätz, gehörte zu G.s Karlsbader Freundeskreis; vermutlich ist sie die *liebenswürdige Dame (die schöne Gräfinn*, 22. Aug. 1786), die G. am 27. Mai 1787 in Neapel traf, mit der er die Karlsbader Tage erinnerte. *IR* 424 f.; *T* S. 13, 115.

44 *Volckmann*: Johann Jacob Volkmann (1732–1803) aus Hamburg, Reise- und Kunstschriftsteller, verfaßte: Historisch-kritische Nachrichten von Italien, welche eine genaue Beschreibung dieses Landes, der Sitten und Gebräuche, der Regierungsform, Handlung, Ökonomie, des Zustandes der Wissenschaften und insonderheit der Werke der Kunst nebst einer Beurteilung derselben enthalten. Aus den neuesten französischen und englischen Reisebeschreibungen und aus eigenen Anmerkungen zusammengetragen. 3 Bde., Leipzig 1770–71 (2. Aufl. 1777). G. hatte diesen ›Baedeker‹ aus Knebels Bibliothek entliehen, ihn während der Reise häufig benutzt, sich aber oft von seinen Klischee-Urteilen abgesetzt. Gröber nannte schon 1780 W. Heinse den Verfasser einen »blind in den Tag Hineinreiser und alles Aufschreiber« (It. Tageb., Werke, hrsg. v. C. Schüddekopf, 1909, Bd. 7, S. 112).
Vers des Virgil: G. (und Volkmann Bd. 3, 719) verwendet die seit dem Mittelalter übliche Namensform für den röm. Dichter Publius Vergilius Maro (70–19 v. Chr.) aus Mantua, in dessen Lehrgedicht »Georgica« (Vom Landbau), 2. Buch, innerhalb einer den Ruhm der italischen Landschaften verkündenden Partie (›laudes Italiae‹) der berühmte Vers steht (159 f.): (»Soll ich dich rühmend erwähnen, sehr großer Larius [Comersee]) und dich, der

sich mit Wellen und Meeresgebraus erhebt, Benacus?«
Vgl. G.s Gestaltung der Partie in der *IR* 39 ff., den Rückblick vom 6. Jan. 1787, ebd. S. 204, und *Iphigenie auf Tauris*
I, 1 V. 10 f. (Der Vers auch in W. Heinses »Ardinghello«
erwähnt).

45 *qui abasso* …: »Hier unten können Sie sich bedienen!« *Ich
fragte* »Wo?« *er antwortete*: »Überall, wo Sie wollen.« In einem Notizheft G.s: *Papier Fenster kein Riegel kein Privet.
10/m f. Pacht*: zehntausend (m = mille) Gulden (f = Florin).

46 *die Gränze*: zwischen dem österr. Gebiet und der Republik
Venetien.

Treufreund: Ein Athener (griech. Pisthetairos) aus der
Komödie »Die Vögel« (aufgeführt 414 v. Chr.) des Aristophanes (um 445 – nach 388 v. Chr.), dem aufgrund seiner Wortgewandtheit und Tatkraft die Gründung eines
friedlichen Vogelstaates gelingt. G. hatte die Komödie
1780 in eigener Übertragung auf dem Ettersburger Theater inszeniert und selbst die Rolle des Treufreund gespielt
(vgl. auch: an Merck 16. 7. 1782).

haranguirt: (frz. haranguer: eine Ansprache halten) ›be-
schwatzt‹ (vgl. die Ausführung der Szene in der *IR*
42 – 48).

48 *sehen … nicht so fröhlig*: »sehen« für »aussehen« (ähnlich
dem engl. to look) im 18. Jh. üblich. S. auch S. 64:
Abends … siehts recht lebendig. »fröhlich« von der Landschaft etc. (schon in der Antike: z. B. arva laeta: fröhliche,
lachende Fluren): vgl. auch G.s Gedicht *Mayfest* (1771):
Wie lacht die Flur!

49 *Note a. mitternächtlich*: (Adv.) im Norden (als Adj.: mitter-
nächtig); so auch meist: *mittägig*: südlich; *gegen Abend*:
westlich. Vgl. S. 158, 216 u. ö.

Wassergalle: das Wort ist seit dem 17. Jh. belegt (auch in
Mundart: Elsaß, Baden, Schlesien).

50 *Aqua statt* …: *IR* 50: *sie sagen acqua, um den gelinden Regen
auszudrücken*.

Note d. Färbers Reise …: Johann Jakob Ferber (1743 – 1790),
Professor der Naturgeschichte in Mitau, schrieb: Briefe

aus Wälschland über natürliche Merkwürdigkeiten dieses
Landes…, Prag 1773. *Haquet*: s. o. S. 21.

Voigtische Cabinetchen: Der Bergsekretär Johann Carl Wilhelm Voigt (1752–1821), Verfasser zahlreicher mineralo-
gischer Schriften, hatte kleine tragbare Sammlungen (sogen. Studioli) wichtiger und seltener Steinarten angelegt,
mit Angabe der Herkunft, Eigenschaft und Beschaffenheit
der Steine.

51 *Parallelepipedische Base*: würfelförmig (ein von drei Paaren
paralleler Ebenen begrenzter Körper, z. B. vierseitige
Prismen); G. beschrieb so auf seiner 3. Harzreise Granit-
säulen (1784).

Vulkanische Produckte: G.s Abneigung gegen die Theorien
der »Vulkanisten« kommt in der *IR* 51 stärker zum Ausdruck: *wo die ganze Welt in den Köpfen brannte*. Er selbst
neigte mehr der Auffassung des »Neptunismus« zu, sich
die Entstehung der Gebirge soweit möglich aus der Wirkung des Wassers zu erklären. S. auch S. 190.

52 *Note e. kachecktische Farbe*: ungesunde, üble F. (von griech.
kakòs héxis = schlechter Zustand).

53 *Herren, die es ihnen wieder abnehmen*: die »signori«, Gutsbe-
sitzer, für die die »contadini«, die Pachtbauern, das Land
(in »poderi« aufgeteilt) bewirtschafteten. Die Latifun-
dienwirtschaft der »fürstlichen Hofhaltung eines zentrali-
stischen Kleinstaates« vergleichbar (R. Borchardt, »Villa«).

Pauper ubique iacet: Die Worte aus den »Fasti« (einem Ge-
dicht in Distichen über die Festtage des röm. Kalenders, in
6 Büchern) des Ovid (43 v. Chr. – 18 n. Chr.), I. Buch, V.
217 f.: »In pretio pretium nunc est. dat census honores, /
Census amicitias, pauper ubique iacet.« Heut ist nur der
Gewinn ein Gewinn. Vermögen bringt Ämter (Ehren),
Vermögen Freundschaften. Der Arme liegt überall unten.
– Vgl. auch G.s Brief an Knebel, 17. Apr. 1782: *So steig ich
durch alle Stände aufwärts, sehe den Bauersmann der Erde das
Nothdürftige abfordern, das doch auch ein behäglich auskommen
wäre, wenn er nur für sich schwizte. Du weißt aber wenn die*

Blattläuse auf den Rosenzweigen sitzen und sich hübsch dick und
grün gesogen haben, dann kommen die Ameisen und saugen ih-
nen den filtrirten Safft aus den Leibern. Und so gehts weiter, und
wir habens so weit gebracht, daß oben immer in einem Tage mehr
verzehrt wird, als unten in einem beygebracht (organisirt) wer-
den kann . . .

3. Stück
(Verona, Vicenza, Padua)

Verona

57 *das Format . . . ändert sich*: Stück 1 und 2 waren auf der rechten Hälfte gebrochener Quartbögen geschrieben; Stück
3–5 sind auf nicht gebrochenen Blättern geschrieben, nur
schmaler Rand (s. o. »Zu dieser Ausgabe« S. 241). *Format*
meint also den Schriftraum, nicht die, kaum differierende,
Blattgröße.

Bibliotheck: im Weimarer Schloß, 1761 auf Betreiben Anna
Amalias umgebaut (nach 1797 unter G.s Leitung erweitert
und mehrfach umgestaltet); schon 1787 ca. 60tausend
Bände und musterhafter Zustand (Schiller an Körner 18.
Aug. 1787). Nicht mehr nur »fürstliche«, sondern »öffentliche« Institution (vgl. H. Henning, Die Zentralbibl. d.
deutschen Klassik, Weimar 1974). – Die Bibl. besaß nur
die 2. Aufl. des Volkmann, für die G.s Seitenangaben nicht
stimmen.

Das Amphiteater: im 1. Jh. n. Chr. erbaut; Raum für 25tau-
send Zuschauer.

Ein Buch . . . davon: Scipione Maffei (s. u.), Verona illustrata, 1–4 (mit Stichen Zucchis nach Tiepolo), Verona 1731
(verkürzte Ausgabe 1771); Volkmann verweist auf
dieses Werk. Vielleicht ist aber auch, da das Werk schon
vor G.s Abreise in der Weimarer Bibl. vorhanden
war, die Vor-Fassung des 4. Teils: »Degli Anfiteati
e singolarmente del Verona libri due«, Verona 1728,
gemeint.

58 *der Kayser und der Papst*: 1771 hatte vor Joseph II., 1782 vor

258

Pius VI. ein Stierkampf in der Arena stattgefunden (berichtet bei Archenholtz).

59 *Stück der äußern Mauer*: Volkmann Bd. 3, 692: »An der einen Seite fängt zwar eine Mauer mit drey Säulenordnungen über einander an, welche ala dell'Arena heißt, es scheint aber, daß solche nie weiter ausgeführt worden.« Zur Geschichte der Arena im Mittelalter vgl. L. Friedländer, Darstellungen aus der Sittengeschichte Roms, Bd. 2, Leipzig [5]1881, S. 387 ff.

Arena (lat. harena: Sand) meint zunächst nur den Sandplatz, Amphitheater das rings herum gezogene »Gebäude« aus Stufen und Mauerbau (das »Theater« wiederum war kein ganzes Rund, sondern Kreis-»Segment«). Vgl. Friedländer, a.a.O., S. 220 f.

Ballon: Die Spielregeln sind in der *IR* 60 f. beschrieben: *In gehöriger Entfernung voneinander sind zwei gelindabhängige Bretterflächen errichtet. Derjenige, der den Ball ausschlägt, steht, die Rechte mit einem hölzernen breiten Stachelringe bewaffnet, auf der obersten Höhe. Indem nun ein anderer von seiner Partei ihm den Ball zuwirft, so läuft er herunter dem Ball entgegen und vermehrt dadurch die Gewalt des Schlages, womit er denselben zu treffen weiß. Die Gegner suchen ihn zurückschlagen, und so geht es hin und wider, bis er zuletzt im Felde liegen bleibt.*

Porta Stupa: (it. stuppa:) »Geschlossenes Tor«: 1557 von dem Veroneser Baumeister Sanmicheli (1484–1559) erbaut (s. Jacob Burckhardt, Der Cicerone, Stuttgart 1964, S. 304 ff.), erst 1866 als Straßentor geöffnet. *del Palio*: genannt nach dem Preis der bei ihr veranstalteten Pferderennen, einem Stück Gold- oder Silberstoff (lat. pallium). Genaue Beschreibung eines solchen Rennens und Preises: *IR* 666 (*Das röm. Karneval*).

60 *Nobili*: der Stadtadel.

gros und wahr: Leitbegriffe in G.s Kunstauffassung. An Künstlern wie Palladio, Raffael, vor allem aber an den antiken Kunstwerken befestigt und entfaltet. Das Große *nur der höchste reinste Punckt des Wahren* (Venedig, 30. Sept.

1786); das Große als völliges Fehlen des Willkürlichen (Bologna, 19. Okt. 1786); *Was nicht eine wahre innre Existenz hat, ...kann nicht gros seyn und nicht gros werden* (Terni, 27. Okt. 1786); *Diese hohen Kunstwerke [der Alten] sind zugleich als die höchsten Naturwerke von Menschen nach wahren und natürlichen Gesetzen hervorgebracht worden.* (Rom, 6. Sept. 1787); *Es ist nichts groß als das Wahre...* (8. 6. 87 an Frau v. Stein).

Theater: Das 1718 für die »Philharmonische Gesellschaft« erbaute Teatro Filarmonico bei der Piazza Brà, vor dessen jonischer Säulenfront Maffei 1744 durch den Architekten Pompei die einen Innenhof (zunächst als botan. Garten geplant) umschließende dorische Säulenportikus errichten ließ, die das *Museum* aufnehmen sollte. Vorzüglich darüber Gerhart Rodenwaldt, G.s Besuch im Museum Maffeianum zu Verona, 102. Winckelmannsprogramm, Berlin 1942 (mit Abb. u. Grundriß).

Maffei: der Marchese Francesco Scipione M. (Verona 1675–1755), weitgereister Sammler und Archäologe, berühmter Dichter der in mehrere Sprachen übersetzten klassizist. Tragödie »Merope« (vgl. Lessing, Hamburgische Dramaturgie, bes. 40. Stück) und des »dramma pastorale« »La fida ninfa«, Herausgeber mehrerer Werke über Inschriften und Altertümer (eigene Schriften u. a. das o. genannte Werk »Verona illustrata« sowie die Planung und Beschreibung seines Museums in »Museum Veronense« 1749).

61 *kannelirten:* mit Kanneluren (lat. canna: Rohr), senkrecht eingeschnittenen Vertiefungen, bei dorischen Säulen scharfkantig aneinanderstoßend.

Instituts: allgemein: Anlage (spezieller: Anstalt, s. u. S. 154).

Basreliefs: (it. rilievi bassi) Flachreliefs (unterschieden von Halb- und Hochreliefs). S. dazu G.s Rezension von Sandrarts »Teutscher Akademie« in den Frankfurter gel. Anzeigen, 13. 10. 1772 (*C* XVI, 25–29).

62 *Interkolumnien:* Säulen-Zwischenräume.

Dreyfuß: Rodenwaldt, a.O., S. 24, vermutet ein von den Franzosen 1797 nach Paris gebrachtes, heute im Louvre ausgestelltes Exemplar (Abb. in Maffeis »Museum Veronense« und bei Rodenwaldt, S. 34). Die (waffentragenden) Genien auf seinen Seitenflächen erinnerten G. an die Eroten in der von Raffael auf die Decke der Farnesina in Rom gemalten Geschichte der Psyche (10 farbige Blätter in Schloß Tiefurt b. Weimar). Vgl. G.s Brief an den Herzog, Florenz, 6. Mai 1788.

die Grabmähler: die erste Sammlung schon 1497. Maffeis Beziehungen zu Venezianer Familien ermöglichten Neuerwerbungen aus der gesamten Ägäis: aus Korinth, Athen, von Korfu, den griech. Inseln und Kleinasien. Viele Reliefs tragen Inschriften, die G. hier ganz übergeht (und erst bei seinem zweiten Aufenthalt, 1790, erwähnt). Rodenwaldt, S. 28: »Es gehörte ein divinatorischer Blick dazu, um das uns jetzt ... vertraute Wesen des klassischen attischen Grabreliefs in späten und geringen Nachfahren zu erkennen.« (Vgl. auch G.s spätere Beschreibung eines Grabmals in der *Kampagne in Frankreich* 23. Aug. und 22. Okt. 1792; *Das römische Denkmal in Igel*, 1829 als *Vorwort* erneuert; darin heißt es von den Darstellungen der früh Verstorbenen: *ganz im antiken klassischen Sinn, das Vorübergehende immerfort lebend und blühend zu denken.* (C XVII, 71) Vgl. *Wilhelm Meisters Lehrjahre*, 8. Buch, Kap. 5: *Der Ahnensaal* mit der Maxime: *Gedenke zu leben!*

kein geharnischter Mann ...: G. erinnerte sich hier wohl an den Kupferstich in der »Lebens-Beschreibung Herrn Götzens von Berlichingen«, Nürnberg 1731, der den knienden Ritter in seiner Rüstung (nach der Darstellung auf seinem Grabmal in Kloster Schöntal a. d. Jagst) u. die Inschrift zeigt: »Und er warthet alhje einer fröllichen Aufersteeung«.

Die Kupfer nehmen das offt weg: Schon 1781, vor einer Zeichnung Raffaels in Gotha, hatte G. die Wirkung des Originals gerühmt: *Nun verstehe ich erst, was nach ihm gestochen ist, nur der immediate Geist kann mich aufwecken.*

(9. Okt. an Frau v. Stein) S. auch *BrA* Nr. 7, *T* 206, *IR* (Rom, 25. Dez. 1786) 199.

Diomed: Diomedes, König von Argos, raubte mit Odysseus das Palladium, das Schutzbild der Göttin Athene, aus Troja (Apollodor, Epitome 5, 13).

an Herdern gedacht: Herders Abhandlung (in Briefform) »Wie die Alten den Tod gebildet« war zuerst 1774, die 2. Aufl. soeben 1786 erschienen (auch als Antwort auf Lessings gleichnamige Untersuchung von 1769); in ihr wird ein weiter Überblick über die antike Todes-Ikonographie gegeben und der Tod als »Freund Schlaf« besonders hervorgehoben. Dabei wird auch Maffeis Werk (im 12. Brief) erwähnt. (Für Lessings Abhandlung enthielt Maffeis Werk »eine ganze Erndte von Figuren« für den Tod als Schlaf; s. Hanser-Ausgabe der Werke, Bd. 6, München 1974, S. 421 ff.) Herder selbst sah die Grabsteine im Museum Maffei erst 1788 (Brief an seine Frau vom 5. Sept.). Stilistisch sind G.s Notizen Herderschen Formulierungen sehr ähnlich; vgl. Herder (5. Brief): »Hier liegt der Kranke; vor dem Bett steht Pluto... Dort sitzt ein bekränztes Paar auf dem hochzeitlichen Bett... Oder Weib und Kind stehen von fern und sagen dem Sterbenden Lebewohl...«. Anders als G. hebt Herder anhand der Ikonographie die Unerbittlichkeit und Fürchterlichkeit in der antiken Todesauffassung hervor. Ähnlich die Kritik an der deutschen Todessymbolik (mit Verteidigung des, bei G. abgelehnten, christlichen Todesgedankens): »Dem Dunkel der nordischen Mitternacht blieb es aufbehalten, dem Tode Schloß und Burg, eine Rittergestalt vor dem Thor der Hölle und zuletzt die Galanterie zu geben, daß er mit allen Ständen der Erde umhertanze. Zum Christenthum gehört dies ebenso wenig als zur Religion des Dalai-Lama in Tibet.« (12. Brief)

63 *ein verzierter Pfeiler*: flavischen Stils, mit Ranken- und Wellenornamenten, gehörte vielleicht zu einem römischen Straßenbogen der Kaiserzeit (Rodenwaldt S. 24 und Abb. 5).

Dom: S. Maria Matricolare, um 1139 begonnen, in der Spätgotik umgebaut (hallenartige Erhöhung des Langhauses 1520 abgeschlossen).

Der Titian: Das um 1540 entstandene Bild »Mariae Himmelfahrt« in einer der Seitenkapellen. G.s erste Begegnung mit einem Gemälde des Hauptmeisters der venezianischen Schule des 16. Jh.s (1477–1576).

St. Giorgio in Braida, am Etsch-Ufer, dem Dom gegenüber, 1477–1543 erbaut. Kuppel und unterer Teil des Campanile von Sanmicheli.

Mannaregen: von Felice Brusasorci d. J. (um 1542–1605), um 1605.

Wunder der 5 Brodte: von Paolo Farinati (1524–1606), um 1602.

Hl. Ursula mit den elftausend Jungfrauen, von Giovanni Francesco Caroto (um 1480–1555), 1535 (?).

G. erwähnt nicht das um 1566 entstandene »Martyrium des hl. Georg« des Paolo Veronese (über dem Hauptaltar), ein Meisterwerk des Malers.

64 *Malborrouh*: ein Spottlied auf den Herzog v. Marlborough, den Sieger in der Schlacht bei Malplaquet (1709). Man sang 1786 das »Malbrough s'en va-t-en guerre« als Volkslied halb italienisch, halb französisch in ganz Italien. Eine deutsche Übersetzung war schon 1784 im 43. Stück des »Tiefurter Journals« erschienen. Vgl. G.s Aufsatz *Volksgesang* (1789 in Wielands »Teutscher Merkur«) und *Römische Elegien* II, V. 7 ff.: *Wiederholet, politisch und zwecklos, jegliche Meinung, / Die den Wandrer mit Wut über Europa verfolgt. / So verfolgte das Liedchen »Malbrough« den reisenden Briten / Einst von Paris nach Livorn, dann von Livorno nach Rom, / Weiter nach Napel hinunter; und wär' er nach Smyrna gesegelt, / Malbrough! empfing ihn auch dort, Malbrough! im Hafen das Lied.* ... (Anfang des 19. Jh.s war das Lied auch in Rußland bekannt, wie Gogols »Tote Seelen« ausweisen).

65 *wann der Geist will*: »Geist« in G.s Wortgebrauch oft mit »Genius« identisch (auch »spiritus«, »pneuma« verwandt), daher objektivierbar: *der*, nicht »mein« *Geist*. Vgl.

IR 142, Bologna, 19. Okt. 1786: *Der Geist führte mir* (Iphigenie in Delphi) ... *vor die Seele* ... S. die Belege bei Rudolf Hildebrandt, Geist, Darmstadt 1966 (Nachdruck der Ausgabe 1926 nach dem Artikel in Grimms Deutschem Wörterbuch), bes. S. 2 ff., 18 ff.

una dopo notte: eine Stunde nach Anbruch der Nacht, die nach der italien. Uhr um 7 begann. S. u. 71.

auf dem Bra: Piazza Brà (von lat. praedium: Grundstück, Landgut), neben der Piazza delle Erbe der zweite Mittelpunkt des städt. Lebens.

Z. E.: Zum Exempel.

66 *Garten Giusti*: Der 1580 von dem Grafen Agostino Giusti (1546–1615) angelegte Park auf den Hügeln des linken Etsch-Ufers (Via S. Maria in Organo); in diesem Garten traf sich die von Maffei präsidierte Gesellschaft der »Arcadier«.

Cypressen ... einer Verehrung wehrt: Das »reinste Streben« der Zypresse nennt G. gleichnishaft in dem *Divan*-Gedicht: *In tausend Formen magst du dich verstecken* (*Buch Suleika*). Ebd.: *Weisheitsbaum an Baum zypresseragend* (*Buch des Paradieses*: *Berechtigte Männer*). G. sieht die *vertikale Tendenz* als *geistigen Stab*, die *spirale Tendenz* ihr ergänzend zugeordnet (s. den späten Aufsatz *Spiraltendenz der Vegetation* 1831, *HA* XIII, 130 ff.).

balanziren ... die Felsen: halten ihnen das Gleichgewicht, wiegen sie auf. Ästhetisch, mit dem Auge des Zeichners gesehen.

die Fiera: die Markthalle für die im Mai und Oktober stattfindenden großen Märkte; aus Stein, anstelle früherer Holzbauten. Vgl. Padua, 27. Sept. 1786 (u. S. 94).

Pall. Gherardini: Über die Galerie: Volkmann, Bd. 3, S. 700.

Orbetto: Alessandro Turchi, auch A. Veronese und l'Orbetto genannt (1573–1649), Schüler des Felice Brusasorci. Das Bild »Samson und Delilah« befindet sich heute im Louvre.

67 *Pall. Canossa*: Um 1530 von Sanmicheli erbaut. Das Bild der *Danae* (argivische Königstochter, der Zeus in Gestalt

eines Goldregens nahte und sie zur Mutter des Perseus machte) ist nicht auffindbar. Vgl. auch die Eintragung Venedig, 8. Okt. 1786 (u. S. 133): Vergleich der Sujets Danae – Maria. Vgl. auch das Schema im Brief an Zelter, 24. Nov. 1804!

Fische vom Bolka: Versteinerungen von dem geologischen Fundort Monte Bolca (mit dem gleichnamigen Dorf, einer »cimbrischen« Sprachenklave); es wurden seither über 100tausend versteinerte Fische gefunden. Exemplare heute im Palazzo Pompei in Verona. – Volkmann, Bd. 3, S. 705.

Pallast des Proveditor: (Proveditore: Stadthauptmann) Das spätere Municipio (1836 umgebaut, Entwurf von Barbieri) an der Piazza Brà. – Volkmann, Bd. 3, S. 692.

Inschrift: »Hieronymo Marmoreo (nicht: Maurigeno) V. C. cuius incredibili studio, dum urbi praeest, quod temporis iniuria huic amphitheatro perierat, reddi coeptum est, Veronenses P. P. MDLXIX.« »Dem Stadtoberhaupt Hieronymus Marmoreus, durch dessen ungeheuren Einsatz, während er der Stadt vorstand, das, was an diesem Amphitheater durch die Unbilden der Zeit zugrundegegangen war, wiederherzustellen begonnen wurde, errichtete die Bürgerschaft von Verona (dieses Andenken) 1569.«

68 *Notte, die 24ste Stunde*: 7 Uhr abends (für die Zeit vom 15.–30. Sept.), s. u. S. 71.

Lizzen des Corsets: »Litzen: Die runden Schnüre, womit die Kleider eingefasset werden« (Adelung)

Casa Bevi l'aqua: Von Sanmicheli in den 30er Jahren des 16. Jh.s erbaut.

Paradies von Tintoret: Die um 1579 anläßlich eines Wettbewerbes entstandene Skizze zu dem »Paradies« in der Sala del Gran Consilio im Dogenpalast zu Venedig (s. u. S. 116 f.; G. hat dem Gemälde die Skizze vorgezogen). Jacopo Robusti, gen. il Tintoretto (1518–1594 Venedig), Schüler Tizians, von Michelangelo beeinflußt (sein bedeutendster Schüler: El Greco). G. ist einer der ersten moder-

nen Betrachter, die ihm gerecht werden (vgl. auch: Cé-
zanne, Gespräche mit Gasquet; G. Hauptmann: Über Tintoretto, 1938; A. Malraux, Psychologie d. Kunst, 1949,
Bd. II).

69 *Veronese*: Paolo Caliari, gen. il Veronese (1528 Verona –
1588 Venedig), Schüler des Antonio Badile, von Tizian
und Tintoretto beeinflußt. Vgl. Goethes Skizze *Ältere Gemälde* (1790), bes. über die Maltechnik (Farbauftrag) Veroneses, Tizians und Tintorettos. Ferner: *Zur Erinnerung
des Städelschen Kabinetts* (1797). *C* XVII, S. 144 ff. und
577 ff. – S. auch: Theodor Hetzer, Paolo Veronese, in:
Aufsätze und Vorträge I, Leipzig/Darmstadt 1957. – Eines
der Bilder aus der Casa Bevilacqua (»Junge Frau mit einem
Knaben an der Hand«) im Louvre.

Endymion: (Mythos: ein von Selene, der Mondgöttin, ge-
liebter schöner Hirte oder Jäger, der sich von Zeus ewigen
Schlaf und ewige Jugend erbittet) In Darstellungen meist
als Schlafender erscheinend. G. korrigiert in der *IR*: *ein
hingestreckter Sohn der Niobe*. Römische Kopie nach griech.
Original um 320 v. Chr. (des Skopas oder Praxiteles),
heute, wie viele Kunstwerke aus der Casa Bevilacqua, in
der Münchner Glyptothek vgl. Führer... (o. S. 248)
S. 41: Saal V., 5.

August: Das postume Bildnis des Kaisers Augustus
befindet sich seit 1815 in der Münchner Glyptothek (Saal
XI). S. den Führer..., S. 83 und Abb. 37. Der Kaiser trägt
die *Corona civica*, die Bürgerkrone aus Eichenlaub, die ihm
nach seinem eigenen Tatenbericht (»Monumentum An-
cyranum«) im J. 27 v. Chr. wegen seiner Verdienste um
den Staat (Beendigung der Bürgerkriege und Übergabe
der Staatsgewalt an Senat und Volk) verliehen wurde.

70 *Vergleichungs Kreis der...Uhr*: Eine überarbeitete Fassung
unter dem Titel *Stundenmaß der Italiener* erschien in G.s
Beitragsfolge *Auszüge aus einem Reisejournal* in Wielands
Zeitschrift »Der teutsche Merkur«, Okt. 1788 (Eine Uhr
nach römischem System noch heute in der Sala dei Notari
des Dogenpalastes in Venedig; ein 24-Stunden-Kreis auch

auf der Uhr an der Torre dell'Orologio an der Piazza S. Marco, Venedig).

72 *wir Cimmerier*: Nach Homer, Odyssee 11. Buch, V. 14–19, ein in Finsternis und Nebel eingehülltes Volk am westlichen Rand des Ozean (danach sprichwörtl.: kimmerisches Dunkel, k. Nacht). Bei G. häufig auf Deutschland angewandt: s. u. S. 159: *der Nebel...macht unser liebes Vaterland zum wahren Zimmerien.* Dazu: Paul Requadt, Die Bildersprache der deutschen Italiendichtung von G. bis Benn, Bern/München 1962, S. 30 ff.
die...Nacht macht...Epoche: in der griech. Grundbedeutung: einen Ein-, Abschnitt (griech. epoché von epéchein: ein Anhalten bewirken). Wie sehr die natürliche Tageseinteilung der Italiener G.s eigenem Zeitsinn entsprach, zeigt ein Blick auf den Artikel *Abend* im GWb, 1. Lieferung, Sp. 24 ff.
intrinsec: (lat. intrinsecus, Adv.: im Innern) innig.

73 *Das dunckle Alterthum*: A. als Sachbegriff: Denkmal. dunkel: Herkunft aus dunkler, epochemäßig schwer erfaßbarer, Zeit (vgl. auch G. über die Pfalz von Gelnhausen, Tagebuch v. 27. Juli 1814).
wohlbehäglichen lachenden Heiligen: Vgl. G.s spätere Schilderung des hl. Philipp Neri, *IR* 421, Neapel, 26. Mai 1787, und *Philipp Neri, der humoristische Heilige, Zweiter Röm. Aufenthalt, IR* 606, die eine deutliche Vorliebe für weltlich-tüchtige Heiligkeit erkennen läßt.
Die berühmten Bronzetüren der Kirche S. *Zeno* maggiore aus dem 12. Jh. werden von G. ebensowenig erwähnt wie die Scaligergräber bei S. Maria Antica.

Vicenza

74 *Palladio*: Die Begegnung mit dem Werk P.s hat G.s Kunstauffassung entscheidend beeinflußt. Andrea P. (eigentlich: di Pietro), 1508–80 (Padua), der letzte der großen nach antikem Vorbild schaffenden Baumeister, war vor allem in Vicenza tätig, das durch seine Bauwerke zur

»Città del Palladio« wurde (s. jetzt den eindrucksvollen Katalog der 1973 in Vicenza veranstalteten Mostra del P.). 1570 erschienen in Venedig seine »Quattro libri dell'Architettura« (s. u. S. 94). G.s Palladio-Kenntnis reicht in die voritalienische Zeit zurück: durch das Reisetagebuch des Vaters 1740 (»Viaggio per l' Italia«), durch die Werke F. Vendramini Moscas, Ottavio Bertotti-Scamozzis u. a. (in der Weimarer Bibliothek), durch die Wirkung des europäischen »Palladianismus«, der über England (Inigo Jones und Christopher Wren) nach Deutschland kam und in den Architekten v. Knobelsdorff und v. Erdmannsdorff (letzterem begegnete G. 1780 in Leipzig) Nachfolger fand. Vgl. auch G.s Aufsatz für P. R. v. Sivers: *Grundlage zu einer architektonischen Bibliothek*, vom 22. Febr. 1797 (*C* XVI, 657–62). Literatur: Rudolf Wittkower, Principles of Palladio's Architecture, in: Journal of the Warburg Institute VII und VIII; ders.: Grundlagen der Architektur im Zeitalter des Humanismus, München 1969. Herbert v. Einem: G. und Palladio, in: Goethe-Studien, München 1972, S. 132–155 (umfassend); Harald Keller, G., Palladio und England, München 1971.

74 *das Olympische Theater*: 1580 nach Vitruvs Vorschriften über den Bau des antiken Theaters (in: »de architectura«), unter Wahrung der nach Gesetzen der musikalischen Harmonie geschaffenen Proportionalität, von Palladio für die »Akademie der Olympier« (s. u. S. 81) entworfen (»Freilufttheater« ins Innere eines Gebäudes »projiziert«), 1585 von Scamozzi vollendet. Das von G. erwähnte Werk (mit zahlr. Kupferstichen): Ottavio Bertotti-Scamozzi: Le fabbriche e i disegni di Andrea Palladio raccolti ed illustrati, 4 Bde., Vicenza 1776–84. Band I behandelt Teatro Olimpico und die Basilika. Vgl. auch G.s Brief an K. A. Böttiger, 28. Mai 1795.

Säulen und Mauern: In seinem Jugendaufsatz *Von deutscher Baukunst* (1772) hatte G. den durch die »Essays sur l'Architecture« des Jesuitenpaters Marc Antoine Laugier zum Prinzip erhobenen Satz von der *Unschicklichkeit des Säulen-*

einmauerns leidenschaftlich mit der »Lösung« konfrontiert, die der Erbauer des Straßburger Münsters gefunden hatte, während er gerade die freistehende Säule als *Bestandteil unserer Wohnungen* (und damit die Colonnaden des Petersplatzes ganz, die Idee der Madeleine-Kirche in Paris zum Teil) ablehnte. Vgl. v. Einem, a.O., S. 137.

75 *die Vögel belügt*: hier und öfters Bezeichnung des italien. Publikums nach den »Vögeln« des Aristophanes, s. o. S. 46.

die Basilika: das erste Werk Palladios in Vicenza, 1514 begonnen, erst 1614 vollendet: zweistöckige offene Bogenhalle um den alten gotischen Palazzo della Ragione (1444–57).

76 *Festons*: Girlanden, Blumengewinde (auch it.: festone). Vgl. Jacob Grimm, Italienische und skandinavische Eindrücke (1844): »unser Weinstock muß geschnitten an kleinen Stäben aufwachsen, deren Einförmigkeit den poetischen Rebhügeln steifes Ansehen erteilt: dort schlingen sich Ranken der Weinbäume, die in zwanglose Gruppen gestellt sich mit schwerbeladnen Armen wie zum frohen Reigen anzufassen scheinen.« (Reden und Aufsätze, München 1966, S. 75) S. auch *IR*, 25. Febr. 1787, 241 f.

bachischen Triumphwagen: wie er im Zug des Gottes Dionysos (lat.: Bacchus), der den Menschen die Weinrebe brachte, mitgeführt wurde. K. Ph. Moritz, der G. erst in Rom begegnete (s. *BrA* Nr. 9), notiert unter dem 2. Okt. 1786 in Verona: »Weinbeladne Wagen, von bekränzten Ochsen gezogen, fuhren vorbei, und jauchzende Knaben saßen reitend auf den Fässern.« (»Reisen eines Deutschen in Italien in den Jahren 1786–1788«, in: Werke in zwei Bänden, Berlin/Weimar 1973, Bd. I, S. 4)

Sorgo: (it.) Hirse (*IR*: *Sörgel*).

Das Sujet: »Les trois sultanes ou Soliman II«, ein Lustspiel in Versen von Favart (darüber Lessing, Hamburgische Dramaturgie, 33. Stück); Die *Entführung aus dem Serail*: Libretto von G. Stephanie nach C. F. Bretzners »Belmont und Constanze«, 1782 von Mozart vertont. S. jetzt: H.-A.

Koch, Das deutsche Singspiel, Stuttgart 1974, bes. S. 87 ff. –
G.s Interesse für das Singspiel und seine Bemühungen
um Libretto und Vertonungen verdeutlicht der rückblik-
kende (auch resignierende) *Bericht* in *IR, Zweiter Römischer
Aufenthalt*, November 1787, 571 ff. (auch *BrA* Nr. 26).

an Steinen gedacht: Ernst Josias Friedrich v. Stein
(1735–1793), Oberstallmeister in Weimar, seit 1764 mit
Charlotte, geb. v. Schardt, verheiratet. G. spielt auf seine
Mitwirkung in Liebhaberballetts an.

77 *für meinen Wilhelm…gesammelt*: für den Roman *Wilhelm
Meisters theatralische Sendung*, den 1777 begonnenen
»Ur-Meister«, der jedoch, durch die italien. Reise im 7.
Buch unterbrochen, erst 1794 wiederaufgenommen und,
nicht mehr als reiner Theaterroman, unter dem Titel *Wil-
helm Meisters Lehrjahre* umgeformt und fortgeführt wurde.
Über die Entstehung und die in den Roman eingeschmol-
zenen »Bilder der Theaterwelt« s. das Nachwort von E.
Trunz zu Bd. VII der *HA*, S. 611 ff. Vgl. auch *Lehrjahre* II.
Buch, 3. Kap. (Liebhabertheater).

modest prächtig: mit Maßen, bescheiden (≈ vornehm).

Capitan grande: das Stadtoberhaupt.

78 *zwey Büchlein*: Das eine wohl: Giovanni Montenari
(1698–1767), Del Teatro Olimpico di Andrea Palladio
in Vicenza. Discorso, Padua 1733 (in G.s Bibliothek
erhalten). *IR* 70 ist nur *ein sehr artiges Büchelchen* erwähnt.

Rotonda: Die Villa Rotonda (im Südosten vor der Stadt),
ein Hauptwerk Palladios, 1550 für Paolo Almerico be-
gonnen, 1606 von Vicenzo Scamozzi (1552–1616) vollen-
det. Von 1591 an im Besitz der Marchesi Capra. Genauere
Beschreibung (Lob der Proportionen, des quadratischen
Grundrisses) in der *IR* 73 f., dort auch einer der *Scrupel*:
Inwendig…wohnbar, aber nicht wöhnlich… (d. h. kein
Zweckbau).

Madonna del Monte: Wallfahrtskirche der Serviten aus dem
17. Jh. auf dem Monte Berico südlich von Vicenza.
Grundriß in Form eines griechischen Kreuzes. G.s Äuße-

rung läßt auf seine Bevorzugung des Zentralbaus schließen.
79 *Baumeister Scamozzi*: Ottavio Bertotti-Scamozzi (1719–
1790, Erbauer u. a. des Palazzo Franceschini in Vicenza).
G. kannte von der Weimarer Bibliothek bereits Bd. 1 und
2 seines 4bändigen Werks: Le fabbriche e i disegni di Andrea Palladio… (s. o. S. 268). In Venedig erwarb er am
29. Sept. 1786 Scamozzis Buch: Il forestiere istruito delle
cose più rare di architettura e di alcune pitture della città di
Vicenza. Dialogo, Vicenza 1761. – Beide Werke von
Volkmann empfohlen.
Landhaus des Conte Tiene: (s. auch S. 81) Der im 15. Jh. erbaute Palazzo Porto-Colleoni in Thiene, ca. 20 km nördlich vor Vicenza. (Das Stadthaus der Thiene in Vicenza
1552–56 von Palladio erbaut.)
la Casa di Palladio: Die um 1563 begonnene Casa Cogollo,
weder das Wohnhaus Palladios, noch sein Werk. G.
rühmt es *IR* 73 als *das bescheidenste Haus von der
Welt*.
humilem personam: meine unbedeutende Person.
illuminiren: mit Tusche, Sepia usw. abstufen; auch (und so
hier): colorieren. *IR*: *Das hätte* (der Vedutist) *Canalett ma-
len sollen*.
Humor: (hier und meist:) Stimmung.
rothen Wein: »Valpolicella«, »Recioto«, »Bardolino«.
wie der Heil. Ludwig: Nach der »Legenda aurea« des Jaco-
bus de Voragine führte der franz. König Ludwig der Heilige (1215–1270) ein enthaltsames Leben gemäß den Regeln des 3. Franziskanerordens.
Dr. Tura: Antonio Turra (1730–1796), Arzt und Botani-
ker in Vicenza (erwähnt von Volkmann, Bd. 3, S. 685); er
besaß außer der erwähnten Pflanzen- auch eine Minera-
liensammlung; er schrieb: Prodromus Florae Italicae.
1780. Über ihn berichtete Giacomo Zanella, Ricordo di
nozze, Vicenza 1863 (dort auch ein »Protokoll« zu der u.
erwähnten Sitzung der »Akademie der Olympier« vom
22. Sept.).

80 *Inschrifften ...an den vier Frontons* (Stirnseiten – lat. frons – der ionischen Säulenvorhallen): »Marcus Capra, des Gabriel Sohn, / Der dieses Gebäude dem engsten (Verwandtschafts-)Grad (nämlich) der Erstgeburt übergeben hat. / Zusammen mit allen Einkünften, Äckern, Tälern und Hügeln diesseits der großen Straße (nach Venedig), / Es immerwährendem Gedenken anvertrauend, während er duldet und sich enthält.« »Sustine et abstine«: eine Maxime der Stoiker (Epiktet bei Gellius, Noctes Atticae XVII, 19; Marc Aurel V, 33). In *Wilhelm Meisters Lehrjahre*, 8. Buch, 9. Kap. wird die Überstrenge des alten Marchese, Mignons Großvater, aufgrund dieser Inschrift beschrieben: *...er konnte nie zum Genuß gelangen, weil nichts auf die Weise entstand, wie er sich's gedacht hatte. Ich habe ihn in dem Augenblicke, da er einen Palast bauete, einen Garten anlegte, ein großes neues Gut in der schönsten Lage erwarb, innerlich mit dem ernstesten Ingrimm überzeugt gesehen, das Schicksal habe ihn verdammt, enthaltsam zu sein und zu dulden. (HA VII, 580; s. auch H. v. Einem, Goethe-Studien 145) Die Inschrift wird in der IR demnach auch nicht mehr ein *Herrlicher Text* genannt, sondern distanzierter: *seltsam*; und: *Das kann man mit geringerm Aufwand lernen.*

81 *schnellen Lauf der Architecktur:* wörtl. nach lat. cursus (Lauf); einen »Schnellkurs«.
lebendiges Wasser: zwar kanalisiert, aber in lebendigem Austausch (vgl. die Wendung *lebendig Silber* für die Quecksilbersäule im 4. der *Liebschaft*-Gedichte für Ulrike v. Levetzow, 1823).
Akademie der Olympier: 1555 (unter Mitwirkung Palladios) gegründete Vereinigung zur Pflege der Wissenschaften und Künste. – Daß G. später in Weimar ähnliche Zusammenschlüsse bewirken wollte, zeigte die Vereinigung der WKF (Weimarer Kunstfreunde) mit den von ihr ausgeschriebenen Kunstwettbewerben (1799–1805), durch die G. und Meyer jungen Künstlern das Problem der Nachahmung und Erfindung an praktischen Zielen vorstellen wollten. Das Projekt scheiterte bald. (S. Walter Scheidig,

G.s Preisaufgaben für bildende Künstler..., Weimar 1958
= Schriften der G.Ges. Bd. 57)

82 *Franceschini*: Über ihn und seine Fabrik berichtete bereits
Volkmann, Bd. 3, S. 678.

Sophism: (mit der zu G.s Zeit allgemein üblichen »französischen« Endung) Sophismus: rhetorisches und Schein-Argument, Trugschluß.

sentirt: bemerkt (hier viell. im Sinn von »assentieren«: Zustimmung finden).

Töchter Städte: Venedigs.

Verona oder Vicenz dem Mignon zum Vaterland: Als Heimat
des *Knaben-Mädchens* (le mignon, la mignonne), das in der
Theatralischen Sendung noch oft *der Mignon* genannt wurde,
ist in *Wilhelm Meisters Lehrjahre* nicht Vicenza, sondern die
Gegend von Mailand (8. Buch, 3. Kap.), dann genauer die
Gegend um *Arona* am Lago Maggiore (8. Buch, 9. Kap.),
dem *großen See* (*Wanderjahre*, 2. Buch, 7. Kap.), genannt
und beschrieben. Mignons Sehnsuchts-Lied *Kennst du das
Land*... ist wohl schon vor der italienischen Reise entstanden. Vgl. H. Meyer: *Kennst Du das Haus?* – Eine Studie zu
G.s Palladio-Erlebnis, in: Zarte Empirie, Stuttgart 1963,
und: O. Seidlin, Zur Mignon-Ballade, in: Von G. zu
Thomas Mann, Göttingen [2]1963, S. 23 ff. Weitere Belege
für G.s Beschäftigung mit *Wilhelm Meister* in Italien: *BrA*
Nr. 19, Nr. 26 und die Notizen von der Rückreise (zu *Wilhelm* und *Felix*; s. die Ausgabe von Blumenthal, o. S. 242,
S. 110 ff. mit weiteren Nachweisen). Vgl. auch G.s Brief
an Frau v. Stein, 20. Juni 1785.

83 *angefangne Zueignung*: Das im August 1784 als Einleitung
zu dem fragmentarischen Gedicht *Die Geheimnisse* entstandene Gedicht (G.s Brief an Herder vom 8. Aug. 1784),
das er an den Anfang des 1. Bandes seiner 1787 ff. erscheinenden *Schriften* stellte. Aus Rom schrieb G. am 25. Jan
1787 an Herder bei Übersendung der *Iphigenie*: *Es wird auf
das vorstehnde Blat nur gesetzt* Zueignung *nicht* Zueignung
ans d[eutsche] Publikum, *wie es in der Anzeige hieß*.

85 *Campo Marz[i]o*: Gelände am Südrand der Stadt. Von der

273

seit dem Ende des 2. Jh. n. Chr. zu einem bedeutenden Zentrum ausgebauten römischen Stadt blieben nach der Zerstörung durch Attila (452 n. Chr.) nur geringe Spuren. *Villa Valmarana*: Die Palazzina der 1669 erbauten Villa wurde 1757 von Giambattista Tiepolo (1696–1770) mit Fresken ausgemalt (Szenen aus Homers Ilias, Vergils Aeneis, Ariosts Orlando Furioso und Tassos Gerusalemme Liberata), die Foresteria (das Gästehaus) zum größten Teil von seinem Sohn Giandomenico (dekorativ, mit Chinoiserien, Karnevals- und Bauerndarstellungen). In dem von J. H. Meyer verfaßten Entwurf einer Kunstgeschichte des 18. Jh.s zu G.s *Winckelmann und sein Jahrhundert* (1805) wird G. B. Tiepolo einseitig negativ beurteilt (»Irrweg«). In der *IR* ist er nicht mehr erwähnt. – Für G.s von Winckelmann beeinflußte Unterscheidung der Stilarten vgl. die Schrift *Der Sammler und die Seinigen* (1799), bes. 6. Brief.

Gegenstände keine erhöhte Seele finden: Die Bedeutung des Begriffs *Gegenstand* für G.s Kunstverständnis erschließt z. Z. wohl am besten das Register in *C* XVII, S. 778. Vgl. auch H. v. Einem, G.s Kunstphilosophie, Frankfurt a. M. 1946 (Goethe-Studien 1972, S. 72–88). – Mit G.s »Verhalten« gegenüber dem Kunstwerk vgl. man Winckelmanns »Beschreibung des Apollo in Belvedere« (»ich nahm gleichsam einen erhabenen Standpunkt an, um mit Würdigkeit anzuschauen«, »Gehe vorher mit dem Geiste in das Reich unkörperlicher Schönheiten...«) und dagegen K. Ph. Moritz' »Kritik an Winckelmann« mit der Aufforderung, seine Rede dem Kunstwerk unterzuordnen (Schriften zur Ästhetik und Poetik, Tübingen 1962, S. 243 ff.), seine Forderung einer völligen »Uneigennützigkeit des Gemüts« und Selbstvergessenheit bei der Betrachtung, um eine moralisch-ästhetische Wechselwirkung hervorzurufen (»Reisen eines Deutschen in Italien«, 3. Teil, 16. Febr. 1788, in: Werke, a. O. S. 166 f.). – Über *den ersten Eindruck* s. auch u. S. 138; vgl. den Brief an die Freunde, Rom, 7. Nov. 1786 (zu Raffaels Stanzen).

86 *auf ewig daraus verbannt*: Erinnert an die Vertreibung aus

dem Paradies. Mit den Versen eines anderen Verbannten, des Ovid in Pontos, endet die *Italienische Reise* (vgl. auch *Römische Elegien* VII). Der elegischen Stimmung stehen aber auch sehr nüchterne Äußerungen G.s über die Unmöglichkeit, sich italienischer Lebensweise ganz zu assimilieren, gegenüber. Vgl. *BrA* Nr. 3, Nr. 31, bes. den Schluß von Nr. 27 und den Rückblick in Eckermanns Gesprächen mit G., 10. Apr. 1829. Etwas davon ist schon hier zu spüren. S. auch S. 138, 159 u. ö.

Bibliotheck: Die 1702 gegründete Biblioteca Comunale Bertoliana.

Bartolius: Bartolus de Sassoferrato (1314–57), berühmter Jurist, in Bologna, Pisa und Perugia wirkend, schrieb Kommentare zum römischen Recht, die auch in Deutschland benutzt wurden (bes. Kommentar zum Corpus iuris civilis).

Bey den Dominikanern: Ihre Kirche: Santa Corona, ein 1259 begonnener Backsteinbau.

antike Statue: Bei Volkmann, Bd. 3, S. 678 als »Iphigenie« bezeichnet. G. deutet hier, wie oft, ikonographisch neu.

Idee der Vestalinnen: Der »Typus« der V., der Priesterinnen im Dienst der Vesta (gr. Hestîa: Göttin des häusl. Herdes), der röm. Staatsgottheit (Tempel); dargestellt als stehende oder schreitende Gewandstatuen. In G.s Besitz: s. Schuchardt, G.s Kunstsammlungen Nr. 47. Zum Typus: Jacob Burckhardt, Der Cicerone, Stuttgart (Kröner) 1964, S. 442.

87 *hat vieles aber nicht viel*: Aus der Umkehrung der antiken Maxime »Multum non multa« gewonnen.

Foresteria: Gästehaus od. -zimmer (it. il forestiero: der Fremde). S. o. S. 274.

88 *eine freye Art Humanität*. Vgl. auch im folgenden: *was ich ... an Menschlichkeit gewonnen habe*: Im Sinn von: Liberalität im menschlichen Umgang, natürliche Lebensart, Urbanität (*Geselligkeit – wir ...elende einsame Menschen*). G. sieht hier eine Form der Humanität lebendig, wie Herder sie im antiken Staat aufgewiesen hatte (»Ideen zu einer Philoso-

phie der Geschichte der Menschheit«; später fortgeführt in
den »Briefen zur Beförderung der Humanität« 1793–97).
Vgl. auch G.s Xenion *Deutscher Nationalcharakter* mit der
Aufforderung zu einer weltbürgerlichen Humanität. Fer-
ner: *IR*, Neapel, 27. Mai 1787. Zur Tradition des Begriffs:
Fr. Klingner, Humanität und humanitas. In: Römische
Geisteswelt, 5. Aufl. 1965, S. 704–46.

Gentleman: »Mann von Welt«. Die engl. Form für das übliche frz. gentilhomme (Kavalier, Mann von Lebensart)
war erst in den 70er Jahren in Deutschland aufgekommen.

Anbetung der 3 Könige: Gemälde von Paolo Veronese in
Santa Corona.

Padua

90 *Gebirge von Este*: Die Colli Eugánei, vulkanischen Ur-
sprungs. Am Fuß der Hügel die Thermalbäder von Aba-
no, Montegrotto, Battaglia.

in den Eingeweiden…unter der Haut der alten Mutter: G.
»korrigiert« sich selbst, da nach seiner Überzeugung *die
Vulkanischen Würckungen keine sehr tiefe Ursachen haben* (u.
S. 190). Die Natur wird hier gestalthaft, ja anatomisch ge-
sehen. Vgl. auch die »Personifikationen« und mythischen
Gestalt-Bilder in *Mahomets Gesang* (1772/73), *Briefe aus der
Schweiz* 1779 (Blick vom Gipfel des Dôle), das Fragment
»Die Natur« (wohl von Tobler; Tiefurter Journal 1783)
und die Briefe an Carl August, 26. Nov. 1784 und an
Schultz, 9. Dez. 1822 (s. auch das »Nachwort« C. F. v.
Weizsäckers in *HA* XIII).

91 *aus der Grüne*: die Grüne: für weite grüne Fläche (ebd. anschaulich: *eine grüne See*). In der *IR* ändert G. in: *aus dem
Grünen*. In *Faust* II. Teil wieder die seltene Form: *in der
Grüne* / *gestillter Meere* (V. 6243 f.). Vgl. auch *BrA* Nr. 20:
die Schöne des Wetters.

Vom Observatorio: Sternwarte der Universität (an der Gali-
lei gelehrt hatte).

Tubus: (stehendes) Fernrohr (s. u. S. 105 *Perspecktiv* und
S. 158 *Sehrohr*).

Marie von Giotto: Nach Volkmann »im rechten Kreuzgang« des Doms ein Marienbild des Giotto di Bodone (1266 oder 1276–1337), des ›Wiederherstellers der Malerkunst‹. Wahrscheinlich ist das heute dem Stefano dell'Arzere zugeschriebene Bild über dem ersten linken Seitenaltar gemeint. G. hat weder die Fresken Giottos in der Arena-Kapelle (Cappella degli Scrovegni), noch die Zyklen in Florenz und Assisi wahrgenommen. – *Sakristey*: Gemälde von Tizian u. Jacopo Palma.

St. Antonio: Basilika und Grabeskirche des Franziskanermönchs und Predigers Antonius v. Padua (1195–1231), kurz nach seinem Tod begonnen und erst im 14. Jh. vollendet. Volkmann: »Von alter gothischer Baukunst, fast wie die Markuskirche in Venedig«. Der Vergleich meint die »byzantinischen« Kuppeln. Bezeichnend G.s Ablehnung hier wie dort.

Kardinal Bembo: Pietro Bembo (1470–1547) aus Venedig, 1513 Sekretär von Papst Leo X., 1520 in Padua, später wieder in Rom. Humanist, Dichter (»Asolani«) und Historiker). Er verfaßte die Grabinschrift für Raffael im Pantheon. – Die *Büste* im Mittelschiff von Sant'Antonio wurde 1547 von Danese Cattaneo (1509–73) geschaffen, das *Grabmal* von M. Sanmicheli (G. verweist auf Volkmann: »Im Chor der Kirche des heiligen Laurentius [in Vicenza] sieht man das vom Palladio angegebene Grabmal des Leonardo Porto [gest. 1562]. Die Anordnung ist simpel und zierlich, sie hat ionische Säulen«).

Die Inschrift: »Das Bildnis des Kardinals Petrus Bembo ließ Hieronymus Quirinus, des Ismenus Sohn, öffentlich aufstellen, damit er, dessen Geisteswerke ewig sind, auch körperlich im Gedächtnis der Nachwelt fortleben könne.« Volkmann, Bd. 3, S. 646 f.: »Man sagt von ihm, daß er sich viel auf seinen lateinischen Stil eingebildet, welchen gleichwohl Scaliger und Lipsius getadelt haben. Er las nicht gerne in der Bibel und in seinem Breviario, um kein schlechtes Latein daraus zu lernen.«

92 *Helena Cornara*: Lucrezia Elena C. (1646–84) Gelehrte u. Schriftstellerin. Volkmann 647: »In einer Nische von gel-

bem Marmor sieht man das Brustbild der Helena Cornara Piscopia, einer sehr gelehrten venezianischen Dame, welche in Padua den Doctorhut in der Philosophie erhielt... [daher: *Minerva-Geweihte*; Athene/Minerva: Göttin der Weisheit] Sie sollte auch Doctorinn in der Theologie werden, allein der Bischoff von Padua wollte es nicht zugeben, weil keine Frau nach dem Apostel Paulus in der Gemeine lehren soll.«

Hl. Agathe von Tiepolo: Volkmann 644: »Hinter dem Chor hängt in einer Kapelle die Marter der heiligen Agatha, ein gutes Gemälde von Tiepolo. [Um 1735.] Cochin lobt es sehr, desgleichen der Graf Algarotti. Er sagt in seinem ›Saggio sopra la pittura‹, daß man in dem Gesichte den Schmerz und die Hoffnung der künftigen Seligkeit [G.: *getroste Duldung*] lese«. *Sünderschafften*: Oranten.

Enthauptung Joh[annis] von Piazetta: Giovanni Battista Piazetta (1683–1754 Venedig), Begründer der spätvenezian. Malerei des 18. Jh. (an Guercino gebildet); das Bild in einer Seitenkapelle von S. Antonio (1744). Volkmann 647: »Das Kolorit ist pikant ohne sehr natürlich zu seyn. Der Charakter in der Figur des Johannes ist nicht schön.«

Scuola del Santo: 1430 errichtetes Gebäude der Bruderschaft des hl. Antonius neben der Basilika. *Die Bilder von Titian*: Fresken (1511) mit Wundertaten des Heiligen: 1. Das Zeugnis des neugeborenen Kindes. 2. Die Heilung des jährzornigen Jünglings. 3. Der eifersüchtige Ehemann. – Der Vergleich mit der *alten deutschen...Manier* (Volkmann 648 hebt die Rigidität hervor: »etwas hart«) auch ähnlich bei Perugino, u. S. 155.

Marter d[er] Heil. Justina: Gemälde von Paolo Veronese in der Kirche S. Giustina (s. u. 94), 1575. Volkmann 649: »...der untere Theil des Gemäldes mittelmäßig angeordnet. Die Heilige ist nicht schön, die Lokalfarben sind etwas scharf, und weil der Hintergrund die Farbe ganz verloren hat, so kann man die Wirkung nicht recht beurtheilen.« Th. Hetzer, Paolo Veronese (s. o. S. 266) S. 135, spricht dem Bild Veroneses Autorschaft ab.

93 *Quercin*: Guercino da Cento, eigentl. Giov. Francesco Barbieri, s. u. 151 (Bologna). Das allegorische Gemälde im Abtszimmer des Klosters von S. Giustina.

Auserlesene Bücher: Volkmann 650: »Die Bibliothek [des Klosters] ist nicht nur wegen des schönen Saals und der hölzernen Bildhauerarbeit, sondern auch wegen der auserlesenen Wahl der Bücher, sehens werth«.

Prato della valle: s. u. 94 f.

Abnehmung vom Kreuz: Gemälde in der Kirche des Seminars S. Maria in Vanzo, von Jacopo da Ponte, gen. Bassano (um 1510–1592), einem Schüler Il Pordenones (venezian. Schule).

Salone: *IR* 82: *Der Audienzsaal des Rathauses, mit Recht durch das Augmentativum Salone betitelt, das ungeheuerste abgeschlossene Gefäß* ... Volkmann: »vielleicht der größte Saal in der Welt«. In der *IR* nennt G. nach Volkmann die Maße. Der Palazzo della Ragione 1218/19 als Gerichtsgebäude erbaut, nach einem Brand 1420 umgestaltet.

il Bo: Das Universitätsgebäude, 1492 erbaut, um die berühmte, 1222 von Friedrich II. gegründete, Universität aufzunehmen. Der amphitheatralisch angelegte anatomische Hörsaal aus dem Jahre 1594 wird in der *IR* 79 als *ein Muster, wie man Schüler zusammenpressen soll*, noch abschreckender geschildert und mit deutschen Verhältnissen verglichen. S. auch den Vergleich italien. und deutscher Universitäten in Bologna, u. S. 154.

Der Botanische Garten: 1545 angelegt, der älteste in Europa. Dazu u. S. 95: *Schöne Bestätigungen meiner botanischen Ideen* ... Die *IR* deutet hier bereits den Gedanken der Ur-Pflanze an, den G. später in Rom, Neapel und Palermo weiterentwickelte. Vgl. den Aufsatz *Die Metamorphose der Pflanzen* (1790) und vor allem den Rückblick *Der Verfasser teilt die Geschichte seiner botanischen Studien mit* (1817 und 1828–31), in dem das Auffinden der *Bignonia radicans* (Abhandlung mit diesem Titel 1828) und der *Fächerpalme* in Padua berichtet wird. G. nahm einige Proben der daran erkannten *Stufenfolge* der *Veränderungen* mit und bewahrte sie *als Fetische* seiner Studien bis zu seinem Tod auf. (*HA* XIII 162 ff.)

94 *Wercke des Palladio ...einen Folio band*: Ein Nachdruck der o. zu S. 74 genannten »Quattro libri dell'Architettura«, Venedig 1570, besorgt durch den britischen Konsul Joseph Smith (s. u. 124) in den Jahren 1770–80. Die Ausgabe heute in Weimar. Bd. 4 weist zahlreiche Bleistiftnotizen und -skizzen G.s auf.

Statuen auf dem Platze: dem o. gen. Prato della Valle (der antike Campus Martius, später für Pferderennen, den Hauptmarkt im Juni – daher die *Fiera* – benutzt). Um sein Oval sind 78 Statuen versammelt. *Leopold* II. (1747–92, seit 1765 Großherzog von Toskana, 1790 röm.-deutscher Kaiser) ließ eine Statue Galileis, der an der Universität gelehrt hatte, und Petrarcas (wie Dante und Tasso Schüler der Univ.) aufstellen. *Partikuliers*: Privatmänner, reiche »Rentiers«.

Kirche der Hl. Justina: Volkmann 649: »eine von den herrlichsten in ganz Italien«. Nach 1521, mit acht Kuppeln (über den Fundamenten einer Kirche aus dem 5./6. Jh., durch Erdbeben zerstört, und einer 1119 erbauten, 1502 ebenfalls zerstörten).

95 *wie ein Schneeball*: Ähnlich im Brief an Sophie La Roche, 3. Jan. 1775: *Wenn man so den moralischen Schneeballen seines Ich ein Jahr weiter gewälzt hat, er hat doch um ein gutes zugenommen. Gott verhüte Thauwetter.*

Kirche der Eremitaner: 1276 begonnen, 1360 vollendet. Kirche der Augustinermönche. In der Cappella Santi Jacopo e Cristoforo Fresken mit Szenen aus dem Leben der Heiligen von Pizzolo, Vivarini, d'Allemagna und vor allem von Andrea *Mantegna* (1431 Vicenza – 1506 Mantua), dem Hauptmeister der paduanischen Schule, Schüler Squarciones und Jacopo Bellinis, weitergebildet durch das Studium der Antike. Ohne auf Volkmanns Urteil (653: »zwar gothisch und sehr manirirt, doch... auch viel Natürliches«) einzugehen, erkennt G. spontan die Kraft und Eigenständigkeit des Malers, nicht ohne ihn in die »Tradition« der Antike zu stellen. Die Kunst Mantegnas rühmt G.s Aufsatz: *Julius Cäsars Triumphzug, gemalt von Mantegna* (1823). Vgl. auch *Tag- und Jahreshefte 1820*.

nach der barbarischen Zeit: Mit dem Wiedererwachen der Künste in Italien im 13. Jh., nach der Zeit der Gotik. Hatte sich G. in dem Aufsatz *Von deutscher Baukunst* (1773) von der simplen Gleichung gotisch=barbarisch distanziert (*Nicht gescheiter als ein Volk, das die ganze fremde Welt barbarisch nennt, hieß alles* gotisch, *was nicht in mein System paßte HA* XII, 10), so rekurriert er hier wieder in der Umkehrung auf sie (s. auch o. 91).

auch dies mal…in ihre [der Baukunst] *Vorhöfe*: Wie 1771 in Straßburg. S. auch S. 142 mit Anm.

4. Stück
(Venedig)

99 *Inselstadt, diese Biber Republick*: G.s Bewunderung für das in jeder Hinsicht inkommensurable Phänomen Venedig (das *nur mit sich selbst verglichen werden kann*, u. S. 101) war von Dauer (vgl. *BrA* Nr. 7). Doch spricht er bei seinem 2. Aufenthalt *in der neptunischen Stadt* (*Venezianische Epigramme* Nr. 103, *HA* I, S. 184, Nr. 43) ernüchtert vom *Wassernest* und nennt die Bewohner *Amphibien* im Brief an den Herzog vom 3. April 1790 (ebd. das Geständnis, daß seiner *Liebe für Italien durch diese Reise ein tödlicher Stoß versetzt* werde).

Mein Vater: G.s Vater war 1739/40 durch Italien gereist. Seine Notizen und Erinnerungen gingen in eine *italienisch verfaßte Reisebeschreibung* ein, *deren Abschrift und Redaktion er eigenhändig, heftweise, langsam und genau* [in den Jahren 1752–71] *ausfertigte.* (*Dichtung und Wahrheit*, I. Teil 1. Buch, *HA* IX, 14) J. C. Goethes »Viaggio per l'Italia…in XLII Lettere descritto…« (Ms. in Weimar) wurde von Arturo Farinelli in 2 Bänden, Rom 1932/3, herausgegeben. S. jetzt die Auswahl-Ausgabe in dt. Übersetzung: Goethes

Vater reist in Italien, hrsg. von E. Koppen, Mainz/Berlin 1972.

Über die italienischen Bilder und »Materialien« in Goethes Elternhaus: *Dichtung und Wahrheit* a. O.; *BrA* Nr. 5 und 6 (dazu E. Beutler, »Anruf aus dem Süden«, in: Essays um G., Bremen [6]1957, S. 524 ff.).

Königinn von England: Palazzo Molin-Querini, späteres Hotel »Vittoria«, NW vom Markusplatz, am Seitenkanal des Rio Memmo (*schmalen Kanal*); *Brücke, Gäßgen*: Ponte und Calle dei Fuseri.

mein Packet: mit den Tagebüchern und der Neufassung der *Iphigenie*, die aber erst in Rom beendet wurde. Vgl. S. 149 und *BrA* Nr. 2 und 3.

100 *Fahrt auf der Brenta*: Eine ausführliche Schilderung, vor allem der Reisegesellschaft, in der *IR* 88 f. Über die Brenta-Villen (s. Giovanni Sagredo: Arcadia in Brenta, 1667), die Volkmann erwähnt, Recl. Kunstführer, Italien II, 1, Stgt. 74. G. hat die Silhouette Venedigs vom Meer aus (am 1. Okt.) gezeichnet (Corpus der G. Zeichnungen II, Nr. 22).

101 *Volck*: G.s Entwurf der Stadtentstehung faßt die geschichtliche Entwicklung in ein morphologisches Bild: ein Organismus entsteht (am deutlichsten in: *Häuser suchten die Luft, wie Bäume*). Vgl. auch die Beschreibung von der Entstehung des Veroneser Amphitheaters, o. S. 57 f., von der Gründung Roms *IR* 216 (= Brief an den Freundeskreis in Weimar, Rom, 25. Jan. 1787).

G. hat sich in seinem Exemplar des Volkmann (Bd. 3, S. 500) neben der Stelle »Um das Jahr 421 wurde die Insel Rialto von Padua aus bevölkert« das Alter der Stadt seither (die Venezianer zählten, wie die Römer, »ab urbe condita«) errechnet (1365 Jahre). Mit *klug*-sein meint G. also die Ordnung, Seßhaftigkeit und Wehrfähigkeit im Chaos (*Unsinn*) der Völkerwanderung.

Plan von Venedig: (Vgl. auch u. S. 105) Ob G. damit den bekanntesten »Stadtplan«, den 1500 in Holz geschnittenen und seither, vor allem durch die Kaufleute, weit verbreiteten Entwurf des Jacopo de'Barbari (Original jetzt im Mu-

seo Correr) meint, ist nicht auszumachen. In der *IR* gibt G.
dem Canal Grande das Attribut *schlangenförmig* – wie ihn
die Vogelschau des Barbari-Plans eindrucksvoll zeigt.

102 *proportionirlich*: *IR*: *verhältnismäßig*, heute: im Verhältnis,
relativ zu einem üblichen Maßstab (vgl. aber G.s Brief an
den Herzog, 7. Dez. 1786: *Vorstellungs Art, die… nicht un-
richtig nur verhältnismäßig* [subjektiv bedingt] *ist.*)
Insel der Heil. Clara: Südwestl. der heutigen »Stazione«,
heut nicht mehr eigene Insel.
gedachte meines armen Vaters: S. o. zu S. 99. Das Bild des Vaters um einiges korrigiert in E. Koppens »Einleitung« zur
o. genannten Ausgabe des »Viaggio per l'Italia«, S. 7–25.
IR: *meines guten Vaters* und: *Wird mir's nicht auch so gehen?*

103 *Staat und seine Geheimniße*: Anspielung auf die Organisation und die Geschichte der Republik, ihre Bedrohung
durch Konspiration und Intrige (imbroglio), weshalb
auch für ihr literarisches Bild der *Verräther* typisch wurde
(so noch in H. v. Hofmannsthals Drama »Das gerettete
Venedig«, 1902).
Markus Kirche: 829 dreischiffig begonnen, 976 erneuert,
im 11. Jh. zur kreuzförmigen Anlage mit fünf Kuppeln
umgebaut. Volkmann Bd. 3, S. 509: »es herrscht… ein
schlechter gothischer Geschmack darinn«. Vgl. auch o. S.
91. In der *IR* fehlt die Stelle.
Alte Pferde: Die vier Rosse über dem Hauptportal von San
Marco, aus vergoldetem Kupfer, vermutl. kaiserzeitl. Arbeiten nach griechischen Vorbildern, Teil eines Ehrenmals
der Flavier; im 4. Jh. n. Chr. nach Konstantinopel, 1204 von
dort nach Venedig gebracht. G. denkt sie sich als Quadriga
(*vor einem Triumphwagen*), nach Volkmann: »Sebastian
Erizzo vermeynt sie auf einer Münze des Nero zu finden,
deren Revers einen Triumphbogen und darauf vier Pferde
vorstellt.« Als Quadriga ließ Napoleon sie 1797 in Paris aufstellen. Vgl. Katalog »Die Pferde von San Marco«, Berlin
1982. S. auch u. S. 126 und *IR,* Neapel, 7. März 1787.
Der herzogliche Pallast: (wörtl. Übersetzung von Pal. Du-
cale, Dogenpalast) 1340 über älteren Bauten begonnen,

erst Ende des 16. Jh. nahezu abgeschlossen. Die monolithischen, basislosen Säulen im Parterre der Fassade reichen ca. 40 cm unter das Pflaster hinab. »Ihre verhältnismäßige Kürze erweckt deutlich den Eindruck eines Hervorwachsens... Die wunderbare Blätter- und Gestaltenfülle ihrer Kapitäle leitet über zu den höheren und leichteren Säulen im ersten Stockwerk«. (E. Peterich, Italien. Ein Führer. Bd. 1, München 1958, S. 138) G. sieht diesen »ästhetischen« Aufbau des Gebäudes als Entwicklung, Baugeschichte. – Die Schilderung fehlt in der *IR*.

104 *Saülen auf der Piazzetta*: Beide griechisch, 1174 auf der Piazzetta aufgestellt. Die, meerwärts gesehen, rechte, höhere (G.: zur *kompositen* Ordnung gehörend: d. h. mit einem aus ionischen und korinthischen Stilelementen zusammengesetzten Kapitell) trägt die Statue des hl. Theodor (der vor allem in der Ostkirche verehrte Heilige war vor dem hl. Markus Patron der Stadt) auf einem Krokodil, die linke, kleinere den geflügelten Löwen, das Symbol des Evangelisten Markus. Zwischen ihnen, als den Herrschaftszeichen, befand sich früher die Gerichtsstätte. So auch zwischen den *zwey kleinere*[n Marmor-]*Säulen* an der Südseite der Markuskirche. – Vgl. auch u. S. 190: G.s Interesse an den Säulen des »Serapeions« in Pozzuoli.

Fischmarkt: Der alte Fisch- und Fleischmarkt auf dem Campo delle Beccarie im Rialtobezirk; die neue »Pescheria«, die erst in diesem Jahrhundert eine Markthalle erhielt, liegt dagegen bei den Fabbriche Nuove.

105 *Tableaus*: Bilder, Bild-Szenen. Vom Malerischen her gesehen, wie schon o. S. 36, 40. *Bettler*szenen in Homers *Odyssee* vor allem auf dem Gut des Odysseus in Ithaka (18. Buch, V. 1 ff.: Bettler-Kampf; vgl. 6. Buch, V. 207 f.); Odysseus selbst verbarg sich in Bettlergestalt. *Geschichte vom reichen Manne* und dem armen Lazarus: Ev. Lucas, Kap. 16, 19–31. In beiden Beispielen sind die Bettler Kontrast zur herrschenden Schicht; auf ihre (passive) Komplementär-Funktion im Sozialgefüge wie in der literarischen Komposition dürfte G.s *nothwendig* zu beziehen sein. –

284

Vgl. auch u. S. 168: Foligno, wo G. sich *völlig in einer Ho-merischen Haushaltung* sieht; auch dort ein biblisches Bild: *wie die Hochzeit von Cana*. – S. auch S. 115.

Anders reagiert J. G. Seume, Spaziergang nach Syrakus im Jahre 1802, in seinem Venedigbericht: »Das Traurigste ist in Venedig die Armuth und Bettelei... der Anblick des Elends unterstützt das Nothgeschrei des Jammers... Wenn ich länger in Venedig bliebe, müßte ich nothwendig mit meiner Börse oder mit meiner Empfindung Bankerott machen.«

Perspecktiv: Fernglas (vgl. u. S. 114, dagegen scheint der S. 91 erwähnte Tubus das stehende Fernrohr zu meinen).

Ritter Emo: Angelo Emo, Admiral der Venezianer im damaligen Krieg gegen Tunis. Sein Denkmal (von Canova, 1795) im Museum des Arsenale.

106 *Spaziergang*: Hier und öfters: die Promenade zum Spazie-rengehen.

Kerl..., der... Geschichten erzählt: Über die Volkserzähler (»filósofi«) berichten auch K. Ph. Moritz, Reisen eines Deutschen in Italien (in: Werke in 2 Bänden, Berlin/Weimar 1973, Bd. I, 144 ff.: »Improvisatoren«, die über ein ad hoc gegebenes Thema perorieren), und J. G. Seume, Spaziergang nach Syrakus im Jahre 1802 (Venedig. »Welch ein Abstand von diesen Improvisatoren bis zu den römischen, von denen wir zuweilen in unsern deutschen Blättern lesen!«). G. hat die Episode in dem Gedicht *Erste Epistel* (1793/94) aufgegriffen und den Improvisator die Geschichte von *Hans Ohnsorge im Lande Utopien* entwickeln lassen.

Opera Buffa: Die Komische Oper, im Unterschied zur ernsten (seria; in der 2. Hälfte des 18. Jh. kam auch die Gattung der »semiseria« auf). So auch: Buffo: der komische Schauspieler S. u. S. 111. Über G.s Plan (in Rom), die *Halsbands Geschichte des Cardinal Rohan, zur Opera Buffa zu machen*, s. seinen Brief an Kayser, 14. 8. 87.

geht...auf: eröffnet (für »Saisonbeginn«, konkret vom

Auf-, Emporziehn des Vorhangs). *besser...als in Vicenz*: s. S. 76 f.

Jagemann: Christian Joseph J. (1735–1804), seit 1775 Bibliothekar der Herzogin Anna Amalia, hatte 17 Jahre abenteuerlich in Italien gelebt (jahrelange Internierung als flüchtiger Mönch in S. Spirito in Rom). Sein zweibändiges Werk »Briefe über Italien« 1778/85 (ein Expl. heut in der Tübinger Univ. Bibliothek), seine Aufsätze über Italien, eine italien. Anthologie, Dante-Übersetzung, Sprachlehre, Wörterbuch haben ihn, nach G.s Urteil (*Annalen* 1808), zu einer *Quelle der italiänischen Literatur* in Deutschland werden lassen. Über ihn jetzt: Maria Teresa dal Monte, Chr. J. Jagemann. Un italianista del settecento in Germania. Imola 1970.

fand ich...das Buch: Gemeint ist der o. S. 94 erwähnte Nachdruck der Originalausgabe der »Quattro libri dell'Architettura« (s. auch S. 124). *die neueren...Wercke*: die o. S. 74 und 78 erwähnten Bücher Scamozzis und Montenaris.

erkenne die Gegenstände: die Folge: Sehen (erstes Erfassen) – Buch-Studium – Wiedersehen (Erkennen; Einsicht in Genesen und Zusammenhänge) auch bei den Tempeln in Paestum: *IR* 23. März und 17. Mai 1787. Vgl. auch *BrA* Nr. 8.

107 *Revolution*: Vgl. die schon 1773/74 in den dramatischen Gedichten *Des Künstlers Erdewallen* und *Des Künstlers Vergötterung* entwickelten Gedanken, z. B. den der Teilhabe des Künstlers am bewunderten Vorbild: *Das starke Gefühl, wie größer dieser ist, | Zeigt, daß dein Geist seinesgleichen ist.* (*HA* I, S. 63 ff.)

Palladio zu einer Brücke...einen Riß: Entwürfe zu einer Rialto-Brücke sind in den Quattro libri... überliefert. Schon vor ihm hatten Fra Giocondo, Michelangelo, Sansovino und Vignola Entwürfe angefertigt, später auch Scamozzi.

Policey in diesem Artickel: Ordnung in dieser Sache. Vgl. auch G.s Wortgebrauch im Brief an Frau v. Stein, Neapel,

25. Mai 87: *Wenn man diese Stadt... nicht mit einem nordisch moralischen Policey Maasstab ansieht, so ist es ein großer herrlicher Anblick.* P. im 18. Jh. allg. jede Sorge des Staats für das Gemeinwohl, sofern sie Lenkung u. Zwang ist. Vgl. *Wanderjahre* III, 11, *HA* VIII, 299 und Anm. S. 685, Maximen u. Reflexionen Nr. 544 (»Das Recht dringt...«).

Quarck: Dreck, Abfall, Geringes. Von G. oft übertragen gebraucht. Vgl. *Divan, Buch der Sprüche*: Getretner Quark...; *Faust* I, V. 292; G.s Brief an Schiller, 6. Sept. 1803: *Nach meinem Nilmesser kann die Verwirrung nur um einige Grade höher steigen, nachher setzt sich der ganze Quark wieder nach und nach, und die Landleute mögen dann säen!*

G.s planvolles Interesse an diesen Dingen z. T. auch aus seiner in Weimar seit 1779 ausgeübten »Oberaufsicht« über den Wegebau und die »öffentliche Ordnung« erklärlich. Vgl. aber auch die Abwehr einer *Polizierung* Roms, um ihren originären Charakter nicht zu zerstören (*WA* I, 46, S. 38 f.; dazu: P. Requadt, Die Bildersprache der deutschen Italiendichtung, Bern 1962, S. 28: »Man sieht hier die Grenze zwischen sozialpolitischer Analyse... und der eine Sinneinheit stiftenden Italieninterpretation.«).

108 *Kirche der Mendicanti*: S. Niccolò, gen. dei Mendicoli (Kirche der Bettelmönche), im Norden Venedigs bei den Fondamente Nuove.

Oratorium: Diese Aufführungen, jeweils sonntags (G. besuchte auch die folgende am 8. Okt., S. 134), auch in den Klöstern »Gli Incurabili« und »La Pietà«, waren weitberühmt. Die Ausführenden waren Mädchen, meist Waisen, die in den Klöstern erzogen wurden. Über die Institute und Aufführungen berichteten z. B. G.s Vater, Viaggio per l' Italia, 19. Febr. 1740; J. J. Rousseau, Bekenntnisse, 7. Buch; W. Heinse, Brief an F. Jacobi 26. Jan. 1781 (Werke Bd. 10, S. 98; Reclam-Auswahl, Stuttgart 1958, S. 144 f.). Vgl. auch G.s *Venetianisches Epigramm: Einen Käfig erblickt' ich ...*

den Tackt... geklappt: Über das lautstarke Wirken der damaligen Dirigenten eindrucksvoll: J. Mattheson, Der vollkommene Capellmeister, Hamburg 1739: »Von der Direction«. Ein Bild des mit einer Notenrolle Dirigierenden in: Joh. Chr. Weigel, Musicalisches Theatrum, Nürnberg um 1715, Tafel 24 (beide Werke als Faksimile-Drucke bei Bärenreiter/Kassel). *die Franzosen*: so wurde z. B. von der Dirigierweise des Komponisten Lully und ihren fatalen Folgen berichtet.

109 *Mondschein...auf dem Wasser*: Die zeichnerische Darstellung von Mondschein-Wirkungen, das Anfertigen von transparenten Mondschein-Bildern wurde durch G.s Anregungen später in Weimarer Kreisen zu einer beliebten Übung. S. die Belege in Bd. VII des »Corpus der Goethezeichnungen«, Weimar 1973, bes. S. 490. Auch Schillers Briefe an Körner: 12. Sept. 1790 und 24. Jan. 1791. –

St. Giorgio: Die Kirche auf der gleichnamigen Insel, 1566–80 von Palladio begonnen, 1610 durch Scamozzi vollendet. G.s Einwand betrifft wohl die Fassade (s. u. S. 113), den Versuch, eine schmale, hohe mit einer breiten, niedrigen Giebelfront (zwei Säulenordnungen, nach antiken Vorbildern) zu vereinigen.

Carita: Der heute »Accademia« genannte Baukomplex umfaßt: die Klosterkirche S. Maria della Carità (1441 begonnen), die Scuola Grande der C. und den von Palladio 1560 erbauten, 1630 durch einen Brand zum großen Teil zerstörten Convento di S. Maria della C. Nach den Umbauten sind nur noch wenige Reste der palladianischen Raumfolge, die einem römischen Atrium-Bau nachgebildet war, erhalten (Tablinum und eine Hoffront). Die Pläne des Gesamtbaus in den »Quattro libri...«.

110 *im Mechanischen...Präcision*: (in der handwerklichen Ausführung) Die Äußerung wird u. S. 140 f. aufgenommen und erläutert. Vgl. auch *IR 97: von gebranntem Ton...wie aus einem Guß...nur mit wenig Kalk zusammengesetzt* (Architekturnachbildungen mithilfe von Brennformen, Modeln).

Anticken saal: Die Objekte aus der Libreria vecchia sind

heute im Museo di scultura Antica (bei den Procuratie Nuove) aufgestellt.

Phidias: Um 490–415 v. Chr.; der berühmteste griechische Bildhauer; er schuf zur Zeit des Perikles in Athen die Gold-Elfenbeinstatue der Athene für den Parthenon und die Statue des Zeus für den Tempel in Olympia. G. sieht in ihm später den Höhepunkt der Kunstgeschichte: *vom Granit an bis zu den Arbeiten des Phidias und von da rückwärts bis auf unsere Zeiten* (An Zelter, 31. Okt. 1814; G.s Äußerungen gesammelt bei E. Grumach, G. und die Antike, Berlin 1949, Bd. II, S. 490 ff.). Den *Ganymed* erklärt Jacob Burckhardt im »Cicerone« für eine mittelmäßige römische Arbeit, die *Leda* für »die gemeinste [üblichste, durchschnittlichste] aller Leden« (Kröner-Ausg. 1964, S. 435 u. 445).

eine Treppe: Palladios Werk. *IR 96: Wendeltreppe... mit offener, weiter Spindel, die steinernen Stufen in die Wand gemauert und so geschichtet, daß eine die andere trägt... S. auch u. S. 141 f.*

Opera St. Moisé: Das Gebäude nach der im 17. Jh. erbauten Barockkirche – nahe den Procuratie Nuove – benannt *(die Theater haben ihren Namen von der Kirche, der sie am nächsten liegen: IR 100)*, eins der damals 7 venezian. Theater. G. berichtet darüber auch in seinem Beitrag *Musikalische Anekdoten* in Wielands »Merkur«, April 1789.

Poem: »Libretto«, und weiter: Plan, Anlage des Stücks.

immer etwas: immerhin etwas.

gätlich: passend, schicklich, bequem (vgl. auch *IR 51: gätlich zerschlagen*, wo im *T* 50: *appetitlich*). Ein bei G. häufiges nieder- und mitteldeutsches Wort.

was aufzuheften: mit etwas zu impressionieren, dem Publikum Eindruck zu machen.

111 *plädiren zu hören: IR 101: hörte ich eine Rechtssache öffentlich verhandeln;* es folgt der ausführliche Bericht. G. besaß noch 1830 die vor der Verhandlung bereits gedruckten Prozeßakten. S. sein Gespräch mit K. A. Böttiger (1795) und Fr. Soret (1830), hier in der Bilderläuterung zu S. 112 zitiert.

Über das »Phänomen« der venezian. Advokaten auch Volkmann, Bd. 3, S. 588 f. – R. Hübner, G. als Kenner und Liebhaber der Rechtsgeschichte, Weimar 1932.

Buffo caricato: *IR* 106: *ein übertriebener Buffo* (vgl. *IR* 648). G.s Zeichnung des *Avocato Reccaini* S. 112 (vgl. die Bilderläuterung). S. auch S. 118.

I Scalzi: Die Karmeliterkirche (Beiname der Karmeliter: i scalzi = die Strumpflosen) S. Maria di Nazareth am Canal Grande (bei der heutigen Stazione); die zweistöckige Marmorfassade mit polychromen Inkrustationen wurde 1683–89 von Giuseppe Sardi geschaffen.

La Salute: S. Maria della Salute, die von Longhena erbaute, 1687 vollendete Barockkirche mit großer Kuppelrotunde (Zentralbau) an der Mündung des Canal Grande in den Bacino di San Marco. Uneingeschränktes Lob bei Volkmann.

Hochzeit zu Kana: Gemälde Tintorettos, 1561 vollendet, bis 1657 im Kloster der Crociferi. Gerühmt wegen der perspektivischen Wirkung, der Charaktere, des Lichts.

der abgeschmackte Gegenstand: der Bedeutung am nächsten wohl »alltäglich, banal« (*abgeschmackt* als »fad, insipide« in G.s Sprachgebrauch häufig das Gegenteil zu »schmackhaft, kräftig«; doch auch: »absurd«). Vgl. *GWb*, 1. Lieferung, Sp. 65–71.

113 *Deckenstücke von Titian*: Drei in der Großen Sakristei aufbewahrte Deckengemälde Tizians aus der Kirche S. Spirito in Isola; »extreme Beispiele einer dramatischen, auf Untersicht angelegten Deckenmalerei« (Reclams Kunstführer »Venedig«, Stuttgart 1974, S. 314) aus T.s mittlerer Schaffenszeit (1540–44). G.s Beschreibung betont diese Aktion.

Il Redentore: Franziskanerkirche auf der Insel Giudecca, 1577–92 nach den Plänen Palladios erbaut, der letzte große Entwurf des Baumeisters; die imponierende Fassade ist der Giebelfront eines altrömischen Podium-Tempels (»templum in antis«) nachgebildet. Volkmann Bd. 3,

S. 572 (nicht 577) sieht die Spannung Tempel – Basilika nicht. S. u. 109.

Hl. Franziskus zu Ehren: Sein Namens- und Todestag am 4. Okt.

nach art der Arabescken: Vgl. G.s Aufsatz *Von Arabesken* in Wielands »Merkur«, Februar 1789 (*C* XVII 74 ff.) über die antiken (pompeianischen) und vatikanischen Ornamente; dort die Definition: *Wir bezeichnen mit diesem Namen eine willkürliche und geschmackvolle malerische Zusammenstellung der mannigfaltigsten Gegenstände, um die innern Wände eines Gebäudes zu verzieren.*

114 *Gesuati*: Die nach einem 1367 gegründeten Orden (nicht *Jesuiten kirche!*) so benannte Kirche S. Maria del Rosario am Canale della Giudecca, 1726–36 nach Plänen Massaris erbaut. Die Deckenfresken Giovanni Batt. Tiepolos um 1737–39 entstanden. – Volkmann erwähnt ein Altarbild: »Auf dem ersten Altar zur Rechten [i. d. Seitenkapelle] hat Tiepolo die Maria, welche mit drey Nonnen umgeben ist, wovon eine das Kind Jesu liebkoset, in einem lieblichen Kolorit gemalt.«

Im Flug geschossen: Vgl. den Brief an Frau v. Stein, 9. Juli 1784: *Ich habe einige Beyträge zu meinem 5ten Teil* [des *Wilhelm Meister*] *im Fluge geschossen . . .* und *IR* 524 (Frascati, 28. Sept. 1787): *auch auf diesem Wege* [nach Albano] *sind viele Vögel* [= zeichnerische Gegenstände] *im Fluge geschossen worden.*

Theatro S. Luca: Heute Teatro Goldoni, am Calle del Teatro. Das *extemporirte* (= Stegreif-)*Stück in Masken* aus dem Repertoire der Commedia dell'arte vergleicht G. in der *IR* mit dem Lustspiel »Der Verschlag«, in drei Aufzügen, nach Calderon, 1781 in deutscher Bearbeitung von Bock herausgegeben.

Bravheit bis *nicht gleich*: *IR* 103 f.: *. . . Bravour aufgeführt. Freilich sind sie nicht alle gleich; . . .*

Pantalon: Die Figur des »gutmütigen Alten« (wegen seiner weiten Hosen, it.: pantaloni, so genannt), wie u. a. Arlecchino, Pulcinell und Colombine zum Figurenbestand der commedia gehörend. Vgl. auch u. S. 139 f.

G. hatte bereits 1778 und 1783 drei »Fiabe« Gozzis inszeniert und auch selbst eine Rolle (Truffaldino) übernommen. In Italien interessiert ihn vor allem die nationale Eigenart der commedia. S. jetzt W. Hinck, Das deutsche
Lustspiel des 17. und 18. Jh. und die italien. Komödie,
Stuttgart 1965, und dazu K. Ringger in »Neue Zürcher
Zeitung« vom 22. 4. 1967.

115 *Farsetti*: Palazzo F. am Canal Grande aus dem 12./13. Jh.,
jetzt Municipio. Der Begründer der Antikensammlung ist
Filippo Farsetti.

von Mannheim her: G. hatte 1769 und auf seiner Rückkehr
von Straßburg 1771 den Mannheimer Antikensaal besucht; über den zweiten Besuch berichtet der Schluß des
11. Buchs von *Dichtung und Wahrheit*; vgl. auch *IR* 723
(*Zweiter römischer Aufenthalt, April 1788, Bericht*): *Nach einer langen Pause ward ich auf einmal in das volle Meer gestürzt,
als ich mich von der Mannheimer Sammlung, in dem von oben
wohl erleuchteten Saale, plötzlich umgeben sah*. Vgl. auch
Schillers Aufsatz: »Der Antikensaal zu Mannheim. Brief
eines reisenden Dänen.« 1785 (Hanser-Ausgabe, Bd. 5, S.
879 ff.)

Cleopatra: Vielmehr die »Schlafende Ariadne«, ein hellenis-
tisches Werk aus dem 2. Jh. v. Chr., jetzt im Vatikan
(Helbig, Führer durch die öffentl. Sammlungen Roms,
Bd. I, Nr. 208). Schon Winckelmann identifizierte das
Werk als schlafende Venus oder Nymphe und die ver-
meintliche *Aspis* (Natter, mit deren Gift Kleopatra sich ge-
tötet haben soll) als Armband.

Niobe: Römische Kopie eines hellenist. Werkes, jetzt in
den Uffizien in Florenz (G.s Äußerungen über die antiken
Niobedarstellungen bei Grumach, a. O. (Anm. zu S. 110),
Bd. II, 556–58). Dieses Werk erwähnt G. auch in den Anmerkungen zu seiner Übersetzung von *Diderots Versuch
über die Malerei* (Propyläen I, 2 und II, 1, 1799), *C* XIV, 617.

Amors: *IR*: *Genius*. *Marius*: (röm. Feldherr und Konsul,
156–86 v. Chr.) *IR* korrigiert: *sitzende und stehende Philosophen*.

116 *Jakob Böhme*: Schuhmacher in Görlitz, Mystiker und
Theosoph (1575–1624); Hauptwerke: Die Morgenröte im
Aufgang...; De tribus principiis; De signatura rerum;
Von der Gnadenwahl; Der Weg zu Christo. – B.s erster
Biograph, Abraham v. Franckenberg, berichtet über die
große myst. Erleuchtung B.s; am 29. Jan. 1600 »wird er...
durch einen jählichen Anblick eines zinnernen Gefäßes (als
des lieblich jovialen Scheins) zu dem innersten Grund oder
Centro der geheimen Natur eingeführet; da er als in etwas
zweifelhaft, um solche vermeinte Phantasie aus dem Ge-
müte zu schlagen, ins Grüne gegangen, und doch... solchen empfangenen Blick je länger je mehr und klarer empfunden, also daß er vermittels der angebildeten Signaturen
oder Figuren, Lineamenten und Farben, allen Menschen
gleichsam in das Herz und in die innerste Natur hineinse-
hen können« (J. Böhmes Schriften in Auswahl, Leipzig
1920, 25 f.). B.s Schriften wurden erst durch Ludwig
Tieck wiederentdeckt. G. wird von diesem Ereignis aus
den Erzählungen der Frankfurter pietistischen, pansophi-
schen und rosenkreuzerischen Kreise früh erfahren haben
(vgl. auch die Verse aus der »Chymischen Hochzeit« des J.
V. Andreae, die er im Juni 1786 für Frau v. Stein »umdich-
tete«: *Woher sind wir geboren?* ... *HA* I, 128); vgl. auch den
Ausdruck *erleuchtet*, S. 137, und das in Italien neu belebte
Wort *Wiedergeburt* (207).

Abguß...des Carnises: Karnies (von griech. Korōnís:
Kranz): Krönung des Dachgesimses am Tempel. S. auch
S. 141.

Tempel des Antonins und der Faustina: Der vom Kaiser An-
toninus Pius nach dem Tode seiner Gattin Faustina 141
n. Chr. ihr errichtete, nach dem Tod des Kaisers 161
n. Chr. auch ihm geweihte Tempel an der Via Sacra des
römischen Forums. Im Mittelalter in eine Kirche (S. Lorenzo in Miranda) umgewandelt. Auf den erhaltenen
Fragmenten des Frieses Paare geflügelter Greifen (Abb.
bei Curtius-Nawrath: Das antike Rom, Wien/München
⁵1970, Nr. 13 u. 14). In der *IR* 116 fügt G. an dieser

Stelle einen scharfen Angriff auf die Gotik ein: ...*erinnerte mich an das Capitäl des Pantheon in Mannheim. Das ist freilich etwas anderes als unsere kauzenden, auf Kragsteinlein über einander geschichteten Heiligen der gothischen Zierweisen etwas anderes als unsere Tabakspfeifen-Säulen, spitze Thürmchen und Blumenzacken; diese bin ich nun, Gott sei Dank, auf ewig los!*

solenne Messe: lat. sollemnis: alljährl. wiederkehrend, festlich. *in Pontifikalibus*: in Amt u. Würden eines »Oberpriesters«.

Hl. Justina: Die Kirche Santa Giustina am gleichnamigen Rio, mit Fassade von Longhena (Halbsäulen, einem röm. Triumphbogen nachgestaltet); heute Istituto Tecnico.

Paradies von Tintoret: Das 1588–90 (ca. 10 Jahre nach dem S. 68 genannten Entwurf) entstandene ungeheure Leinwandbild (7 × 22 m) in der Sala del Gran Consiglio des Dogenpalastes; die Figuren mit starkem Licht hinterlegt, in den Gewändern tiefes Schwarz vorherrschend. In der *IR* nicht erwähnt. Ein negatives Urteil fällt Grillparzer in den Tagebüchern seiner Italienreise 1819: »Es wimmelt von Figuren, die kaum ein Ganzes ausmachen, auch kam mir die Verteilung der dunklen und lichten Tinten widerlich vor.«

117 *wie Wende*: Christian Benjamin W. (1722–97), seit 1778 Diener im herzogl. Stallamt in Weimar.

Tabarro (s. auch S. 136, *IR* 642): Weiter, ärmelloser Radmantel, bes. im Winter getragen (G. an Frau v. Stein, 27. Febr. 1781; im »Aufzug des Winters«: Tagebuch, Febr. 1782). Während des Karnevals als sogen. Dominokostüm getragen (darüber auch G.s Vater in seinem Reisebericht). Einen Tabarro trägt G. auch auf W. Tischbeins berühmtem Campagnabild, *BrA* Nr. 13. *Apartinentien*: Zubehör. G.s Ausgabenbuch unter dem 29. Sept.: *Capello* und *Maschera* je 15 *Soldi*. *Vittruvio* (zus. mit Scamozzis Forestiere istruito) *60 l*[ire]. Für das Binden des Vitruv 3 l.

Vitruv: »De architectura libri decem«, das einzige überlieferte (von Poggio im 15. Jh. in St. Gallen wiederentdeckte)

Lehrbuch der antiken Architektur, von dem röm. Baumeister und Ingenieur Marcus Vitruvius Pollio im 1. Jh.
verfaßt, dem Kaiser Augustus gewidmet. Grundwerk für
die Renaissancebaumeister. Um 1538 Gründung der röm.
Akademie Della Virtù zum Studium V.s. Palladio nennt
ihn seinen Führer u. Lehrmeister. – G. kaufte sich den Text
mit der ital. Übersetzung und dem Kommentar des Marchese Bernardus Galiani, Neapel 1758/59. S. auch S. 137 f.,
S. 169 und *BrA* Nr. 8 (S. jetzt die vollst. Ausgabe mit
Übersetzung und Anm. von C. Fensterbusch, Darmstadt
1964). Kritisch über den Stil *IR* 128.

118 *Francesco alle vigne*: S. Francesco della Vigna (im Wein-
berg) im NO der Stadt, 1534 von Jacopo Sansovino begonnen. Die Fassade erst 1568–72 von Palladio (als erste
seiner drei venezian. Fassaden) geschaffen.

Theater, St. Chrysostmo: Das heutige Teatro Malibran hinter der Kirche San Giovanni Chrysostomo.

sehn, was das thut: wie es wirkt.

ein . . . Albrecht Dürer: Ein (bei Volkmann nicht erwähntes)
»Ecce homo« Bild aus niederländischer Schule, nicht von
Dürer.

einer der Avogadoren: Die »Avogaria di Comun«, eine Art
Staatsanwaltschaft, wurde von drei Patriziern für je ein
Jahr verwaltet; Notare (Censori) unterstützen sie. Die
Avogaria arbeitete mit den Richtern, dem Rat der Zehn,
zusammen.

119 *Arsenal*: 1104 gegründete Staatswerft und Rüstungsdepot
Venedigs, wiederholt erweitert (mit teilweise bis 16tau-
send Beschäftigten). Schon von Dante in der Divina
Commedia (Inferno 21. Gesang, V. 7 ff.) erwähnt. Das
Hauptportal (1460 als erster Renaissancebau der Stadt errichtet) ist von zwei antiken Marmorlöwen flankiert. G.
scheint sie erst 1790 auf der 2. Italienreise bemerkt zu haben (s. das 19. *Venetian. Epigramm*: *Ruhig am Arsenal stehn
zwei altgriechische Löwen . . .* und dazu Paul Götze's Tagebuch vom 21. 4. 1790). In der *IR* 116 werden sie als *herrliche
Gegenbilder* gerühmt (hocharchaische Werke vom Apol-

lonheiligtum in Delos, die ältesten griech. Kunstwerke,
denen G. begegnete).

Mineralogische und Oryktologische Kenntniß: d. h. von der
Zusammensetzung und Herkunft (Vorkommen) der Steine. Vgl. auch G.s Brief an C. G. Heyne, 24. Juli 1788: *Wenn
ich geneigt wäre etwas* [über Italien] *auf das Papier zu bringen;
so wären es vorerst sehr einfache Sachen... So geben die verschiednen Steinarten gar artige Aufschlüße über Baukunst... Sie
sehen daß ich sehr von der Erde anfange...* Vgl. auch: *Maximen
und Reflexionen* Nr. 673 (*HA* XII, 459).

120 *mittlern Zeit*: Mittelalter. *Asträa*: (auch Dike) Tochter des
Zeus und der Themis, die die verdorbene Welt des »Eiser-
nen Zeitalters« verließ und als Sternbild »Jungfrau« an den
Himmel versetzt wurde (Arat, Phainomena V. 96 ff.,
Ovid, Metamorphosen I, V. 149 ff.).

klugen Engländer: Anspielung auf die englischen Bildungs-
reisenden, deren Werke G. in Italien ausgiebig benutzte (so
Bücher von Addison, Brydone, Hamilton, Payne u. a.
Vgl. *IR* 177 (Rom, 7. Nov. 1786): *Ich habe manchmal in
früherer Zeit die wunderliche Grille gehabt, daß ich mir sehnlichst
wünschte, von einem wohlunterrichteten Manne, von einem
kunst- und geschichtskundigen Engländer nach Italien geführt zu
werden...*

Ordnungen der Säulen rational gemacht: verständlich, klar
gemacht; wohl mithilfe von Vitruv IV. Buch, Kap. 1–3
(Über die Entstehung der drei antiken Säulenordnungen),
und Palladio. G.s Zeichnungen dazu sind erhalten (s. Abb.
18 und Erläuterung). Offenbar sieht G. auch die drei Stile
als Entwicklung, morphologisch (analog zu den Pflanzen). Vgl. auch *BrA* Nr. 11 (Anm.) und 20 (*Caryatiden*).

121 *Bucentaur*: Il Bucentoro, das Prunkschiff des Dogen, benutzt für die am Fest Christi Himmelfahrt gefeierte Ver-
mählung der Stadt mit dem Meer (symbolisches Versen-
ken eines Ringes). G.: *zum Sakramente, Monstranz* (Übertragung religiöser Termini wie schon S. 116 *in Pontifikalibus*, S. 118 *Antiphone*). G. sah den letzten Bucentoro der
Republik, 1728 gebaut, 1797 durch Napoleons Truppen

zerstört. Die Ausfahrt des Schiffs von den Vedutisten oft
gemalt (z. B. Canaletto, 1729).

122 *Flügel in der Carità*: Die erhaltene Galerie. S. 109 f.
mit Sinn: mit (tieferem, umfassenderem) Verständnis.
mit einer goldnen Mittelmäßigkeit: Nach der Prägung des
Horaz (Oden II, 10, V. 5 ff.) »aurea mediocritas«, von diesem positiv als »maßvolles Verhalten« gemeint, später oft
mit dem negativen Beiklang der »Mediocrität« gebraucht;
so wohl auch hier (Gegensatz zu dem »außerordentlichen
Mann«).
Tragödie: IR 107 ist die dem »happy end« vorausge-
hende Situation skizziert: *Zwei Väter, die sich hassen,
Söhne und Töchter aus diesen getrennten Familien, leidenschaftlich übers Kreuz verliebt, ja das eine Paar heimlich verheiratet.*

123 *Felicissima notte!*: Erweitert IR 107: *»Gute Nacht!«, so können wir Nordländer zu jeder Stunde sagen, wenn wir im Fin-
stern scheiden, der Italiener sagt: »Felicissima notte!« nur einmal, und zwar wenn das Licht in das Zimmer gebracht wird, indem Tag und Nacht sich scheiden, und da heißt es denn etwas
ganz anderes. So unübersetzlich sind die Eigenheiten jeder Sprache...* Vgl. auch IR 180.
Elfsylbige Jamben: Elfsilbige iambische Verse bildeten auch
die von G. sehr geschätzte, schon 1784 von ihm (für *Die
Geheimnisse*) verwendete italien. »Stanze« (ottave rime). S.
W. Kayser, G.s Dichtungen in Stanzen. In: Kunst und
Spiel, Göttingen 1961, S. 86–99.
Gozzi: Carlo Graf G. (1720–1806), Lustspieldichter, Er-
neuerer der Commedia dell'arte (Einführung von Mär-
chenmotiven, »Fiabe«).
Die *Tragödie* ist nach G.s Skizze zu schließen Gozzis »La
Punizione del precipizio« (Die Bestrafung der Voreilig-
keit) 1768.
das Dissertieren pro und contra: Die argumentierende Wech-
selrede (meist Stichomythie) in der griech. Tragödie, der
vor allem Euripides breiten Raum gab. Ganz ähnlich G.s
Äußerung *Zum Kyklops des Euripides* 1823 (*C* XV, S.

882 f.), die auch die Komödie (Aristophanes) miteinbe-
zieht.

124 *Dintenfisch*: Italien. séppia, wonach die schwarze, nach
dem Auftragen eher bräunliche Farbe genannt ist. G.
empfiehlt, die eingetrocknete Sepia in Essig aufzube-
wahren (an Frau v. Stein, 2. Dez. 1786, an Fritz v. Stein,
18. Dez. 1787). In Rom wird *aus der Tusch Muschel* geschrieben und gezeichnet (an Frau v. Stein, 15. Nov. 1786).
grißelich: mit Bodensatz, körnig (kaum von »gris«, ins
Grau spielend). *Bister*: frz. bistre: braune Rußfarbe.
weiter hin: weiter weg. Der protestantische und der jüdi-
sche Friedhof waren getrennt.
Grab des...Consul Smith: Joseph S. (1682–1770), den
schon Volkmann als Kunstmäzen rühmt, hatte die S. 94
und 106 erwähnte Palladio-Ausgabe herausgegeben. – S.
jetzt den Aufsatz von Wilfred Franz, Das Grab des Kon-
suls Smith auf dem Lido, in: Jahrb. d. Freien Deutschen
Hochstifts 1973, S. 76–86 (mit Abb.). 1775 hatte Lessing
den Friedhof besucht, 1790 sah ihn G. auf seiner zweiten
Italienreise wieder.

125 *Minerva in Gestalt...*: Anspielung auf die Athene der
»Odyssee« Homers, die den jungen Telemach in Gestalt
des Erziehers Mentor (später, im 13. Buch, auch den
Odysseus selbst) begleitete und schützte.
mastig: gedrungen, feist, vollsaftig (dag.: *streng*: aufstre-
bend). Vgl. *Die Metamorphose der Pflanzen* 1798, V. 31 f.:
*Viel gerippt und gezackt, auf mastig strotzender Fläche, / Schei-
net die Fülle des Triebs frei und unendlich zu sein.* (*HA* I, 199).
incliniren: hinneigen (hier: übergehen in).
Cabinet: Museum (Naturaliencabinet).

126 *Doge*: s. S. 128. *Bild von Titian*: Wohl das große Votiv-
bild des Dogen A. Grimani (1521–23), von Tizian begonnen, von Vecellio vollendet, in der Sala delle Quattro
Porte.
Mosaische Arbeit: Mosaiken (*IR*: *musivische Arbeit*;
so auch *Musivarbeiter* für Mosaizisten). S. auch G.s Aufsatz *Ältere Gemälde... in Venedig, betrachtet 1790* (in: Über

Kunst und Altertum, V, 2; 1825). *Carton*: Entwurf, Vorzeichnung des Mosaiks.

127 *Elecktra*: Eine 1709 entstandene Tragödie von Prosper Jolyot de Crébillon d. Ä. (1674–1762).

die Bechtolsheim: Juliane Freifrau v. B. (1752–1847), Gattin des Eisenacher Kanzlers und Konsistorialpräsidenten J. L. v. Mauchenheim, gen. Bechtolsheim. Dichterin, mit G. im Briefwechsel, Wielands »Psyche«.

Widerwillen: lies: wider (den) Willen.

wie Euripides...herunter stieg: G. sieht die Entwicklung von Aischylos und Sophokles zu E. hier als »Dekadenz«, eine Wendung ins Rhetorische, auf äußere Wirkungen Bedachte (vgl. auch das Bild von Sophokles als der Spitze der Pyramide, G. im Gespräch mit Riemer, 6. Sept. 1809). G.s spätere Äußerungen (vor allem nach 1820; s. Grumach, G. und die Antike, Bd. I, S. 268 ff.) rühmen E. vor dem Hintergrund seiner Zeit (*das Geschöpf so wie der Günstling seiner Zeit*, an Schultz, 28. Nov. 1821; *ein eminenter Zeitgenosse*, Tageb. 22./23. Nov. 1831) und nehmen ihn vor seinen modernen Kritikern (bes. A. W. Schlegel) in Schutz (Gespräche mit Eckermann, 28. März 1827 und 13. Febr. 1831).

128 *wegen eines...Türcken Sieges*: Sieg der Venetianer in der Schlacht von Lepanto, 7. Okt. 1571.

abwarten: *IR*: *beiwohnen* (auch: bis zum Ende warten, z. B. beim Gewitter, u. S. 149 u. ö.).

Savii: Auch Savi grandi: Die 16 Minister der Republik, die mit der Signoria (den Senatoren) das Collegio (den geheimen Staatsrat) bildeten.

Der Doge: Paolo Renieri, von 1779 bis zu seinem Tode 1789 im Amt. Der vorletzte Doge der Republik.

129 *Läppchen*: *IR*: *Käppchen*. *Mütze*: *IR*: *mit goldener phrygischer Mütze* (ähnlich einer Mitra). *klärsten*: leuchtendsten, reinsten, feinsten.

die Brüderschafften: (s. auch S. 132) Laienvereinigungen mit religiösem und caritativem Charakter, auch »Schulen« genannt (Scuole Veneziane di devozione: Venez. Andachtsschulen), mit jeweils eigenen Statuten. Sie waren in hohe (Scuole grandi, zunächst auf 6 beschränkt) und niedere Schulen eingeteilt und jede einem Schutzheiligen geweiht. Dem Adel blieb später der Zugang verwehrt. Die Mitglieder (battuti) hatten Beiträge zu zahlen; ihren Reichtum machten die großen Schulen in prächtigen Versammlungshäusern und »tesori« sichtbar (Sansovino, Venetia). Noch heute besteht die Scuola di San Rocco.

Pallast Pisani: (richtig: Pisano) Barocker Palazzo beim Campo Morosini (1614/15 begonnen, erst im 18. Jh. vollendet), seit 1897 städt. Konservatorium. Zwei Innenhöfe, durch einen Quertrakt mit Galerien getrennt (Pal. Borghese in Rom als Vorbild?).

Degagements: Freiheiten, Spielereien, Zierrat. (Wohl nicht »Geheimausgänge«, wie ein Kommentar angibt)

Scuola di St. Marco: Gebäude der um 1260 gegründeten Brüderschaft, Frührenaissancebau, 1485 beg. – Das dem Gebäude unmittelbar gegenüberstehende berühmte Reiterdenkmal des Bartolomeo Colleoni (von Verocchio 1481–88 geschaffen) wird von G. auch in der *IR* nicht erwähnt.

Gemählde von Tintorett: 1. Die Errettung des Sklaven durch den hl. Markus (1548). 2. Die Bergung der Leiche des Heiligen (1562–64). 3. Traum des hl. Markus (heute alle in der Akademie, Venedig). 4. Auffindung der Leiche des Heiligen (um 1563/64, heute in der Brera, Mailand). Volkmann Bd. 3, 544.

130 *Ballon*: s. S. 59 mit Anm.

famosen [berühmten] *Gesang der Schiffer*: Das Ausgabenbuch vermerkt: *Gondola la sera 3 Cantar del Tasso 6* [lire]. Der Bericht auch in Nr. 6 der *Fragmente eines Reisejournals*: *Volksgesang. Venedig* 1789 in Wielands »Merkur« veröffentlicht. Vgl. auch *W. Meisters Wanderjahre* 2. Buch, 7. Kap. (*HA* VIII, 232 f.).

durch Rousseau: in J. J. R.s Werk »Les Consolations des Misères de ma vie ou Recueil d'Airs, Romances et Duos. Paris 1780 (auch abgedr. bei Volkmann, Bd. 3).

Robert Schumann
(Album für die Jugend)

Lied italienischer Marinari

131 é singolare...: »Es ist sonderbar wie dieser Gesang gerührt
(weich) macht, und umso mehr, je besser er gesungen ist.«
Malamocco und Palestrina: (richtig: Pellestrina) Orte auf den
Inseln, die die Lagune im Süden abschließen. (S. 135, 145)
In *Volksgesang* noch folgende Charakterisierung der Melodie: *Es ist der Ausdruck einer starken herzlichen Sehnsucht,
die doch jeden Augenblick dem Glück der Befriedigung nahe ist.*

132 *Palazzo Pisani Moretta*: Am Canal Grande, Mitte des 15.
Jh. erbaut. Das Bild von *Paolo Veronese*: »Die Familie des
Darius vor Alexander«, um 1560 entstanden, jetzt in London, National Gallery. *IR* 113 wird über die Entstehung
berichtet; zum Bild selbst: *Die weibliche Familie des Darius
kniet vor Alexandern und Hephästion, die voranknieende Mutter hält den letztern für den König, er lehnt es ab und deutet auf
den rechten.* – Über Veroneses Kolorit und Maltechnik vgl.
G.s Aufsatz *Ältere Gemälde... in Venedig* (1790/1825). Th.
Hetzer (s. o. S. 69), a. O., S. 118 ff.

Costum: Volkmann, Bd. 3, S. 536 f.: »Das Gemälde ist vor-
trefflich, wenn gleich das Kostum nicht genau beobachtet
ist.« Gegen diese Einschränkung schon die begeisterte
Schilderung Wilhelm Heinses im »Ardinghello« (1785),
Insel-Ausg. (Frankfurt a. M., o. J.) S. 17 f., vgl. auch Jacob
Burckhardt im »Cicerone« (s. auch *IR* 114).

Scuola di St. Rocco: Das um 1560 vollendete Gebäude der
Bruderschaft, nach Plänen von Sante Lombardo, Bartolomeo Bon, Antonio Abondi und Gian Giacomo dei Gri-
gi. Für das Ende der *Pest*seuche gibt Volkmann das Jahr
1576 an. – S. auch: Die Scuola Grande und die Kirche von
S. Rocco in Venedig, hrsg. von A. Mazzucato; deutsche
Ausg. ²1965, S. 6–8.

133 *Gemählde des Hauptsaals*: Das Bildprogramm Tintorettos –
56 Gemälde – entstand in drei Phasen: 1564–67: Sala
dell'Albergo (G.: *Nebenzimmer*, dort die 1565 entstandene »Kreuzigung«); 1576–81: Sala Grande Superiore
(G.: *Hauptsaal*, mit Szenen aus dem Alten und Neuen
Testament); 1583–87: Sala del Pianterreno (dort
u. a. die »Ägyptische Maria«). S. E. Hüttinger, Die Bilder-

zyklen in der Scuola di San Rocco zu Venedig, Zürich 1962.

neuliche Bemerkung: S. 116 (zum Paradies-Gemälde).

Sodezza: Festigkeit, Gesetztheit. (Vgl. *IR* 548)

134 *Abendmal*: Wandgemälde in der Sala Grande Superiore (eine andere Fassung in San Giorgio Maggiore); die Wirkung einer Raumflucht vor allem durch die Vordergrundsfiguren.

Altar: 1607 nach einem Modell von T. Contin begonnen. Altarblatt von Tintoretto.

Vaghezza: Anmut. In der *IR* hat G. dieses Kunsturteil nicht wiederholt. Zur Farbe und Maltechnik (Schnelligkeit) T.s s. *Ältere Gemälde...in Venedig* (1790/1825), *C* XVII, S. 144 ff.

il paroit...: »Es scheint, daß Sie Ihre Zeit nicht vertan haben.« *Testimonium*: Zeugnis.

135 *die großen Baue*: Die »murazzi«, 15 m breite, 10 m hohe Steinwälle, die zum Schutz gegen das Meer zwischen Sottomarina und Pellestrina errichtet worden waren. S. G.s Zeichnung 145, Beschreibung in der *IR* 119, 122.

136 *hat Venedig nichts zu besorgen*: Archenholz (s. S. 17), Bd. 2, S. 50, hatte behauptet, Venedig werde in zwei Jahrhunderten unbewohnbar sein.

Carreaus: Viereckige Fliesen (zum Abfluß durchbrochen?).

137 *Markusthurn*: Vgl. S. 105. Komplementäres Sehen ist für G. Voraussetzung eines »Begriffs«. Vgl. S. 207.

abgemeßen: im richtigen (entsprechenden) Maß; fast: zweckmäßig. In der *IR* 122 gibt G. einen Eindruck von der zweckmäßigen Ausstattung der Patellen. – Vgl. auch *BrA* Nr. 11.

Ackten...inrotulirt: In der alten juristischen Terminologie das Versenden der Akten vom Unter- an das Obergericht.

138 *denckmal des ersten Eindrucks*: Vgl. die Äußerung über den ersten Eindruck als *Gemisch von Wahrheit und Lüge*, o. S. 86.

das Ultramontano: das Land jenseits der Alpen, der Norden (Gegensatz: das *Tramontane*, S. 154). Typisierung des

Nordens (*Nebel*, dunkel) wie schon S. 72; auch S. 159 u. oft.

möchte hier nicht leben: vgl. *BrA* Nr. 3, 27, 31 und o. S. 86.

Baukunst: Über G.s Beschäftigung mit der Baukunst s. H. v. Einem, G. und die bildende Kunst, in: Goethe-Studien, München 1972, S. 95–107 (Kap. III). Vgl. auch G.s Brief an Knebel, Rom, 17. Nov. 1786, *BrA* Nr. 8.

Kranckheit und thorheit: Fast wörtlich wiederholt im Brief an den Herzog, Rom, 3. Nov. 1786. Von Genesung, Wiederherstellung ist oft die Rede (z. B. im Brief an Merck, Rom, 10. Febr. 1787), mehrfach im Zusammenhang mit *Wiedergeburt*, einem Wort, das in der *IR* programmatisch wird, hier freilich noch auf die enthusiastische (auch religiöse), spontane Sprechweise des »jungen G.« zurückverweist. Vgl. S. 207.

139 *Latein aus dem Spinoza*: Eine lat. Ausgabe der Ethik des jüdischen Pantheisten Baruch Spinoza (1632–1677 Den Haag) hatte Herder G. und Frau v. Stein zum 25. Dez. 1784 geschenkt. Vgl. auch G.s Äußerung im Brief an Knebel, 6. Jan. 1785: *deine Übersetzung* [des Sallust] ... *Gegen das Original konnt' ich sie nicht halten*. Ferner G. an Jacobi, 12. Jan. 1785; vgl. *IR* 505.

Satyren: Wielands Übersetzung der »sermones« (Satiren) des Horaz war im Sommer 1786 erschienen. In Rom las G. sie dann *mit dem größten Vergnügen* (an Wieland, 17. Nov. 1786).

crialleries: vielmehr: criailleries. *IR*: *Die Rauf- und Schreihändel* ... (*Chiozza*: G. gebraucht hier wie auch sonst die venezian. Dialektform von Chioggia): ein 1762 entstandenes Stück des Lustspiel-Dichters Carlo Goldoni (1707 Venedig – 1793 Paris), der die alte Stegreif- und Maskenkomödie abschaffte (Gegner Gozzis). Der junge G. schon kannte seine Stücke (Einfluß z. B. auf *Die Mitschuldigen* 1769), für deren Renommee in Deutschland vor allem Lessing gesorgt hatte. Noch kurz vor der Reise hatte G. in einem Brief an Frau v. Stein anläßlich der Lektüre des neuesten *Theater Calender* seine Verzweiflung über die

deutschen Repertoires und die für das Lyrische Theater
ungeeignete *barbarische Sprache* geäußert (26. Jan. 1786):
*Mit den Exkrementen der Weimarischen Armuth würzt Herr
Reichardt* [der Herausgeber] *seine oder vielmehr die deutsche
Theater Miserie.*

140 *gewöhnlich*: eigen, vertraut. *Passion*: Pathos, Gebaren.
Carita: (S. 109 f., 122) In der *IR* sind die Stellen verbunden.
wallfahrtend: Für die »Kunstfrömmigkeit« der Sturm-
und-Drang-Zeit üblicher Wortgebrauch. So spricht G.
von seiner *Wallfahrt* zum Grab des Straßburger Münster-
baumeisters Erwin v. Steinbach 1769 und 1775 (*HA* XII,
S. 28 und Anm.), die er nach dem Vorbild der Einsiedler
Wallfahrtsbüchlein in Stationen gliedert.

141 *theile des Karnieses*: s. die Anm. zu S. 116 und 110.
In Dessau: Schloß Wörlitz bei D. war 1769–73 von Friedrich Wilhelm v. Erdmannsdorff im Stil Palladios erbaut
worden.
Wendeltreppe: S. 110 mit Anm. *la quale…*: »welche wunderbar ausgefallen ist«. Der Kontext: (Palladio-Ausg. Venedig 1642, S. 91, über Treppen:) »lo ne ho fatto una vacua
[G.: *mit offener Spindel*] nel mezo nel Monasterio della Carità in Venetia, la quale riesce mirabilmente.«
Vgl. G.s Äußerung zu Eckermann, 21. März 1830: *…man
muß sich hüten, nicht mit Gedanken zurückzukommen, die später für unsere Zustände nicht passen. So brachte ich aus Italien
den Begriff der schönen Treppen zurück, und ich habe dadurch
offenbar mein Haus verdorben, indem dadurch die Zimmer alle
kleiner ausgefallen sind als sie hätten sollen.*

142 *Im Vorhofe*: des Tempels, des Heiligtums, womit sowohl
Rom wie die Kunst gemeint sein kann (für die bibl. Herkunft vgl. Jesaias 62,9 und 84. Psalm, V. 3; schon Klopstock
gebrauchte in dem Gedicht »Der Vorhof und der Tempel«
1765/71 beide Begriffe im Bezug auf sein religiöses Streben).
Vgl. *IR* 518: *Die Türe* [zur Kunst] *hab' ich offen und stehe auf
der Schwelle und werde leider mich von da aus nur im Tempel um-
sehen können und wieder scheiden.* Davor schon breite Ausfal-
tung am *symbolischen Titel* der G.schen Kunstzeitschrift *Pro-*

pyläen (= Vorhalle und Tor zur Akropolis): 1798 in der *Einleitung in die Propyläen*: *Der Jüngling, wenn Natur und Kunst ihn anziehen, glaubt mit einem lebhaften Streben bald in das innerste Heiligthum zu dringen; der Mann bemerkt, nach langem Umherwandeln, daß er sich noch immer in den Vorhöfen befinde... Eine solche Betrachtung hat unsern Titel veranlaßt. Stufe, Thor, Eingang, Vorhalle, der Raum zwischen dem Innern und Äußern, zwischen dem Heiligen und Gemeinen. (C* XVI, 305).

143 *Truppe Sachi*: Fahrende Schauspieler, nach ihrem Leiter Antonio Sacchi (1708–86) benannt, der in der Rolle des Arlecchino berühmt war; Gozzi schrieb für ihn. Lessing erwähnt die Truppe in seinem italien. Reisetagebuch 1775 (Hanser-Ausg., Bd. VI, S. 844 f.). Vgl. auch G. zu Eckermann, 14. Febr. 1830. – Nach Sacchis Tod löste sich die Truppe auf.
Smeraldina: Charaktermaske der Kammerzofe in der Commedia. *Brighella*: Der Typus des Schlaumeiers. Vgl. S. 114. Die Stelle prägnanter in der *IR* 125 f.
decidirte Figuren: Typen.

144 *der regir[enden] Herzoginn*: Luise v. Sachsen-Weimar-Eisenach, geb. Prinzessin v. Hessen-Darmstadt (1757–1830), seit 1775 mit Herzog Carl August verheiratet. S. auch *BrA* Nr. 11.

145 *Kalckstein...aus den Vordergebirgen der großen Kette*: der Apenninen. *Vitruv gedenckt seiner*: De architectura, 2. Buch, Kap. 5 »Vom Kalk«.
Traß: vulkanischer Tuff, poröse bimssteinartige Lava.

5. Stück
(Ferrara – Cento – Bologna – Florenz – Perugia –
Foligno – Terni – Rom)

149 *due ore dopo Notte*: zwei Stunden nach Anbruch der Nacht: ¹/₂ 9 Uhr (vgl. S. 70 f.).
mit dem Courierschiff: Volkmann, 3, 481, empfahl den Wasserweg »wegen der angenehmen Aussichten des Po...

Der Fluß ist mit segelnden Barken bedeckt, eine Menge kleiner Flüsse ergießen sich in denselben, und die Ufer sind reizend.«

Die Iser...paßirt: am 7. Sept. hinter München, s. S. 20 f. *in Verona abwartete*: am 17./18. Sept., s. S. 73 (zum Wortgebrauch s. S. 128).

Ferrara

150 *In der...entvölckerten Stadt*: Die alte Stadt der d'Este, die im 14.–16. Jh. mit ihrer Größe und Einwohnerzahl (Höhepunkt der Stadterweiterung durch die sogen. »Addizione Erculea«), ihrer kulturellen Bedeutung und kriegerischen Ausrüstung Mailand, Florenz und Venedig Konkurrenz gemacht hatte, war nach dem Tod Alfons' II. (1597) durch Papst Clemens VIII. dem Kirchenstaat unterstellt worden und seitdem (im 18. Jh. durch die Auswirkungen des span. Erbfolgekrieges betroffen) immer mehr verfallen. Ende des 18. Jh. hatte Ferrara nur noch wenige tausend Einwohner. Berichte u. a. bei Volkmann, Archenholz und Seume (»Spaziergang nach Syrakus«).

Ariost: Der Dichter des »Orlando Furioso« (1474–1533) lebte von 1517 an am Hof Alfons' I. (1505–34). Torquato *Tasso* (1544–95), der Verfasser der »Gerusalemme liberata« und des »Rinaldo«, hielt sich 1565–86 am Hof Alfons' II. (1559–97) auf. G. hatte die beiden ersten Akte seines »Tasso«-Dramas in Prosafassung mit auf die Reise genommen und begann auf der Rückreise mit der Umarbeitung (s. u. S. 221, 233, 237).

alberne Wasserbaue: Wohl die, auch von Volkmann erwähnten, zu niedrigen Dämme (vgl. o. S. 47). *IR* 133 fügt G. noch hinzu: *die kindisch und schädlich sind wie die an der Saale.* 1705 hatte eine große Überschwemmung die schadhaften Dämme zerstört. G. weist auf den Zusammenhang zwischen Entvölkerung und Verwahrlosung nicht hin.

wie Dido: Im 4. Buch der »Aeneis« Vergils (V. 366 ff.) berichtet Venus von der Karthagerkönigin Dido, wie sie bei ihrer Landung in Afrika Land einhandelte nach dem Maß »wieviel Boden und Grund die Haut eines Rindes umspanne«. Dido ließ die Haut in schmale Streifen schneiden, verknüpfte diese und maß so ein weites Areal aus, auf dem sie Karthago (»Fellstadt«) erbauen ließ. *Clima*: von G. öfter in der Bedeutung von »Land« (Himmelsstrich) gebraucht.

Das Bild: Johannes d. Täufer vor *Herodes und Herodias* von Carlo Bononi (Ferrara 1569–1632) in der Benediktinerkirche S. Benedetto, um 1600 gemalt. Volkmann 3, 487 deutet das Paar als Alfonso II. und seine Maitresse Laura Eustochia. *IR* 134 schärfer: *deutet heftig* und für *den Propheten*: *den Enthusiasten*; die Abneigung gegen Offenbarungen und Propheten schlägt dort S. 504 f. nochmals verhement durch: gegen Lavater.

Ariosts Grabmal: 1612 geschaffen, zu G.s Zeit noch in S. Benedetto, 1801 durch den franz. General Miollis mit dem Sarkophag in die Universitätsbibliothek (1729 durch die Bürgerschaft gegründet, »Biblioteca Comunale Ariostea«) gebracht, wie die von Volkmann wiedergegebene latein. Inschrift (auch bei Herder, Brief v. 5. 6. 1789, und Seume erwähnt) berichtet. Die »Casa di L.Ariosto«, das vom Dichter erworbene Haus, bei G. nicht erwähnt.

Taßos Gefängnis: Im Hospital S. Anna, wo der Dichter von 1579–86 auf Befehl Alfonsos II. als Geisteskranker festgehalten worden war. Volkmann 3, 489 berichtet die »fama«: »Der Dichter mochte mit der Schwester des Herzogs Alphonsus, Eleonora, eine mehr als poetische Bekanntschaft gehabt haben, deswegen ließ ihn dieser beiseite schaffen, ob er gleich durch ihn in der Stelle des ›Befreiten Jerusalems‹, welches anfängt ›Tu magnanimo Alfonso‹ verewigt worden war.« G. in der *IR* 133 f.: *Es kommt mir vor, wie Doktor Luthers Tintenklecks, den der Kastellan* [auf der Wartburg] *von Zeit zu Zeit wieder auffrischt. Die meisten Reisenden haben doch etwas Handwerkspurschenartiges und sehen sich gern nach solchen Wahrzeichen um.*

151 *Von einem...Akademischen Institut*: Die 1391 gegründete Universität, seit 1586 im Palazzo Paradiso o delle Scienze, der von Alessandro Balbi und G. B. Aleotti völlig umgestaltet worden war (dort auch die Bibliothek). Im Innenhof noch heute röm. und altchristliche Sarkophage. Der *Cardinal* war der 1778 zum Legaten ernannte Ferrarese Francesco Carafa.

Cento

Guercins Vaterstadt: Giovanni Francesco Barbieri, gen. il Guercino (»der Schielende«), 1591 Cento – 1666 Bologna, Schüler des Lodovico Carracci, einer der Hauptmeister der Bologneser Malerschule, vor allem als Kolorist gerühmt. G.s Lob des Malers auch in der *IR* 135 f. (mit einem Blick auf die Guercino-Verehrung – *ein heiliger Name* – im damaligen Cento); positiv auch J. H. Meyer in seinem Beitrag »Entwurf einer Kunstgeschichte« zu G.s *Winckelmann und sein Jahrhundert* 1805 (*C* XVI, 65; viel kritischer hatte Winckelmann selber geurteilt). G. besaß Zeichnungen und ein Gemälde Guercinos in seinen Kunstsammlungen.

Guercinos wegen empfahl Volkmann 3, 481 »Liebhabern der Malerei« den Umweg über Cento auf der Reise Bologna-Ferrara.

Der Auferstandne Christus: (mit Bezug auf die abwehrende Haltung der Christusgestalt auch »Noli me tangere« genannt) um 1629 entstanden, damals (Volkmann) in der Kirche Nome di Dio, jetzt in der Pinacoteca Civica (1839 begründet). Volkmann erklärte das Bild für das beste, das Cento von Guercino besitze.

152 *Strange*: Robert S., englischer Zeichner und Kupferstecher (1721–92), lebte seit 1759 in Italien, wo er u. a. die Werke Tizians und Raffaels kopierte. Winckelmann nannte ihn »den größten Künstler unserer und vielleicht aller Zeiten in seiner Kunst« (S. Carl Justi, Winckelmann und seine Zeitgenossen, Bd. II, Leipzig 1898, S. 349; Ausg. Leipzig 1943, Bd. II, S. 166).

Eine Madonna: Damals im Jesuitencollegium (Volkmann).
Maria: Volkmann 3, 484: »Bei den Kapuzinern außer der
Stadt …eine Madonna, unter deren Bilde Guercino seine
Geliebte abgemalt hat.«
Cezilia von Raphael: s. u. S. 155. (G. durch Strange be-
kannt)

Bologna

153 *zu Allerheiligen in Rom*: vgl. auch *IR* 169. – Zu *Florenz* s. S.
164 und *BrA* Nr. 34.
Madonna di Galiera: (Galliera) 1479 erbaut, berühmt die
Fassade aus Sandstein. In der Sakristei nach Volkmann
Gemälde von Annibale Carracci, Guido Reni, Guercino
und Albani. *IR* beginnt sofort mit der Beschreibung der
»Cecilia«.
Giesu e Maria: (Gesù) von Bonifazio Sacchi erbaut. Guer-
cinos Bild von 1646, damals über dem Hochaltar, jetzt in
Lyon. Der obere Teil (Darstellung Gottvaters) in der Pi-
nakothek in Bologna.

154 *Pall*[azzo] *Tanari*: aus dem 17. Jh. Das Gemälde – *IR*: von
Guido Reni, *über Lebensgröße* – vermutlich identisch mit
dem Bild der stillenden Maria in New York, Privatbes. (v.
Einem, *HA* XI, 695)
das säugende Kind: das gesäugt wird (*IR* gebraucht die
Form von Maria und dem Kind); vgl. auch G.s Gedicht
Der Wandrer 1772, V. 2: *den säugenden Knaben | An deiner
Brust!*
im Institute: In der Universität; *IR*: *in der berühmten wissen-
schaftlichen Anstalt, das Institut oder die Studien genannt.*
Damals im Pal. dell'Archiginnasio (1562–63 erbaut,
heute Biblioteca Comunale), seit 1803 in den Pal. Poggi,
Ca'Grande, Riario u. a. In G.s Volkmann-Exemplar 1,
390–93 sind angestrichen: Sternwarte und Bibliothek,
Accouchementssaal, Chymie, Naturaliencabinet, Botanischer Garten, Physik, Campanis Ferngläser. – Daß
damals Galvani in B. lehrte, scheint G. nicht bekannt ge-

wesen zu sein. – *IR* 144 gibt G. dem Tadel an der Univ. eine andere Richtung: *doch will es einem Deutschen dabei nicht wohl zumute werden, der eine freiere Studienweise gewohnt ist.* (vgl. die Bemerkung über die *Schul-Enge* in Padua, o. S. 93. S. auch: *Dichtung und Wahrheit*, 6. Buch). *Plan zur Iphigenie auf Delphos*: (= in Delphi; die Form war schon von Herder in G.s Exemplar der *Iphigenie auf Tauris*, V. 723 verbessert worden) Den Inhalt (*das Argument*) skizziert *IR* 142 f. Hauptpunkt die *Wiedererkennung* (gr. anagnōrismós) der Geschwister Elektra und (der von Tauris heimgekehrten) Iphigenie. Das nie ausgeführte Stück sollte offenbar als 5. Akt unmittelbar an die *Iphigenie auf Tauris* anschließen. (Vgl. W. Scherer, Aufsätze über G., 1886, S. 161 ff. – E. Schmidt u. a. vermuteten, daß eine Fabel des spätantiken Autors Hygin zu Grunde liege und der Plan schon in Weimar – 1783, gleichzeitig mit *Elpenor* – entstanden sei.)

155 *Cecilie von Raphael*: Das Gemälde Raffaello Santis (1483 Urbino – 1520 Rom, Schüler des Perugino, an Leonardo und Michelangelo fortgebildet; s. H. v. Einem in *HA* XI, 597 f.) befand sich in S. Giovanni in Monte (jetzt in der Pinacoteca Nazionale). Das auf Bestellung gemalte, um 1515 (vermutlich in Rom) vollendete Bild zählt zu den Hauptwerken Raffaels während seiner röm. Zeit. G. löst sich in seiner Beschreibung ganz von Volkmanns kritizistischem Urteil und urteilt spontan wie schon bei Palladio (s. auch u. S. 158) und Mantegna (S. 95). Schon 1770, vor den nach Raffaels Kartons gewebten Teppichen in Straßburg, hatte G. durch die Begegnung eine *neue Epoque* seiner Kenntnisse beginnen sehen und von einem *Abgrund von Kunst* gesprochen (an Langer, 29. Apr. 1770, vgl. *Dichtung und Wahrheit* 9. Buch, und *IR* 466–71: *Päpstliche Teppiche*). Zusammenfassend: *Antik und Modern* 1818 (*das einzige Talent Raffaels ... Er gräzisiert nirgend, fühlt, denkt, handelt aber durchaus wie ein Grieche. C* XVI, 522). So auch die Verbindung Raphael – Sophokles als Spitze einer Pyramide (Grumach, G. und die Antike, Bd. I, S. 269 ff.).

Eine Deutung der »S. Cecilia« gibt G. in den *Propyläen: Die Figuren stehen da, um eine Musik der Engel im Himmel anzuhören. Zu den Füßen der Cäcilia liegen ihre Noten und Instrumente, weil sie durch die himmlische Musik den Geschmack an der irdischen verloren.*

wie Melchisedech: 4. Buch Moses, Kap. 22–24. Hebräerbrief Kap. 7, V. 3 (Vergleich zwischen Christus und M., dem »Friedensfürsten«, »ohne Vater, ohne Mutter, ohne Geschlecht, und hat weder Anfang der Tage, noch Ende des Lebens, er ist aber verglichen dem Sohne Gottes, und bleibet Priester in Ewigkeit« Luther).

seinen Meister: in der *IR seine Meister* und danach von J. Fränkel und E. Haufe auch hier geändert. Doch ist vermutlich von G. hier der eigentliche »Lehrer« R.s, Perugino, gemeint.

den letzten Stein: Vgl. auch H. v. Einem: Das Bild des Schlußsteins bei G., in: G.-Studien, S. 166–78, der diese Stelle nicht einbezieht. (Zum Bild s. auch G.s Brief an Lavater, 20. Sept. 1780)

Francesko di Francia: Francesco Raibolini, gen. il Francia (um 1450–1518), Schüler Francesco Cossas, Einfluß L. Costas und Peruginos, Meister der bologn. Schule des 15. Jh.s. Sein Meisterwerk, die »Madonna Felicini«, damals in S. Giacomo Maggiore, jetzt in der Sala di Francia der Pinakothek.

Peter Perugin: Pietro Vanucci, gen. il Perugino (um 1450 Città delle Pieve – 1523 Castella Fontignano b. Perugia), Schüler des Fiorenzo di Lorenzo in Perugia und des Andrea del Verrocchio in Florenz; Hauptmeister der umbrischen Schule des 15. Jh.s, Lehrer Raffaels. G. sah in Bologna die um 1500 gemalte »Madonna in gloria e Santi« (in S. Giovanni in Monte, heut in der Pinakothek). – Vor Peruginos Gemälden in der Sistina in Rom notierte G. in seinem Volkmann-Exemplar: *assai.* (Bd. 2, 101) Sein »stilles Gefühl«, die »redliche Einfalt« der älteren Maler auch im »Entwurf einer Kunstgeschichte« betont (*C* XVI, 168 f.).

Albert Dürern: (in der *IR*: *Albrecht*; doch signiert Dürer

selbst mit beiden Namensformen) Dürers 1494/95 und
1506/07 unternommene, überaus fruchtbare Reisen nach
Venedig waren G. damals noch unbekannt, obwohl in
Sandrarts »Teutscher Akademie«, deren Neuausgabe
(1768–72) G. bereits in den »Frankfurter Gelehrten Anzeigen« rezensiert hatte, die zweite Reise erwähnt wurde
(s. H. v. Einem, G. und Dürer, in: Goethe-Studien, München 1972, S. 25 ff.). Durch Cramers »A. Dürers Biographie« 1809 (s. Tagebuch v. 8. Febr.) informiert, korrigiert
G. in der *IR* 137: *Hätte doch ...tiefer nach Italien geführt!* Zu
Dürers Venedig-Reisen vgl. jetzt die ausgezeichnete Mo-
nographie von L. Grote, »Hier bin ich ein Herr« – Dürer in
Venedig, München 1956.

156 *In München*: S. Anm. zu S. 18. G. konnte die »Beweinung
Christi«, den »Paumgärtner Altar«, »Lucrezia«, die »Vier
Apostel« und das »Bildnis Jacob Fuggers« gesehen haben.
statt seiner niederländischen Reise: Dürers Tagebuch der niederl. Reise 1520/21 kannte G. in Auszügen durch C. G. v.
Murr, Journal zur Kunstgeschichte u. allgem. Litteratur,
7. Theil, Nürnberg 1779 (S. 53 ff.), das er am 18. Febr.
1780 (Tageb.) las. Dürer berichtete Ende August 1520 aus
Antwerpen, wie er Signor Ruderigo, einem Portialen,
mehrere Blätter (u. a. das »Frauenleben«, die große u.
kleine »Passion«, die »Melancholia«) und dieser seiner
Frau einen Papagei geschenkt habe (Dürer bewertet seine
Blätter in summa mit 5 Gulden). Vgl. A. Dürer, Das Tagebuch d. niederl. Reise, hrsg. v. Goris/Marlier, Brüssel
1970, S. 64. – In der *IR* erwähnt G. noch das Portraitieren
von Domestiken und einen unglücklichen *Akkord* D.s mit
venezian. *Pfaffen* (richtig: Kaufleuten), über den D. sich in
Briefen an Pirkheimer beklagte.
Zu G.s Urteil über D. seit dem frühen Zeugnis in *Von deutscher Baukunst* s. die o. erwähnte Arbeit v. Einems.
Der Phasanen Traum: Der wohl im Jahr vor der Reise ge-
träumte, später als prophetisch gedeutete Traum wird *IR*
143 f. berichtet. G. erwähnt ihn anspielungsweise (was
seine Kenntnis bei den Freunden voraussetzt) noch oft

(z. B.: an Herders, 13. Dez. 1787, *BrA* Nr. 20, an Frau v. Stein, 29. Dez. 1786), *IR* 163, 291 und noch im Tagebuch vom 27. Juli 1814.

Im Pallast [Ranuzzi]: Das Gebäude (mit Fassade von Palladio, Säulenhalle von Bibiena; heut Pall. Berselli?) läßt sich identifizieren durch: Friedr. Leopold Graf zu Stolberg, Reise in Deutschland, der Schweiz, Italien und Sizilien... 1791/92: »Im Pallaste Ranuzzi ist eine hl. Agatha von Rafael, welche mir lieber ist als die viel berühmtere Cecilia. Jene hat den vollen Ausdruck erhabner Ruhe...«. Vermutlich ein Bild Guercinos »Agatha im Gefängnis«. In der *IR* vorsichtiger formuliert.

Kinder Gottes...Ungeheuer: Vgl. Genesis, Kap. 6, V. 2–4.

157 *Der große Guido...ein votives Bild*: Guido Reni (1575–1642, Bologna) hatte das große Gemälde »Pietà e Santi« 1616 im Auftrag des Senats für die Kirche S. Maria della Pietà oder dei Mendicanti gemalt (heute in der Pinakothek). Im oberen Bildteil die Klage Marias und zweier Engel am Leichnam Christi; darunter die Schutzheiligen Bolognas: Proculus, Dominicus, Franz v. Assisi, Carl Borromäus und Petronius, für die Stadt bittend; zu ihren Füßen das »Modell« der Stadt, umgeben von Putten mit Attributen der Heiligen.

Über Proculus: Volkmann Bd. I, 419: »S. Proculus ein Bologneser litte den Märtyrertod vor der Stadt... und trug seinen Kopf bis an den Ort, wo jetzo die Kirche steht.«

Engel...werth...eine Psyche...zu trösten: Anspielung auf das über den Verlust seines Geliebten, Amor, unglückliche Mädchen Psyche, in der berühmten Erzählung »Amor und Psyche«, einer Einlage des antiken Romans »Metamorphosen« (»Der goldene Esel«) des Apuleius (s. jetzt die Ausgabe: insel taschenb. 146).

Zwey nackte Figuren: Der *Johannes in der Wüsten* (S. Giovanni predicante), von Volkmann I, 421 zu Recht nicht dem Guido, sondern seinem Schüler Simone Cantarini, gen. da Pesaro, (1612–48) zugeschrieben, damals im

Pal. Zambeccari, und der *Sebastian* von G. Reni, damals in der Sakristei von S. Salvatore, jetzt beide in der Pinakothek.

der Aberglaube: *IR* 140 f. abmildernd: *Betrachte ich in diesem Unmut die Geschichte...der Glaube hat die Künste wieder hervorgehoben, der Aberglaube hingegen ist Herr über sie geworden*... Das Lob der Griechen zuungunsten der ihre Kultur »importierenden« Römer (worüber vor allem Cicero berichtete) fehlt dort.

158 *Geschichte so einer Granit Säule*: Eine Reihe ähnlicher Reflexionen bei K. Ph. Moritz, Reisen eines Deutschen in Italien, angesichts des Obelisken auf der Piazza del Popolo: (Rom, 20. Nov. 1786) »Wie eine Erscheinung aus der grauen Vorzeit ragt in der Mitte des Platzes del Popolo der ägyptische Obelisk empor, der fünfhundert Jahre vor der christlichen Zeitrechnung in der ägyptischen Stadt Heliopolis errichtet wurde, von wo ihn Augustus über das Meer nach Rom bringen ließ, um mit ihm die Pracht des Circus maximus zu vermehren.

Mit Roms Herrlichkeit war auch dieses Denkmal in Schutt und Staub gesunken, aus welchem Sixtus der Fünfte es wieder emporrichten... ließ... Wenn man nun oben auf diesem Obelisk das Kreuz erblickt, welch eine ungeheure Reihe von religiösen und politischen Revolutionen muß man sich dann nicht zwischen diesen beiden sichtbaren Zeichen denken.«... (a. O., Anm. S. 76, S. 50 f.)

Vgl. auch G.s Bericht über den Architekten Cassas, *IR* 525–529; über natürliche Obeliskenform im Granit: *Material der bildenden Kunst*, »Teutscher Merkur«, Okt. 1788 (*C* XVI, 665) und *Über den Granit* 1784 (*HA* XIII, 253 ff.).

auf dem Thurm: Torre degli Asinelli (97,6 m hoch, 1,23 überhängend), zwischen 1109 und 1119 erbaut.

Höherauch: (s. S. 49) Bei G. häufig gebrauchter meteorol. Ausdruck für die Verdunstung über Gebirgen, Schneefeldern etc.

nicht aus der Gegend komme: nicht weiche, abziehe.

159 *Zimmerien*: s. o. Anm. zu S. 72.

Der hängende Thurm: Torre Garisenda (48,16 m hoch, 3,22 m überhängend), 1110 begonnen, wegen Absenkung des Terrains unvollendet gelassen und zw. 1351–60 wegen Einsturzgefahr z. T. wieder abgetragen. *IR* 139 erklärt G. die Eigenart aus dem Wetteifern der reichen Familien um ihren »besonderen« Turm (die Willkürlichkeit scheint ihm durch die horizontale Lage der Backsteinschichten erwiesen). Wahrscheinlicher ist, daß die Stadt die »Torre Asinelli« erst errichten ließ, als die »Garisenda« sich senkte und für den Auslug unbrauchbar wurde (*IR* will G. auch diesen Turm bestiegen haben).

die Geister der Geschichte: s. u. S. 200 f.

das Venezianische ist mittagslicht: Vgl. *IR* 209: *Das Griechische klang, wie ein Stern in der Nacht erscheint.* Ebd. 203 von einem Kunstwerk: *Es ist wie ein Gesang Homers.*

160 *der Bologneser Stein*: 1602 hatte der Schuhmacher Casciorolas das Leuchten des Bologneser Schwerspats entdeckt (auch bei Volkmann I, 440 f. berichtet). Vgl. G., *Die Leiden des jungen Werthers* (1772), 1. Buch, Brief vom 18. Juli: *Ich schickte meinen Diener hinaus zu Lotte, nur um einen Menschen um mich zu haben, der ihr heute nahe gekommen wäre ... Man erzählt von dem Bononischen Steine, daß er, wenn man ihn in die Sonne legt, ihre Strahlen anzieht und eine Weile bei Nacht leuchtet. So war mir's mit dem Burschen.*

Calcination: Das Anglühen mit leicht brennbaren Stoffen (alter chem. Ausdruck). G. erkannte, wohl als erster, die Abhängigkeit der Phosphoreszenz des Steins von der Länge und Intensität der Bestrahlung. *IR* 145: *...woraus man die kleinen Kuchen bereitet, welche kalziniert im Dunkeln leuchten, wenn sie vorher dem Licht ausgesetzt gewesen, und die man hier kurz und gut Fosfori nennt.* G. schickte Proben nach Weimar (s. an Frau v. Stein, 19. Febr. 1787; *WA* I 30, 291 ff.).

Gypsspat: Zu Blättern gebrochener Gips. *IR*: *Schwerspat.*

Fraueneis: Glasklar kristallisierter Gips, sogen. Marienglas (»lapis specularis«, Agricola).

lettig: lehmig, tonig (*Leimenhügel*: Lehmhügel). Vgl. G.s
Prometheus-Fragment 1773 (*HA* IV, 176 ff.), V. 210–13:
seinen lettnen Hof, seine Welt von Thon.

161 *Selenit*: »Mondstein«.

    Giredo: Gemeint ist wohl Ponte del Ghiereto, jenseits des
Futa-Passes, bzw. die benachbarte Herberge Locanda alle
Maschere bei der Station Montecarelli zwischen Bologna
und Florenz.

162 *Die Apenninen…Gewebe von Bergrücken*: G. hat für Frau v.
Stein eine Gebirgslandschaft bei Bologna gezeichnet. Zur
Eigentümlichkeit, Prägnanz und den Grenzen seines geo-
logisch-geographischen Sehens: H. Lehmann, G. und
Gregorovius vor der italienischen Landschaft, Wiesbaden
1967. Zu dieser Stelle S. 13 f.: »Sie zeigt, wie G. das Fremd-
artige durch Vergleich mit ihm bekannten Mittelgebirgs-
formen (Böhmen) zu bewältigen sucht… das erste Mal,
daß der etrurische Apennin in seiner…Eigenart gesehen
und beschrieben wird…«. Vgl. auch G.s Schrift: *Gesteins-
bildung*, *WA* II, 10, 15 und II, 13, 379.

    Gedicht der Ankunft des Herrn: Wiederaufnahme eines 1774
in fragmentarischer Skizze belassenen Stücks *Der ewige
Jude* (s. auch *Dichtung und Wahrheit*, 15. Buch: *Einfall, die
Geschichte…die sich schon früh durch die Volksbücher bei mir
eingedrückt hatte, episch zu behandeln*, dort genaue Entwicklung des Inhalts). In der *IR* 161 f. erst unter Terni, 27.
Okt., berichtet: der Ewige Jude als Zeuge der Kirchenge-
schichte und der *Katastrophe, daß Christus selbst, als er zu-
rückkommt, um sich nach den Früchten seiner Lehre umzusehen,
in Gefahr gerät, zum zweitenmal gekreuzigt zu werden.* Erhalten ist auch ein Paralipomenon zur *IR*: *Ewiger J[ude] P[ius]
VI. Schönster der Menschenkinder. Neid. Will ihn einsperren,
ihn nicht weglassen, wie ihn der Kaiser… Staatsgefangen im
Vatikan behalten. …Al Gesù, Jesuitentroß. Lob des ungerech-
ten Haushalters.* (s. J. Minor, G.s Fragmente vom ewigen
Juden und vom wiederkehrenden Heiland, Stuttgart/Ber-
lin 1904) Vgl. auch Corpus d. Goethezeichnungen Bd. II
zu Bild Nr. 346.

163 *Trauerspiel Ulysses auf Phäa*: Wohl der früheste Hinweis auf G.s Plan zu einer *Nausikaa*-Tragödie, die erst in Sizilien und nach der Rückkehr von dort skizziert wurde; nur wenige Szenen sind ausgeführt. Vorlage: Homer, Odyssee, 6. Buch. Odysseus begegnet auf der Phäakeninsel (daher G.s erster Titel) Scheriё der Königstochter Nausikaa, die von Liebe zu dem Fremden ergriffen wird. Der von G. intendierte tragische Ausgang nicht bei Homer. S. D. Lohmeier, G.s Nausikaa-Fragment, in: Jahrbuch d. Freien Deutschen Hochstifts 1974, S. 1–16. *IR* 345, 384 ff.: der Inhalt dieser *dramatischen Konzentration der Odyssee*, u. ö.).

In Bologna: Johannes ... von Raphael: nicht nachweisbar.

heil. Familie: Volkmann I, 428: »herrliche heilige Familie im Palazzo Bovi«. Vermutlich aus Raffaels Schülerkreis.

Carrache: Lodovico Carracci (1555–1619 Bologna), Haupt der bologn. Malerschule des 16. Jh.s, Wegbereiter der italien. Barockmalerei. Seine Vettern Agostino (1557–1602) und Annibale C. (1560 Bologna–1609 Rom). G. erwähnt in seiner Schrift *Anforderung an einen modernen Bildhauer* 1817 (*C* XVII, 432 f.) Annibales Fresken im Pal. Fava zu Bologna. Begeistertes Urteil Volkmanns über die Fresken im Pal. Farnese in Rom (vg. *IR* 534). Den Eklektizismus der C. tadelt G. bei Eckermann, 13. Apr. 1829.

Velasquetz: Diego Rodriguez de Silvay Velázquez (1599–1660). Der spanische Maler hatte Bologna auf seinen Romreisen 1629 und 1649 besucht. Die Zeichnungen sind in B. nicht nachweisbar (in Modena, Gall. Estense, ein Bild Francescos I.).

Statue einer Andromeda: Nach dem griech. Mythos: Andromache, Tochter des Aithioperkönigs Kepheus, einem Meeresdrachen, der das Land bedrohte, als Opfer zugedacht, von dem Heroen Perseus gerettet und ihm vermählt.

nur gegenwärtig supponirt: nur für diesen Moment niedergehalten.

164 *Florenz*: Der eilige Eindruck wurde auf der Rückreise durch ein zwölftägiges Studium der Kunstwerke ergänzt (Ankunft am 29. Apr. 1788). S. auch *BrA* Nr. 34 und Anm.
Lustgarten Bovoli: Die jenseits des Arno terrassenförmig angelegten Giardini di Boboli (1550) mit einem Belvedere, See und Statuen.
Dom: S. Maria del Fiore, 1296 von Arnolfo di Cambio begonnen, 1334 von Giotto (Plan zum Campanile) u. a. fortgesetzt; die Kuppel 1421–34 von Brunelleschi erbaut. Michelangelos unvollendete Pietà (1555) im Innern des Doms auch auf der Rückreise nicht erwähnt.
Batisterium: »Il Battistero«: achteckiger, marmorverkleideter romanischer Bau gegenüber dem Dom mit den berühmten Bronzetüren Lorenzo Ghibertis aus der 1. Hälfte des 15. Jh.s.
der Menschenwitz sich nicht erschöpft hat: die immer neu zu Beschreibung und Deutung herausgefordert haben, die letztlich inkommensurabel sind.
grandioses Ansehn …alles wie ein Puppenschrank: die beiden Vorstellungen für G. vereinbar, wie schon im Aufsatz *Zum Shakespeares-Tag* 1771 der schöne *Raritätenkasten* (des Theaters) mit den *Menschen …in kolossalischer Größe* (*HA* XII, 226 f.). In der *IR* 149 blasser: *alles zugleich tüchtig und reinlich, Gebrauch und Nutzen mit Anmut …*
Sotteln: Ackerbeete (Bezeichnung in der thüring. Landwirtschaft); Adelung, Wörterbuch 1780: Das Sottel: Akker, der ca. 2 Ruten breit ist, in der Länge nicht terminiert.

165 *alles klar*: *IR* hinzugefügt: *wie gesiebt. Splint*: *IR*: *Kern*.
unsäglich durchgearbeitet (auch vom Menschen): *IR* hat dafür: *daß es* (das Holz) *sich unsäglich fein organisiert*.

166 *Dogan Einrichtung*: Zollwesen. Bei Pietra Mala (kurz vor Florenz) war G. vom nördlichen Kirchenstaat in das österr. Großherzogtum Toskana eingereist, hinter Cortona begann der südliche Kirchenstaat.

che pensa? ...: »Was denken Sie nach? Der Mensch darf nie nachdenken, durchs Nachdenken altert er.« Und: »Der Mensch darf nicht bei einer einzigen Sache stehenbleiben (sich nicht fixieren), weil er sonst verrückt wird, er muß tausend Dinge, eine Konfusion im Kopfe haben.« In der *IR* 151 ff. folgt ein längeres Gespräch mit dem Hauptmann über die Religionsfreiheit bei den »Ultramontanen«, die angebliche Geheimdiplomatie Friedrichs des Großen usw. Durch die Groteske soll dieser *Repräsentant vieler seiner Landsleute* als Opfer des kirchlichen Chauvinismus dargestellt werden. Ähnliches berichtet K. Ph. Moritz, Reisen eines Deutschen in Italien..., 17. Mai 1787, von einem spanischen Mönch (a. O., Anm. zu S. 76, S. 99).

Mambres ...: Anspielung auf den Magier und Gegenspieler des Moses in Voltaires Märchen »Le taureau blanc« (1774): »le vieillard Mambrès, ancien mage et eunuque des pharaons«, als Weiser (le sage) apostrophiert: M. »faisait ses réflexions... en réfléchissant toujours profondement«. G. spricht seit 1780 oft im Scherz so von sich (z. B. an Frau v. Stein, 8. Sept. 1780, 2. Apr. 82: *Der Weise Mambres nährt sich von Gedanken*, 25. Dez. 1782 u. ö.).

einen ungeschlachten Tranck: nicht ausgeklärt, unrein, roh. (dahinter steht die alte Bed. von »schlecht«: glatt, geebnet)

167 *überführen*: leicht bedecken (ähnlich: mit Farbe übergehen).

Garten wege: G.s Interesse aufgrund seiner Tätigkeit in der Wegebaukommission; zahlreiche Wege im Weimarer Park an der Ilm, in Schloß Belvedere und Tiefurt gingen auf seine Entwürfe zurück.

Staat des Pabsts: Schärfer in der *IR* 149: *...scheint sich nur zu erhalten, weil ihn die Erde nicht verschlingen will.*

See von Perugia: Der Trasimenische See (Volkmann 3, 404). Von der geschichtlichen Bedeutung des Orts (Hannibals Sieg über Flaminius 217 v. Chr.) auch in der *IR* (in Rom hatte G. den Livius gelesen, der im 22. Buch darüber berichtet) nichts erwähnt. Vgl. aber *BrA* Nr. 27 über den Nemi-See und Mte Cavo.

321

der Herzog unglücklich: s. Anm. zu *BrA* Nr. 27.

Ixions Rad: Nach dem griech. Mythos: Der Lapithenkönig Ixion begehrte Zeus' Gattin Hera, wurde von diesem mit einem Wolkenphantom betrogen und für seine Hybris auf ein glühendes Rad geflochten und in den Tartaros verbannt (G.s Kenntnis des Mythos wohl durch Pindar, Pythien 2, 21–48 oder Hygin, Fabeln 62; vgl. auch den Brief an Herder, 20. Febr. 1785: *Geben* (= gegeben, geschrieben) *vom Rade Ixions*).

Tischbein: s. Anm. zu S. 175.

die erste poetische Idee: z. B. bei Linné, Oratio de terra habitabili; vgl. Herder, Ideen zur Philosophie der Geschichte der Menschheit 1784 ff., bes. II. Teil, 10. Buch; dort über frühe Kulturen, Hirten, Ackerleute, Höhlenbewohner. G. bezieht sich in Italien mehrfach auf dieses Werk.

168 *per non invecchiarsi*: »um nicht zu altern« (vgl. S. 166).

Beschreibung eines Vetturin Fuhrwercks: Sedia…aus alten Tragsesseln entstanden, die Beschreibung gibt G. *IR* 157 f.

Foligno

in einer Homerischen Haushaltung: Die große Halle, in der sich alles ums Feuer versammelte, war das »Mégathron«, in den Gutshöfen wie den Palästen der archaischen Griechen (s. Odyssee, 1. Buch, V. 126 ff. – auf Ithaka – und 7. Buch, V. 81 ff. – in Alkinoos' Palast). Auch diese Stelle, wie der *Nausikaa*-Plan (S. 163) und die Bettler-Assoziation (S. 105) ein Hinweis auf G.s innere Beschäftigung mit Homer. – Für den Doppelvergleich s. Anm. zu S. 105.

Perugia…Lage der Stadt: auf einem Felshügel erbaut, hochgelegen wie die meisten der alten Etruskerstädte.

169 *Madonna del Angelo*: Die Kirche S. Maria degli Angeli, 1569–1640 von Galeazzo Alessi (nach Plänen Giac. Vignolas) über der Kapelle des hl. Franziskus, Portiuncula, und seiner Sterbezelle erbaut.

Il Gran Convento: Zu ihm gehören: die 1228–1253 nach Plänen von Fra Elia über der Krypta mit dem Grab des

Heiligen erbaute gotische Doppelkirche S. Francesco (mit Fresken Cimabues, Giottos und seiner Schüler, Simone Martinis, Cavallinis u. a.) und der auf gewaltigen Unterbauten errichtete Klosterbau. Viele Italienreisende haben die Gebäude, meist von der Ebene aus, gezeichnet. W. Heinse nennt die Kirche in seinem italien. Tagebuch 1780 »das Wichtigste, was man hier zu sehen hat« (Ausgabe von Schüddekopf Bd. 7, S. 124 ff.).

Galgenberg: Franziskus hatte gewünscht, unter dem Galgen begraben zu werden (Bericht bei Volkmann). G. zeichnet damit wieder »finsteres Mittelalter« (vgl. S. 156 f.). In der *IR* 153 die Abneigung erweitert auf die Architektur *der babylonisch übereinander getürmten Kirchen*, in denen *Köpfe so wie mein Hauptmannskopf gestempelt würden.*

Cardinal Bembo: s. S. 91 mit Anm.

Maria della Minerva: Der im Mittelalter zur Kirche umgebaute Tempel (mit Vorhalle – Pronaos – und 6 korinthischen Säulen in der Front) entstand vermutlich in augusteischer Zeit (Bericht bei Volkmann 3, 387 ff.). Für G. gewinnt er sofort exemplarische Bedeutung (*wie er überall stehn dürfte*).

Vitruv und Palladio gelesen: In »de architectura« I, 7 berichtet Vitruv über die »Auswahl der Plätze für Forum und Tempel«, in IV, 5 über »Die Lage der Tempel«; dort u. a. die Empfehlung, daß »die Göttertempel, wenn sie an öffentlichen Straßen stehen, so ausgerichtet werden [sollten], daß die Vorübergehenden sie beachten und bei ihrem Anblick ihren Gruß entbieten können«. – Palladio, I quattro libri dell'architettura (1570) Bd. IV, Kap. 26. S. auch Abb. 20 und Bilderläuterung.

der Platz: Das antike Forum, an dem der Tempel stand. Es ist heute in den Ausgrabungen unter dem Platz und im Modell zu besichtigen. Erstaunlich ist, wie G. das tiefere Niveau des alten Forum diviniert (S. 170: *gingen noch mehr Stufen nieder*). Die Ausgrabungen haben seine Annahmen bestätigt.

170 *Facade*: G. hat in dem Aufsatz *Baukunst* 1795 (*C* XVI, 674 f.)

diese Tempelvorhalle, nun als Sonderfall klassifiziert, erneut vorgestellt und eine Kritik an Palladio, der die Säulen falsch gezeichnet hatte (Piedestale auf der Fläche der Vorhalle), angeschlossen; diese wiederum ist in der *IR* 155 Anlaß zu Skepsis gegenüber *Überlieferung* und zu einem Angriff gegen orientalische Architektur (*palmyrisches Ungeheuer*) geworden. S. auch G.s Erinnerung anläßlich J. E. Ruhls Werk: Kirchen, Paläste und Klöster in Italien, 1822 (*C* XVI, 677).

Model: Von lat. modulus, bei Vitruv häufig als Grundmaß, auf dem die Proportion der Gebäude beruht; hier: Durchmesser der Säule, als Maß für den Abstand zwischen zwei Säulen.

anmuthe: etwa: empfinde und verstehe.

von Assisi nach Foligno zu Fuß …an einem Berg hin: am Hang des Monte Subasio (1200 m). Der Weg von Volkmann empfohlen (kürzere und üblichere Routen, so von Florenz über Siena, bzw. Urbino oder Loretto nach Rom, hatte G. wohl bewußt verworfen). – In der *IR* 155 ff. ist dem Aufbruch ein Abenteuer mit *Sbirren* (päpstl. Polizisten), die den Wanderer als *Kontrebandisten* (Schmuggler) verdächtigten, angefügt, ähnlich der Malcesine-Episode.

171 *dein Kochberg*: Großkochberg, nördlich von Rudolstadt in Thüringen, Stammsitz der Familie v. Stein.

Terni

172 *Spoleto … auf dem Aqueduckt*: Der Ponte delle Torri (230 m lang in 80 m Höhe) über dem Torrente Tessino, der Spoleto mit dem Monte Luco verbindet; die Wasserleitung ist vermutlich eine augusteische Anlage, im 7. Jh. von den Langobarden erneuert, im 14. Jh. zur Brücke ausgebaut.

das dritte Werck der Alten: *IR* 160 verbindet G. das in Verona, Assisi und Spoleto Gesehene: *Eine zweite Natur, die zu bürgerlichen Zwecken handelt, das ist ihre Baukunst, so steht das Amphitheater, der Tempel und der Aquadukt.*

Der Winterkasten auf Weisenstein: Das über dem Park von

324

Schloß Wilhelmshöhe (früherer Name: Weissenstein) bei Kassel erbaute unbewohnbare Riesenschloß »Oktogon« mit der Herkulesstatue. G. hatte es im Okt. 1783 besucht. Es war für ihn ein Stück der phantastischen Architektur (s. u. zu Palagonia, S. 183 ff. und *IR* 316 ff. mit der Definition des *Absurden*: *eigentlich ein Nichts . . . , welches für etwas gehalten sein will*).

Zu dem ganzen materialreich: E. Maass, G. in Spoleto, in: Neue Jahrb. für d. klass. Altertum Bd. 33 (1914), Heft 6, S. 421 ff.

173 *St. Crucifisso*: *IR* fügt hinzu: *eine wunderliche Kapelle am Wege.* Vielleicht die Basilica di S. Salvatore, ein Spolienbau, eine der frühsten Kirchen Italiens, im 4. Jh. errichtet, im 9. Jh. umgestaltet, mit Porticus und jon. und korinth. Säulen im Innern. – Oder der sogen. Tempel des Clitumnus an der Via Flaminia, nördl. von Spoleto, ebenfalls ein altchristl. Spolienbau (Volkmann 3, 383 f.; Heinse, Tagebücher Bd. 7, 112 nennt ihn »ein Altärchen«, »einen Quark«; Moritz, Reisen . . . , a. O., Anm. zu S. 76, S. 100; Herder, Briefe, S. 81). – Über die schon von Vergil und Plinius d. J. gerühmten Quellen des Clitumnus, die in der neueren Literatur eine bedeutende Rolle spielen (Byron, Childe Harold's Pilgrimage, Canto IV; Carducci, Odi barbare u. a.), bemerkt G. nichts.

Die Römische Geschichte: Die Erwähnung gerade in Terni, dem Geburtsort des Tacitus (antiker Ortsname» Interamna), wie Volkmann 3, 368 bemerkt, sicher nicht zufällig. *IR* 161 fügt G. hinzu: *ich fühle die größte Sehnsucht, den Tacitus in Rom zu lesen.*

die alten Etrurier: Die Bemerkung über die Etrusker, in deren Gebiet G. sich seit Bologna/Florenz bewegte, fehlt in der *IR*. seine Kenntnis aus Livius? oder Volkmann?

das Gemälde Raphaels: Die »Madonna di Foligno« (1512), seit 1565 in Sant'Anna in Foligno, nach Volkmann 3, 385 im Kloster delle Contezze. Seit 1815 in der Pinakothek des Vatikan.

die Wasserfälle: die berühmten Cascate delle Marmore des

Velino bei Terni, von fast allen »Viaggiatori« beschrieben;
Volkmann 3, 369 vergleicht sie mit den Niagara-Fällen
(aus ähnlicher Eile wie G. verzichtet auch K. Ph. Moritz
auf ihren Anblick: Reisen…, a. O., Anm. zu S. 76, Rom,
27. Okt. 1786).
wenn uns der Engel des Herrn: vgl. AT, Buch der Könige II,
Kap. 19, V. 35.
Flötz: flache Lagen. *Trevi*: IR 159 korrigiert: *Wie Bologna
drüben, so ist Terni hüben an den Fuß des Gebirgs gesetzt.*
174 *Volkmann sagts*: Bd. 3, 362 über »Tuff- und Bimsstein des
Berges von Città Castellana«.

Civita Castellana

zwischen Schlaf und Wachen…Erfindung: IR 161 f. wird
hier der Plan zum *Ewigen Juden* angedeutet (s. Anm. zu S.
162; auch der Plan zu *Iphigenie in Delphi* entstand *zwischen
Schlaf und Wachen*, S. 154).
Narni…die Brücke: Über die Nera, von Augustus 27
v. Chr. für die Via Flaminia erbaut (s. Radke, Viae Publi-
cae Romanae, RE-Sonderdruck, Stuttgart 1971, Sp. 147).
Oft beschrieben (Volkmann 3, 365; Moritz, Reisen…, a.
O., Anm. zu S. 76, 101 ff.; Seume, Fußwanderung… 120;
Kotzebue, Erinnerungen…, 3. Teil, u. a.) und gemalt
(Corot, Turner u. a.). G. hat eine Zeichnung der Straße
zwischen Terni und Narni angefertigt (Abb. 21); eine weitere, mit den Wasserfällen des Velino (Corpus der G.
Zeichnungen II, Nr. 24) ist erst in Rom und nach Vorlagen
entstanden. S. *IR*, Abb. 3.
175 *über die Brücke*: den Ponte Felice bei Borghetto hinter Otricoli. Nach neueren Forschungen nicht römisch, sondern
erst 1589 von Papst Sixtus V. erbaut (Radke, a. O., Sp. 135).
mit…Granaten: IR 162 f.: *Sie* [die Lava] *enthält vieles weis-
se, granatförmig gebildete Kristalle.*
Schloß: Die im Auftrag von Papst Alexander VI. durch
Sangallo il Vecchio befestigte Rocca (1494–1500), auf

der Cesare Borgia wohnte. Im 19. Jh. Staatsgefängnis des Vatikan.

Der Berg S. Oreste (Sorackte): Der vereinzelt stehende, 690 m hohe Kalkberg Soracte, in der Antike dem Apollo geweiht (s. Vergil, Aeneis 11, 785 und Horaz, Oden I, 9, 2). *IR 163: wahrscheinlich ein zu den Apenninen gehöriger Kalkberg.*

durchreisende Wasser: vgl. auch S. 160: *Wasserriß.*

schöne Gegenstände: IR: herrlich malerische Gegenstände.

Rom

Tischbein: (Über diese Begegnung berichtet rückblickend auch Tischbein, Brief an G., 14. 5. 1821.) Wilhelm Tischbein, 1751 in Haina (Hessen) geboren, aus einer Malerfamilie stammend. Malerlehre in Deutschland, Holland, Italien. 1781 in Zürich tätig, mit Bodmer und Lavater bekannt; Beginn des Briefkontakts mit G. 1783–87 in Rom, 1789–99 Direktor der Neapler Kunstakademie. Nach 1808 bis zu seinem Tod 1829 Hofmaler des Herzogs Peter von Oldenburg in Eutin. Nach einer langen Entfremdung (s. G.s Brief an Herder, 2. März 1789) seit 1817 wieder in Kontakt mit G. und Zusammenarbeit an den (schon am 20. Nov. 1786 von G. brieflich erwähnten) *Idyllen*.

176 *bin initiirt*: eingeführt, wie »Neophyten« in eine Religion.
zu Tischbein gezogen: Nach kurzem Aufenthalt in der Locanda dell'Orso zog G. am 30. Okt. 1786 in das Haus »al Corso incontro al Palazzo Rondanini«, heute Via del Corso Nr. 18.

Vesuv

181 *Eilige Anmerckungen*: Die Notizen in hastiger Schrift auf
Konzeptpapier (*WA* III, 1, 332). G. hat seine Vesuvbestei-
gungen in der *IR* 247 f., 252 ff. und 280 ff. geschildert; eine
abenteuerliche Exkursion mit Tischbein am 6. März wird
von zwei geologischen Streifzügen am 2. und 20. März
(richtig ist aber das Datum in den Notizen, der 19.) flankiert. G. hat die vulkanischen Phänomene des damals heftig tätigen Vesuv (s. auch die Beschreibung des Ausbruchs
am 2. Juni 1787, *IR* 443 ff.) in Zeichnungen und Aquarel-
len festgehalten (Abb. in unserer Ausgabe der *IR*).
Schörl: (lat. scorlus) Steinart von glänzendem, blättrigem
Gefüge mit geringem metallischem Gehalt, basaltische
Hornblende. Vgl. die Notizen in *WA* II, 11, 187–190:
*Turmalin Natur. Gehört zur Schörlfamilie. Schörl findet sich
in den Urgebirgen, als ein zufällig beigemengter Bestandtheil. Öfters in Gangarten als Krystall von verschiedener Größe. Meist
schwarz, säulenförmig, stänglich, undurchsichtig. Er verändert
die Farbe und geht in's Durchsichtige über ...*
Oeßen: die damals übliche Form; *IR: Essen.* Vgl. auch G.s
Brief an den Herzog Karl August 27.–29. Mai 1787:
Stromboli ... Eine solche immer brennende Oeße ...
Palmen: (von lat. palma: die flache Hand) 1 Palm = 4 Zoll.
Asche ... lange nachher: Vgl. auch *IR* 260 (G.s Ansicht über
die Verschüttung Pompejis).
182 *Sublimation*: Niederschlags- und Verdunstungsprodukte.
*IR Dunstprodukte ... vulkanischer Ruß, abgesetzt aus den hei-
ßen Schwaden* (Rückstände: *Sal Ammoniack* = Salmiak,
u. a. Mineralien), tropfsteinartig.

Sizilien

Palermo ... Cathedral Kirche: G. traf am 2. April 1787 in Begleitung des Malers Kniep in Palermo ein. – Die Kathedra-

le, ein Hauptwerk normannischer Architektur, wurde 1185 erbaut, 1781–1801 nach Plänen Fernando Fugas umgestaltet und mit einer Kuppel versehen. Die Gräber der Hohenstaufenkaiser im Innern der Kirche scheint G. nicht gesehen zu haben.

Die folgenden Beobachtungen dürften auf der viertägigen Überfahrt von Neapel aus gemacht worden sein (vgl. die Fassung in der *IR* 298, 1. April 1787 und die Erläuterung zu Abb. 24). In Palermo selbst war kein Reflexlicht im Meer zu beobachten (*IR* 301).

Die Aufzeichnungen, aus einem röm. Notizbuch G.s, einem sog. »Tragblatt«, zuerst gedruckt *WA* I, 31, 333.

183 *Gebürg*...: Der folgende Abschnitt enthält Aufzeichnungen von der Besteigung des Monte Pellegrino bei Palermo mit dem Besuch der berühmten Pilgerkirche der hl. Rosalia. Datierung nach dem Kalendarium zur *IR* (1814) und *IR* 309 ff.: 6. April 1787. Der Fassung in der *IR* lag ein bereits im Oktober 1788 im »Teutschen Merkur« als erstes Stück der *Auszüge aus einem Reisejournal* erschienener Aufsatz *Rosaliens Heiligtum* zugrunde. – Erstdruck der Notizen: Schriften d. G. Ges. II, 1886, 292 f.

Brecia: Breccie: aus Trümmern eines älteren zusammengesetztes jüngeres Gestein; den *grauen Kalkstein der früheren Epoche* erwähnt *IR* 310.

Pietra della Santa: Felswand...*an welcher die Kirche und das Kloster gleichsam festgebaut sind. IR* 310.

Höhle der heiligen: Als Einsiedlerin hatte die Heilige lange in einer Grotte des Mte Pellegrino gelebt, wo sie 1166 starb. 1625 wurde dort zum Dank für die der Heiligen zugeschriebene Befreiung Palermos von der Pest eine Kirche erbaut. Über die Verehrung der Heiligen R. berichtete damals das Werk von Patrick Brydone, Reise durch Sizilien und Malta... Aus dem Englischen übers., 2 Bde., Leipzig 1774 (2. Aufl. 1777), Bd. 2, 127–35 und 154–75.

Bley Ableitungen: bleierne Rinnen, die das von den Felsen herabtropfende Wasser in einen Behälter leiteten, aus dem die Gläubigen es als Heilwasser schöpften. Die Rinnen

grün angestrichen, *so sieht es fast aus, als wenn die Höhle . . .
mit großen Kaktusarten bewachsen wäre. IR* 311.
Marmorbild: Die liegende Statue der Heiligen, aus Marmor
und vergoldeter Bronze, »si parfaitement sculptée et dans
une position si naturelle, que l'on serait tenté de la croire
vivante« (de Saint-Non, Voyage pittoresque ou descrip-
tion des Royaumes de Naples et de Sicile, Paris 1781–86,
Bd. 4), ein Geschenk des Bourbonenkönigs Karls III. von
Neapel, von dem Florentiner Bildhauer Gregorio Tede-
schi (gest. 1634). Über ihre Wirkung *IR* 312.

Villa Palagonia

Datierung des Besuchs nach dem Kalendarium und *IR*
316 ff.: 9. Apr. 1787. Erstdruck des Abschnitts: Schriften
d. G. Ges. II, 293 f., mit Ergänzungen in der *WA* III, 1,
333–36.
Bagaria: Gebiet um den Ort Bagheria, östl. von Palermo.
IR 306: *Die Plaine, worauf Palermo liegt, sowie außer der Stadt
die Gegend Ai Colli, auch ein Teil der Bagaria, hat im Grunde
Muschelkalk.*
Haus Valguarneri: Die etwa gleichzeitig mit der Villa Palagonia (um 1715) in Bagheria errichtete barocke Villa Val-
guarnera, von dem Dominikanerpater und Architekten
Tomaso Maria Napoli erbaut. Vermutl. Ende des 18. Jh.s
umgestaltet. Mit Aussichtsterrasse, *Belvedere*.
Pallagonia: Ferdinando Francesco II. Gravina, Cruylas ed
Agliata, Principe di Palagonia (1722–88) – nach zeitgenös-
sischer Schilderung eine »selbst einem Monstro ähnelnde,
alte, dürre, zusammengetrocknete« Erscheinung, was jedoch durch G.s Beschreibung seiner Begegnung mit dem
Fürsten am 12. Apr. 1787 in Palermo, *IR* 326 f., eindeutig
als böswillige Fabel erwiesen wird – hatte die von seinem
Großvater ererbte Villa in Bagheria mit den von G. hier
aufgezählten Figuren ausgestattet. Fast alle Reiseberichte
vor und nach G. lehnen die Ausstattung als absurd ab
(z. B. Payne Knight, Comte de Borch, Jean Houel in ihren

weitverbreiteten Italienwerken, Swinburne, Stolberg, Seume – bis zu E. Peterich). In dem Begriff »Palagonismus« wird das Vorurteil sprichwörtlich (z. B. in Heines »Harzreise«).

Auffallend ist G.s Interesse an der Villa, seine breite Schilderung von diesen *Spitzruten des Wahnsinns* in der *IR* 316–22. Man vermutet, daß hier an einem Exempel das Chaos einer antiklassischen Konzeption demonstriert und den Romantikern als Spiegel vorgehalten werden sollte. Aufschlußreich die Einleitung in der *IR* 316 (...*daß weder das Abgeschmackteste noch das vortrefflichste ganz unmittelbar aus einem Menschen, aus einer Zeit hervorspringe, daß man vielmehr beiden... eine Stammtafel der Herkunft nachweisen könne*), verglichen mit dem Generalangriff Goethe-Meyers gegen die Romantiker in dem Aufsatz *Neudeutsche religios-patriotische Kunst* (Kunst und Altertum I, 2; 1817) im Jahr der Veröffentlichung dieses Teils (II) der *IR* (ähnlich auch die Verdikte: *willkürlich zusammengesetzt, Unsinn*; vgl. *C* XVII, 489 ff., bes. 516 f., und die Besprechung von Hittorff/Zanth, Architecture moderne de la Sicile, Paris 1828, Kunst und Altertum VI, 2, in der nochmals warnend auf den *pallagonischen Unsinn* hingewiesen wird; *C* XVI, 679–81). – Erste objektive Deutungen des »Palagonismus« vor dem Hintergrund des Barock: K. Lohmeyer, Palagonisches Barock..., Berlin 1942; H.-W. Kruft, G. und der »Unsinn des Prinzen Pallagonia«, in: Neue Zürcher Zeitung v. 29. 8. 1971, S. 50.

G.s Begleiter, der Maler Kniep, hatte einige Palagon. Figuren, sichtlich mit Vergnügen, gezeichnet (nicht nur eine, und wohl nicht in ungeduldiger »Verzweiflung«, wie es G. in der *IR* 322 darstellt). Abb. bei Lohmeyer und *WA* I, 31, 325 ff. H.-W. Kruft, G. und Kniep in Sizilien, in: Jahrb. d. Sammlung Kippenberg 1970, S. 201–327.

184 *Chiron und Achill und Pulcinell*: Beispiel für eine Kombination antik-modern: Der Kentaur Chiron als Erzieher des jungen Achill zusammen mit einer Figur der Commedia dell'arte (Heroisches durch Komisches relativiert).

Der Spiegel ...: Nach Lohmeyers Forschungen nicht das Hauswappen. *Caryatiden*: s. *BrA* 18 mit Anm.

185 *Hydern*: von griech. Hydra: Wasserschlange; oder: Hydria: Wasserkrug, allgem. Krug, Urne.
Schon in Palermo: Die folgenden Aufz. vgl. mit *IR* 346–51.
Montreal: Nach *IR* 322 f. hat G. am 10. April 1787 Monreale besucht, nicht den berühmten Normannendom, sondern die Benediktinerabtei (1174 von Wilhelm II. gegründet) mit dem Kloster San Martino delle Scale (gegr. durch Papst Gregor II. im 6. Jh.). Derselbe Weg wird auch am 18./19. April auf der Exkursion nach Alcamo/Segeste genommen. Von daher wohl die Aufzeichnung.
Über den 1760 von Erzbischof Testa angelegten Weg nach Monreale s. *IR* 322: *breit, bequemen Anstiegs, Bäume hie und da, besonders aber weitläufige Spring- und Röhrenbrunnen, beinah pallagonisch verschnörkelt und verziert* und 348: *auf dem Geländer einige Vasen, völlig, als wenn sie der Fürst bestellt hätte.*

186 *Tarinen*: eigentl. Tari (Riedesel, Reise..., s. u. zu S. 189, 167 f.: Tarini): kleine sizilian. Münze. Die Geschichte nicht aufzuklären.
Garde: Bedienung, Leibwächter (auch im Brief an Fritz v. Stein, 26. Mai 1787). Über *Alcamo* s. *IR* 349.
Caruba: gemeint: Carubo: Johannisbrotbaum (Caruba d. Frucht).
Fraxinus: Esche.
Favata ...: *IR* 348 übersetzt: *Ihr Feldbau ist auch* [d. h. wie in Deutschland] *in drei Jahre geteilt. Bohnen, Getreide und Ruhe, wobei sie sagen:* »*Mist tut mehr Wunder als die Heiligen.*«
Galega ganz gelb: *IR* setzt fort: *von Schmetterlingsblumen überdeckt.*
Amaranth: nach der Farbe der Pflanze »Tausendschön«: dunkelrot.
Inseckten Orchis: *IR* genauer: *Insektenophrys*; von Linné als Ophrys insectifera benannt, weil die Blüte wie ein Insekt aussieht (auch Frauenträne, Fliegenorchis; *WA* I, 31, 304).
Borazo: *IR*: *Borraß* (Borretsch, Gurkenkraut).

332

Allium: *IR*: *Allien* (Knoblauchgewächse).
Asphodelus: *IR*: *Asphodelen* (Liliengewächse).
Hinaufrucken...: d. h. wohl: Verbreitung dieser Vegetation bis hinauf nach Terracina südl. von Rom.
Über die sizilian. Pflanzenwelt E. Peterich, Italien Bd. III, München 1963, S. 530–40.
Das Wasser: der fiume Gaggera. *Marmor saalband*: Salband wird im Bergbau die Begrenzungsfläche eines Gesteinslagers gegen das Nebengestein genannt.

187 *Albano*: vielmehr Alcamo.
des Fenchels zu gedencken: *IR* 351: *An frischem Fenchel bemerkte ich den Unterschied der unteren und oberen Blätter, und es ist doch nur immer dasselbe Organ, das sich aus der Einfachheit zur Mannigfaltigkeit entwickelt.*

Segesta

Tempel zu Segeste: Der um 426 v. Chr. wohl von einem griech. Architekten errichtete Tempel der Elymer, ohne Cella, Dach und Kanneluren; man vermutete, er sei aus kultischen oder politischen Gründen absichtlich unvollendet gelassen worden. Für wahrscheinlicher gilt, daß nach Ausbruch des Kampfs der Elymer gegen Selinunt die Mittel nicht mehr reichten, um ihn fertigzustellen (Gruben, Die Tempel der Griechen, München 1966, S. 306 ff.; M. Guido, Sizilien. Ein archäolog. Führer, Stuttgart 1969, S. 59 ff.). G. kommt dieser Auffassung (die damals gegen Riedesels Theorie, s. u., stand) nahe (s. S. 188). 1828 hat G. noch das Erscheinen des Werks von Hittorf/Zahnt (s. Anm. zu S. 183) erlebt, das genaue Pläne von Segesta und Girgenti enthielt.

188 *Basen*: Anschaulicher *IR* 350: *Bald sieht es aus, als wenn die Säule auf der vierten Stufe stände, da muß man aber wieder eine Stufe zum Innern des Tempels hinab, bald ist die oberste Stufe durchschnitten, dann sieht es aus, als wenn die Säulen Basen hätten, bald sind diese Zwischenräume ausgefüllt, und da haben wir wieder den ersten Fall.*

333

Die Zapfen: Am 8. Okt. 1791 berichtet K. A. Böttiger über ein Gespräch mit G.: »Hier sagte Goethe, daß er in Sicilien einen unvollendeten Tempel gesehn hätte, wo an den Quadersteinen noch auf beiden Seiten die Henkel sichtbar gewesen wären, um welche man die Seile geschlungen und die man alsdann beim Aneinanderpassen abgeschlagen habe. Übrigens habe man lauter solche schneckenförmig auflaufende Gerüste gehabt, wie sie in Merians Bilderbibel noch um den babylonischen Turm herum zu sehen wären.«

189 *Vorsprünge . . . der Kapitäle*: Zum Schutz während des Bauens noch nicht abgeschliffen. G.s Deutung also auch hier zutreffend.

Riedesel: Johann Hermann Freih. v. Riedesel (1740–85), Kammerherr und preußischer Gesandter in Wien, Freund Winckelmanns. G. hat sein Werk: Reise durch Sicilien und Großgriechenland. Zwei Sendschreiben an Winckelmann, Zürich 1771, schon in Straßburg gelesen und auf der italien. Reise *wie ein Brevier oder Talisman* benutzt (*IR* 359; vgl. auch *Philipp Hackert*. Biographische Skizze 1811; *C* XVII, 384). *Die Coupe der Steine*: *IR: Der Steinschnitt, der die Teile zusammenfügt.*

Howels Werck: Jean Pierre Louis Laurent Houel, Voyage pittoresque des Iles de la Sicile, de Malte et de Lipari, 4 Bde., Paris 1782–87 (später auch in deutscher Übers., Gotha 1797–1809).

Wo eine Stadt gelegen: Die Reste der alten Siedlung (seit dem 8. Jh. v. Chr.) auf einem Hügel dem Tempel gegenüber wurden erst in neuerer Zeit freigelegt. Von einem Besuch *in den unscheinbaren Trümmern* des ebendort im 3./2. Jh. v. Chr. erbauten, jetzt wieder ganz freigelegten Theaters berichtet *IR* 351.

Interessant ist der Vergleich von G.s Schilderung mit der von Ferdinand Gregorovius, Wanderjahre in Italien (1853/54), München 1967, S. 792 f. (H. Lehmann, G. und Gregorovius vor der italien. Landschaft, Wiesbaden 1967, S. 9–12).

Textvorlage: Schriften der G. Gesellschaft II, 289 (Erstdruck).

190 Fragment auf dem abgeschnittenen unteren Teil (auf Vor-
der- und Rückseite) eines Blattes; datiert nach G.s Schrift
Architektonisch-naturhistorisches Problem 1823 (*WA* II, 10,
191); dort sind unter Verwendung der Tagebuchnotizen
und der verlorenen Skizze die Beobachtungen fortgesetzt
und komplettiert. In der *IR* 245 ist dagegen nur der erste
Besuch am 1. März 1787 kurz erwähnt. G. ließ seine *Auflösung des Rätseltempels* damals fort, weil er seine Theorie, die
der von Geologen geäußerten Ansicht, das Meer habe
durch sein Ansteigen den Bezirk überspült, entgegen-
stand, nicht unvermittelt äußern und nicht ohne Illustra-
tion durch eine Kupfertafel darstellen wollte (Brief an v.
Hoff, 9. Febr. 1823).

Das Bauwerk, dessen seit 1750 freigelegte Überreste G.
hier sieht, ist der (nach einer dort aufgefundenen Statue so
genannte) Jupiter »Serapis-Tempel«, nach neueren Forschungen das Macellum, der Markt von Pozzuoli (dem
antiken Puteoli) bei Neapel. Nach Art orientalischer Ba-
sars umschloß eine lange Reihe von Läden einen quadratischen Innenhof, in dessen Mitte sich ein Rundtempel mit
Brunnen erhob; ihnen vorgelagert war eine Säulenportikus; vier besonders hohe *Säulen* aus Cipollino (Marmorart
aus Euboia mit Zwiebelschalen ähnlichen Glimmereinla-
gerungen) standen vor einer apsisförmigen Cella mit dem
Kultbild; drei von ihnen sind stehengeblieben.

G. denkt sich (in dem Text von 1823, der das Fragment
somit ergänzt) den Bezirk im Mittelalter von einem
Aschenregen verschüttet, und zwar die umliegenden Gebäude ganz, *der freie Hof hingegen wird nur bis zu einer gewissen Höhe angefüllt werden. Dadurch verblieb in der Mitte eine
Vertiefung, welche sich nur zwölf Fuß über den alten Boden er-
hub, aus welchem die übrig gebliebenen Hauptsäulen ... hervor-
ragten.*

Der Bach, der zur Reinigung durch den Tempel geführt war,
wovon die ausgegrabenen Rinnen und Röhren, die wunderlich
durchschnittenen Marmorbänke genugsam zeugen, das mit Sorg-
falt hergeleitete Wasser, das noch jetzt nicht fern vorbeifließt,
bildete stockend einen Teich, der denn etwa fünf Fuß hoch gewe-
sen sein und in dieser Höhe die Säulen des Porticus bespült haben
mag. Innerhalb dieses Gewässers entstehen Pholaden [Bohr-
muscheln] *und fressen den griechischen Cipollinmarmor*
ringsum an, und zwar völlig in der Wasserwage. (HA XIII,
287–95 m. Abb.)

Nach neuerer Ansicht ist das Phänomen entgegen G.s
Meinung doch auf Eindringen des Meerwassers (die Pholaden sind Salzwassertiere) zurückzuführen, allerdings
nicht aufgrund eines von G. mit Recht abgelehnten An-
steigens des Meeres, sondern von Verschiebungen der
Erdkruste (sogen. Bradysismus); s. Amedeo Maiuri, I
Campi Flegrèi, Rom [5]1970, S. 24 ff. u. E. Kirsten, Süditali-
lienkunde, Heidelberg 1975, S. 218 ff.

Inzwischen ist eine Handschrift und Skizze G.s bekannt-
geworden, die das Phänomen in der Art erläutert, wie es
die verlorene Skizze unseres Fragments getan haben dürfte. Sie ist noch nicht wissenschaftlich publiziert und
konnte daher hier nicht für die Abbildung verwendet
werden (Aufbewahrungsort: Westberlin, Staatsbibliothek
Preußischer Kulturbesitz, Handschriftenabt., Sammlung
Härtel; s. Corpus der G. Zeichnungen Bd. VIb, Nr. N35);
einen Eindruck vermittelt aber die verkleinerte Wieder-
gabe im Katalog der Ausstellung »Auch ich in Arcadien«,
Marbach 1966, S. 97.

Index zur Abb. S. 191:

a = Linie der Meeresfläche
b = Standlinie des Tempels
c = Höhe der Verschüttung d. Tempel-
     hofs und Grundlinie des Teichs
d = Höhe des Wasserstands dieses Teichs
        } dazwischen
        Muschelfraß
e = Höhe der Verschüttung rings
     um den Tempelhof.

Solfatara: Die Schwefelkrater auf den Campi Flegrèi bei Pozzuoli. Das Schwefelwasser wurde auch getrunken: *IR* 430.

Monte nuovo: G. im Aufsatz 1823: *Unser* [Serapis]*Tempel liegt nur anderthalb Stunden vom neuen Berge (monte nuovo), der im September 1538 zu einer Höhe von tausend Fuß empor-gewachsen, entfernt*...

die Vulkanischen Würckungen...: G.s Ansicht wird später zur entschiedenen Ablehnung einseitig vulkanistischer Theorien, der von den »Plutonisten« geäußerten An-nahme von tiefen Magmaherden und gewaltsamer Erd-entstehung (s. *C* XX, 205–17: »Zweiter Aufenthalt in Neapel« und S. 421 ff.: »Zwischen Neptuniern und Vul-kaniern«).

Erläuterungen zu den Briefen

Brief 1.

195 *die Waldner*: Die G. befreundete Hofdame der Herzogin Luise, L. Adelaide v. Waldner-Freundstein.

Fahrt nach Schneeberg: Frau v. Stein war am 14. Aug. von Karlsbad abgereist und von G. bis Schneeberg (Erzgebir-ge) begleitet worden. G.s Aufzeichnungen über seine mi-neralogischen Studien im dortigen Bergwerk während des Aufenthalts: in *C* XX, S. 143–47; am 19. August kehrte G. allein nach Karlsbad zurück.

Brief 2.

Mein erstes Lebenszeichen: Ein Brief vom 18. Sept. aus Ve-rona, ohne Nennung des Orts; darin erstmals das Tage-buch erwähnt und für Mitte Okt. in Aussicht gestellt.

Tagebuch...geschloßen: Vgl. S. 143 f. Am 14. Okt. reiste G. von Venedig ab: *Die erste Epoche meiner Reise ist vorbey*; die ersten 4 Stücke des Tagebuchs wurden mit Beilagen und Zeichnungen in Paket und Kasten nach Weimar ge-schickt. *das Tagebuch der zweyten Epoche sollst du Ende*

Novembers haben. In Rom wird dann zwischen privaten und ostensiblen Briefen unterschieden.

Brief 3.

196 Die griechischen Verse spricht der Chor am Schluß von Sophokles' »Aias« (V. 1418–20):

»Wahr ist's, viel vermögen die Sterblichen wenn sie es sehen

zu erkennen; bevor er's gesehn hat aber ist niemand Wahrsager

des Künftigen, was etwa er tun wird.«

G. nahm sein Exemplar des Sophokles mit auf die Reise, um es während seiner Arbeit an der *Iphigenie* zu benutzen. Er hatte kurz vor der Abreise an Herder geschrieben: *Ich bin in grose Noth gerathen, die ich dir sogleich anzeigen und klagen muß. Nach deinem Abschied laß ich noch in der Elecktra des Sophokles. Die langen Jamben ohne Abschnitt und das sonderbare Wälzen und Rollen des Periods, haben sich mir so eingeprägt daß mir nun die kurzen Zeilen der Iphigenie ganz höckerig, übelklingend und unlesbar werden. Ich habe gleich angefangen die erste Scene umzuändern.*

Am 18. Sept. aus Verona an den Herzog: *Ich bin fleißig, und arbeite die Iphigenie durch, sie quillt auf, das stockende Sylbenmaas wird in fortgesetzte Harmonie verwandelt. Herder hat mir dazu mit wunderbarer Geduld die Ohren geräumt. Ich hoffe glücklich zu seyn.* S. auch S. 20 mit Anm. und den Rückblick auf die Arbeit an seinem *Schmerzenskind* in der *IR* 6. und 10. Jan. 1787.

Ich verlange nicht daß alles Genuß sey: Vgl. *T* 89 (25. 9. 86).

197 *nicht gut...daß der Mensch allein sey*: Nach AT Genesis I, 2, 18. *Die Fremde...*: Ähnliches in *BrA* Nr. 31; vgl. S. 86.

Brief 4.

Hegire: Nach der franz. Form von arabisch »Hedschra«: Loslösung, Flucht. Als die »Große Hedschra« bezeichnen die Mohammedaner die Flucht ihres Propheten Mahomet von Mekka nach Medina 622 n. Chr. (G. hatte bereits 1772 den Koran gelesen; 1773 entstand *Mahomet*, 1783 Überset-

zungen aus der altarabischen Liederhandschrift »Mualla-
kat« – engl. Fassung –, ein Stück über einen Liebesab-
schied). – Mit dem Gedicht *Hegire*, das den Aufbruch in
die Welt des Orients ankündigt, beginnt der *West-Östliche
Divan* (24. Dez. 1814). In den *Noten zum Divan*: *So sagen
wir noch Hegire lieber als Hedschra, des angenehmen Klanges
und der alten Bekanntschaft wegen*. (*Revision*) Vgl. auch die
feierliche Wiederanknüpfung in der *IR* 525: *Jahrestag meiner Hegire*.
Der Geburtstag des Herzogs: 3. Sept. 1757. In der *IR* 515
wird der Doppelsinn voll ausgespielt: *Welch ein Jahr! und
welch eine sonderbare Epoche für mich dieser Tag, des Herzogs
Geburtstag und ein Geburtstag für mich zu einem neuen Leben.*

Was Gott zusammengefügt hat, …: S. Ev. Matthäus 19, 6.
Görz im Haag: Graf Johann Eustach v. Schlitz, gen. Görtz
(1737–1821), ehemaliger Erzieher des Herzogs, seit 1778 in
preußischem Dienst, war von Friedrich Wilhelm II. (*der
neue König*, der am 17. August zum Nachfolger des gerade
gestorbenen Friedrichs des Großen bestimmte König) als
außerordentlicher Gesandter nach den Haag geschickt
worden, um im Streit der holländ. Patriotenpartei mit
dem oranischen Statthalter Wilhelm V. zu vermitteln. (s.
auch G.s Brief an Schnauß vom 10. Sept. 1792: Görtz als
Übersetzer des Pindar)
Brief 5.
198 *Träume meiner Jugend*: S. die Anm. zu *T* 119 und *BrA* Nr. 6.
Die römischen *Prospeckte, gestochen von einigen geschickten
Vorgängern des Piranesi* (*Dichtung und Wahrheit*, I, 1; *HA* IX,
14), heute im Weimarer Goethemuseum. Sie stammen
von Künstlern des 17. Jh.s: Specchi, Falda und Wouters,
wurden später in einen Band zusammengefaßt und in G.s
Weimarer Haus aufbewahrt. Einige Blätter aus den 138
Vedute Romane des Giovanni Battista Piranesi
(1720–78) im Frankfurter Goethemuseum. G. erwarb
später auch den 1. Bd. der »Antichità di Roma« Piranesis
und van Swanevelts Romveduten.

Korknachbildungen römischer Gebäude hat G. später noch in Vollendung durch A. Chichi kennengelernt (Näheres im Katalog der Tübinger Ausstellung Chichi-Piranesi 1975, Kunsthalle).
keinen ganz neuen Gedanken gehabt: Vgl. die ähnliche Bemerkung in Venedig, *T* 139.
Pygmalions Elise: Nach Ovid, Metamorphosen 10. Buch, V. 243–97 verliebt sich der kyprische Bildhauer Pygmalion in eine von ihm geschaffene Skulptur, die von Venus zum Leben erweckt wird. G. kannte außer Ovid auch Rousseaus »Pygmalion«, eine »Scène lyrique« (1770), in der die Statue Galatea genannt wird, und Bodmers Erzählung »Pygmalion und Elise« (1747, dort zum erstenmal der Name E.), vielleicht auch Ramlers Kantate »Pygmalion« (1768). S. dazu: H. Dörrie, Die schöne Galatea, München 1968, S. 68 ff.
Der ganze Brief wörtlich in die *IR* 168 übernommen.

Brief 6.
Der berühmte, meist nur passageweise zitierte Antwortbrief der Mutter vom 17. Nov. 1786 ist jetzt vollständig wieder abgedruckt in: Catharina Elisabetha Goethe, Briefe an ihren Sohn..., hrsg. v. J. Fackert, Stuttgart 1971, S. 10–12. Dieser Brief hat G. nicht erreicht; er wurde, da G. in Rom ohne sein Wissen unter polit. Überwachung stand, abgefangen. S. die Anm. zu *BrA* Nr. 28.
besuche Sie: Der Plan wurde später aufgegeben. S. *BrA* Nr. 34. G. kam erst 1792 wieder nach Frankfurt.

Brief 7.
199 *Venedig...mit...Augen des Geists*: S. dazu die Stelle *T* 99 und 101 f. – *Augen des Leibes* und *Geistesaugen* im Unterschied auch in *Maximen und Reflexionen, HA* XII, Nr. 696, S. 464 (*Man streiche zwei...*).
die Rotonde: Wie *IR* 178 zeigt, das röm. Pantheon, der 27 v. Chr. von dem Consul Agrippa errichtete, nach zweimaligem Brand von Hadrian (120–125 n. Chr.) neu auf-

gebaute, der Gesamtheit der Götter geweihte Rundbau. Im Mittelalter zur Kirche, S. Maria Rotonda oder ad Martyres, umgestaltet. Den Zustand des Gebäudes zu G.s Zeit zeigen Piranesis und Ph. Hackerts Blätter.

die Peterskirche: An dem 1506 begonnenen, 1626 durch Papst Urban VIII. geweihten Bauwerk hatten Bramante, Raffael, Michelangelo, Maderna u. a. mitgewirkt. In der *IR* 178 verschiebt G. abschwächend den Gegensatz zwischen innerer und äußerer Größe. Interessant ist ein Vergleich mit K. Ph. Moritz, Reisen eines Deutschen in Italien, der am 22. März 1787 das Gebäude beschreibt und berichtet, wie der Eindruck der erschreckenden Größe durch die Ausstattung und Harmonie des Inneren aufgehoben wird.

der Apoll von Belvedere: Winckelmanns berühmte Beschreibung (1759 und 1766) ging voran. G. kannte den Abguß der Mannheimer Antikensammlung seit 1769; der Herzog von Gotha schenkte ihm 1782 einen Abguß des Kopfs. Die Statue im Vatikan ist die röm. Kopie eines griech. Originals aus der Mitte des 4. Jh.s v. Chr. (von Leochares?). – In der *IR* 178 ändert G. die Bemerkung: *Und so hat mich Apoll von Belvedere aus der Wirklichkeit hinausgerückt* – vielleicht bewußt gegen Winckelmanns Formulierung: »Gehe vorher mit dem Geiste in das Reich unkörperlicher Schönheiten, um dich zur Betrachtung dieses Bildes vorzubereiten.« G. erlebt die Erhebung durch das Bild, W. nimmt zuvor einen »erhabenen Standpunkt« ein. Vgl. auch Anm. zu I 85.

200 *das Colisee*: Das Amphitheatrum Flavium, unter Vespasian begonnen, 80 n. Chr. durch Titus eingeweiht. Vgl. auch Moritz, Rom, 23. März 1787 (Werke..., Berlin/Weimar 1973, I, 70), *IR* 219 f., 733 u. ö. »Kolossalische« Darstellung von Piranesi.

Bäder des Diokletians: Der 305 n. Chr. vollendete größte römische Thermenbau (Umfang: 356 × 316 m) auf dem Viminal.

das neue Museum: Das Museo Pio Clementino (Teil der Va-

tikanischen Museen), nach Clemens XIV. (1769–74) und
Pius VI. (1775–99) benannt, die den Archäologen Vis-
conti (1751–1818) mit der Neuordnung der Vatikan.
Sammlungen beauftragt hatten. Volkmann, Bd. II, S.
136 ff. gibt einen Bericht über die Anordnung des Museums zu G.s Zeit. Beliebt war es damals, die Museen
abends bei Fackelschein zu besichtigen; ausgiebige Erörte-
rung der Vorteile (»Monumente zu sehen, die ... bloß ver-
kümmertes Tageslicht erhalten, ist sie [die Fackelbeleuch-
tung] notwendig ... sie wird die Massen derselben besser
zeigen und die zartesten Nuancen der Arbeit hervorhe-
ben ...«) durch einen in die *IR* 576 ff. eingerückten Aufsatz
H. Meyers. Vgl. auch Moritz, Rom, 16. Febr. 1788
(Apollo in Belvedere), a. O., S. 164 ff.

Brief 8.
Privat Leben der Alten ... wenig Spuren: Mehr Anschauung
davon erhielt G. später in Pompeji, Herculanum, vor al-
lem im Museum von Portici (bes. *IR* 276 f.). Moritz re-
konstruierte sich das Leben der Römer vor allem mithilfe
der antiken Autoren (seine Berichte aus Neapel und den
Vesuvstädten, zwischen 4. und 16. Mai 1787, a. O., S.
86 ff.).
Größe auch in den zweckbestimmten Einrichtungen der
Römer hatte G. bereits in Spoleto (*T* 172) gerühmt. Angesichts der Weltstadt erweitert sie sich zum Begriff des
»Imperialen«.
Vitruv: die in Venedig gekaufte Ausgabe Galianis, *T* 117.
G. überträgt seine eigene »Inspiration« auf den trockenen
Text. – *Palladio*: die in Padua erworbene Ausgabe, bes.
durch Smith, *T* 94.
201 *einen eignen Sinn*: Ähnlich im Brief an Frau v. Stein, 29.
Dez. 1786: *Da ich keine vollständige Idee von Italien mitneh-
men kann, will ich wenigstens das was ich sehe mit eignen Augen
und nach eigner Art sehen ...* S. auch *BrA* Nr. 11.
Musea ... Schädelstätten ... keine Einheit: Vgl. G.s Aufsatz
über *Winckelmann* 1805, *Glücksfälle: Rüstkammern, Galerien*

und Museen, zu denen nichts hinzugefügt wird, haben etwas
Grab- und Gespensterartiges; man beschränkt seinen Sinn in ei-
nem so beschränkten Kunstkreis, man gewöhnt sich, solche
Sammlungen als ein Ganzes anzusehen, anstatt daß man durch
immer neuen Zuwachs erinnert werden sollte, daß in der Kunst,
wie im Leben, kein Abgeschlossenes beharre, sondern ein
Unendliches in Bewegung sei. (HA XII, 116)

Botanick ... Steinreich: Mit dem Freund Knebel bestand ein
fortgesetzter Austausch über naturwissenschaftliche Fragen. Ihm teilt G. seine Bemühungen um eine *Harmonia*
Plantarum (Rom, 18. Aug. 1787, 3. Okt. 87), *wodurch das*
Linnaische System aufs schönste erleuchtet wird, alle Streitigkei-
ten über die Form der Pflanzen aufgelößt, ja sogar alle Monstra
erklärt werden, unmittelbar mit. Er schickt ihm Bologneser
Schwerspat (19. Febr. 1787) und knüpft auf dem schwe-
ren Rückweg von Rom das Gespräch über die Mineralogie wieder an (*BrA* Nr. 36).

Das Steinreich: Das damals allgemein übliche Wort (s. z. B.
J. G. Lenz, Tabellen über das gesamte Steinreich, Jena
1781) gewinnt hier durch die Anwendung auf die »gestal-
teten« Steine eine neue Nuance (vgl. S. 237).

Granit Freund: Erinnert sei an die zu *T* 17 erwähnte große
Studie *Über den Granit* 1784.

Färbers Brief: s. Anm. zu *T* 50.

202 *auf deinen Spuren durch Tyrol*: s. Anm. zu *T* 18.

Kobeln: Franz Kobell, s. Anm. zu *T* 18.

Brief 9.

Moritz: Karl Philipp M. (1756–93); nach harten Jugend-,
Lehr- und Wanderjahren bis 1786 im Schuldienst, dann in
Italien. Am 20. Nov. 1786 erste Begegnung mit G. in
Rom. 1788 in Weimar und Jena, durch G.s Vermittlung
zum Professor der Theorie der Schönen Künste ernannt;
später Professur für Deutschen Stil in Berlin. Sein Werk
umfaßt pädagogische, philosophisch-ästhetische und psy-
chologische Schriften. »Reisen eines Deutschen in England 1782«. »Reisen eines Deutschen in Italien in den Jah-

ren 1786–1788« (G. gab ihm den Beinamen *der Fußreiser*). Noch 1786 entsteht der »Versuch einer deutschen Prosodie«; M. hat G. bei der Endfassung der *Iphigenie* entscheidende Hilfe geleistet. 1785 erschien der 1. Teil von »Anton Reiser. Ein psycholog. Roman« (1790 abgeschlossen). 1788: »Über die bildende Nachahmung des Schönen« (Auszüge übernahm G. in die *IR* 705–14; ebd. 604 ff. *Moritz als Etymolog*). 1791: »Götterlehre«. Vgl. die Einleitung zur Werkauswahl in zwei Bänden., Weimar/Berlin 1973 (J. Jahn) und die Sammlung seiner für die klass. Ästhetik programmatischen »Schriften zur Ästhetik und Poetik«, hrsg. von H. J. Schrimpf, Tübingen 1962.

brach ... den Arm: Über diesen Unfall nach dem Spazierritt an die Tibermündung bei Fiumicino berichtet Moritz selbst bei der Wiederaufnahme seines Reiseberichts am 2. März 1787 (Werkauswahl Bd. I, S. 52). In der *IR* 195 hat G. den Zusammenhang geändert und Moritz' Sturz als Ursache für den Abbruch des Berichts angegeben.

Brief von Seideln: Zur Person s. Anm. zu *BrA* Nr. 23.

Kasten auf dem Archive: Von G. vor der Abreise »gegen Schein« deponiert; sie enthielten Abschriften der Werke G.s, Tagebücher, Naturwissensch. Schriften und Korrespondenz.

Brief 10.

203 *Moritz ... wie ein jüngerer Bruder*: (S. auch *BrA* Nr. 17: *Moritz wird mir wie ein Spiegel vorgehalten*.) Am 23. Dez. 1786 schreibt G. an Frau v. Stein: *Ließ doch Anton Reiser ein psychologischer Roman von Moritz, das Buch ist mir in vielem Sinne werth*. Der junge Moritz hatte in G.s *Werther* bereits einen Leidensgenossen gesehen. Bezüge bestehen auch zwischen »Anton Reiser« und *Wilhelm Meisters theatralischer Sendung*. Die Trennung von einer *Herzensfreundin*, der offenbar leidenschaftlich geliebten Frau des Berliner Bergrats Standtke, hielt M. selbst für nötig. 26. Mai 1786: »Es ist beschlossen! Ich muß fort, wenn ich nicht zu Grunde gehen will. Ich erliege im ewigen Kampf mit einer

Leidenschaft, die doch nie befriedigt werden kann. Nach
Italien sehn' ich mich, und doch fürchte ich die Trennung.« G. hat für den Kranken mehrfach an die Freundin
geschrieben (s. *BrA* Nr. 17). Über G.s Krankendienst
schrieb Moritz am 20. Jan. 1787 seinem Verleger Campe:
»Was nun während den vierzig Tagen, die ich unter fast
unaufhörlichen Schmerzen unbeweglich auf einem Fleck
habe liegen müssen, der edle menschenfreundliche Göthe
für mich gethan hat, kann ich ihm nie verdanken... Täglich hat er mich mehr als einmal besucht, und mehrere
Nächte bei mir gewacht; um alle Kleinigkeiten... ist er
unaufhörlich besorgt gewesen und hat alles hervorge-
sucht, was nur irgend abzwecken konnte, mich bei gutem
Muthe zu erhalten.«

204 *meine übrige Schrifften*: Seit dem Winter 1785/86 bereitete
G. die Ausgabe seiner »Gesammelten Schriften« bei G. J.
Göschen in Leipzig vor. Die zunächst auf 4 Bände geplante
Ausgabe wurde nach der Rückkehr aus Italien auf acht er-
weitert und war 1790 abgeschlossen. S. auch *BrA* Nr. 26.

Brief 11.
Der einzige erhaltene Brief aus Italien an die von G. ver-
ehrte Herzogin (s. *T* 144). S. auch: E. Redslob, Louise von
Weimar und ihr Verhältnis zu G., in: Goethe. Jahrbuch d.
G.-Gesellschaft Bd. 19 (1957), S. 110–21.

205 *das Gebildete... nicht nach dem Effeckt... zu beurtheilen*: G.
lehnt eine »wirkungsästhetische« Betrachtung der
Kunstwerke wiederholt entschieden ab, um den »Sachgehalt« nicht zu verstellen. *Reinheit* und *Innigkeit* der
Empfindung, *Natürlichkeit* der Darstellung sieht er vor allem bei den Griechen gegeben: *sie stellten die Existenz dar,
wir gewöhnlich den Effekt* (»Homer-Brief« an Herder, *IR*
416 f.). Vgl. auch die Bemerkung über die ›nicht scheinba-
re, effektlügende, zur Imagination sprechende, sondern
ganze, wahre, reine‹ Kunst Mantegnas, *T* 95, und 170 über
der alten Künstler Wesen. Ähnlich auch G.s »Herabstim-
men« der Phantasie und Imagination, um dem Irrtum

vorzubeugen und einen »reinen Eindruck« der Gegenstände zu gewinnen, *T* 85.

Sachen einander subordiniren zu können… im Verhältniße:
Ähnlich *BrA* Nr. 14: G. über seine *Fähigkeit ähnliche Verhältnisse zu entdecken… die Genesen der Dinge aufzuspüren.*
Auf Zusammenhang und Vergleichung als den Elementen
seines Sehens, auf sein Denken in »offenen Systemen«
weisen auch die Briefe an Frau v. Stein vom 15. Juni 1786
(*es paßt alles und schliest sich an, weil ich kein System habe und
nichts will als die Wahrheit um ihrer selbst willen*) und vom 25.
Jan. 1787 hin (*es sind keine einzelne Bemerkungen und Begriffe, sie sind zusammenhängend, haben mancherlei Beziehungen unter sich und bewegen sich wenn ich so sagen darf jeden Tag
weiter.*).

Produckt der Natur – Kunstwerck: Hier noch scharf unterschieden. Bereits der etwa gleichzeitige Brief an Frau v.
Stein (*BrA* 12) deutet eine Synthese an. Vgl. auch *T* 137:
Was ist doch ein lebendiges… und G.s Aufsatz im »Teutschen Merkur« 1789 *Einfache Nachahmung der Natur, Manier, Stil.*

206 *Natur der Kunst und des Handwercks*: S. H. J. Schrimpf,
Kunst und Handwerk. Die Entwicklung von G.s Kunst-
anschauung, in: Goethe. Jahrb. d. G.-Ges., Bd. 17 (1955),
142 ff. u. 18 (1956), 106 ff.

viel Tradition bey den Kunstwercken: G. anerkennt die Ge-
schichtlichkeit in der Kunst, wertet sie jedoch als verdun-
kelnd, komplizierend, ja irritierend, a priori defekt gegenüber der Genialität der Natur.

Brief 12.

207 *die kleine Schardt*: Sophie v. Bernstorff (1755–1819), seit
1788 mit Frau v. Steins Bruder, dem Kammerherrn Ludwig Ernst W. v. Schardt verheiratet, von G. oft *die kleine
Schwägerin* oder einfach *die Kleine* genannt.

die englischen Dichter: G. hatte schon in den ersten Weimarer Jahren mit Englischunterricht für Frau v. Stein begonnen. So wurden Ossian, Goldsmith und Shakespeare ge-

lesen. Zeitweise übernahm der Dichter J. M. R. Lenz den Unterricht.

der englische Parnaß: Die imaginäre Versammlung der engl. Dichter auf dem Musenberg wohl in Anlehnung an zeitgenössische Anthologien-Titel, Kantaten; viell. auch durch Raffaels Gemälde »Il Parnaso« in der Stanza della Segnatura des Vatikan evoziert.

in meinem Garten: an der Ilm, um G.s Gartenhaus.

Belvederesche Chaussee: Vom Park an der Ilm führt eine Allee zu dem herzogl. Lustschloß Belvedere (1724–32 nach dem Vorbild des Wiener Belvedere erbaut). G. hatte für die Neugestaltung des Parks im engl. Stil (der den »konstruierten« französischen ablöste) Pläne entworfen und die Anlage seit 1778 beaufsichtigt. S. auch W. Vulpius, Der G. Park in Weimar, NFG Weimar, 4. Aufl., 1969.

Oppels: Johann Siegmund v. Oppel, Direktor der Landschaftskasse in Weimar.

Nach der Rückkehr äußert sich G. kritisch über Träume und Frau v. Steins *verwünschte Aufmerksamkeit* auf sie (an Herder, Weimar 27. Dez. 1788): *Man wird selbst zum Traum, zur Niete, wenn man sich ernstlich mit diesen Phantomen beschäftigt.*

Wie ich die Natur betrachtet…: Ähnlich in den Briefen an Herder vom 29. Dez. 1786: *Nun ist mir… Baukunst und Bildhauerkunst und Mahlerey wie Mineralogie, Botanick und Zoologie* (vgl. *IR* 203 und 518), an Frau v. Stein, 24. Nov. 1786: *wie ich die Natur behandle, so behandl' ich Rom und schon steigt mir's entgegen*, an Knebel, 3. Okt. 1787: *Glücklicherweise hab ich auch eine Combination der Kunst mit meiner Vorstellungs Art der Natur gefunden und so werden mir beyde doppelt lieb.* S. auch *BrA* Nr. 31 (an den Herzog) mit dem Résumée der Reise: an die Stelle des bisher wahrgenommenen allgemeinen Abglanzes der Natur in den Kunstwerken tritt jetzt die Erkenntnis von der Kunst als anderer Natur, die, ebenso abgründig, ein strenges Studium verlangte. Aufschlußreich auch das 1788 entstandene Gedicht *Künstlers Apotheose* (*HA* I, S. 68–77). S. die Anm. von K.

R. Mandelkow in »G.s Briefe«, Hamburger Ausg. Bd. 2, S. 486 und 500. – 1932 schrieb W. Benjamin in einer Rezension (jetzt in: Ges. Schriften Bd. 3, Frankfurt/M. 1972, S. 343 f.): »Goethe gehörte zur Familie jener großen Geister, für welche es im Grunde eine Kunst im abgezogenen Sinne nicht gibt, ihm war die Lehre von den Urphänomenen der Natur zugleich die wahre Kunstlehre«.

einen Colossalen Jupiter Kopf: Wohl ein Abguß nach dem sog. Zeus von Otricoli, einer frühkaiserzeitl. Kopie nach einem Werk des Bryaxis (4. Jh. v. Chr.), unter Paul V. gefunden und in der Sala Rotonda der Vatikan. Museen aufgestellt. G. ließ den Abguß in Rom zurück. In seiner röm. Wohnung befanden sich damals u. a. ein Abguß der Medusa Rondanini (*IR* 199), ein Apollo- und ein kolossaler Juno-Kopf (*IR* 203, Brief an Frau v. Stein v. 6. Jan. 1787, an Herder, 13. Jan. 87), der auf einer Zeichnung Tischbeins (G. in seinem Zimmer, 1787) zu sehen ist. Auch letzteren mußte G. zurücklassen, erhielt 1823 jedoch einen neuen Abguß, der in seinem Weimarer Haus im »Juno-Zimmer« aufgestellt wurde.

Brief 13.

208 *etwas rechts zu lernen*: Die Erwartung des »biederen Studenten« hier selbstironisch, in der Formulierung des Schülers im *Faust*.

wie ein Baumeister: Vgl. G.s Brief an Lavater, 20. Sept. 1780. *Diese Begierde, die Pyramide meines Daseyns, deren Basis mir angegeben und gegründet ist, so hoch als möglich in die Lufft zu spizzen, überwiegt alles andre und lässt kaum Augenblickliches Vergessen zu. Ich darf mich nicht säumen, ich bin schon weit in Jahren vor, und vielleicht bricht mich das Schicksal in der Mitte, und der Babilonische Thurn bleibt stumpf unvollendet. Wenigstens soll man sagen es war kühn entworfen und wenn ich lebe, sollen wills Gott die Kräffte bis hinauf reichen.*

um sich seines Grundes mehr zu versichern: Vgl. *IR* 198 (G. fügt hier die Stelle von der *Wiedergeburt* aus dem vorigen Brief ein) und 563 (Warnung vor dem *Halbgewahrwerden*):

Der nordische Reisende glaubt, er komme nach Rom, um ein
Supplement seines Daseins zu finden, auszufüllen, was ihm
fehlt; allein er wird erst nach und nach mit großer Unbehaglich-
keit gewahr, daß er ganz den Sinn ändern und von vorn anfan-
gen müsse.

Tischbein mahlt mich jetzo: (Vgl. *IR* 201 und 227: nach einem drapierten Tonmodell) Das Bild »Goethe in der
Campagna« wurde im August 1787 vollendet. Bis 1840
blieb es in italien. Privatbesitz. März 1788 gab ein An-
onymus (verm. Tischbeins Vetter Ludwig Philipp Strack)
im »Teutschen Merkur« dem Publikum eine erste Beschreibung. 1887 wurde es dem Frankfurter Städelschen
Kunstinstitut geschenkt (s. den Katalog der Städel-Ausst.
1974: G. gemalt von Tischbein – ein Porträt und seine Geschichte (E. Spickernagel), mit Abb. der Entwürfe und
Vorbilder. Eine Kopie. Eine Nachzeichnung (Aquarell,
vor Abschluß des Gemäldes von Tischbein, Bury und
Schütz verfertigt) im Weimarer Goethemuseum. Das
Frankfurter Freie Deutsche Hochstift bewahrt eine aqua-
rellierte Tuschzeichnung Tischbeins auf: G. am Fenster
seiner Wohnung am Corso 1787. Beider Bilder gedenkt ein
Gedicht Paul Heyses über G.s röm. Wohnung (»Reisebil-
der XI«):

»Hast du das Goethe-Bildchen im Sinn? Vor neunzig und
einem / Jahr entstand es in Rom, da hier mit dem wackeren
Tischbein / Er sich bescheiden vertrug, wie im Storchen-
neste der Adler / Sich zu wohnen bequemt, weitab in die
Ferne verschlagen. / Nicht die Tafel, die ihn »als Reisenden
zeigt, in den weißen / Mantel gehüllt, im Freien, auf umge-
stürztem Getrümmer, / In die Campagna die Blicke gekehrt«; nein, jenes geringre / Blatt, mit der Feder umrissen
und leicht schattirt mit dem Pinsel. / Wo er so häuslich erscheint in der Sommerfrühe, nur eben / Aus dem Bette ge-
sprungen und erst nothdürftig bekleidet, / Wie er, den hölzernen Laden zurückgeschlagen, des schönen / Römischen
Morgens genießt und bequem hemdärmlig am Simse /
Lehnt und der Sonne die Brust und das athmende Antlitz
zukehrt.«

Brief 14.

209 *Kunstwercke zu vergleichen*: S. auch *IR* 218 f. *Zwei Betrachtungen*... Der Umriß einer Kunstgeschichte in der
Stoffsammlung zur geplanten Reise nach Italien 1795/96
(s. Berliner Ausgabe Bd. 14, 1961, S. 879 ff.). Über einen
anderen Plan berichtet Caroline Herder am 12. Sept. 1788
ihrem Mann: G. sei durch Schillers »Die Götter Griechen-
lands« auf die Eigenschaften zu sprechen gekommen, »die
die Alten in ihren Göttern und Helden in der Kunst dargestellt haben, wie es ihm geglückt sei, den Faden des Wie
hierin gefunden zu haben. ... Die ganze Idee liegt, wie mir
dünkt, wie ein großer Beruf in seinem Gemüt. Er sagte
endlich: Wenn Ludwig XIV. noch lebte, so glaubte er
durch seine Unterstützung die ganze Sache ausführen zu
können; er hätte einen Sinn für das Große gehabt; mit 10
bis 12 000 Reichstalern des Jahrs könnte er s in zehn Jahren,
in Rom allein, versteht sich's, ausführen. Der moralische
Sinn darinnen hat mich sehr gerührt.«
Geschichte: Ein Beispiel für die »Gegenwärtigkeit« der
römischen Geschichte gibt G.s Schilderung von der
Gründung Roms (Brief an die Freunde v. 25. Jan. 1787, *IR*
216 f.; s. auch S. 160 f.).

Brief 15.

Zur Person des damals 15jährigen Friedrich v. Stein s.
auch Anm. zu *T* 15. Fr. verfaßte später »Erläuterungen zu
einer Sammlung von Briefen von G. von 1776–1821«
(heute in Kochberg aufbewahrt); Auszüge in Bd. I der
Neuausgabe von G.s Gesprächen (Biedermann/Herwig).
Feuernapf: Vgl. Moritz, Reisen... (a. O., Anm. zu S. 76,
Bd. I, S. 88), über »Die häusliche Einrichtung der Alten«:
»Im Winter erwärmte ein Kohlenbecken die Zimmer, wie
es in den italienischen Stuben noch itzt der Brauch ist.«
210 *der Pabst*: Pius VI. Braschi (1717–99), 1775 gewählt. G.s
erste Teilnahme am *Schauspiel* einer Papstmesse am Aller-
seelentag 1786, *IR* 169 f., am 6. Jan 1787, *IR* 205, beidemale Regungen des *protestantischen Diogenismus*. Über das

Unternehmen des Papstes, die pontinischen Sümpfe aus-
zutrocknen: *IR* 237 f.

zu einer andern Scene: Tischbein hat das Schweineschlach-
ten in Federzeichnungen festgehalten, G. zu deren
Veröffentlichung einen Aufsatz geschrieben: *Tischbeins
Zeichnungen des Amazzaments der Schweine in Rom* (Nach-
gel. Werke, Ausg. l. Hand Bd. 44; s. *C* XVII, S. 485–87
mit Abb., auch: Schriften d. G.-Ges. 25, Tafel 9). Tischbein schrieb am 10. Febr. 1817 an G.: »Auch erinnere ich
mich noch oft als wir in dem Minerfen Tempel die Vielen
Schweine schlachten sahen, wo wir in denen aus geröchel-
ten Schweine Seelen in einem blauen Tunst standen.« Die
Szene nicht in der *IR*, auch in G.s Aufsatz seine Teilnahme
nicht erwähnt. Der *Platz, wo früher ein Minerventempel
stand*, ist die Ruine eines von Paul V. abgerissenen Podium-Tempels auf dem Nervaforum; G. in seinem Aufsatz: *in den Ruinen jenes Tempels ..., die am Ende der V1a Sacra wegen der schönen Basreliefs berühmt sind, die den Einfluß
der Minerva auf weibliche Arbeiten sehr anmutig darstellen.*
(Abb. bei Curtius/Nawrath, Das antike Rom, Abb. 65, 66)

211 *Oper ... Alexander in Indien*: Von dem italien. Komponisten
und Kapellmeister Pasquale Anfossi (1729–97), der das
Stück in Rom selbst inszenierte (G. an Herders, 29./30.
Dez. 1786). Die Saison der (nach G. vier großen und sechs
kleinen) römischen Theater begann und endete mit der
Zeit des Karneval (Dez./Jan. – Aschermittwoch); eine
Ausnahme: das Operntheater bei Andrea della Valle.

Ballett, die Eroberung von Troja: Eine Pantomime, eng an
Vergils Darstellung in der »Aeneis« (2. Buch) angelehnt.
Moritz gibt am 2. März 1787 einen Bericht von der Wirkung und dem Inhalt des Stücks (Bd. I, S. 57). Die Auffüh-
rung wohl im Teatro Aliberti (s. *BrA* Nr. 30).

die Locandiera von Goldoni: S. auch die Anm. zu *T* 139. Das
Stück war schon 1777 auf dem Weimarer Liebhabertha-
ter aufgeführt worden (s. G.s Tagebücher vom 8. Jan. und
15. Febr.).

alle Rollen …von Männern gespielt: Im Nov. 1788 veröffentlichte G. im »Teutschen Merkur« einen Aufsatz über *Frau-
enrollen auf dem römischen Theater durch Männer gespielt*, in
dem er das aus der Antike tradierte Verbot der weiblichen
Akteurs (das damals im ganzen Kirchenstaat galt, mit der
Ausnahme Bolognas) lobt und seine Vorzüge an der »Locandiera« auseinandersetzt (*man empfand hier das Vergnügen, nicht die Sache selbst, sondern ihre Nachahmung zu sehen,
nicht durch Natur, sondern durch Kunst unterhalten zu werden,
nicht eine* [weibliche] *Individualität, sondern ein Resultat anzuschauen.* Berliner Ausg. Bd. 14, S. 780). Vgl. auch das
Lob der Kastratenstimmen bei Moritz (Rom, 3. Okt.
1787: »Es läßt sich nicht beschreiben, mit welcher Geschicklichkeit und Täuschung die weiblichen Rollen von
jungen Kastraten gespielt werden, welche mit ihrer abge-
legten Mannheit die ganze Weiblichkeit angezogen zu haben scheinen.« Bd. I, 127) und Heinse (Tagebücher, Bd. 8,
2 der Gesamtausg., S. 357), der sich gegen Rousseaus
»moralischen Eifer« wendet.
Pastore dell Arcadia: Vgl. auch G.s ausführlichen Bericht in
der *IR* 630–35 *Aufnahme in die Gesellschaft der Arkadier*. Die
italien. Urkunde (Aufnahmediplom) ist übersetzt in der
Ausgabe der *IR* im Insel Verlag 1959 und abgebildet bei J.
Vogel, Aus G.s Römischen Tagen, Leipzig 1905, Tafel zu
S. 262; sie wurde von dem damaligen Leiter der 1690 gegründeten Akademie, Nivildo Amarinzio (= Abbate Gio-
acchino Pizzi, 1716–90) unterzeichnet. Auch das *Sonett* ist
in Weimar erhalten. Ein Einladungsbillet der »Arcadia«
(zum 7. Dez. 1786) abgebildet im Katalog der Marbacher
Ausst. »Auch ich in Arkadien« 1966, vor S. 65. – Kritisch
äußert sich G. bereits am 6. Jan. 1787 in einem Brief an den
Freundeskreis: *Ich habe Fritzen scherzend von meiner Aufnahme in der Arkadia geschrieben, es ist auch nur darüber zu
scherzen, denn das Institut ist zu einer Armseligkeit zusammen-
geschwunden.* Ähnlich negativ auch Volkmann (Bd. I, 69
und II, 782) und Archenholz, Bd. II, S. 275: »die berüch-
tigte Akademie der Arkadier besteht größtenteils aus So-

nettenfabrikanten, die sich versammeln, um einander ihren Unsinn vorzulesen...«. G.s Aufnahme ist übrigens in
den Akten der »Arkadia« nicht verzeichnet. S. Fr. Noack,
G. und die Arkadia, G. Jb. 25 (1904).
Herr Schmidt: s. Anm. zu *BrA* Nr. 24.
Megalio...: ›Der Große‹, »wegen der Größe oder Großar-
tigkeit meiner Werke«. Als zweiter Name kam »Melpo-
menio« (nach der tragischen Muse »Melpomene«) hinzu.

212 *ich schließe...wie du mit den Zwillingen*: Ein Abendspruch,
eine Art Nonsense-Vers, mit dem Fritz v. Stein, der ja seit
1783 meist in G.s Haus lebte, den Tag beendete. Am 16.
Febr. 1788 berichtet G. seinem Zögling über einen anderen Fritz, einen Hausgenossen, nur zehn Jahre älter als Fr.
v. Stein (es ist F. Bury, s. Anm. zu *BrA* Nr. 31): *Da er einen*
erstaunlichen Abscheu für Schnee, Eis usw. und Allem, was
nach Norden schmeckt, empfindet (er ist sehr jung nach Rom ge-
kommen), so ist der Abendsegen: »Die Zwillinge sind in der
Nähe«, auf seinen Zustand abgeändert worden. Und wenn er
Abends bei Tische anfängt einzuschlafen, so wird Folgendes re-
citirt: Der Segen wird gesprochen! / Die Riesin liegt in den Wo-
chen; / Die Wölfe sind ausgekrochen. / Sie liegt zwischen Eis,
und Nebel und Schnee, / Tränke gerne Eicheln- und Rüben-
kaffee, / Wenn sie ihn nur hätte! – / Da läuft die Maus! – / Kind
geh' zu Bette / Und lösche die Lichter aus.
Ich werde mich freuen, wenn ich diesen Abendsegen einmal über
dich sprechen kann. Recitire ihn Herder's und dem Fräulein
Göchhausen.

Brief 16.
Gleichzeitig mit diesem Brief wurde das Manuskript der
Iphigenie nach Weimar geschickt, Herder zu Korrekturen
ermächtigt. Vgl. *IR* 206 f.
Denn ach Winckelmann!: G. hatte die Schriften Johann Jo-
achim Winckelmanns (1717–68) schon in Leipzig durch
seinen Zeichenlehrer Oeser kennengelernt (*Dichtung und*
Wahrheit 8. Buch, wo auch die Wirkung von W.s Tod berichtet wird). Hier denkt G. wohl vor allem an das

Hauptwerk W.s, die »Geschichte der Kunst des Altertums« (1763), das er in Italien in der Übersetzung von Carlo Fea (1783/84 erschienen) benutzte. G. hat in seiner 1805 als Beitrag zu dem Sammelband »*Winckelmann und sein Jahrhundert*« erschienenen Skizze in dem Abschnitt *Unternommene Schriften* W.s frühen Tod in Hinsicht auf sein unvollendetes Werk bedauert, *weil er sich immer wieder umgeschrieben und immer sein ferneres und neuestes Leben in seine Schriften eingearbeitet hätte*. (*HA* XII, S. 117 f., s. auch den Abschnitt *Hingang*) Vgl. *IR* 210.

Cardinal Albani: Alessandro A. (1692–1779) war seit 1761 der Bibliothekar des Vatikan. 1759 nahm er Winckelmann in seine Wohnung im Pal. Alle Quattro Fontane auf. W. wurde der Berater des Kardinals bei der Sammlung und Aufstellung der Antiken in der »Villa Albani« vor der Porta Salaria (G. besuchte sie am 8. Nov. 1786 und 13. März 87). Vgl. auch den Abschnitt *Kardinal Albani* in G.s *Winckelmann*-Schrift (*HA* XII, S. 114 ff.) und C. Justi, W. und sein Jahrhundert, Leipzig 4. Aufl. 1943, Bd. II, S. 75–100.

Über W.s Leben war G. durch die 1781 veröffentlichten »Briefe an einen seiner vertrautesten Freunde in den Jahren 1756–1768« unterrichtet (an Herders, 13. Dez. 1786); in dem gen. Sammelband hat G. später 27 Briefe W.s an seinen Jugendfreund Berendis und ein Briefverzeichnis veröffentlicht.

213 Brief 17.
S. die Anm. zu *BrA* Nr. 9 und 10.

Brief 18.
Den Brief begleitete eine weitere Sendung für die Ausgabe der Schriften, darunter der für die Eröffnung der Ausgabe bestimmte, mit *Zueignung* überschriebene Beginn der *Geheimnisse*.

Egmont: Die letzte Phase der Umarbeitung des im Herbst 1775 in Frankfurt begonnenen Stücks (der Plan reicht noch weiter zurück): im Juli 1787 wird der 4., im August der 5. Akt beendet. Am 18. August schreibt G. an Seidel: *Egmont ist fertig!* Die Abschrift scheint jedoch erst am 5. Sept. beendet (s. *IR* 515 f.). Es wurde an eine Vertonung durch den Komponisten Kayser gedacht. 1788 erscheint das Stück in Bd. 5 der »Schriften« mit einem Titelkupfer von Angelica Kauffmann (*IR* 567 f.). Wenig später veröffentlicht Schiller seine kritische Rezension. S. auch *BrA* Nr. 26 und 31.

Livius: Das berühmte Geschichtswerk »Ab urbe condita libri«, in dessen 1. Dekade (1. Buch, bes. Kap. 3 ff.) die Anfänge der Stadt Rom dargestellt werden; auf die Lektüre dieses Werks und der »Vitae parallelae« des Plutarch (von Roms Ursprüngen handelt die Biographie des Romulus; G. hat Plutarch bis zu seinem Tod immer wieder gelesen) geht sicher die am gleichen Tag dem Freundeskreis mitgeteilte, später in die *IR* 216 f. übernommene Schilderung der Besiedlung Roms zurück. G. schenkte in Rom dem Freund Moritz eine Taschenausgabe des Livius (s. dessen Bericht, 22. Sept. 1788, »Die klassischen Autoren in Taschenformat«, a. O., S. 190 und seinen Brief an G. vom 7. Juni 1788). S. auch Grumach, G. und die Antike, Berlin 1949, Bd. 2 (Belege zu G.s Livius- und Plutarchstudium, S. 848–65).

214 *Gewalt des Geistes aus der Überlieferung*: G. schreibt in der Fortsetzung dieses Briefs: *Ich lese den zweyten Teil der zerstreuten Blätter immer den Künstlern wieder vor. Ich sage nicht wie gut er sich in Rom ausnimmt und wie selten es ist daß sich in Rom etwas gut ausnehme. Tischbein begreifts nicht wie du es hast schreiben können ohne hier gewesen zu sein.* Ähnlich divinatorisch arbeitete H. in der Abhandlung »Wie die Alten den Tod gebildet« (s. Anm. zu *T* 62) und in den »Ideen zu einer Philosophie der Geschichte der Menschheit«, dessen geschichtlicher 3. Teil (östl. Völker, Griechenland, Rom) 1787 in Riga erschien und G. noch in Rom, allerdings erst im Oktober, erreichte (s. *BrA* Nr. 30). Auf andere, eher reproduzierende, Weise arbeitet auch Moritz fortwährend

mit der Überlieferung unter Benutzung der Inschriften und röm. Autoren (u. a. Martial, Juvenal, Persius). *Gottheiten und Helden*: Vgl. den oben Anm. zu *BrA* Nr. 14 erwähnten Plan G.s einer (kunst-)geschichtlichen auf mythologischer Grundlage beruhenden Darstellung. G. unterstützte später Moritz' Vorhaben, die antike Mythologie zu »vermenschlichen und von allem Büchermoder und Schulstaub [zu] reinigen«. 1791 erschien Moritz' »Götterlehre oder Mythologische Dichtungen der Alten«, die sich vorwiegend auf antikes Bildmaterial stützt.

Brief 19.
Anteil, den Sie an Wilhelm Meister nehmen: S. auch Anm. zu *T* 77 und 82. Im November 1785 hatte G. mit dem 6. Buch *Wilhelm Meisters theatralische Sendung* vorläufig abgeschlossen. Ein Plan für weitere 6 Bücher wurde niedergeschrieben. Im April 1786 las der Herzog in dem Dorf Tannrode an der Ilm den »Urmeister«. Der in Italien fortgedachte neue Roman sollte G.s erweiterte Erfahrungen zu Kunst, Geschichte und Welt aufnehmen (*IR* 540: *Zuletzt wird alles im »Wilhelm« gefaßt und geschlossen.*) und dem Herzog *recht zu erb und eigen* geschrieben werden (s. *BrA* Nr. 26). Die »Lehrjahre« wurden dann doch erst 1794–96 niedergeschrieben.

Brief 20.
215 *Meynung wegen der Sicilianischen Reise*: G. deutet am 2. Febr. 1787 Frau v. Stein, am 3. Febr. Herders den Plan zu einer Sizilienreise an.
Gastmäler von Phasanen: Anspielung auf den »Fasanentraum«, s. Anm. zu *T* 156 und *IR* 143 f.
Prinz August: v. Sachsen-Gotha und Altenburg (1747–1806), Bruder des regierenden Herzogs Ernst II. v. Gotha. G. stand mit ihm seit den ersten Weimarer Jahren in freundschaftlicher Verbindung. *Franckenberg*: Sylvius Friedrich Ludwig Freiherr v. F. (1746–1832), gothaischer Minister.

Masken des Carnevals: 1789 wurde G.s Schrift *Das Römische Karneval* mit 20 Tafeln, gezeichnet von Georg Schütz, radiert und koloriert von Georg Melchior Kraus bei Fr. Unger in Weimar gedruckt (Ausg. des Insel Verlags 1905), die früheste »Publikation« G.s über Italien (neben den »Merkur«-Aufsätzen, die anonym erschienen). 1829 stellte G. die Schrift in den 3. Teil der *IR* 639–77.

gleich einem Orbis pictus: Nach dem Titel des 1657 erschienenen bebilderten latein. Schulbuchs des Pädagogen Amos Comenius (1592–1670): »Orbis sensualium pictus«, G. seit seiner Kindheit bekannt (*Dichtung und Wahrheit*, 1. Buch). 1770–74 erschien Basedows »Orbis pictus« (Die Welt in Bildern), ein Elementarwerk zum Unterricht der Jugend mit 100, meist von Chodowiecki entworfenen, Kupfertafeln. S. G.s Brief an Fr. Jacobi, 11. Sept. 1785 und die Ablehnung der »zersplitternden« Bebilderung dieses Buchs in *Dichtung und Wahrheit*, 14. Buch.

in Caryatiden Figur: Wie eine der antiken Säulen-Statuen in Trägerfunktion. Schon Vitruv I, 1, 4 gibt eine Entstehungslegende: Die Karyatiden seien den Frauen der besiegten Caryaten nachgebildet worden als »Wahrzeichen ihrer Knechtschaft« (servitutis exemplo). G. übernahm das Bild wohl aus seiner Vitruvlektüre.

Brief 22.

217 *aus Palermo*: Der einzige erhaltene Brief aus Sizilien an Frau v. Stein. Am 16. Febr. 1818 schenkte G. ihn dem Freund Zelter und schrieb dazu: *Da ich so manches Liebe von Deiner eigenen Hand empfange und dagegen wenig erwiedere, so sende ich Dir ein uralt Blättchen, das ich nicht verbrennen konnte, als ich alle Papiere, auf Neapel und Sicilien bezüglich, dem Feuer widmete. Es ist ein so hübsches Wort auf dem Wendepuncte des ganzen Abenteuers und giebt einen Dämmerschein rückwärts und vorwärts. Ich gönne es Dir! Bewahre es fromm. Was man doch artig ist, wenn wir jung sind.*
G. hatte sich nach seiner Abreise von Neapel (29. März 1787) vom 1.–18. April in und um Palermo aufgehalten.

357

Weitere Stationen waren Segesta, Girgenti, Caltanisetta, Catania, Aetna, Taormina und Messina. Von dort am 12. Mai Rückreise nach Neapel (Ankunft 14. Mai).

Brief 23.

218 Philipp Seidel (1755–1820), seit 1775 G.s Diener und Sekretär, ihm aus Frankfurt nach Weimar gefolgt. Aus den fast 30 Briefen, die G. aus Italien an ihn schrieb, wird das ungewöhnliche Vertrauensverhältnis deutlich (S. wußte als erster und einziger schon vor der Abreise von G.s Ziel). S.s. Urteile und Sprechweise sind stark von G. beeinflußt (als Beispiel eine Äußerung in S.s Brief an Dorothea Kayser, 13. Nov. 1787 über G.: »Seine Reise wird aller Wahrscheinlichkeit nach Epoche in seinem Leben machen.«). Auf seine autodidaktischen Naturstudien ging G. lenkend und ratend ebenso ein wie auf seine literarischen Urteile. Bezeichnend ist G.s Äußerung am 7. Dez. 87, in einem Brief an den Herzog: *der Meinige ... und im edelsten Sinne mein Geschöpf.* Auf G.s Betreiben erhielt S. nach der Rückkehr seines Herrn eine Anstellung im Staatsdienst und wurde Rentamtmann in Weimar.

ersten Entwurf ... unter dem Rekrouten Auslesen: Ende Jan. 1779 hatte G. als Leiter der Kriegskommission ein Gutachten über die Anwerbung von Soldaten für den preuß. König an den Herzog geschickt. Die Aushebung nennt er *ein unangenehmes verhasstes und schaamvolles Geschäft* (die Werberszene von ihm gezeichnet: als Emblem ein Galgen im Lorbeerkranz). An Frau v. Stein, 14. Febr. 1779: *Den ganzen Tag brüt ich über Iphigenien ... So ganz ohne Sammlung, nur den einen Fuß im Steigriemen des Dichter Hippogryphs, wills sehr schweer seyn etwas zu bringen das nicht ganz mit Glanzleinwand Lumpen gekleidet sey ... Musick hab ich mir kommen lassen die Seele zu lindern und die Geister zu entbinden.* Vgl. auch den Brief aus Apolda an Frau v. Stein, 6. März 1779. Am 28. März war die Prosafassung beendet, am 6. Apr. wurde das Stück aufgeführt.

Stück ... erfunden und angefangen: Die *Nausikaa* (s. Anm. zu

T 163); ein Doppelblatt (im Frankfurter Freien Deutschen Hochstift) mit dem reinschriftl. Beginn der 1. Szene wird kurz nach der Rückkehr von Sizilien entstanden sein.

219 *Grille Carl des fünften*: Karl V. (1500–58) zog sich 1556 nach der Niederlage gegen Frankreich in ein spanisches Kloster zurück (deutscher Kaiser wurde sein Bruder Ferdinand, span. König sein Sohn Philipp). Aus der Abdankungsurkunde (1555, Brüssel): »Ich habe achtmal das Mittelmeer durchquert und dreimal den Ozean. Und nun wird es das vierte Mal sein, wenn ich nach Spanien gehe, um mir ein Grab zu suchen.« Der Kaiser starb in San Geronimo de Yuste. S. Karl Brandis, Kaiser Karl V., 3. Aufl. 1941. – Die Gestalt Karls V. wird von G. schon im *Götz*, dann besonders im *Egmont* mit besonderer Verehrung erwähnt (s. z. B. *HA* IV, S. 153 f., 372 u. ö.). Offenbar spekulierte man in Weimar schon um G.s Amtsnachfolger (s. *BrA* Nr. 32).

Brief 24.
mich so gütig erleichtern: G. begrüßte den Plan des Herzogs ihn als Präsidenten der Kammer zu entlasten, wünschte allerdings nicht als nomineller Direktor neben einem Vizepräsidenten zu fungieren, sondern völlige Befreiung. Sein Nachfolger wurde der geheime Assistenzrat Johann Christoph Schmidt (1727–1807), ein Jugendfreund Klopstocks (Bruder von Kl.s »Fanny«), der G. schon seit 1784 in der Kriegskommission vertrat und von ihm sehr geschätzt wurde. In einem Reskript vom 11. Apr. 1788 wurde G. ermächtigt, »um in beständiger Konnexion mit den Kammer-Angelegenheiten zu bleiben, den Sessionen des Collegii von Zeit zu Zeit, so wie es seine Geschäfte erlauben, beizuwohnen und dabei seinen Sitz auf dem für Uns Selbst bestimmten Stuhle zu nehmen.« Im Postskript seines Briefs bittet G., Frau v. Stein und Herders von den neuen Entschlüssen zu informieren, *daß sie nicht in Sorge und auf wunderliche Gedancken gerathen.*

Dieser und weitere Briefe an den Herzog bereiten G.s freieres Verhältnis zum Hof vor.

Brief 25.

220 *Künstler ...ich bin doch einmal nichts anderes*: Vgl. *BrA* Nr. 34, S. 234: *ich habe mich ...selbst wiedergefunden; aber als was? – Als Künstler!*

221 *Geheimniß der Pflanzenzeugung und Organisation*: Die Stelle ist in der *IR* 415–17 unter dem 17. Mai 87 mit dem, im Original nicht erhaltenen, »Homer-Brief« an Herder zusammengeschlossen. Die Fortsetzung unsres (hier gekürzten) Briefs ist mit dem Text der *IR* von *Die Urpflanze wird* an identisch. Vgl. *IR* 80 (vorgreifend), 288 f., *T* 93. – G. an Nees v. Esenbeck (Briefentwurf August 1816): *In den Tagebüchern meiner Italienischen Reise, an welchen jetzt gedruckt wird, werden Sie, nicht ohne Lächeln, bemerken, auf welchen seltsamen Wegen ich der vegetativen Umwandlung nachgegangen bin; ich suchte damals die Urpflanze, bewußtlos, daß ich die Idee, den Begriff suchte wonach wir sie uns ausbilden könnten. Und doch war damals diese Lehre schon längst entdeckt, bekannt und angenommen lebendig, dann aber auf die wunderlichste Weise verdrängt und ein Präformations-Wahn durch den geistreichsten Mann seiner Zeit* [Linné] *eingeführt.*

Brief 26.

G. gibt zunächst der Hoffnung Ausdruck, seine Kunstkenntnisse (in Gesprächen mit Moritz, H. Meyer) zu konsolidieren, dann sein Zeichentalent in Architektur, Perspektive und Landschaftszeichnen, Anatomie und Proportion unter Anleitung (Tischbeins, Hackerts, Verschaffelts) bis zur Selbständigkeit zu entwickeln (trotz seines »Scheiterns« erhielt G. in Weimar die Oberaufsicht über das »Freie Zeicheninstitut«).

Egmont: s. *BrA* Nr. 18. *Tasso*: *Torquato Tasso* wurde erst am 31. Juli 1789 im Weimarer Belvedere abgeschlossen und erschien in Bd. 6 der Schriften.

Faust: Im Februar 1788 erstmals seit der Niederschrift des

»Urfaust« (1775) wiederaufgenommen, erschien 1790 im siebten Band der Schriften als (einziges) dramatisches Fragment. In Italien entstanden außer dem »Schema« Teile der Paktszene, vermutlich auch Entwürfe zu »Hexenküche« und »Wald und Höhle«. *IR* 694 f. und Abb. 39.
die kleinen Sachen: Die Singspiele *Erwin und Elmire* (1. Fassung 1775), *Claudine von Villabella* (1. F. 1776), *Lila* (Ein Feenspiel, 1. F. 1776, 2. F. 1778), *Jery und Bätely* (1. F. 1779/80), *Scherz, List und Rache* (1784, von Ph. Kayser vertont). Ferner: *Künstlers Apotheose.* (Vgl. jetzt: Goethe, Singspiele, hrsg. von H.-A. Koch, Stuttgart 1974) Die Bände 5–7 der Schriften (1788–90) enthielten: 5: Egmont. Claudine. Erwin und Elmire. 6: Tasso. Lila. 7: Faust, ein Fragment. Jery und Bätely. Scherz, List und Rache. –
G.s Urteil, ob die Frankfurter und 1. Weimarer *Schriftsteller-Epoche* als Einheit anzusehen seien, hier noch schwankend.

222 *Edelsheim*: Wilhelm v. E. (1737–93), badischer Minister, den G. und der Herzog 1775 in Karlsruhe kennengelernt hatten. Er war Förderer des Fürstenbundes, dem Karl August angehörte. Mehrfache Aufenthalte in Weimar. G. am 20. Sept. 1785 an Frau v. Stein: *ich kenne keinen klügeren Menschen.*
Ihre Provinzen: Die Herzogtümer Weimar und Eisenach. *IR* 523: *Ihr vexiert mich über die P r o v i n z e n, und ich gestehe, der Ausdruck ist sehr uneigentlich. Da kann man aber sehen, wie man sich in Rom angewöhnt, alles grandios zu denken. Wirklich schein' ich mich zu nationalisieren, denn man gibt den Römern schuld, daß sie nur von* cose grosse *wissen und reden mögen.*

Brief 27.
223 *in Ihrem bewegten Leben*: Gemeint ist Karl Augusts militärische Karriere. Am 25. Sept. 1787 wurde er preuß. Generalmajor, am 16. Dez. übernahm er das 6. preuß. Kürassierregiment. Am 7. Okt. war er dem preuß. Heer gefolgt, das unter dem Herzog v. Braunschweig in Holland eingerückt war, um den Erbstatthalter Wilhelm V., der mit der

Schwester des Preußenkönigs verheiratet war, gegen die Partei der »Patrioten« zu schützen. – G. mißbilligte die Preußenpolitik des Herzogs ebenso wie seine kriegerischen Unternehmungen. Vgl. *T* 167.

Castell Gandolfo...in guter Gesellschaft: G. hielt sich zunächst in Frascati auf, wo Hofrat Reiffenstein eine Sommerwohnung hatte. In Castel G. lernte er im Haus des engl. Kunsthändlers Jenkins die *schöne Mailänderin* Maddalena Ricci kennen. Über die sich ergebenden *Wahlverwandtschaften* berichtet *IR* 551 ff.

wie auf ausgebrannten Vulkanen: Geschichte im Bild und Gleichnis der Landschaft gesehen, morphologisch, die Assoziation durch Sichtbares provoziert. Vgl. dagegen die gelehrt-antiquarischen Reminiszensen bei Gregorovius, Wanderjahre in Italien (»Campagna von Rom«).

224 *die Deutschen Anno 44*: Gemeint ist der Feldzug der Österreicher (an dem auch Deutsche teilnahmen), die im Sommer 1744 unter Fürst Lobkowitz eine Expedition gegen Carl III. von Neapel unternahmen, sich nach einem Kampf bei Velletri zurückzogen und am Monte Artemisio besiegt wurden.

Monte Cavo...Hannibal: Der Sage nach soll Hannibal auf seinem Feldzug in Unteritalien im 2. Punischen Krieg am Osthang des Mte Cavo (»Mons Albanus«) ein Lager aufgeschlagen haben (»Campi d'Annibale«). S. Touring Club-Führer: Roma e dintorni, Milano ⁶1965, S. 660 f.

Villeggiatur: der sommerliche Landaufenthalt. *IR* 544: *Wir leben hier, wie man in Bädern lebt, nur mache ich mich des Morgens beiseite, um zu zeichnen, dann muß man den ganzen Tag der Gesellschaft sein...*

Am 29. Dez. 1787 schrieb G. dem Herzog von einer nochmaligen Exkursion nach Nemi, wobei er *einen Span aus jenem Troge* geschnitten habe. *Mit nächstem Transport wird diese Reliquie sich Ihrem Hausaltar empfehlen.* Brief 28.

225 *Welthändel*: Die Situation nach der türkischen Kriegserklärung an Rußland am 24. August 1787.

die Preusisch-Englisch-Oranischen Absichten: Im Einver-
ständnis mit England und Holland trat Preußen auf die
Seite der Türken. Frankreich war ein Gegner dieser
Hilfe.

Frankreich so weit herunter: Gemeint ist der zerrüttete Zustand des Hofs, der Staatsfinanzen etc. unter Ludwig XVI.
Schon 1785 hatte G. die Eröffnungen darüber (vor allem in
dem »Compte rendu au roi« 1781 von Jacques Necker und
in der großen Anklageschrift desselben Autors »De l'administration des finances de la France« 1784, s. G.s Brief an
Frau v. Stein, 8. Sept. 1785) gelesen und seismographisch
darauf reagiert; G.s krisenhaftes Verhalten war damals den
Freunden aufgefallen. Seine Vorahnung der Revolution
äußert sich auch in den Plänen zum Groß-Cophta, seinem
Interesse für Cagliostro.

Catharina und Joseph: Joseph II. war mit Rußland verbün-
det und hoffte seinerseits auf Gebietserweiterung nach einem Sieg über die Türken.

daß man sich ... für [vor] *Rußland und dem Kayser fürchtet*: die
Befürchtungen, geheime Abmachungen zwischen Ruß-
land und Österreich könnten zu einer Annexion Italiens
durch letzteres führen, waren unbegründet.

226 *beyde Sicilien*: Das »Königreich beider Sizilien« mit dem
Regierungssitz in Neapel.

aus den Klöstern jagte: Anspielung auf den »Josephinis-
mus«, das liberale Staatskirchentum; Joseph II. hatte
1781/82 in Österreich 1300 Klöster aufgelöst. S. auch *T* 41.

Verbrennen Sie ... meine Briefe: G.s Vorsicht war nicht unbegründet. Im Auftrag des österr. Kabinetts stand er,
ohne sein Wissen, unter polit. Überwachung durch den
österr.-kaiserl. Botschafter Kardinal Hrzan und dessen
deutschen Sekretär. (S. Anm. zu *BrA* Nr. 6) Die Berichte
Hrzans an Fürst Kaunitz jetzt bei Biedermann/Herwig:
G.s Gespräche, Bd. I, S. 413 ff.

Brief 29.

227 *Expedition ... klüger als kriegerisch ausgegangen*: Der Kon-

flikt mit Holland wurde friedlich beigelegt. Der Herzog kehrte im Dez. nach Weimar zurück.

die Rembrands zu komplettiren: Ende November 1778 hatte der Kriegsrat Johann Heinrich Merck (1741–91), G.s Darmstädter Freund, Kritiker und Förderer, eine Kollektion von Rembrandt-Blättern an Herzog Karl August geschickt (s. G.s Brief an Merck vom 30. Nov./3. Dez. 78). Es folgten offenbar noch mehrere Sendungen, auch auf Auktionen Ersteigertes. G. lieh sich von Merck den Rembrandt-Katalog des franz. Kunsthistorikers Gersaint aus. Sein späteres Urteil über Rembrandt ist hohe Anerkennung (*Rembrandt der Denker* 1832, *C* XVII 232 ff.; vgl. auch Aus G.s Brieftasche 1775: *Nach Falconet und über Falconet*, *C* XVI 39 ff.). Dazu: Ludwig Münz, Die Kunst Rembrandts und G.s Sehen, Leipzig 1934 (bes. S. 89–111). *Abdrücke*: Abzüge, Drucke.

gut machen in ihrer Art: viell. in Anspielung auf den Schöpfungsbericht der Genesis I, 11–25.

Eine der Änderungen von *Claudine* ... ist die Einarbeitung des Ende 1787 in Rom geschriebenen Gedichts *Cupido, loser* ... (*IR* 629).

228 *günstige Glück*: nach griech. agathḕ týchē.

Filippo Collina: Der von G. zum Reisebegleiter der Herzoginmutter Anna Amalia bestimmte Sohn seiner römischen Wirtsleute, des Kutscherehepaars Serafino und Piera Giovanni C. Zunächst wollte G. selbst die Ankunft der (in Begleitung Herders, Einsiedels und des Frl. v. Göchhausen) im Sept. 1788 – Mai 1790 in Italien reisenden Fürstin abwarten und sie als »Cicerone« begleiten. Er gab diesen Plan aber bald auf und schickte den *Reise Maitre Jacques* (in Anspielung auf Diderots Roman »Jacques le fataliste et son maître« 1772, der 1780 in einer handschriftl. Ausgabe in Weimar zirkulierte; s. G.s Tagebuch v. 3. Apr. 1780 und den Brief an Merck vom gleichen Tag, G.s Anmerkungen zu »Rameaus Neffe«, den Brief an den Herzog, 16. Juni 1782 über die *Maitre Jacquesschafft* eines Kammerdieners) mit Empfehlungen nach Weimar (so z. B. an Einsiedel,

10. Nov. 87: *Er wird dir . . . alle Last des Einrichtens und Marck-*
tens pp abnehmen, welche würcklich in Italien unerträglich ist.
Wenn man nicht einen Italiäner an die Italiäner hetzt; so kommt
man nicht fort. An Steuerrat Ludecus, 17. Nov. 87: *Ich emp-*
fehle auch Ihnen . . . dieses auserlesene Werckzeug Filippo Collina
aufs beste).
Brief 30.

die schöne Emilie: E. Gore (1726–1807), Tochter des ab
1791 in Weimar seßhaften Kaufmanns und Kunstliebha-
bers Charles Gore. Karl August hatte sie 1785 in Pyrmont
kennengelernt (s. G.s Brief vom 15. Aug. 85 an den Herzog: *Viel Glück zur neuen Bekanntschaft der schönen Englän-*
derinn, wenn anders Glück genannt werden kann, wieder auf ein
gefährliches Meer gesetzt zu werden.) In Frascati sah G. ein
Gemälde der Familie von Hackert (an den Herzog, 7. Febr.
1787). S. jetzt W. F. Schirmer, G.s englische Gäste, in:
Neue Zürcher Zeitung 29. 8. 1971, S. 51 f. mit dem Bild
der Emilie G. in der Weimarer Abendgesellschaft von G.
M. Kraus.

e che concluderemo: »Und was wollen wir miteinander ab-
machen?«

229 *Liebe der Männer untereinander . . . Herders Ideen III Band*: Im
3. Teil, 14. Buch, Kap. 4 »Sitten- und Staatenweisheit der
Griechen«: »Daher in mehreren Staaten die männliche
Liebe der Griechen, mit jener Nacheiferung, jenem Unterricht, jener Dauer und Aufopferung begleitet, deren
Empfindungen und Folgen wir im Plato beinahe wie den
Roman aus einem fremden Planeten lesen. . . . Im Geheimen geübt, würden diese [Leidenschaften und Unord-
nungen] nur desto verderblicher worden sein. . . Daher
ward der Flamme, die sich im Innern nährte, durch öffentliche rühmliche Zwecke und Anstalten zwar freiere Luft
geschafft; sie kam damit aber auch unter die einschrän-
kende Aufsicht der Gesetze, die sie als eine wirksame
Triebfeder für den Staat brauchten.« (Sämtl. Werke, hrsg.
v. Suphan, Bd. 14, Berlin 1909, S. 116 f.)
Saturnalien: Das alte Erntefest der Römer, am 17. Dez. be-

ginnend (Ovid, Fasti, 1. Buch, V. 193 ff.), im Gedenken an
Saturn und sein »Goldenes Zeitalter« (Italien die »Saturnia
tellus«). Für die Dauer des Fests war die Sklaverei aufgehoben. G. spielt *IR* 640 darauf an.

Oper in Aliberti: (s. *BrA* Nr. 15) Das größte Theater Roms,
an der ehem. Via Aliberti (später: del Babuino) am Fuß des
Mte Pincio gelegen, von einem im Dienst der Königin
Christine von Schweden stehenden Grafen Alibert erbaut
(1863 abgebrannt). S. auch *IR* 669 f. *Theater*.

Brief 31.

230 *der* [Fehler] *welchen Sie rügen*: Der Brief des Herzogs an G.
nicht erhalten. Vgl. aber *IR* 683: *Mit dem preußischen Kurier
erhielt ich vor einiger Zeit einen Brief von unserm Herzog, der
so freundlich, lieb, gut und erfreulich war, als ich nicht leicht einen erhalten. Da er ohne Rückhalt schreiben konnte, so beschrieb
er mir die ganze politische Lage ... Über mich selbst erklärte er
sich auf das liebreichste.*

auch nicht einen bekannten Bedienten: Vgl. *T* 16, 39.

Abgrund der Kunst: Vgl. G.s Brief an den Herzog vom 3.
Febr. 1787: *die Kunstwerke der ersten Klasse ...in ihnen ist ein
unabsehlicher Abgrund*. So auch von einzelnen Kunstwerken, Raffaels »Schule von Athen«, den Reliefs von Phiga-
lia u. a. S. Anm. zu *T* 155 und das *GWb*, 1. Lieferung, Sp.
77–79.

Corpus Domini: Fronleichnam, am 7. Juni 1787.

Falten herausgeglättet: s. schon *T* 39.

Würde der Landschafts Mahlerey: Die in der klassizistischen
Hierarchie der Gegenstände an unterer Stelle eingestufte
L. Malerei wurde von G. (wie schon zuvor von J. H.
Merck, »Teutscher Merkur« 1777, u. a.) verteidigt; s.
seine Abhandlung über *Philipp Hackert* 1811 mit den
Nachträgen (*C* XVII, S. 275, bes. 405 ff.) und K. Mandel-
kow in »Briefe II« (Hamb. Ausgabe), S. 491 f.; K.
Gerstenberg, G. und die italien. Landschaft, DVjS I (1923),
S. 636 ff.

Claude: Cl. Gellée, gen. le Lorrain (1600–82), franz. Landschaftsmaler, seit 1627 dauernd in Rom, mit N. Poussin

zusammen Hauptvertreter der idealisierenden L. Malerei des 17. Jh.s (Th. Hetzer, Claude L., Frankfurt/M. 1947, H. Umbach, G. und Claude L., Hamburg 1965). S. auch *IR* 228 und 302 f. (in Palermo *dunstige Klarheit, die Harmonie von Himmel, Meer und Erde ... Nun versteh' ich erst die Claude Lorrains*) und die Entwürfe von 1832: »Künstlerische Behandlung landschaftl. Gegenstände«: *Im Claude Lorrain erklärt sich die Natur für ewig. Die Poussins führen sie ins Ernste, Hohe, sogenannte Heroische.* und: *Landschaftliche Malerei* (beide *C* XVI, 559 ff.).

Poussin: Nicolas P. (1594–1665), 1623 in Rom, 1640–42 Peintre du Roy in Paris, gest. in Rom. Hauptvertreter des klass. Barock, führte die »heroische Landschaft« in die Malerei ein. Bilder von ihm sah G. im Pal. Colonna (*IR* 456). Dort hingen auch zwölf große Tempera-Landschaften von Nicolas' Schwager Gaspard Dughet (1613–75), der sich gleichfalls Poussin nannte. Auch ihn könnte G. hier gemeint haben.

Hackert: Philipp H. (1737–1807) aus Prenzlau, Landschaftsmaler, seit 1768 in Rom, 1785–99 am Hof des Königs Ferdinand II. in Neapel. H. begründete in Rom Abendgesellschaften von Künstlern und Dilettanten, auf denen malerische Ergebnisse vorgezeigt und besprochen wurden. (*IR* 180 ff.) G. lernte ihn in Neapel kennen (*IR* 269 ff.). H. erkannte G.s zeichnerische Anlagen und bot ihm Unterricht an. 1811 gab G. eine »biographische Skizze« über ihn – unter Verwendung von H.s eigenen Entwürfen – heraus. Über den gemeinsamen Besuch in Tivoli (die Wasserfälle von H. in einem großen Gemälde dargestellt) s. *IR* 453 f.

231 *ehmalige Studien der Osteologie*: G. hatte mehrmals anatomische Vorlesungen bei Justus Christian v. Loder (1753–1832) gehört, der von 1778–1803 Professor in Jena (später in Halle und Moskau) war. An Frau v. Stein, Jena 29. Okt. 1781: *Loder erklärt mir alle Beine und Muskeln und ich werde in wenig Tagen vieles fassen.* Hinzu kamen prakt. Sezierkurse. Auch mit Merck wurden osteolog. Fragen

erörtert. 1784 führten G.s vergleichende anatom. Studien ihn zur Entdeckung des Zwischenkieferknochens (os intermaxillare); s. an Herder, 27. März 1784. Der im gleichen Jahr den Fachleuten zugeleitete Aufsatz darüber (*Versuch aus der vergleichenden Knochenlehre*) stieß auf Ablehnung (Erstdruck der deutschen Fassung erst 1820). *HA* XIII, S. 170 ff. – G.s anatomische Zeichnungen der röm. Zeit in Bd. III und VIa des »Corpus d. G. Zeichnungen«.

Meyer: Heinrich M. (1760–1832), geb. in Stäfa (Zürchersee), seit 1784 als Maler in Rom. Durch Lavater bereits am 18. März 1780 G. in einem Brief vorgestellt. Über die erste Begegnung in Rom berichtet *IR* 173. Ebd. S. 588 eine Eloge: *Er hat mir zuerst die Augen über das Detail, über die Eigenschaften der einzelnen Formen aufgeschlossen, hat mich in das eigentliche Machen initiiert.* 1791 holt G. ihn als Hausgenossen nach Weimar (die darauf vorbereitenden Briefe in Bd. 5 der Schriften der G.-Ges., »Zur Nachgeschichte der italien. Reise«, hrsg. v. O. Harnack, Weimar 1890). Dort wird er G.s engster Kunstberater, Vorbereiter und Mitautor fast aller klassizist. »Programme« (Propyläen, Winckelmann-Buch, Progr. der Kunstausstellungen). 1795 übernimmt er von G. die Leitung der Weimarer Freien Zeichenschule. S. den von M. Hecker hrsg. Briefwechsel mit G. (4 Bde., 1917–32) und Mandelkow in »Briefe II«, S. 506 ff.

Büry: Friedrich Bury (1763–1823) aus Hanau (Hessen), Portraitmaler, G.s röm. Hausgenosse, *das Kind* genannt. Seine Anhänglichkeit an G. zeigen die Briefe nach G.s Abreise (in Bd. 5 der Schriften der G.-Ges.). Mehrere seiner Goethe-Portraits sind erhalten. B. lebte später in Berlin und Dresden (vgl. G.-Handbuch, hrsg. v. A. Zastrau, Stuttgart ²1955, Sp. 1510–13). S. Anm. zu *BrA* Nr. 15.

232 *die Benedicktion*: den Reisesegen.

Akademie Jena: G. nutzte die Nähe der Universität, um Vorlesungen zu hören, Bibliothek und Naturalienkabinett aufzusuchen. Der Ausbau des botan. Gartens zu einem der

ersten in Europa war nach der Rückkehr aus Italien sein
Werk. Seine Teilnahme an fast allen Berufungen der dem
Herzog und mehreren »Nutritoren« (für die Erhaltung
zahlende Staaten) unterstellten Universität schon in der
ersten Weimarer Zeit (s. Brief an Merck, 28. Aug. 1782).

Brief 32.
Herzstärckung: Sicher gegen die schon *BrA* Nr. 23 erwähnten kursierenden Gerüchte.
233 *es wird dein gedacht werden*: S. Anm. zu *BrA* Nr. 23. G.s
Empfehlung an den Herzog vom 7. Dez. 1787 wiederholt
er am 25. Jan. 88: *gedenken Sie Seidels*.

Brief 33.
Erwin . . .: S. Anm. zu *BrA* Nr. 26. *Jera und Bätely*: erst nach
der Rückreise abgeschlossen.
meine kleinen Gedichte: Die in Bd. 8 der Schriften 1790 erscheinenden gesammelten *Vermischten Gedichte*, zu denen
der *Prolog, Die Geheimnisse* (Fragment), *Auf Miedings Tod,
Künstlers Erdenwallen* und *Künstlers Apotheose* sowie die
Verssatiren kamen. Auch die Gedichte wurden z. T. über-
arbeitet.

Brief 34.
seit Ihrem Maynzer Briefe: Vom Dez. 1786, s. *BrA* Nr. 31.
234 *in Florenz*: Von dort schreibt G. am 6. Mai 1788 zum erstenmal nach der Abreise von Rom (23. April, danach über
Siena) wieder an den Herzog, beeindruckt vor allem von
der Mediceischen Venus und der älteren Florentiner Malerei. Die Briefe (und Zeichnungen) von der Rückreise
werden erweitert durch das von L. Blumenthal 1965 in
den Schriften der G.-Ges. Bd. 58 neu herausgegebene und
reich kommentierte »Notizheft von 1788«. Am 9./10. Mai
brach G. von Florenz auf.
Arbeiten Correges in Parma: Antonio Allegri Corregio
(1494–1534), 1518 von den Farnese nach Parma berufen,
malte 1519 das Äbtissinnenzimmer des Klosters S. Paolo
mit mythologischen Szenen und Lauben-Ornamenten aus,

369

1520–23 für die Kirche S. Giovanni Evangelista die »Vision des Evangelisten Johannes«, 1526–30 in der Kuppel des Doms die »Himmelfahrt Mariens«.

Mayland: Von dort am 23. Mai 1788 ein Brief an den Herzog mit absprechendem Urteil über den Dom. Das »Abendmahl« Leonardos wird *ein rechter Schlußstein in das Gewölbe der Kunstbegriffe* genannt (s. schon an Frau v. Stein, Rom, 18. Jan. 1787). Die Weiterreise ging über den Comer und Luganer See, Chiavenna, Splügenpaß, Chur, Vaduz, Konstanz, Augsburg, Nürnberg, Coburg. Am 18. Juni 1788 Ankunft in Weimar. G. wurde von dem Komponisten Kayser begleitet.

Als Künstler!: Vom Fühlen seiner *Künstlerschaft* spricht G. auch in den Briefen an Knebel (21. Dez. 87), an Frau v. Stein (8. Juni 87, 19. Jan. 88, s. *BrA* Nr. 25).

jene fürstliche Kenntniß: erinnert an den »Fürstenspiegel«, den G. während der ersten Weimarer Jahre für den Herzog und sich entworfen hatte: *Ilmenau*. Am 3. Sept. 1783.

235 *Herr hie bin ich*: Viell. in Anlehnung an Ev. Lucas 7, 1–10 (Hauptmann von Kapharnaum).

Brief 35.

Egmont: Die Urteile der Freunde berichtet *IR* 515 f., 602 ff. Weiteres in *HA* IV, S. 562 ff.

die Aüsserung Macchiavellens: Im 1. Akt (2. Szene) oder im 3. Akt (1. Szene), wohl wirklich gestrichen. Wenn *war* für »wäre« stünde, könnte man an die stehengelassenen Worte in I 2 denken: *Wenn ihr auch immer mit meinen Diensten zufrieden wart, habt ihr doch selten meinem Rat folgen mögen*, in denen der Herzog eine Spitze sehen mochte (unwahrscheinlich).

236 *Gauckeleyen der Poesie*: Vgl. G.s Äußerung *T* 74 f. über die *Force des großen Dichters*. G.s »Rechtfertigung« erinnert an das andere Gespräch mit einem Staatsmann über seine Dichtung: an das mit Napoleon über den *Werther* geführte. *Abbate Serassi*: (s. *BrA* Nr. 26) »La vita di Torquato Tasso scritta dall'abate Pierantonio Serassi«, Roma 1785.

Brief 36.

Mineralogie: S. *BrA* Nr. 8.

Pater Pini: Ermenegildo Pini (1739–1825), Naturforscher und Architekt in Mailand, Verfasser mineralog. Werke. G. erwähnt ihn bereits in seinem *Geognostischen Tagebuch der Harzreise* 1784. Er besaß einige seiner Bücher.

237 *Cleven*: Chiavenna.

Egmont … in alle Welt gegangen: Bd. 5 der Schriften, mit einem Titelkupfer von Angelica Kauffmann, war ausgeliefert worden.

Zur Arbeit an *Tasso* während der Reise bemerkt G. in einem Brief an F. J. Bertuch, 5. Apr. 1788: *Auf der Reise wird Tasso durchgedacht und also auf einer Wandrung, die Schicksale eines Mannes dramatisirt, dessen ganzes Leben ein Hin und Herwandern war.*

Zu den Zeichnungen

I.

Aus Italien hat Goethe eine große Zahl eigener Zeichnungen mitgebracht. In einem Zeitraum von nicht ganz zwei Jahren entstand mehr als zuvor in zwei Jahrzehnten. Das wird in den jetzt vorliegenden Bänden II und III des »Corpus der Goethezeichnungen« mit fast 700 Katalognummern eindrucksvoll sichtbar. Daß Goethe die ernsthaft unternommene Prüfung, ob er zum Maler tauge, auf dieser Reise dennoch mit einem endgültigen »Nein« entschied, hat seinen Grund vor allem in der Einsicht, daß er es technisch, handwerklich niemals mehr zu den Voraussetzungen eines professionellen Künstlers würde bringen können. Ein ihm in dieser Richtung von Philipp Hakkert in Neapel nahegelegtes Studium lehnte er ab. Und doch war er unablässig bemüht hinzuzulernen, sei es durch befreundete Künstler wie Tischbein, Schütz, Hackert, Bury, Kniep und Meyer, sei es nach Vorlagen wie Piranesis Architekturstudien, Bildern der Vedutisten und berühmter Landschaftsmaler (Lorrain), nach den antiken Skulpturen, oder einfach durch das Üben der Hand, im »schizzo« und spontanen Entwurf. Zu den beiden großen Gruppen der Landschafts- und Architekturzeichnungen kommen Portraitstudien, Zeichnungen nach Kunstwerken, anatomische Studien, schließlich mythologische Szenen und »ideale« Landschaften mit Staffage. Gerade der Wechsel in der Technik, die Vielfalt des »Stils«, die Unabhängigkeit von »Schulen« läßt die Zeichnungen noch heute als lebendig erscheinen, läßt sie die technisch gekonnten, aber meist bieder-trockenen Romantikerzeichnungen (mit Ausnahme des genialen Karl Philipp Fohr) an Interesse weit überflügeln und sichert ihnen die Aufmerksamkeit auch des modernen Betrachters.

Nach seiner Rückkehr von Italien hat Goethe 300 Zeichnungen in einem Sammelband vereinigt, dessen Betrachtung ihm während der folgenden »dunklen« Monate tröstlich war. Dieser Band, aus dem die meisten der hier und in den beiden Bänden der *IR* (insel taschenbuch 175) abgebildeten Zeichnungen stammen, ist heute aufgelöst. So ist auch die Gruppierung in 7 Abteilungen (die erste umfaßt die hier fast sämtlich wiedergegebenen numerierten Zeichnungen von der Reise Karlsbad – Rom) heute nicht mehr sichtbar. Eine Beschreibung des Sammelbandes verdanken wir George von Graevenitz (Goethe Jahrb. Bd. 32, 1911), der ihn noch integer gesehen und für die durch ihn besorgte große Insel Ausgabe der *Italienischen Reise* (1912) benutzt hat.

Daß Goethe selbst zeitweise eine mit seinen Zeichnungen illustrierte Ausgabe der *Italienischen Reise* geplant hatte, wissen wir durch seinen Brief an den Maler und Kupferstecher J. W. Chr. Roux (29. Jan. 1815). Eine *strenge Auswahl* aus seinen *eigenen Skizzen sowohl, als denen der Freunde und Kunstgenossen* sollte dazu getroffen werden, und zwar so, *daß diese Abbildungen sich auf Buch, Buch sich auf sie bezieht*; Roux sollte die Vorlagen in Kupfer stechen, *alle Platten von einer Größe ... Klein Folio wäre hierzu das Schicklichste*, die Bilder könnten *stehend oder liegend ... in die Länge und Quere, nach Belieben* angebracht werden. Eine natürliche Abwechslung (Umrisse, mehr oder weniger Ausgeführtes, Aquatinta) würde *dem Charakter dieser Sammlung am nächsten kommen*.

Dieser Plan wurde nicht ausgeführt, vielleicht scheiterte er an verlegerischen Erwägungen. Immerhin finden sich unter mehreren Zeichnungen Bleistiftankreuzungen, die vielleicht die Vor-Auswahl für den geplanten Band sind. Sie bezeichnen meist auch für den Text aufschlußreiche, bzw. besonders gut gelungene Zeichnungen.

Goethes Selbstäußerungen über seine Zeichenstudien in Italien, die von dem scherzhaften »understatement« *Krabeleyen nach der Natur* bis zum feierlichen Résumé seines »Cursus« reichen, sind jetzt in Bd. VII des »Corpus der Goethezeichnungen« (»Die Zeugnisse« 1973), S. 76–108, bequem einzusehen.

II.

Alle hier mit freundlicher Genehmigung der Nationalen Forschungs- und Gedenkstätten der klassischen deutschen Literatur in Weimar und des Freien Deutschen Hochstifts in Frankfurt a. M. wiedergegebenen Skizzen und Zeichnungen Goethes sind in dem von G. Femmel bearbeiteten »Corpus der Goethezeichnungen«, Leipzig 1958 ff. (im folgenden zitiert mit CG, [röm.] Band-, und Bildnummer) verzeichnet und abgebildet, auf das sich die Bilderläuterungen stützen.

1. nach S. 14: *Posthaus Zwota*
   (CG II, 1) Bleistift und Kohle auf blaugrauem Papier (17,4 × 30,5 cm). Auf der Rücks. eigenhändige Bleistiftbeischrift G.s: *No 1 Posthaus Zwota*. Noch ganz in der Art der Weimarer Zeichnungen.

2. nach S. 16: *Donau* bei Regensburg
   (CG II, 5) Bleistift (gelöscht), Feder mit Tusche auf weißem Papier (18,6 × 31,6 cm). Am untern Rand Beischrift G.s: *No. 2* und *Donau*. Auf der Rücks. Bleistiftzeichnung: Kalkfelsen bei Saal an der Donau (vgl. S. 17: *3 Uhr in Saale, No 2b*).

3. nach S. 20: Kochelsee
   (CG II, 7) Bleistift auf weißem Papier (18,6 × 30,7 cm). Am untern Rand Beischrift G.s: *3 Cochl.* Auf der Rücks. Bleistiftzeichnung: *No. 3b gegen den Cochel See*.

4. nach S. 22: Tal bei Zirl
   (CG II, 10) Bleistift auf blaugrauem Papier (17,4 × 30,9 cm). Am untern Rand Beischrift G.s: *No 5 Cirl* (im *T* ohne Nummer). Großzügiger, freier Stil wie schon bei Abb. 3.

5. S. 30: Pflanzenzeichnung: Weidenzweige
   (CG Vb, 50) Auf der Rücks. von Blatt 26 des 1. Stücks des Reisetagebuchs, mit Feder am li. Rand (8 × 5 cm).

6. nach S. 42: Rovereto an der Etsch
   (CG II, 13) Bleistift, Feder mit Tusche, Tuschlavierung auf weißem Papier (18,6 × 31,5 cm). Am untern Rand Beischrift G.s: *7*; Rücks.: *Roveredo*. Die Nummer nicht im *T*. Erstes Beispiel für G.s Hinwendung zu einem »klassisch ruhigen [Bild-]Aufbau« (Ludwig Münz).

7. nach S. 44: *Hafen von Torbole* am Gardasee
   (CG II, 15) Bleistift auf weißem Papier (18,8 × 30,6 cm).

Am untern Rand Beischrift G.s: *8*; Rücks.: *Hafen von Torbole*. Aufgrund der Zeichnung konnte G.s Unterkunft in Torbole ermittelt werden. Das Haus auf der li. Seite ist die ehemalige Zollstation (s. Westermanns Monatshefte 1913, S. 855).

8. nach S. 46: *Schloß von Malcesine* am Gardasee (Skizzenfragment)
   (CG II, 17) Kohle auf blaugrünem Papier (37,2 × 31,3 cm). Am untern Rand Beischrift G.s: *Schloß von Malcesine*.
   Das zerrissene Blatt, über das *IR* 42–48 ausführlich berichtet. *Im Schloßhof setzte ich mich dem alten auf und in den Felsen gebauten Turm gegenüber; hier hatte ich zum Zeichnen ein sehr bequemes Plätzchen gefunden ... Ich saß nicht lange, so kamen verschiedene Menschen in den Hof hinein, betrachteten mich ... Endlich drängte sich ein Mann zu mir ... Er sagte ..., es sei dies nicht erlaubt, und ich sollte es unterlassen. ... Er ergriff darauf mit wahrer italienischer Gelassenheit mein Blatt, zerriß es, ließ es aber auf der Pappe liegen. ...*

9. nach S. 48: Schloß von Malcesine am Gardasee
   (CG II, 16) Bleistift auf weißem Papier (18,6 × 30,9 cm). Unten rechts Beischrift G.s: *11*. Die Nummer nicht im *T*. Auf der Rücks. »Castell Malcesina al Lago di Garda«, von fremder Hand. Vgl. S. 46: (13. Sept. 1786) *das Schloß ... ein schöner Gegenstand ... Heute im Vorbeyfahren nahm ich eine Idee [IR: Skizze] davon mit.*

10. nach S. 52: Landschaft mit Frauen am Brunnen
    (CG II, 19) Schwarze Kreide, Deckweißhöhung auf braunem Papier, umrandet, gerahmt (18,8 × 31,5 cm). Datierung nach Femmel: Ende Sept./Okt. 1786 (eine spätere Replik: CG II, 50). Im mittleren Vordergrund lesender Mönch (?).

11. nach S. 62: Manuskriptseite aus dem Tagebuch
    3. Stück, S. 6 Rücks., verkleinert (Original: 20,9 × 14 cm). Text von *Es sind Etrurische* bis *ein Mann der neben* (vgl. S. 61 f.). Man beachte die Änderung: *niedern* (Zeiten) aus *letzten*; niedern = spätantik).

12. nach S. 70: *Vergleichungs Kreis ...*
    Das Blatt, hier verkleinert, im Format etwas breiter als die
    Seiten des 3. Stücks, liegt dem Tagebuch, zusammen mit
    einem Bleistiftentwurf auf grauem Packpapier, lose bei (es
    wurde von E. Schmidt in einem separaten Konvolut ge-
    funden und zugeordnet). Oben rechts Bleistiftbeischrift:
    gehört zu pag 66 Rückseite.
13. nach S. 76: Weingirlanden
    (CG II, 81) Bleistift, Feder mit Sepia auf weißem Papier
    (17,4 × 23,2 cm). Unten links Bleistiftkreuz (für die ge-
    plante illustrierte Ausgabe der *IR*?). Von Femmel in den
    Febr. 1787 datiert: vgl. *IR* 242 (zwischen S. Agata und
    Neapel, 25. Febr.): *Die Chaussee geht breit zwischen grünen
    Weizenfeldern durch, der Weizen ist wie ein Teppich ... Pap-
    peln sind reihenweis auf den Feldern gepflanzt, hoch ausge-
    zweigt und Wein hinangezogen ... Die Weinstöcke von unge-
    wöhnlicher Stärke und Höhe, die Ranken wie Netze von Pappel
    zu Pappel schwebend.*
14. S. 84: Frau mit Tragebügel und Körben
    (CG VIa, 118) 3. Stück des Tagebuchs, Blatt 33. Feder mit
    Tinte. Originalgröße: 3,5 × 3,7 cm.
15. nach S. 86: Kopie nach Domenico Tiepolo (Arabesken)
    (CG II, 21) Bleistift, Feder mit Tusche, Tuschlavierung auf
    weißem Zeilenpapier (10,6 × 14,2 cm). Rücks.: Notiz G.s:
    aus den Arabesquen des Tiepolo. »Das Motiv ist einem
    Wandgemälde der Stanza dei Putti in der Foresteria der
    Villa Valmarana in Vicenza – Südseite, rechts vom großen
    Putten-Oval – entnommen« (Femmel/Barbieri). Eine
    zweite Kopie CG II, 20.
16. S. 104: Säulen der Kolonnaden des Dogenpalastes in Ve-
    nedig
    (CG VIa, 136) Feder mit Tinte auf weißem Zeilenpapier.
    Tagebuch 4. Stück, Blatt 6 Rücks. Originalformat der
    Skizze: 2,2 × 4 cm.
17. S. 112: *Avocato Reccaini*
    (CG VIa, 119) Bleistift, Feder mit Tusche, Bister auf wei-
    ßem Zeilenpapier (20,8 × 14 cm); in das 4. Stück des Ta-

gebuchs als Blatt 54 eingeheftet. Unten Beischrift G.s: *Avocato Reccaini* (J. Fränkel, kaum richtig: Rucaini) und *ad pag[ina] 15*. In der *IR* 101 ff. genauer beschrieben; die rechts sitzende Figur demnach die Dogaressa von Venedig: *denn die Klage ging gegen den Doge selbst, oder vielmehr gegen seine Gemahlin, welche denn auch in Person auf dem Bänkchen ... in ihren Zendal gehüllt, dasaß.* 1795 berichtet K. A. Böttiger über ein Gespräch mit G.: »Goethe hatte die in Großquart sehr splendid gedruckten Dokumente beider Parteien in zwei Cahiers ... gekauft und zeigte sie uns noch vor. Auch hatte er den einen Advokaten im größten Affekt des Harangierens aufs Papier gezeichnet und wies ihn der Gesellschaft vor. Er macht mit vorliegendem Körper mit der rechten Hand einen besonderen Gestus, welcher eigentlich das Wiegen mit der Waage oder das Senken der Sonde anzeigt und eine besondere Genauigkeit ausdrückt (pensitato rem agitare).« (Biedermann/Herwig Bd. I, 593) Ähnlich Fr. Soret, der am 31. Jan. 1830 das Tagebuch zu sehen bekam: »L'avocat appuie l'index sur le pouce en tenant les autres doigts allongés et le geste va fort bien à sa grosse figure affublée d'une large perruque.« (ebd. Bd. III, 2, S. 555) – Vgl. auch die Abb. 2 in der *IR* nach S. 101 (CG III, 249).

18. nach S. 120: Säulenordnungen nach Palladio
    (CG III, 93) Bleistift, Feder mit Tinte auf weißem italien. Papier mit Mittelbruch (20,5 × 28,6 cm). Basen und Kapitelle der Säulenordnungen (Toskanische, Dorische, Ionische, Korinthische), wohl nach Palladios »I quattro libri dell'Architettura«, Venedig 1570. Die dorische Tempelfassade nach Scamozzi? (s. Femmel)

19. S. 145: Mauern bei Pellestrina (Lido von Venedig)
    (CG VIa, 137) Feder mit Bister auf weißem Zeilenpapier (Originalformat der Zeichnung: 6 × 14 cm); Tagebuch 4. Stück, Blatt 5. Beischriften G.s: *Profil der Mauern bey Palestrina.* darüber: *ohngefähr 50 Fuß.* links: *Seite gegen die Lagunen* rechts: *Seite gegen das Meer.* S. *T* 135, *IR* 119, 122.

20. nach S. 170: Tempel der Minerva zu Assisi. Grund- und Aufriß.
    (CG VIa, 154) Bleistift, Feder mit Tinte, Sepialavierung auf grauem Papier (6,8 × 8 cm); Rücks. von Blatt 8 des Aufsatzes *Baukunst 1795. (Basen ganzer Gebäude)... Es kommt auch ein Fall vor, wo einige Stufen zwischen den Säulen selbst hinaufgehen, wie bei dem Tempel zu Assisi der Fall ... Es wäre zu untersuchen, ob mehr solche Fälle vorkommen ... Auf diese Weise scheinen die Säulen auf Piedestalen zu stehen, allein sie stehen wirklich auf dem Boden der Vorhalle, der durch die Treppe nur eingeschnitten ist. Palladio muß daher die Tempel nur aus Hörensagen gezeichnet haben, wie die Vergleichung desselben Lib. IV, Cap. 26, und Monumenti antiqui inediti fürs Jahr 1786, Fol. 20, überzeugen kann.* (schärfere Kritik *IR* 155) *C* XVI 673 f.
21. nach S. 174: Bei *Terni*
    (CG II, 23) Bleistift, Feder mit Tusche auf weiß-gelbem Papier (27,3 × 19,8 cm). Unten Beischrift G.s mit Feder: *Terni 1786* (27./28. Okt.). Die Konturen vielleicht später nachgezogen.
22. nach S. 176: Blick auf Rom (vorne Porta del Popolo)
    (CG III, 34) Feder mit Sepia (über Bleistift?), Sepialavierung auf weißem Papier (7 × 22,3 cm); aufgezogen, braunes getuschtes Rähmchen. Beischrift von fremder Hand: »Rom. 1787. Porta Popolo. v. Goethe.« Links die Kuppeln von S. Maria de'Miracoli und S. Maria di Monte Sacro, daneben Obelisk; im re. Hintergrund St. Peter und die Vatikangebäude. (Repliken: CG III, 33 und VIb, 189) Durch dieses von Vignola und Bernini geschaffene Tor (1561/1655) im Norden Roms betraten früher die Fremden die Stadt (genaue Beschreibung der Wirkung auf den Eintretenden bei K. Ph. Moritz, Reisen eines Deutschen in Italien..., Rom, 27. Okt. 1786). G. erreichte die Stadt am 29. Okt. 1786: *IR* 167: *...und nur unter der Porta del Popolo war ich mir gewiß, Rom zu haben.*
23. nach S. 180: Der Vesuv
    (CG VIb, 101*) (FDH Frankfurt a. M.) Feder mit Sepia

über Bleistift (gelöscht), Sepialavierung auf weißem Papier (10,7 × 16,4 cm), aufgezogen, grün getuschtes Rähmchen. Beischrift von fremder Hand: »Der Vesuv gesehn vom Ufer des Meers auf der Seite von Portici.« und auf dem Untersatzblatt: »Zeichnung von Goethe 1791«. Vielleicht Kopie nach dem Stich von St. Non, Voyage pittoresque, Bd. I, T. 53v. oder anderer Vorlage. Die Zuweisung an G. ungesichert (Femmel).

24. nach S. 182: Widerschein der Sonne im Wasser
(CG VIa, 225) Tusche auf weißem Papier, im Original unter dem auf S. 182 wiedergegebenen Text (in einem Notizheft G.s, Tagebücher Nr. 57, Bl. 13v, 20,1 × 16,4 cm), Original nur ca. 2 × 3 cm. Dat.: 1. April 1787 (Replik CG II, 132). Vgl. auch *IR* 298 (Überfahrt Neapel–Palermo): *Bei trüblichem Himmel heller Mondschein, der Widerschein auf dem Meer unendlich schön. Die Maler, um der Wirkung willen, lassen uns oft glauben, der Widerschein der Himmelslichter im Wasser habe zunächst dem Beschauer die größte Breite, wo er die größte Energie hat. Hier aber sah man am Horizont den Widerschein am breitesten, der sich wie eine zugespitzte Pyramide zunächst am Schiff in blinkenden Wellen endigte.*

25. S. 184: Villa Palagonia bei Bagheria
(CG VIa, 138b) Feder mit Tinte auf bläulichem Papier (Notizblatt 21,9 × 16,7 cm). Original ca. 2 × 6 cm. Situationsplan der Villa (Ziffern erläutert). Links Tor und Anfahrt, inneres Tor; rechts inmitten der Mauer Grundriß des Palazzo (dieser auch CG VIa, 139). Dat.: 9. April 1787.

26. S. 188: Tempel zu Segeste
(CG VIa, 140) Feder mit Tinte auf weißem Papier, Doppelblatt (24 × 19,2 cm); im Original links neben der (hier darunter wiedergegebenen) Beschreibung. Vgl. *IR* 350. Dat. danach: 20. Apr. 1787.

27. S. 191: »Serapis-Tempel« zu Pozzuoli
Holzschnitt zu G.s Aufsatz *Architektonisch-naturhistorisches Problem* 1823 (*WA* II. Abt., Bd. 10, S. 190 ff.). Entwurf vermutlich von Coudray. Vgl. die Erläuterungen zu S. 190.

28. nach S. 224: Landhaus mit Pergola
    (CG II, 355) Bleistift, Pinsel mit Tusche auf weißem Papier
    (10,6 × 14,5 cm). Früher auf Bl. 95b des Sammelbandes
    zur *IR*; dort Ankreuzung (für die geplante ill. Ausgabe der
    IR?). Femmel vermutet Zugehörigkeit zu einem Notiz-
    buch von der Rückreise (April/Mai 1788). Lombardische
    Landschaft?
29. nach S. 236: Schweizer Haus in Gebirgslandschaft
    (CG II, 398) Bleistift (z. T. gelöscht), Feder mit Sepia auf
    weißem Papier (13,9 × 19,4 cm). Früher auf Bl. 102b des
    Sammelbandes zur *IR*; dort Ankreuzung (s. Nr. 28). Auf
    der Rücks. Farbangaben G.s: *Hell das Holz des Lärchenbau-
    mes / Rothbraun die Rinde und abgevallen Nadeln / Grau
    blau... der... / Gelb angewittert an die Häuser einige Steine /
    Eisenrost stärker angewittert an Felsen / Schwefelgelbes Moos /
    In der Wiese hell grün / hell blau Vergiß[meinnicht] / Violettli-
    cher Klee* (?) Dat.: Ende Mai/Anf. Juni 1788 (Femmel).
30. nach S. 238: Via Mala
    (CG II, 401) Bleistift, Feder mit Sepia auf weißem Papier
    (19,4 × 14,3 cm). Früher auf Bl. 103a des Sammelbandes
    zur *IR*; Ankreuzung (s. Nr. 28). Die Zeichnung gilt als
    eine der frühesten Darstellungen der 50 Jahre vor G.s Pas-
    sage erbauten Steinbrücke. Dat.: 1. Juni 1788 (Femmel). G.
    erwähnt die Zeichnung in einem Brief vom 12. 6. 1829.

NACHWORT

I. Charakter des Tagebuchs

Wenn der Leser Goethes *Italiänisches Tagebuch* im Original vor sich hätte, würde er vielleicht mit Verwunderung feststellen, wie es Blatt um Blatt fast wie eine Abhandlung gleichmäßig und zügig durchgeschrieben ist. Diesen Eindruck hat schon der junge Frédéric Soret, Prinzenerzieher in Weimar und Freund des alten Goethe, in seinen Aufzeichnungen festgehalten. Der Dichter legte ihm am 31. Januar 1830 das Manuskript eines Jugendwerkes, des *Götz*, vor, das in nur vier Wochen entstanden war, und von dem Soret bemerkt, daß es in derselben festen, klaren Schrift geschrieben sei wie die Alterswerke. Danach wird ihm das *Italiänische Tagebuch* gezeigt. Wieder derselbe Eindruck:

> tout est ferme, clair, propre dans ce journal. Point de ratures, rien de changé si ce n'est le format et la qualité du papier. On voit que la réflexion a toujours précédé l'exécution, qu'il ne s'est hâté qu'avec lenteur. Dieu m'en accorde autant.[1]

Zwar ist Sorets Eindruck nicht ganz genau, wie der Betrachter, der das Manuskript in Ruhe studieren kann, sieht: auf den breiten Rändern der beiden ersten Stücke finden sich mehrere, oft längere Nachträge, allerdings auch diese in »gemessener« Schrift. Unruhig, ja hastig wird das Schriftbild nur einmal: in Bologna, dort, wo Goethe, ohnehin von Ungeduld getrieben, seinem Unwillen über *die abscheulichen, dummen, mit keinen Scheltworten der Welt genug zu erniedrigenden* Märtyrerbilder freien Lauf läßt[2], als sähe er sich mitten in Italien schon wieder vom Norden und seiner »Barbarei« eingeholt. Doch das ist Ausnahme, und der Gesamteindruck bestätigt Soret.

Es ist nicht mehr wie beim Tagebuch der Reise in die Schweiz, Juni 1775: hingekritzelte Wörter, sich überstürzende Buchstaben: *Nachts 10 in Schweiz. Müd und munter vom Berg ab springen voll Dursts u. lachens. Gejauchzt bis zwölf.*

...2 Uhr aufm Lauerzer See hoher herrlicher Sonnenschein für lauter Wollust sah gar nichts.[3] Und es ist noch nicht der Stil des Chronisten, der sein Diarium später Tag um Tag »führt«, die Schrift ins Kalenderformat zwingt und die Buchstaben fast malt; der auf der Reise in die Schweiz 1797 die Dinge zwar ebenso scharf wie umfassend sieht, sie aber im selben Moment auch schon hart und glänzend ausmünzt, sie in Reflexionen und Bilder umsetzt, die uns, wie Kafka einmal seinen Eindruck beim Lesen der Tagebücher Goethes beschreibt, »in unebenbürtigen Respekt« setzen, indem wir durch sie wie durch ein »Parkgitter« sehen.[4] Schaffhausen, Rheinfall, 18. September 1797: *Wenn man den Fluß nach dem Falle hinabgleiten sieht, so ist er ruhig, seicht und unbedeutend. Alle Kräfte, die sich gelassen sukzessiv einer ungeheuern Wirkung nähern, sind ebenso anzusehen. Mir fielen die Kolonnen ein, wenn sie auf dem Marsch sind.*

Zwischen dem Stenogramm der Genie-Reise und dem gelassenen, eine *Methode* des Reisens und Sehens bereits bewußt voraussetzenden Bericht von 1797[5] nimmt das *Italiänische Tagebuch* eine Mittelstellung ein. Freilich keine Mitte als Ruheort. Während das frühe Tagebuch rein unmittelbar ist, das spätere sich fast zu distanziert gibt, um »problematisch« zu sein, zeigen sich in ihm in beständigem Wechselspiel beunruhigend beide Ausdrucksmöglichkeiten. Auch das in der Bewegung ruhige Schriftbild zeigt, um ein klassisches Bild zu variieren, Leidenschaft bei ruhiger, gesetzter Seele – es ist Ausdruck einer »inneren Gegensatzspannung«.[6] Diese kündigte sich bereits in den Briefen aus der Schweiz 1779 an: schon da wird der innere Sturm, das schweifende Natur- und All-Gefühl gebändigt (weshalb man diese an einen anonymen Freund gerichteten Aufzeichnungen auch geradezu »Lehrbriefe« nennen könnte, wenn man damit nicht ihrem herrlichen poetischen Gehalt Unrecht täte), und als seine symbolischen Geleiter bezeichnete Goethe nach der Rückkehr erstmals die Trias: das Glück, den antreibenden und geleitenden Genius *und* den mäßigenden Gott Terminus. Vorwärtsdringen *und* Sichbegrenzen: in diesem Spannungsfeld wird nun gegangen und gehandelt.

Nur wenn man diese Spannungen mitbedenkt, tritt aber

auch das »Außerordentliche« des italienischen Tagebuchs, seine Genialität erst wirklich zutage: eine andere als die üblicherweise allein dafür gehaltene unvermittelt ich-hafte und dennoch unpersönliche, von einem starken allgemeinen Kraftgefühl getragene der »Genie-Aufzeichnungen«, die gleichsam monoton und unablässig stürmt. Hier dagegen leuchtet sie stellenweise auf, hat mit schon ganz andern Widerständen zu kämpfen, durchbricht immer wieder die Oberfläche der bereits »gefaßten«, im Sachlichen sich begrenzenden und absichernden Darstellung. So gleicht sie dem Elementar-Prozeß einer Katharsis, die die Seele befreit, in Goethes Worten: dem beengten und beängstigten *Natur-Kind* wieder Atemluft gibt (29. Jan. 1815 an Eichstädt), die *Elasticität des Geistes* (*T* 39) zurückerstattet, die *Falten* aus seinem *Gemüth* tilgt und sein *Interesse an der Welt* neu belebt (*T* 38 f.). An zwei Beispielen läßt sich das Erlebnis dieser Befreiung eindrucksvoll zeigen. Aus Verona schreibt Goethe am 18. Sept. 1786 an den Herzog: *Ich bin fleißig und arbeite die Iphigenie durch, sie quillt auf, das stockende Sylbenmaas wird in fortgesetzte Harmonie verwandelt.* Und aus Palermo, am 18. April 1787 an Frau v. Stein: *mein Herz ist bey dir und jetzt da die Weite Ferne, die Abwesenheit alles gleichsam weggeläutert hat was die letzte Zeit über zwischen uns stockte so brennt und leuchtet die schöne Flamme der Liebe der Treue, des Andenckens wieder fröhlich in meinem Herzen.* Noch der fast Siebzigjährige konnte diese Worte nicht verbrennen (an Zelter, 16. Febr. 1818).

An beiden Stellen ist von der Auflösung einer »Stockung« die Rede, und da *Iphigenie* von Anfang an der Geliebten zugeschrieben war, wird man nicht von zwei verschiedenen Phänomenen in »Leben« und »Werk« als streng getrennten Bereichen sprechen, sondern von ein und demselben Vorgang in zwei Ausdrucksformen. Später, während der Vorarbeiten zur *Italienischen Reise* (1813–16), hat Goethe auf diese Katharsis nochmals hingewiesen, in einer nicht in das fertige Werk aufgenommenen Notiz:

Iphigenie
Unterwegs Torbole am Gardasee
Sehr wunderbar drängt sich in dieses Jahr so viel zusammen.
Heilsam und gesegnet, daß auf eine lange Stockung wieder eine
Lebensregung sich rührt. Ich finde mich viel, viel anders und bes-
ser. [7]

In feierlicher Wendung, ähnlich schon dem späteren *Appell
ans Genie*, der Übersetzung des Pfingsthymnus',[8] macht Goethe hier nochmals deutlich, daß die »Lösung« ein Heilungspro-
zeß war, die *Stockung* den ganzen Menschen betroffen hatte. So
spricht Goethe im Tagebuch auch von seiner *Kranckheit*, den
entsetzlichsten Schmerzen, die ihn befielen, wenn er in den letzten
Jahren etwas, das auch *nur ein Bild von Italien erneuerte*, berührt
habe (*T* 138 f.). Die Folgen der Heilung wirken sich im Geistigen, Physischen und Moralischen aus, sind eingreifend und
tief: *ich habe mich ganz hingegeben und es ist nicht allein der Kunstsinn, es ist auch der moralische der große Erneuerung leidet* (20. Dez.
1786 an Frau v. Stein). Noch in den »Tabellen zur Italienischen
Reise« (einem vorbereitenden Schema aus den Jahren 1813/14)
ist unter dem Stichwort *Kunstbetrachtungen* die Bemerkung
Schmerz des Verlernens, ja Umlernens verzeichnet.

Dieser Einblick in die »Pathologie« der Reise soll zum einen
das verdeutlichen, was in dem Tagebuch als »Katharsis« be-
merkbar wird und hier »genial« genannt wurde: als Wiederherstellung der verletzten, ja beschädigten Person. Zum andern
soll er davor bewahren, den in der *Italienischen Reise* so häufig
und prononciert gebrauchten Begriff der *Wiedergeburt* als bequeme und umfassende Formel zu verwenden[9]; denn nicht selten »ersetzt« Goethe durch ihn die im Tagebuch und Brief sehr
viel unmittelbarer und konkreter geäußerten Selbsteinsichten,
die freilich meist sehr »persönlich« ausgesprochen sind; die
komplexere und zugleich blassere Vokabel läßt, wie es auch
Goethes Absicht war, wenig an Erschütterung verspüren.

Dem Leser des *Italiänischen Tagebuchs* wird das ja ein Haupt-
eindruck geworden sein: es spricht fast alle Wahrnehmungen
als eigene, subjektive Erfahrungen aus. Man muß nicht trok-
kene Reiseführer der Zeit wie Volkmanns »Kritische Nach-

richten« (1771) oder das auf »Unterhaltung« zielende Raison-
nement von Johann Caspar Goethes »Viaggio per l' Italia«
(1740) zur Folie nehmen, um das zu sehen. Eher schon wird der
Vergleich mit Wilhelm Heinses rücksichtslos subjektivem Ita-
lientagebuch (1780) und andererseits mit Karl Philipp Moritz'
trotz der Briefform unpersönlichen, die »Realien« zu kunstvol-
len Abschnitten ordnenden »Reisen eines Deutschen in Italien«
(1786–88) die Eigenart der Goetheschen Aufzeichnungen
deutlich machen. Goethe schreibt sein Tagebuch von Anfang
an unter einem Bezugspunkt, keinem »fiktiven« oder »angenommenen«, sondern einem notwendigen: als Brief-Tagebuch
für Frau v. Stein. Es ist daher auch zu Recht nicht nur in die
Ausgaben der Tagebücher, sondern auch als eine Fortführung
der zehnjährigen Korrespondenz in die Sammlungen der
»Briefe an Frau von Stein« aufgenommen. Es gibt keine Eintragung, die nicht zuerst und zuletzt sie anspräche, sie nicht in
sein Reiseleben, die italienische Welt einbezöge. Er sieht die
Welt durch das Medium dieser Liebe –, so könnte man Goethes
Wort über Frau v. Stein abgewandelt auf ihn zurückwenden.
Nur so wird das erstaunliche Faktum erklärlich, daß jemand,
der die drückenden gesellschaftlichen Verhältnisse in Weimar
endlich einmal abgeschüttelt hatte, auf die er noch 1790, obwohl unanfechtbarer, auch resignierter zurückgekehrt, mit Er-
bitterung zurückblickte[10], sich in den zwei Monaten eines völligen Inkognito, das ihm weder vor noch nach der Reise, ja
schon in Rom nicht mehr gegönnt war, wie selbstverständlich
diese tägliche Bindung auferlegte. Er wünscht der Geliebten
das südliche Klima hinüberzusenden, denkt – bereits in Mittel-
italien – an den Schnee, der sich bald zwischen sie beide legen
wird, wendet sein *Gebet* zu ihr als seinem *lieben Schutzgeist* und
verwirft den Gedanken, das Tagebuch beim Schreiben in eine
»allgemeine« Form zu bringen: es geht nicht, *es ist allein für
dich*.

Erst in Rom, durch ihre Reaktion getroffen – aber auch dann
nicht sofort, nicht als unmittelbare Antwort darauf –, wird die
Ablösung und Entfremdung allmählich im Ton der Briefe
spürbar. Aber zugleich nimmt der Briefwechsel mit Herder,

dem Herzog, dem Freundeskreis an Intensität zu, und zahlreiche Briefe schließen mit *Liebt mich!* und mit der Bitte, eine gute Stätte für seine Rückkehr zu bereiten.

Daß diese Dokumente, die Goethe bald nach der Heimkehr in einem Brief an Herder als *Pudenda* und *sehr dummes Zeug* von geringem »Gebrauchswert« abtat, ihm später doch wieder wertvoll wurden und die Grundlage für die *Italienische Reise* abgaben, liegt nicht allein an ihrem Sachgehalt, sondern gerade auch in diesem ihrem Charakter als Äußerungen des Menschen Goethe: sie wahren den Zusammenhang der Person und setzen ihn fort und über. Nur so konnte Goethe sich in ihnen wiederfinden, an sie als an Zeugnisse seines Lebens anknüpfen. Ihre »Lebendigkeit« war auch dann offenbar noch so groß, daß sie sich nicht völlig für die Autobiographie reklamieren ließen, daß die *Italienische Reise* nicht historisierbar wurde, wie es beabsichtigt war. Was so lange im Innern wirksam blieb, sollte deshalb auch nicht von einer Sammlung europäischer Tagebücher, deren Kriterium »Grunderfahrungen der menschlichen Existenz« sind[11], ausgeschlossen werden.

II. Das Tagebuch und *Die Italienische Reise*

Die »Umsetzung« des Tagebuchs und der Briefe in die 1816/17 veröffentlichte *Italienische Reise* und den 1829 beendeten *Zweiten Römischen Aufenthalt* ist schon oft und an zahlreichen Textbeispielen beschrieben worden. So hat, um nur einiges zu nennen, bereits vor der Veröffentlichung des *Italiänischen Tagebuchs* Herman Grimm in seinen berühmten »Vorlesungen über Goethe« (1874/75 an der Berliner Universität) das Verfahren des Dichters bei der Redaktion der Dokumente an einem Briefbeispiel erläutert und seine Äußerungen später in der Vorrede zur 4. Auflage (1892) der gedruckten Vorlesungen korrigiert und erweitert, wobei er die Mahnung anfügte, die Dokumente nicht höher zu schätzen als das durchgestaltete Werk: »Die ursprüngliche Niederschrift giebt, wenn auch schon stylisirt, doch nur in skizzenhaften Zügen den ersten momentanen Eindruck, die zweite erst arbeitet dies Material zu einem durchgeführten Gemälde aus, in welchem erster Eindruck und Erinnerung ineinander fließen. Wir sind heute zwar geneigt, bei den großen Meistern auch der Malerei die Skizzen oft höher zu schätzen als die ihnen entsprechenden ausgeführten Gemälde, aber es ist Täuschung dabei im Spiel. Den aus dem vollendeten Werke empfangenen Eindruck, den wir besitzen, tragen wir in die Skizzen, aus denen die fertige Arbeit entstanden ist, hinein…«[12]

1886 gab Erich Schmidt in seiner Einleitung zur ersten Ausgabe des *Italiänischen Tagebuchs* einen Überblick über die von Goethe bei der Redaktion angewandten »praktischen« Methoden, mit einer »Objektivierung des Vergangenen, die beim ersten Anblick etwas Erschreckendes hat«, die Dokumente als »Rohmaterial« zu verwenden und – das Tagebuch ausgenommen – alles, was nicht völlig vernichtet wurde, zerteilt und durchgestrichen zu hinterlassen.[13] Sowohl dieses äußere Verfahren wie auch die Umgestaltung der Texte charakterisierte eine 1904 in Leipzig erschienene Dissertation von G. A. Wauer: »Die Redaktion von Goethes Italienischer Reise«, knapp und präzis. Wie Goethe bei der Redaktion persönliche Motive eliminierte und ganz neue Kausalitäten herstellte, wies in einer 1930 veröffentlichten Studie »Die Redaktion der Italienischen Reise im Lichte von Goethes autobiographischem Gesamtwerk« M. Gerhard nach.[14] Es wäre lohnend, die Umgestaltung auch einer Landschaftsbeschreibung, wie etwa der Tirschenreuth-»Passage« zu Beginn des Tagebuchs (*T* 13), zu untersuchen und zu zeigen, wie Goethe die Skizze in der *Italienischen Reise* mit neuen Einsichten verknüpft und zu einem morphologischen Bild der Landschaft erweitert. Oder man könnte zeigen, wie Goethe bei der Beschreibung von Kunstwerken in der späteren Fassung die Eindrücke neu ordnet, den Leser führt, frühere spontane Urteile mildert oder löscht (so bei Tintoretto oder angesichts der Markuskirche in Venedig). Wenn solche Vergleichungen auch bereits angestellt wurden, wäre hier im einzelnen noch vieles zu entdecken und zu präzisieren, zumal wenn man bedenkt, wieviel mehr an Erfahrung – und nicht nur an scheinbar offenkundiger Dogmatik und Kunstideologie – die *Italienische Reise* im Vergleich mit dem Tagebuch enthält.

III. »Eindruck und Erinnerung«. Ein Beispiel

Auch unauffällige, scheinbar minimale Veränderungen des Tagebuchtextes in der *Italienischen Reise* können sichtbar machen, eine wie große Entfernung, was für ein »Lebensraum« zwischen den beiden Niederschriften liegt. Das soll im folgenden an einem Beispiel zu zeigen versucht werden, wobei die Veränderung nicht einmal Goethes eigenen Text betrifft. Die hier ihrer späteren Fassung gegenübergestellte Passage entstand in Torbole am Gardasee (*T* 43 f.), am 12. September 1786:

Tagebuch 1786	»Italienische Reise« 1816
Nach Mitternacht bläst der Wind von Norden nach Süden, wer also den See hinab will muß vor Tage fahren, einige Stunden nach Sonnen Aufgang wendet er sich und bläst nordwärts. Jetzt nach Mittag um eins weht er sehr starck gegen mich und kühlt die heise Sonne gar herrlich ab.	Nach Mitternacht bläst der Wind von Norden nach Süden, wer also den See hinab will, muß zu dieser Zeit fahren; denn schon einige Stunden vor Sonnenaufgang wendet sich der Luftstrom und zieht nordwärts. Jetzo nachmittag wehet er stark gegen mich und kühlt die heiße Sonne gar lieblich. Zugleich lehrt mich Volkmann, daß dieser See ehemals Benacus geheißen, und bringt einen Vers des Virgil, worin dessen gedacht wird:
Eben lehrt mich Volckmann, den ich zuerst aus meinem Coffer hohle daß dieser See ehmals *Benacus* geheisen und zeigt mir einen Vers des Virgils an worin seiner gedacht wird:	
teque *Fluctibus et fremitu assurgens Benace marino.*	Fluctibus et fremitu resonans Benace marino.
Der erste lateinische Vers dessen Gegenstand mir lebendig	Der erste lateinische Vers, dessen Inhalt lebendig vor mir steht, und der in dem Augenblicke, da der Wind immer stär-

vorsteht und der, da der Wind immer stärcker weht und der See höhere Wellen schlägt recht wahr wird.

...

Lebe wohl! Heute hab ich an der Iphigenie gearbeitet, es ist im Angesichte des Sees gut von statten gegangen.

ker wächst und der See höhere Wellen gegen die Anfahrt wirft, noch heute so wahr ist als vor vielen Jahrhunderten. So manches hat sich verändert, noch aber stürmt der Wind in dem See, dessen Anblick eine Zeile Virgils noch immer veredelt.

Augenfällig sind die – für die ganze Redaktion typischen – folgenden Veränderungen: Goethe zieht die kürzeren Abschnitte des Tagebuchs zu größeren Textpassagen zusammen; er nimmt die persönliche Anrede (*Lebe wohl!*) und Occasionelles (*den ich ... aus meinem Coffer hohle*) aus dem Text, gibt der Sprache durch »archaisierende« Elemente (*jetzo, wehet*) und bedeutungsvolle Wörter (*lieblich*) mehr Gewicht und Ruhe und schließt die Lücke, die durch die Tilgung eines kurzen, hier verfrühten Résumés entsteht (hier nicht zitiert, s. S. 44), indem er eine Reflexion (über den Wahrheitsgehalt des Vergil-Verses) erweitert. Die entscheidendste Veränderung beobachtet man am Schluß der Stelle: der Hinweis auf die Arbeit an der *Iphigenie* fehlt.

Eine ebenso »untypische« wie unauffällige Veränderung ist in dem zitierten Vergil-Vers zu bemerken: im Tagebuch lesen wir: *assurgens*, in der *Italienischen Reise*: *resonans*. Der Vers lautet übersetzt im ersten Falle:

(soll ich auch deiner rühmend gedenken,)
der du mit Wellen und Meeresgebraus *dich erhebst*, Benacus?

und in der späteren Fassung:

der du mit Wellen und Meeresgebraus *widertönst*, Benacus?[15]

Die Goethe-Kommentare bemerken, daß es »richtig« *assurgens* heißen müsse, und weder bei Volkmann noch in irgendeiner Vergil-Ausgabe findet sich die Form *resonans*. Sie ist also

Goethes eigene »Erfindung«, um so erstaunlicher, als Goethe sehr genau und mit Bedenken des Wortsinns zu zitieren pflegt. Es ist also anzunehmen, daß die akustische anstelle der optischen Vokabel bewußt eingesetzt wurde. Dafür läßt sich ein Grund finden.

Die in der *Italienischen Reise* vermißte Bemerkung über die Arbeit an der *Iphigenie* ist nicht einfach »unterschlagen«, sondern transponiert und unter dem 6. Januar 1787 in einen Rückblick anläßlich der Vollendung des Werks eingearbeitet:

Am Gardasee, als der gewaltige Mittagswind die Wellen ans Ufer trieb, wo ich wenigstens so allein war als meine Heldin am Gestade von Tauris, zog ich die ersten Linien der neuen Bearbeitung . . .

Folgt man dem aufschlußreichen Bild und Vergleich bis in den Text der *Iphigenie*, so wird der Rückbezug möglich. Zu Beginn des Dramas spricht Iphigenie die berühmten Verse:

Denn ach! mich trennt das Meer von den Geliebten,
Und an dem Ufer steh' ich lange Tage,
Das Land der Griechen mit der Seele suchend;
und gegen meine Seufzer bringt die Welle
Nur dumpfe Töne brausend mir herüber. (I, 1; V. 10–14)

Goethe identifizierte sich mit der verbannten, einsamen Heldin seines Dramas vielleicht auch damals, als er an dem Stück arbeitete und ihm eine »Atmosphäre« zu gewinnen suchte. Weit stärker und betonter wird die Identifizierung aber während der Arbeit an der *Italienischen Reise* gewesen sein, als nicht nur der Süden für Goethe wieder Ferne und Land der Erinnerung geworden war, sondern mit ihm auch die glückliche Zeit der italienischen Reise und die einst lebendige Hoffnung auf ein neues Zusammenleben mit der Geliebten. Vielsagend ist daher auch die anstelle der Iphigenie-Notiz in die Bearbeitung eingefügte Bemerkung: *So manches hat sich verändert, noch aber stürmt der Wind in dem See . . .* und bedeutungsvoll auch der Eingriff in den Vergil-Text: das akustische Wort wird, im Rückblick auf die Verse Iphigeniens, zum Träger der Erinnerung, »Resonanz« wird zum Echo vergangener Tage. Die Veränderung des Wortlauts erweist sich somit als Brechung; das neue Wort legitimiert sich aus der

Dichtung, wodurch sich für Goethe auch der explizite Hinweis auf sie an dieser Stelle erübrigt. Schematisch wäre dieser »Weg« von *assurgens* zu *resonans* als ein Umweg, eine gebrochene Linie darstellbar:

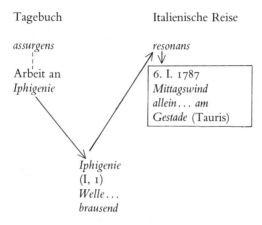

Tagebuch   Italienische Reise

assurgens   *resonans*

Arbeit an *Iphigenie*

6. I. 1787
*Mittagswind
allein... am
Gestade* (Tauris)

Iphigenie
(I, 1)
*Welle...
brausend*

Mit solchem »fragmentierenden« Vorgehen wird man in der *Italienischen Reise* an vielen Stellen zu rechnen haben. Zwar bildet der Dichter aus dem Material eine neue Einheit, ruft er Bürgen für die Kontinuität auf, wie hier Vergil, *dessen Vers noch heute so wahr ist als vor vielen Jahrhunderten*, dessen Worte deshalb auch den Anblick des Sees »veredeln«, d. h. die rohe, zerstörerische Elementargewalt bändigen. Zwar geht er damit auch weit über jedes frühere »Erlebnis« und die private Biographie hinaus. Aber der Vergleich mit dem Tagebuch lehrt doch, daß diese zweite Einheit eine zusammengefügte ist. Ihre Leuchtkraft geht gegenüber den früheren Aufzeichnungen von den Bruchstellen aus, ist Refraktion, während jenen noch der ungeteilte Glanz gehört.

Christoph Michel

1 Biedermann/Herwig: Goethes Gespräche, Bd. III, 2, Zürich 1972, S. 554 f.
2 Bologna, 19. Okt. 1786 (*T* 156 f.).
3 16./17. Juni 1775. Faksimile-Ausgabe des Schweizer Reisetagebuchs, hrsg. von K. Koetschau und M. Morris als Bd. 22 der Schriften der Goethe-Ges., Weimar 1907.
4 Franz Kafka, Tagebücher 1910–23, Frankfurt a. M. 1948 (1967), S. 22.
5 Vgl. dazu Goethes Brief an den Herzog, Tübingen, 11. Sept. 1797 (von Ekkermann in die »Reise in die Schweiz 1797« übernommen).
6 Peter Szondi, Poetik und Geschichtsphilosophie I, Frankfurt a. M. 1974, S. 45 (das »klassische Bild« nach Winckelmann, Gedanken über die Nachahmung ...).
7 Paralipomenon in der WA, 1. Abt., Bd. 30, S. 302.
8 Goethes Übersetzung des »Veni Creator« 1820. S. dazu: R. Völkel in: Jahrb. des Freien Deutschen Hochstifts 1973, S. 157–89.
9 Zu Herkunft, Kontext und Bedeutung des Begriffs: K.-H. Kiefer: Wiedergeburt und Neues Leben – Aspekte des Strukturwandels in Goethes Italienischer Reise, Bonn 1978.
10 In der zwischen 1788/90 entstandenen 2. Römischen Elegie: *Ehret, wen ihr auch wollt!* ...
11 Gustav René Hocke, Das europäische Tagebuch, Wiesbaden 1963, S. 9 f.; vgl. auch S. 17 ff., 102 f. Das »Problematische« des Goetheschen Tagebuchs wird nicht verkannt. Sehr viel oberflächlicher begründet den »Ausschluß« Goethes K. G. Just, Das Tagebuch als literarische Form, in: Übergänge, Bern/München 1966, S. 32 f.
12 Herman Grimm, Goethe. Vorlesungen, 5. Aufl., Berlin 1894, S. 535.
13 Schriften der Goethe-Ges. Bd. 2, 1886, S. XXIII.
14 Jahrbuch des Freien Deutschen Hochstifts 1930, S. 130 ff.
15 Der Vers aus Vergils »Georgica«, II 160. S. die Anm. zu *T* 44.

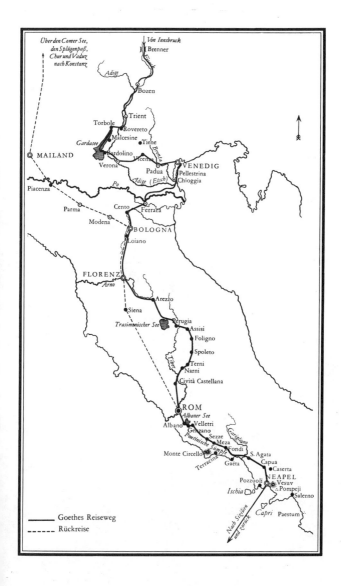

Über den Comer See,
den Splügenpaß,
Chur und Vaduz
nach Konstanz

Von Innsbruck
Brenner

Adige

Bozen

Trient
Torbole
Rovereto
Malcesine
Gardasee
Tiene
Bardolino
Verona

MAILAND

Padua
Vicenza
VENEDIG
Pellestrina
Chioggia

Po
Piacenza

Adige (Etsch)

Parma
Cento
Ferrara
Modena
BOLOGNA
Loiano

FLORENZ
Arno

Arezzo
Siena
Trasimenischer See
Perugia
Assisi
Foligno
Spoleto
Terni
Narni
Civita Castellana

ROM
Albaner See
Albano
Velletri
Genzano
Sezze
Meza
Pontinische Sümpfe
Fondi
S. Agata
Capua
Caserta
Gaeta
NEAPEL
Monte Circello
Terracina
Pozzuoli
Vesuv
Pompeji
Ischia
Salerno
Capri
Paestum

Nach Sizilien und zurück

——— Goethes Reiseweg
------- Rückreise

I. Personen   II. Orte   III. Sachen und Begriffe   IV. Goethes Werke

(*Kursive* Seitenzahl: das Stichwort ist im Kommentar zu dieser Seite erläutert. – Seitenzahl in Klammern: das Stichwort erscheint an dieser Stelle im Text nicht wörtlich.)

I. Personen

II. Orte (Einige nur in den Stationsverzeichnissen registrierte Orte sind nicht aufgeführt.)

III. Sachen und Begriffe

IV. Goethes Werke

NF 40/1/7.00

Goethes Gedanken über Musik. Eine Sammlung aus seinen Werken, Briefen, Gesprächen und Tagebüchern. Herausgegeben von Hedwig Walwei-Wiegelmann. Mit achtundvierzig Abbildungen, erläutert von Hartmut Schmidt. it 800. 262 Seiten

Hermann und Dorothea. Mit Aufsätzen von August Wilhelm Schlegel, Wilhelm von Humboldt, Georg Wilhelm Friedrich Hegel und Hermann Hettner. Mit zehn Kupfern von Catel. it 225. 199 Seiten

Italienische Reise. Mit vierzig Zeichnungen des Autors. Herausgegeben und mit einem Nachwort versehen von Christoph Michel. it 175. 808 Seiten

Tagebuch der Italienischen Reise 1786. Notizen und Briefe aus Italien. Mit Skizzen und Zeichnungen des Autors. Herausgegeben und erläutert von Christoph Michel. it 176. 402 Seiten

Die Kunst des Lebens. Aus seinen Werken, Briefen und Gesprächen zusammengestellt von Katharina Mommsen unter Mitwirkung von Elke Richter. it 2300. 180 Seiten

Leben des Benvenuto Cellini florentinischen Goldschmieds und Bildhauers. Von ihm selbst geschrieben, übersetzt und mit einem Anhange herausgegeben von Johann Wolfgang Goethe. Mit einem Nachwort von Harald Keller. Mit Abbildungen. it 525. 559 Seiten

Die Leiden des jungen Werther. Mit einem Essay von Georg Lukács. Mit einem Nachwort von Jörn Göres. Mit zeitgenössischen Illustrationen von Daniel Nikolaus Chodowiecki u.a. it 25. 231 Seiten. it 2284. 230 Seiten

Lektüre für Augenblicke. Gedanken aus seinen Büchern, Briefen und Gesprächen. Auswahl und Nachwort von Gerhart Baumann. it 1750. 177 Seiten

Lieber Engel, ich bin ganz dein! Goethes schönste Briefe an Frauen. Herausgegeben von Angelika Maass. Mit zahlreichen Abbildungen. it 2150. 486 Seiten

Märchen. Der neue Paris. Die neue Melusine. Das Märchen. Herausgegeben und erläutert von Katharina Mommsen. it 2287. 232 Seiten

Der Mann von fünfzig Jahren. Mit einem Nachwort von Adolf Muschg. it 850. 114 Seiten

Maximen und Reflexionen. Text der Ausgabe von 1907 mit den Erläuterungen und der Einleitung Max Heckers. Mit einem Nachwort von Isabella Kuhn. it 200. 370 Seiten

Novelle. Herausgegeben und mit einem Nachwort versehen von Peter Höfle. it 2625. 144 Seiten

Novellen. Herausgegeben und mit einem Nachwort versehen von Katharina Mommsen. Mit Federzeichnungen von Max Liebermann. it 425. 293 Seiten

Rameaus Neffe. Ein Dialog von Denis Diderot. Übersetzt von Goethe. Zweisprachige Ausgabe. Mit Zeichnungen von Antoine Watteau und einem Nachwort von Horst Günther. it 1675. 324 Seiten

Reineke Fuchs. Mit Stahlstichen nach Zeichnungen von Wilhelm Kaulbach. it 2564. 210 Seiten

Sollst mir ewig Suleika heißen. Briefwechsel mit Marianne und Johann Jakob Willemer. Herausgegeben von Hans-J. Weitz. Mit zeitgenössischen Abbildungen. it 1475. 568 Seiten

Die Wahlverwandtschaften. Ein Roman. Erläuterungen von Hans-J. Weitz. Mit einem Essay von Walter Benjamin. it 1. 333 Seiten

Wilhelm Meisters Lehrjahre. Herausgegeben von Erich Schmitt. Mit sechs Kupferstichen von Catel. it 475. 642 Seiten it 2286. 642 Seiten

Wilhelm Meisters Wanderjahre oder die Entsagenden. Mit einem Nachwort von Adolf Muschg. it 575. 523 Seiten

Johann Wolfgang Goethe / Friedrich Schiller. Der Briefwechsel zwischen Schiller und Goethe. Herausgegeben von Emil Staiger. it 250. 1085 Seiten

Johann Wolfgang Goethe / Friedrich Schiller. Sämtliche Balladen und Romanzen in zeitlicher Folge. Herausgegeben von Karl Eibl. it 1275. 197 Seiten

Johann Wolfgang Goethe / Christiane Vulpius. Goethes Ehe in Briefen. Der Briefwechsel zwischen Goethe und Christiane Vulpius 1792-1816. Herausgegeben von Hans Gerhard Gräf. Mit zeitgenössischen Abbildungen. it 1625. 1048 Seiten

Goethes lyrische Werke

Elegie von Marienbad. it 1250. 128 Seiten

Erotische Gedichte. Gedichte, Skizzen und Fragmente.
Herausgegeben von Andreas Ammer. it 1225. 246 Seiten

Gedichte in Handschriften. Fünfzig Gedichte Goethes.
Ausgewählt und erläutert von Karl Eibl. it 2175. 288 Seiten

Gedichte in zeitlicher Folge. Eine Lebensgeschichte Goethes
in seinen Gedichten. Herausgegeben von Heinz Nicolai.
it 1400. 1264 Seiten

Goethes Liebesgedichte. Herausgegeben von Hans Gerhard
Gräf. Mit einem Nachwort von Emil Staiger.. it 275. 317 Seiten

Das Leben, es ist gut. Hundert Gedichte. Ausgewählt von
Siegfried Unseld. it 2000. 204 Seiten

Ob ich dich liebe weiß ich nicht. Liebesgedichte. Herausgegeben von Karl Eibl. Großdruck. it 2396.164 Seiten

Römische Elegien und Venezianische Epigramme.
it 1150. 85 Seiten

Verweile doch. 111 Gedichte mit Interpretationen. Herausgegeben von Marcel Reich-Ranicki. it 1775. 512 Seiten

West-östlicher Divan. Mit Essays zum »Divan« von Hugo
von Hofmannsthal, Oskar Loerke und Karl Krolow. Herausgegeben und mit Erläuterungen versehen von Hans-J. Weitz.
it 75. 400 Seiten

Über Goethe
Darstellungen, Anthologien, Sammlungen

Der junge Goethe in seiner Zeit. In zwei Bänden und einer CD-ROM. Herausgegeben von Karl Eibl, Fotis Jannidis und Marianne Willems. it 2100. 1479 Seiten

Gespräche mit Goethe in den letzten Jahren seines Lebens. Von Johann Peter Eckermann. Herausgegeben von Fritz Bergemann. it 500. 955 Seiten

Essays um Goethe. Von Ernst Beutler. Erweiterte Frankfurter Ausgabe. Herausgegeben von Christian Beutler. it 1575. 1008 Seiten

Bei Goethe zu Gast. Besucher in Weimar. Herausgegeben von Werner Völker. Mit zahlreichen Abbildungen. it 1725. 172 Seiten

Goethe aus der Nähe. Berichte von Zeitgenossen. Ausgewählt und kommentiert von Eckart Kleßmann. it 1800. 552 Seiten

Goethe. Seine äußere Erscheinung. Literarische und künstlerische Dokumente seiner Zeitgenossen. Zusammengetragen von Emil Schaeffer. Überprüft und ergänzt von Jörn Göres. it 2275. 199 Seiten

Goethe und seine Zeitgenossen. Zwischen Annäherung und Realität. Von Ludwig Fertig. it 2525. 416 Seiten

Mit Goethe durch den Garten. Ein Abc für Gartenfreunde, aufgeblättert von Claudia Schmölders. Mit farbigen Illustrationen von Hans Traxler. it 1211. 137 Seiten

NF 40/7/7.00

NF 40/8/7.00

Klassische deutsche Literatur
im insel taschenbuch
Eine Auswahl

Wilhelm Busch. Gedichte. Ausgewählt von Theo Schlee. Mit Illustrationen von Wilhelm Busch. it 2531. 195 Seiten

Annette von Droste-Hülshoff
- Der Distel mystische Rose. Gedichte und Prosa. Ausgewählt von Werner Fritsch. it 2193. 170 Seiten
- Die Judenbuche. Ein Sittengemälde aus dem gebirgichten Westfalen. Mit einem Nachwort von Christian Begemann. it 2405. 128 Seiten
- Sämtliche Erzählungen. Herausgegeben von Manfred Häckel. it 1521. 234 Seiten
- Sämtliche Gedichte. Nachwort von Ricarda Huch. it 1092. 750 Seiten

Marie von Ebner-Eschenbach. Dorf- und Schloßgeschichten. Ausgewählt und mit einem Nachwort versehen von Joseph Peter Strelka. it 1272. 390 Seiten

Joseph Freiherr von Eichendorff
- Aus dem Leben eines Taugenichts. Mit Illustrationen von Adolf Schrödter und einem Nachwort von Ansgar Hillach. it 202. 154 Seiten
- Gedichte. Mit Zeichnungen von Otto Ubbelohde. Herausgegeben von Traude Dienel. it 255. 163 Seiten
- Gedichte. In chronologischer Folge herausgegeben von Hartwig Schultz. it 1060. 268 Seiten
- Liebesgedichte. Herausgegeben vonWilfried Lutz. it 2591. 280 Seiten
- Novellen und Gedichte. Ausgewählt und eingeleitet von Hermann Hesse. it 360. 325 Seiten

NF 26/1/4.00

Theodor Fontane

- Briefe an Georg Friedlaender. Herausgegeben und mit einem Nachwort von Walter Hettche. Mit einem Essay von Thomas Mann. it 1565. 486 Seiten
- Effi Briest. Mit 21 Lithographien von Max Liebermann. it 138. 354 Seiten
- Ein Leben in Briefen. Ausgewählt und herausgegeben von Otto Drude. it 540. 518 Seiten
- Ein Sommer in London. Mit einem Nachwort von Harald Raykowski. it 1723. 252 Seiten
- Frau Jenny Treibel oder »Wo sich Herz zum Herzen findt«. Roman. Mit einem Nachwort von Richard Brinkmann it 746. 269 Seiten
- Gedichte. Ausgewählt und mit einem Nachwort von Rüdiger Görner. it 2221. 200 Seiten
- Grete Minde. Nach einer altmärkischen Chronik. Mit einem Nachwort von Peter Demetz. it 1157. 154 Seiten
- Meine Kinderjahre. Autobiographischer Roman. Mit einem Nachwort von Otto Drude. Mit Illustrationen und Abbildungen. it 705. 276 Seiten
- Der Stechlin. Mit einem Nachwort von Walter Müller-Seidel. it 152. 504 Seiten

Georg Forster. Reise um die Welt. Herausgegeben und mit einem Nachwort von Gerhard Steiner. it 757. 1039 Seiten

Johann Wolfgang Goethe

- Elegie von Marienbad. it 1250. 128 Seiten
- Erotische Gedichte. Gedichte, Skizzen und Fragmente. Herausgegeben von Andreas Ammer. it 1225. 246 Seiten
- Faust. Urfaust. Faust. Ein Fragment. Faust. Eine Tragödie. Paralleldruck der drei Fassungen. Zwei Bände. Herausgegeben von Werner Keller. it 625. 690 Seiten
- Gedichte. Sämtliche Gedichte in zeitlicher Folge. Herausgegeben von Heinz Nicolai. it 2281. 1264 Seiten

- Sollst mir ewig Suleika heißen. Briefwechsel mit Marianne und Johann Jakob Willemer. Mit Abbildungen. Herausgegeben von Hans-J. Weitz. it 1475. 568 Seiten
- Verweile doch. 111 Gedichte. Herausgegeben von Marcel Reich-Ranicki. it 1775. 512 Seiten
- West-östlicher Divan. Mit Essays zum »Divan« von Hugo von Hofmannsthal, Oskar Loerke und Karl Krolow. Herausgegeben von Hans-J. Weitz. it 75. 400 Seiten

Der junge Goethe in seiner Zeit. In zwei Bänden und einer CD-ROM. Herausgegeben von Karl Eibl, Fotis Jannidis und Marianne Willems. it 2100. 1479 Seiten

Goethe und die Naturwissenschaften. Bis an die Sterne weit. Bearbeitet von Margit Wyder. Mit einem Essay von Adolf Muschg und Abbildungen. it 2575. 216 Seiten

Goethes Morgenlandfahrten. West-östliche Begegnungen. Herausgegeben von Jochen Golz. it 2600. 320 Seiten

Wilhelm Hauff
- Märchen. Herausgegeben von Bernhard Zeller. Mit Illustrationen von Theodor Weber, Theodor Hosemann und Ludwig Burger. it 216. 325 Seiten
- Das Wirtshaus im Spessart. Eine Erzählung. it 2584. 202 Seiten

Heinrich Heine
- Buch der Lieder. Mit zeitgenössischen Illustrationen und einem Nachwort von E. Galley. it 1957. 322 Seiten
- Sämtliche Gedichte in zeitlicher Folge. Herausgegeben von Klaus Briegleb. it 1963. 917 Seiten

Heinrich Heine. Leben und Werk in Daten und Bildern.
Herausgegeben von Joseph A. Kruse. it 615. 352 Seiten

Johann Gottfried Herder. Lieder der Liebe. it 2643. 120 Seiten

E. T. A. Hoffmann
- Die Abenteuer der Silvester-Nacht. Mit farbigen Illustratio-
  nen von Monika Wurmdobler. it 798. 81 Seiten
- Die Elixiere des Teufels. Mit Illustrationen von Hugo
  Steiner-Prag. it 304. 349 Seiten
- Der Sandmann. Mit Illustrationen von Hugo Steiner-Prag
  und einem Nachwort von Jochen Schmidt. it 934. 84 Seiten

Alexander von Humboldt
- Über das Universum. Die Kosmos-Vorträge 1827/28 in
  der Berliner Singakademie. Herausgegeben von Jürgen
  Hamel und Klaus-Harro Tiemann. it 1540. 235 Seiten
- Über die Freiheit des Menschen. Auf der Suche nach der
  Wahrheit. Herausgegeben von Manfred Osten.
  it 2521. 208 Seiten

Gottfried Keller
- Der grüne Heinrich. Erste Fassung. Mit Zeichnungen
  Gottfried Kellers. Zwei Bände. it 335. 874 Seiten
- Romeo und Julia auf dem Dorfe. Mit einem Nachwort von
  Klaus Jeziorkowski. it 756. 139 Seiten

Heinrich von Kleist
- Geschichte meiner Seele. Das Lebenszeugnis der Briefe.
  Herausgegeben von Helmut Sembdner. it 281. 449 Seiten
- Michael Kohlhaas. Aus einer alten Chronik. Nachwort von
  Jochen Schmidt. it 1352. 172 Seiten

Eduard Mörike. Die schönsten Gedichte. Herausgegeben von Hermann Hesse. Mit Zeichnungen des Autors. it 2540. 220 Seiten

Karl Philipp Moritz
- Anton Reiser. Ein psychologischer Roman. Mit einem Nachwort von Max von Brück. it 2229. 533 Seiten
- Götterlehre. Herausgegeben von Horst Günther. Mit Fotografien. it 2507. 340 Seiten
- Reisen eines Deutschen in England im Jahr 1782. Mit einem Nachwort von Heide Hollmer. it 2641. 200 Seiten

Theodor Storm
- Eine Halligfahrt. Großdruck. it 2387. 80 Seiten
- Der Schimmelreiter. Mit Zeichnungen von Hans Mau und einem Nachwort von Gottfried Honnefelder. Großdruck. it 2318. 180 Seiten